傑森·羅伯茲

Every Living Thing

洪慧芳 譯

THE GREAT AND DEADLY RACE
TO KNOW ALL LIFE

博物學之父布豐與林奈的頂尖對決，
一場影響日後三百年生物學發展的競賽

Jason Roberts

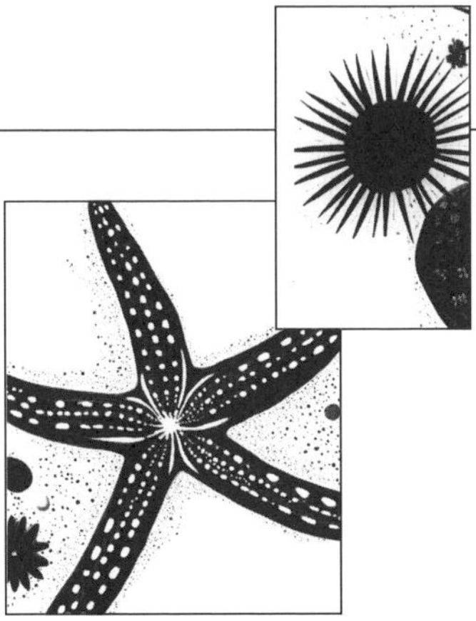

萬物的名字

普立茲傳記類獎

謹獻給傑西・伊萊

目次

PART I
存在巨鏈
THE GREAT CHAIN OF BEING

PART
II
浩瀚萬物
THIS PRODIGIOUS MULTITUDE

PART

III

造物主的登錄官

GOD'S REGISTRAR

編按：本書旨在還原人們對物種概念混沌未明的時代，許多史料名詞今已棄用，或尚在使用然無中文定稱，將依上下文採意譯或音譯處理。

林奈（左）與布豐（右）

前言　博物學者
Introduction: Savants

「唯有系統地分類並賦予恰當的名稱，方能辨識萬物。故分類與命名，實為科學之根基。」[1]——林奈

「認清事實，乃科學唯一真諦。」[2]——布豐

十八世紀的大半時光，兩位學者競相為世間萬物做全面的紀錄。這場競賽不僅關乎學術不朽，更牽涉到人類與自然關係的本質——亦即我們了解生物世界的概念和原則。他們的鉅作《自然通史》*和《自然系統》絕不止是目錄，而是具體呈現截然不同的世界觀，試圖把每一小塊生命拼圖，拼組成一整幅連貫的生命版圖，以佐證各自的思想體系。

他們為這項任務耗費了畢生心血。起初，兩人都認為地球物種不過數千之數。然而，隨著歲月流逝，他們的鴻篇巨

* 全名為 *Histoire Naturelle Générale et Particulière*，《自然史通論與專論》，本書遇其簡稱 *Histoire Naturelle* 時，採後世較廣為使用的中譯名《自然通史》。

帙始終未能完成。生命的豐饒、超乎預期的多元與精妙，促使他們對環境、人類在塑造地球命運中扮演的角色，乃至於人性本身，發展出愈發迥異的見解。

兩人活在同一個時代，卻南轅北轍。卡爾．林奈是瑞典醫生，頂著野雞醫學院的文憑，深諳自我吹捧之道，一面高喊「世上沒有比他更偉大的植物學家或動物學家」，一面匿名撰寫吹捧自己的書評。而掌管法國巴黎皇家植物園的紳士布豐，在世時聲名雖遠勝於林奈，卻不屑當代名聲，視之為「虛幻欺人的幻影」。林奈以自我為中心，終日惶惶，只願與學生門徒為伍。布豐以其優雅風範和才華洋溢聞名，在凡爾賽宮廷和巴黎沙龍間從容自若，風采翩翩。

林奈緊抱著聖經不放，宣稱自己的研究是受神的啟發。布豐則因暗示地球可能比《聖經》記載的更古老，而被控褻瀆罪名。林奈認為女兒不配接受教育，只准她們學習家務技能；布豐的莫逆之交是一位才識出眾的女性知識分子，他認為她在諸多方面都比自己優秀。

林奈輕率地為種族偽科學奠基，不僅劃分出後世所謂的「人種」類別，更武斷賦予他們固定的特質（在他筆下，「歐洲智人」天生「循規蹈矩」，而「非洲智人」則是「任性妄為」）。布豐極力反對將人類歸入僵化的類別，強調人類既同根同源，又繽紛多元。

兩人夙怨甚深，針鋒相對。布豐以高傲的態度，公開嘲諷林奈是「走火入魔」的瘋子，而林奈則是暗自得意地以宿敵的名字，把一種植物命名為「布豐草」（Buffonia）。那是一種葉子細長的植物，暗示布豐「對植物學的貢獻，如細草般微不足道」。然而，他們都有非凡卓越的思維，同樣廢寢忘食追求著相同的目標。即使那個目標始終難以企及，但他們依然克服長期疾病和陣陣劇痛，堅持不懈。兩人都試圖培養兒子繼承衣缽，卻都釀成悲劇。他們留下的遺澤，遠遠超越了發表的作品總和。他們的思想交鋒持續了數百年，延續至今。

他們都不是科學家，而是所謂的「博物學者」（savant）。「科學家」這個詞要到一八三三年才出現（那時「科學」一詞也剛開始有今日的意涵）。博物學者的學問融合了探索精神、哲學思辨，以及不容置疑的權威感。然而，十九世紀的許多科學家卻亟欲把林奈奉為鼻祖，使他身後名聲大噪，反使當年赫赫有名的布豐日漸湮沒無聞。支持林奈的學派，趁著法國大革命的亂局崛起，又在維多利亞時代的殖民擴張風潮中蓬勃發展，他們沒有急於反駁布豐，而是刻意貶低他的重要性。他們表面宣稱翻譯布豐的作品，但實際上將其著作閹割得面目全非。布豐的《自然通史》雖持續出版流通，卻是支離破碎的刪節本，被竄改成近乎拙劣的仿作。

自然史，就像人類歷史一樣，由贏家書寫。幾個世代以來，林奈學派的擁護者堅信他們贏了這場終極之爭。

但林奈學派的缺陷，早在一八六〇年代就開始浮現。當時達爾文坦言，布豐的理論「與我的理論出奇相似」。自然學家試圖調和林奈的僵硬分類與演化論的動態變化，他們拼湊出愈發龐雜的分類系統，卻充滿了矛盾和錯誤。二十世紀，遺傳學的發展和DNA的發現，進一步開闊了我們對生命的認識，也更清楚突顯出既有分類系統的不足，指出新的替代方向。到了二十一世紀，表觀遺傳學（epigenetics）和基因組定序（genome sequencing）等科學突破，促使科學家承認林奈世界觀的侷限，開始討論替代方案，並重新審視布豐當年的研究與貢獻。

這是一場以生命為尺度的宏大敘事，描述兩位大師在追尋生命真諦的路上並駕齊驅的歷程。窮盡世間生命的雄心抱負注定無法實現，但在才華、傲氣、不朽聲名的誘惑，以及單純想要了解世界、了解自己的熱忱推動下，他們義無反顧投入其中。世上找不到比這更彰顯人性本質的壯舉了。

傑森・羅伯茲

序章　面具與面紗
Prelude: The Mask and the Veil

法國國王路易十六委託打造的布豐雕像

一七八八年四月十八日清晨，巴黎街頭擠滿了約兩萬名哀悼者，他們相互推擠、伸長脖子，只為一睹這位世界名人的送葬隊伍。當時記者忙著估算人群數量，而民眾所見證的場面規模宏大，如同遊行，場面肅穆。《巴黎信使報》報導，這場葬禮展現出「連權貴、富豪、顯要都罕能享有的榮光，由此可見逝者名望之崇高」[1]。

葬禮隊伍的最前方，是一位嗚喪號手和六名持杖儀衛，為十九名穿著制式喪服的侍從開道。緊接著是踏著整齊步伐的巴黎衛兵分隊，隨後是學童隊伍、六十位神職人員、三十六名在四支低音號伴奏下吟唱輓歌的唱詩班少年，以及六名手持火炬的衛兵。[2]最後，十四匹身披銀線刺繡黑綢的駿馬，牽引著靈車，映入眼簾。靈車的後方，貴族、學者、藝術家肩並肩組成綿長、莊嚴的送葬行列。其中一位是瑪麗・安東妮王后的御醫費利克斯・維克—達齊爾，他目睹民眾紛紛從人群中走出來，加入他們的行列，深受感動。「諸位還記得吧，」[3]後來他回憶道：

> 無數各階層、各行各業的人們，懷著哀思跟隨在後，融入這龐大而悲痛的人群。靜默中不時傳來讚歎與惋惜的低語。我們前往的靈堂，終究容納不下這位偉人如此龐大的家族。

生前，喬治—路易・勒克萊爾・德・布豐不過是擔任皇家植物園的總管這等微末官職。所謂的皇家植物園（俗稱「御花園」〔the KIng's Garden〕），雖然名字高貴，但實際上是坐落於巴黎南郊的平民區。他出身勃艮第的鄉間，父親是稅務官。在短暫的大學生涯中，他沒有取得任何學位，反而以喜好決鬥聞名。然而，後來他卻成了啟蒙運動這場思想革命的領袖，舉世公認的權威。在英吉利海峽彼岸的倫敦，《紳士雜誌》將他與孟德斯鳩、盧梭、伏爾泰並列為法國的「四盞明燈」[4]，並哀悼如今這盞最後的明燈亦「完全熄滅」[5]。歷史學家聖伯夫更進一步斷言：「布豐身為十八世紀四大偉人中最後離世者，某種意義上來說，他的死亡亦代表十八世紀隨之落幕。」

哲學家尼古拉・德・孔多塞在正式悼詞中進一步指出：「科學史上僅有兩位人物的著作成就，可與布豐相提並論：亞里士多德與老普林尼*。」[6]

> 他們和布豐一樣，都是孜孜不倦的工作者——學識淵博，構想恢宏且躬行不輟。生前備受敬重，死後仍獲國人崇敬。他們的光榮超越了思潮更迭與帝國興衰，超越了孕育他們的國家，甚至超越

了他們使用的語言。從他們的例子來看，布豐先生的榮耀似乎也將同樣永垂不朽。

沒有人提議為這位偉人立碑，因為早在十一年前，心懷感激的法王路易十六已祕密委託製作，並把那座令布豐本人感到尷尬的高聳雕像，豎立在皇家植物園的中央。那座大理石雕像近乎全裸，基座刻了溢美之詞（「自然萬物皆臣服於其天才智慧」）。據各方描述，雕像栩栩如生，逼真呈現出布豐本人的模樣。雕像揭幕時，布豐已七十一歲，但看起來比實際年齡年輕數十歲。雕刻家幾乎不需要美化布豐的形象，因為在眾人眼中，他就像一尊活過來的英雄雕像。孔多塞在悼詞中這樣描述他：「身材挺拔，氣宇軒昂，相貌莊嚴，但不失親和。」

「每次和布豐先生聊起大地奇觀，總讓我覺得，他本身就是奇觀之一。」[7]一位老友坦言。

比起皇家植物園裡的雕像，布豐更宏偉的紀念碑其實遍布在世界各地的書架上。他那部鉅作《自然通史》共有三十五卷，其中三卷總論、十二卷哺乳類、九卷鳥類、五卷礦物、六卷補遺。從某種意義上來說，這部巨著是未竟之功。他原本計畫涵蓋「自然萬象與造化全貌」[8]，但即便他窮盡四十三年的心血，終究未能完整涵蓋植物、兩棲類、魚類、軟體動物與昆蟲。

即便如此，這部鉅作仍是驚人的成就。即使是未竟全功，《自然通史》的規模已令多數百科全書相形見絀。而他那嚴謹費神的寫作過程，更是讓這項成就顯得格外不凡。眾所皆知，布豐會向朋友朗讀草稿，請他們複述聽到的內容，然後反覆修改任何含糊或誤解的部分，一個章節最多可能重複這個過程十七次。他的座右銘是：「好的寫作就是好的思考、好的覺察、好的執行，三者合一。」[9]這種對

* 蓋烏斯．普林尼．塞孔杜斯（Gaius Plinius Secundus，西元二三年—七九年），古羅馬博物學家，著有《博物誌》（*Naturalis Historia*，又譯《自然史》）。

清晰度的苛求，加上他堅持使用當代法語（而非學術拉丁文）書寫，正是這部著作歷久不衰的關鍵。《自然通史》的暢銷程度，絕非「暢銷書」一詞所能概括。這部鉅作既是科學史上的里程碑，也是文學傑作，出版盛況空前，使布豐成為法國歷史上最負盛名的非虛構作家。[10]每當新卷出版，總是引發搶購熱潮及大眾熱議，這般盛況似乎長久不衰。在葬禮的隊伍中，布豐精心栽培的繼承者在其中默默前行，他是一位深得真傳的年輕貴族，承襲了先師的研究方法和獨特風格。他已出版了《自然通史》第三十六卷，內容是關於蛇類和卵生四足動物，並正在籌備第三十七卷，有關鯨類。偉人雖已離世，但偉業將繼續傳承。

至少，原本的計畫是如此。

❖ ❖ ❖

林奈教授比布豐早十年辭世，但沒有引發大眾的隆重哀悼。這位早已退休的學者在冬夜安葬於簡樸的棺木中。棺木由其宅邸的紅豆杉製成，遺體未經沐浴或修容，僅以一層單薄的裹屍布包裹。跟隨靈車手持火炬的是他的佃農與僕役。多數出席者是從附近的烏普薩拉大學步行而來，林奈曾在那裡教授醫學與植物學長達二十二年。

在場的師生多數只聞其名，沒有親身接觸他的經驗。林奈因腦疾惡化而被迫放棄教職已有十五年，與現實脫節已有五年，喪失言語行動能力也兩年了。這場葬禮雖莊重，但帶著一絲「心智早於身軀凋零」的哀戚。林奈在混沌迷茫中度過晚年，翻閱畢生巨著，但已不知那是自己的作品。

沒有人為他立碑，也沒有人提議這麼做。

布豐與林奈同於一七〇七年出生，兩人都傾盡畢生心血編纂巨著，意圖涵蓋自然界的全貌，但都未能如願。然而，他們的相似之處僅止於此。林奈是系統分類學派（systematist）的代表人物，這個學派的自然史學家將命名和標籤視為首要之務，遠比其他研究重要。布豐研究自然的方式比較複雜，他從來不覺得有必要為自然貼標籤。這種思想或許可稱為「複雜主義」(complexism)。

在林奈眼中，自然是名詞，所有的物種自創世以來恆定不變，有如一幅靜止的畫作。對布豐而言，自然是動詞，是不斷變化的漩渦。林奈認為分類**就是**知識：若不將生命整理為整齊的類別，那要如何了解萬物？布豐則認為分類是過度簡化，雖然實務上有用，卻可能埋下根本的誤解。林奈認為單一實例可以代表其所屬的物種，展現其獨到「本質」。布豐則認為物種是流動的，冥冥之中有未知的力量，在時間的長河裡連結所有的生命。

林奈篤信確定性，還為此沾沾自喜。他寫過四本自傳，並在其中一本中如此描述自己：[11]

> 上帝親自指引我，讓我窺見祂的奧祕，讓我比任何凡人看到更多祂的造物。上帝賜予我對自然史的至高洞見，超越古今任何人。無論我走到哪裡，上帝都與我同在，為我剷除一切敵人，賜我顯赫聲名，媲美世上最偉大的人物。

相較之下，布豐認為研究自然的唯一方式，是永保一種不確定的狀態，也就是說，要有意願蒐集觀察，探索關聯，同時維持一種好奇感，期待意外的發現。他們的世界觀根本不同，布豐曾以面具與面紗比喻，他寫道：「人類知識進步的最大障礙，不在於事物本身，而在於我們思考事物的方式。自然只披著面紗，而我們卻要給她戴上面具。我們把自己的偏見強加在她身上，臆想她按照我們的方式行動和運作。」[12]

在他看來，系統分類只是強加於自然的面具。這些系統反映的是我們一廂情願的想像，而非自然的真實樣貌。他相信，唯有謙卑地耐心觀察，才能偶爾窺見自然面紗下的真貌，除此之外別無他法。自然深奧且豐富龐雜，或許超出人類的理解極限，畢竟人類自身也是自然的一部分。把萬物分門別類，無異於否定生命之間與生俱來的關聯。他寫道：「完整展現的自然，猶如一幅浩瀚的畫卷，」[13]

萬物連綿不絕，緊密交織，相似到難以區分。這絕非簡單的線性鏈條，而是一張大網，或說是一個縱橫交錯的網絡，不時橫生枝節，以便與另一套網絡相連。

從那年四月早晨的送葬人潮與悼詞來看，布豐的複雜主義世界觀似乎已經獲勝了：自然是一個值得沉思的動態整體，而不是等待人類征服的靜態實體。然而，不到五年，布豐竟被貶為「進步的敵人」，淪為最好遭到徹底遺忘的過時象徵。甚至有人為了搜刮棺材上的金屬飾物，撬開當年莊嚴穿越街道的棺木，把他的遺骸粗暴翻出來。一群舉著火把的民眾，湧入他摯愛的皇家植物園，對他的巨大雕像視若無睹（因其位置特殊而難以摧毀）。他們嚷著要豎立一尊與布豐畢生成就平行卻完全對立的人物塑像：一尊倉促製作、漆成大理石質感的林奈石膏像。

PART I

存在巨鏈

THE GREAT CHAIN OF BEING

「世事之難，以開創新制為最：
謀畫時舉步維艱，成事時吉凶難料，
推行時危機暗藏。」——馬基維利

十九世紀畫作，描繪兒時林奈初展植物學家的風采

CHAPTER

1

椴樹源流考
Of the Linden Tree

十七世紀的瑞典大地上，處處點綴著天然的聖地：椴樹。瑞典人賦予這些樹半神祕的色彩，將其心形葉片和芳香花朵，跟北歐的愛情和生育女神芙蕾雅聯想在一起。孕婦會採集椴樹的葉子，把它們塞進枕頭裡睡覺，以期分娩時獲得芙蕾雅的庇佑。旅人遇到暴風雨時，會躲在椴樹下。他們相信雷神索爾會看在芙蕾雅的份上，將閃電劈向別處。大家喜歡在銀白色的樹幹下表白愛意或談生意，因為據說芙蕾雅會懲罰在椴樹下說謊的人。

在瑞典南部斯莫蘭省的邊界附近，有一棵古椴樹格外受人敬仰。它生長在維塔里茲和鐘斯博達教區交界的田野上，三根粗壯的樹幹合抱而生，展開的樹蔭足以覆蓋近一英畝的土地。樹根旁有一座遠溯及青銅時代的石塚，相傳是維京戰士的長眠之地。斯莫蘭的居民早已將這棵樹及其周圍的土地奉為「守護聖域」，相信它能庇護整片周邊的鄉野。

對擁有這片土地的家族而言，這既是榮耀，也是特殊的責任：依照傳統，守護聖域必須盡可能維持原貌，即便它占據了原本可用來耕種的肥沃土地。這個家族世世代代都會悉心照料那棵樹。每當樹枝掉落時，他們會小心拾起（據說折斷樹枝會招來厄運），整齊堆放在樹根處，任其自然風化。他們在周圍豎起圍欄，以防動物頂撞、摩擦、啃咬樹皮，但仍保留一條小徑讓訪客接觸椴樹。

這個家族原本沒有姓氏，這在當時的瑞典鄉下很常見，畢竟人們世代守著祖傳的土地，根本不需要姓氏辨別身分。多數男性必須提供姓氏時，會採用一種簡單的方式：直接在父親的名字後面加上-son（兒子），所以瑞典後來到處都是約翰森（Johannson）、彼得森（Peterson）、斯文森（Svenson）這樣的姓氏。然而，一六九〇年的秋天，十六歲的尼爾斯（Nils）做了一個與眾不同的決定。他放棄了「英格瑪森」（Ingemarsson）這個姓氏，選擇用拉丁文Linnaeus（音譯林奈，意為椴樹人）為姓氏，以此紀念那棵守護他們家族的椴樹。

這個選擇暴露了他的野心。尼爾斯即將前往二百四十公里外的隆德大學求學，而拉丁語正是學術界的通用語言。許多知名學者都會把姓氏拉丁化，例如米歇爾．德．諾特雷達姆（Michel de Nostredame）後來以諾查丹瑪斯（Nostradamus）之名聞名於世，尼古拉．哥白尼（Nikolaj Kopernik）以拉丁化的名字Nicolaus Copernicus名垂青史。然而，在斯莫蘭省這種鄉下地方，提前取個拉丁文姓氏卻是一個突兀又自命不凡的決定。不過，尼爾斯本來就打算擺脫這種鄉下生活。

❖ ❖ ❖

尼爾斯終究沒能如他所願遠離那棵椵樹。家裡務農的收入勉強夠送他上大學，但不足以支持他完成學業。他到校時，身上的錢僅夠支付一年的學費，原本指望靠著獎學金和打工湊齊後續的費用。這些希望落空後，他輟學了。此後十年間，他在瑞典和鄰國丹麥四處漂泊，始終未能安定下來，也沒有固定的職業。眾人都說他性情溫和開朗，對返鄉一事也不急切。

二十七歲那年，尼爾斯終於回到家鄉，面對家人的失望和謀生的難題。由於缺乏在斯莫蘭務農的本錢，他決定投身路德教會，學習擔任神職人員。兩年後，這位新晉的林奈牧師在莫克倫湖畔的農村斯滕布羅胡爾特找到一個初級職位，擔任助理牧師。這裡離他的出生地和那棵椵樹僅三十二公里。一七〇六年，他與直屬上級的女兒克莉絲蒂娜·布羅德索尼亞成婚，妻子隨夫改姓林奈婭（Linnea，意為「椵樹之女」）。一七〇七年五月二十三日，他們的長子誕生。為了向瑞典國王致敬，他們給兒子取名為卡爾。

關於卡爾·林奈的出生與童年，流傳著許多傳奇故事。家人和後人都試圖將他塑造成命中注定要踏上植物學聖殿的天選之子。一些可能虛構的傳說聲稱，這男孩出生時頂著一頭雪白的頭髮，那是「森林精靈」的標誌，後來頭髮才逐漸變成棕色。據傳，他襁褓時期異常躁動，難以安撫，唯獨母親在他的搖籃上方放上花束，才能讓他平靜下來。「鮮花成了卡爾最早、也最鍾愛的玩具。」[1]一位早期的傳記作家寫道，「父親有時會帶著剛滿週歲的小卡爾到花園，把他放在草地上，在他手裡放朵小花，讓他自得其樂。」

當時牧師宅邸百花齊放。林奈牧師已接替岳父成為本堂牧師，並舉家搬到斯滕布羅胡爾特的牧師宅。由於不必在教區內四處奔波，園藝成了他的嗜好。這位牧師的花園規模可觀，種植了數百種花卉。園中最引人注目的，是中央那座別出心裁的「花宴」。那是一個圓形堆高的土台，布置得像張餐桌，上面精心栽培的植物宛如一道道豐盛的佳餚。餐桌邊緣的灌木則是修剪成賓客的模樣，彷彿正在用餐。據說年幼的卡爾常在這些想像的「賓客」陪伴下玩耍數個小時，還會花更多的時間照料附近一小塊屬於他的小園地。一位早期的傳記作家記載，這孩子「總終日流連田野林間尋覓花朵……其慈母曾嘆道，每當他覓得新花，就迫不及待拆解剖析，因為這小傢伙總是想盡可能深入探索自然的奧祕。」甚至有故事記載，有人抓到小卡爾偷偷把花朵夾進家中的聖經裡。據說他解釋：「聖經是生命之書，若把花夾在書頁間，一定能永保花色，因為聖經會讓它們永遠活著。」[2]

這些傳聞即便屬實，也無關緊要，因為這孩子的職業從出生就已經注定了。正如尼爾斯接替岳父成為斯滕布羅胡爾特的本堂牧師一樣，卡爾也將承襲父業，成為這個世襲講壇的第五代傳人（這講壇原本就是他母親的嫁妝）。對父親來說，打理花園不過是閒情逸致，是牧養信徒之餘的調劑。兒子當然也可以有這樣的愛好，但僅此而已。

❖ ❖ ❖

卡爾後來總能準確指出，他對植物的癡迷是在何時轉為狂熱的。那是一七一一年某個清朗的春日，他才剛滿四歲。那天風和日麗，斯滕布羅胡爾特的居民紛紛放下手邊的家務，來到莫克倫湖畔岬角上的莫克拉納斯草地野餐。野餐過後，大家悠然躺在青翠的草地上。林奈牧師興致一來，當場給大家上了一堂植物課。卡爾後來回憶道：「大家坐在開滿野花的草地上」[3]，看著他父親隨手拔起幾株身邊的植物，「講解這些植物的名稱和特性，還讓大家看了魔噬花（Succisa）、委陵菜（Tormentilla）、蘭花（Orchides）的根部構造。」

即便數十年後，那些植物的拉丁學名仍深深烙印在他的腦海中。後來他以第三人稱描述那一刻：

這個孩子全神貫注地觀察與聆聽，從此見到植物就要追問名稱、特性、本質，問題多到連父親都招架不住。

卡爾那股按捺不住的好奇心，很快就在家中的花園裡引發了幾次緊張的場面。後來他又以第三人稱回憶道：「就像其他的孩子一樣，他總是問完就忘，尤其是那些植物的**名字**。」（粗體標示是他自己的強調）。父親被問得不耐煩了，忍不住下了最後通牒：每種植物他只講解一次，以後不再重複。此後的人生，卡爾一直很感謝父親給他的兩份禮物：對植物學的啟蒙，以及那種「嚴格」的教導方式，讓他從小就磨練出過人的記憶力，「因為此後無論聽聞什麼，我都能輕鬆牢記」。

一七一七年，父親把十歲的卡爾送往四十八公里外的韋克舍三藝學校就讀。父親幫他安排好食宿，並叮囑他要「好好學習，為將來當牧師做準備」。這所學校之所以稱為三藝，是因為它以傳統的「三藝學」（trivium，亦即文法、修辭、辯證）為核心課程，內容艱深：文法要學拉丁文和希臘文，修辭是以亞里斯多德的理論為基礎，辯證法則是源自蘇格拉底。即便是最聰明的鄉下孩子，面對這些課程時也常感到吃不消。卡爾很快就發現，這裡的老師「寧可動輒鞭打和懲罰，也不願多費唇舌勸導」[4]。到了第二年，卡爾每天早上拖著沉重的腳步去上課時，心中的恐懼與日俱增。

卡爾的在校表現，充其量只算差強人意。儘管他後來大半輩子都用拉丁文寫作，但文風始終是實用導向，稱不上優雅；甚至連他的瑞典文寫作，也常被那些講究文采的同行嘲笑。最初五年，他幾乎都被關在學校的小小院區內，直到升上高年級，才獲准踏出校門。此後，他常獨自一人在韋克舍周邊的森林與田野間漫步。翻遍他的四本自傳，找不到任何關於同窗友誼的記載。不過，他倒是提到，當時學生和老師都稱他為「小植物學家」（den lilla botanisten）——這稱呼既指他的瘦小身材（他成年後，身高始終未滿五英尺（一五二公分），也暗指他對植物的日益癡迷。每次獨自散步回來，他總會帶回大把花朵與枝葉，把它們夾在書頁間。此時的卡爾鬱鬱寡歡，思鄉情切，把故鄉斯滕布羅胡爾特想像成「花神傾灑所有芳華之地」[5]，他愈來愈沉浸在自己的植物世界裡。父親的花園，如今已成遙不可及的樂園，如同被逐出後的伊甸園。他後來寫道：「就讓孩子盡情享受他的樂園吧，反正煩惱遲早會把他趕出來。」

青少年時期，學校課業有增無減。雖然他在數學和物理方面成績尚可，但在希伯來語、形而上學、神學方面的表現極差，成績總是墊底。然而，他的父母始終不知道這些問題。卡爾難得返家時，從未向父母吐露這些困境。直到在韋克舍的第七年，這位「小植物學家」的內心恐懼已逐漸轉為絕望。他終究沒能如父親所願，為將來擔任神職打下基礎。該來的，終究躲不掉。

❖ ❖ ❖

隔年，林奈牧師染上了一種小病，久治不癒。某日他去韋克舍找約翰．羅斯曼醫生看病，決定順道去三藝學校突擊探訪。卡爾後來回憶道，父親滿心期待「能從老師口中聽到愛子學業有成的誇獎」[6]，

> 豈料事與願違，校方竟然建議，既然這孩子顯然不是讀書的料，不如讓他去跟著裁縫或鞋匠當學徒，或從事其他的手工活更實在。

牧師一聽，難掩震驚。裁縫？鞋匠？這不僅令他大失所望，更是一記沉重的經濟打擊。整整九年供卡爾寄宿求學的開銷，對這個家庭已是沉重的負擔。如今還得另籌經費，栽培他弟弟撒繆耳來接替

他的位置。但眼下更棘手的是：該如何安置卡爾？學校提出讓他去拜師學藝的建議來得太遲了，他不再是個孩子，而是年近二十的青年。很難想像有哪位手工藝師傅願意接受這個身材矮小、終日心不在焉的小伙子為徒。

林奈牧師來到老友羅斯曼醫生的診所，忍不住傾訴心中的沮喪。羅斯曼耐心聽完後，坦言校方的苛刻評價或許沒錯。他兼任三藝學校的物理老師，早就注意到卡爾學習吃力，缺乏動力。但同時他也發現卡爾天資聰穎，一旦專注起來便心無旁騖。於是，羅斯曼提議：或許，還有別的出路。

當時，植物學根本稱不上是一門專業，頂多是業餘愛好者或富家子弟的消遣。雖然有些教授會教植物學，但都是附屬於醫學課程，畢竟認識植物及其藥用價值是醫學的重要環節。羅斯曼提議，何不讓卡爾改學醫呢？他願意讓卡爾住進家裡，接受一年訓練。雖說不是正規學徒，但只要卡爾肯用心，說不定能打好基礎，將來進醫學院深造。

這個提議並未讓林奈牧師多高興。在瑞典，醫生的社會地位遠不如神職人員，而且卡爾從未表現出對醫學領域的興趣。他擔心，這個整天做白日夢的兒子，將來頂多只能當軍醫，那是醫學界地位最低的職業，成天不是在戰場上處理傷口，就是在軍營裡治療梅毒。但眼前似乎沒有更好的選擇了，林奈牧師只好點頭答應，並動身返回斯滕布羅胡爾特，心裡還在想，該如何向妻子透露這個消息。

擺脫了三藝學校的枯燥課業，卡爾成了認真好學的學徒。他退學後，搬去和這位臨時的師父同住。韋克舍的村民漸漸習慣看到，這位「小植物學家」成天跟在醫生的後頭出診，努力想把自己改造成「小醫生」。然而，當羅斯曼為期一年的指導結束，卡爾回到斯滕布羅胡爾特的老家，迎接他的卻是一場尷尬的重聚。原來林奈牧師一直瞞著妻子，不敢告訴她兒子學業一塌糊塗的真相。當她最終得知實情，臨時改行學醫的消息並未帶給她任何安慰。林奈夫人既憤怒又失望，禁止任何人在家中提及與園藝和植物學有關的話題。不過，她還是板著臉，勉強同意讓卡爾在秋天去讀醫學院。

一七二七年八月十七日，卡爾離家遠行。行囊裡裝著母校老師的推薦信。這信原本是醫學院註冊的必要文件，但信中措辭刻薄，他根本沒打算遞交。他也帶了一個錢包，裡面裝滿了瑞典銀幣。這是父親送給他的盤纏，但父親也明說，以後恐怕不會再有資助了。那筆錢頂多只夠撐一年，往後的日子，他就得自謀生路了。

烏普薩拉植物園內的年輕林奈雕像

CHAPTER
2

飢餓的歷練
A Course in Starvation

一七二九年四月十九日，在瑞典的烏普薩拉城，歐洛夫・攝爾修斯教授鑽進一片雜草叢生的荒地。這位中年學者身形圓潤，身穿黑色教士袍，頭戴撲粉假髮，蓄著濃密的山羊鬍，看來相當莊重。也因此，他突然闖入那片放牧著牛隻的雜草叢時，顯得格外突兀。在路人眼中，這不過是塊廢棄的空地，但攝爾修斯深知，這裡藏著一座荒廢花園的遺跡。

近百年前，另一位烏普薩拉教授曾在這片荒地上，開闢了一座私人的教學花園。那是露天教室，專門讓醫科學生實地辨識藥用植物。這座植物園曾經蓬勃發展了好幾個世代，培育了近二千種植物（包括瑞典首次引進的稀奇作物：馬鈴薯）。後來烏普薩拉植物園怎麼了？它的遭遇和烏普薩拉城本身一樣。數百年來，烏普薩拉城一直與斯德哥爾摩爭奪瑞典首要城市的地位。斯德哥爾摩是商業與政治中心，烏普薩拉則是文化與宗教重鎮，這裡既是瑞典教會的總部所在，又有北歐最古老的大學，更是瑞典國王和女王的加冕之處（按傳統，王室在這兩座城市均設有城堡）。然而，一七〇二年的一場無名大火席捲了烏普薩拉，改變了一切。火勢在強風的吹拂下，沿中世紀的狹窄街道蔓延，猶如風箱鼓風般一發不可收拾。這場大火將四分之三的城區化為焦土，烏普薩拉從此元氣大傷。瑞典國王非但沒有修復烏普薩拉城堡，還把廢墟中的石材運往斯德哥爾摩修建宮殿。

烏普薩拉城不再是大都會，重建後的規模大幅縮水。二十六年後，城區仍在緩慢修復，而那座教學花園早已無人問津。園中的植物僅存十分之一，如今大多在焦土上恣意蔓生，封住了小徑。不過，花園內部的某些區域還能通行，攝爾修斯教授常來這裡整理思緒。他正在撰寫，或者說，試圖撰寫一本有關植物的書。

起初以為很簡單，書名暫定為《聖經植物志》，只需考據新約聖經與舊約聖經中提及的一百二十六種植物。但這位瑞典最頂尖的聖經學者卻陷入了困境：他逐漸意識到，知道這些植物的名字，和真正辨識它們完全是兩回事。

舉例來說，《利未記》、《民數記》、《出埃及記》、《詩篇》中提到的「牛膝草」（hyssop）究竟是什麼？聖經中提到這種植物十二次，但在攝爾修斯那個時代，「牛膝草」這個名稱至少被用來指稱五種植物：一種香草、一種蕁麻、一種水生植物、一種野花，還有一種茴香。此外，hyssop是從希臘語音譯而來的。在希伯來語中，這種植物被稱為ezob或ezov，可能是完全不同的東西。為什麼這很重要？因為聖經明確記載，牛膝草是淨化教堂、驅除屋內的痲瘋病、處理屍體以便安葬，以及獻祭紅母牛的關鍵材料。攝爾修斯無意進行這些儀式，但他注意到一個有趣的共同點：這些儀式都與清潔有關。聖經中的牛膝草是否有消毒特性，或能預防傳染病呢？要解答這些問題，首先得確定這五種所謂的「牛膝草」中，哪一種才是聖經所指的「真品」，但攝爾修斯自認他沒有資格做出這個判斷。

在這片荒廢的花園裡，攝爾修斯通常能享受獨處時光，靜靜思索這些問題。但這個特別的春日，當他沿著殘存的小徑繞行時，卻看見另一人的身影。一位年輕人坐在長椅上，專注在筆記本上塗寫著。他個子很小，不到五英尺高，身材瘦弱，幾乎像個精靈。他沒戴假髮，可見他不是有錢的紳士。他身上的衣服不只破舊，還不合身、搭配紊亂，好像是偷來或撿來的。一件磨得發白的外套，鬆垮垮地掛在他瘦削的肩膀上。從他鞋子的破洞，可以看到塞進去的報紙碎片。

烏普薩拉大學裡有不少勉強度日的窮學生，但眼前這位看起來不像學生，反而更像乞丐。攝爾修斯走近才發現，這位年輕人不是在寫字，而是在現場寫生，用生硬、毫無美感的筆觸描繪著附近的一朵花。從明顯缺乏藝術美感（和技巧）來看，這顯然不是靜物寫生，而是在繪製植物圖譜。那朵花看來是研究用的實例。

「你在觀察什麼？」教授問道。[1]

年輕人禮貌回答，但他不是回瑞典的俗名，而是引用了法國植物學家約瑟夫・皮頓・德・杜納福爾命名的冷門學名。這讓攝爾修斯很驚訝，他知道杜納福爾的植物分類系統是出了名的難學，需要死背六百九十八個類別。「你懂植物嗎？修過植物學嗎？」攝爾修斯追問：「你叫什麼名字？」

「卡爾・林奈。」

「哪裡人？」其實從這年輕人的鄉下口音，大概已經能猜到答案。他說起話來帶著鄉下人那種輕飄飄、不強調重音的腔調，口音很重，一聽就知道是農家子弟。

攝爾修斯隨手指向周圍的植物：「你認得這個嗎？那個呢？」林奈對答如流，接著還主動辨識周邊的雜草。

看來他不只是個勤奮的學生，還是個自學成才的植物行家。「你採集過多少植物標本？」教授問道。

「六百多種本地野花。」這數字是植物園現存品種的三倍。

攝爾修斯打量著這位不尋常的年輕人，他雖衣衫襤褸，但談吐像個大學教授。後來著名的博物學家約翰．繆爾如此描述林奈生命中的這個轉折點：「他眼裡裝滿了植物，但肚子卻常餓得發疼。看來，飢餓的歷練，是上天眷顧者必經的磨難。」[2]

攝爾修斯做了一個衝動的決定。他家食指浩繁，廚房總是相當繁忙。他說：「跟我來。」突然轉身，朝著三個街區外的住家走去。他沒有解釋為什麼要對方跟隨，也沒有透露自己的名字。

❖ ❖ ❖

幾分鐘後，林奈坐在攝爾修斯家的餐桌前狼吞虎嚥，他比兩年半前離開斯莫蘭省的那個青年瘦削許多，也更加堅韌。為了醫學教育，他輾轉兩所大學，幾近身無分文。

第一站是父親的母校：波羅的海沿岸的隆德大學。父親求學時，這裡還是繁華的大學城，但後來接連遭遇大火肆虐、鼠疫蔓延，再加上瑞典與丹麥軍隊的輪番占領，這座曾被稱為「哥特人的倫敦」的北歐最大城市，如今已失去昔日的風華。林奈抵達時，隆德正逐漸衰敗，人口縮減至不到一千二百人。整片街區荒無人煙，只剩鵝群與野豬出沒。隆德大學的醫學院更是凋零，僅剩年邁的約翰．馮．多貝爾教授，對著寥寥數十名學生敷衍地喃喃授課。

林奈別無選擇，只能盡力適應。他在基利安．斯托貝歐斯醫生的家租了間閣樓。這位醫生雖與大學無關，但收藏了大量醫學、地質、化石方面的書籍，可惜他的書庫一直鎖著，只有他的德裔助手庫拉斯能接觸。庫拉斯是年輕的醫學院學生，林奈與他達成協議：他幫庫拉斯補習，以換取偷偷借閱那些藏書的機會。夜深人靜時，庫拉斯悄悄把書偷出來交給林奈。林奈徹夜苦讀，在翌日早上歸還，以免房東發現。可惜，好景不長。某日凌晨兩點，失眠的斯托貝歐斯醫生舉著蠟燭在屋裡閒晃，發現這位房客伏案酣睡，身邊放著幾本禁書。

斯托貝歐斯非但沒有生氣，反而對眼前這個年輕人刮目相看。醫生搖醒林奈，考問他偷讀的內容後，更是另眼相待。庫拉斯的心裡很不是滋味，因為不久後，斯托貝歐斯就把林奈當成愛徒栽培，不僅讓他自由進出書房、提供他免費餐點，還帶他一起出診。林奈後來回憶道：「他待我如子，而非學生。」[3]但這份恩情終究難以消除他心中的鬱結。畢竟，斯托貝歐斯的提攜，改變不了隆德城的頹勢。在這座日漸衰敗的城市裡，讀著名存實亡的醫學院，還有什麼前途可言。

由於手頭拮据，又沒有機會掙錢，他只好像以前那樣，一有空就到附近的荒野採集標本，加入他的收藏。一七二八年春天，他在附近的法格松沼澤探索時，突然感到右臂一陣刺痛。起初他不以為意，沒想到幾小時後，傷口紅腫發炎，很快他便高燒臥床，疼痛加劇，連斯托貝歐斯醫生也束手無策，只能請來外科醫師施奈爾。醫師在他的手臂上劃開一道深口，從手肘開到腋下，留下了一道長疤。林奈後來認定，那次開刀救了他一命。不過，究竟是什麼咬了他，始終成謎。他後來認為他是被一種「細如髮絲、灰身黑尾」[4]的飛蟲襲擊。這種生物從天而降，叮入受害者的肉中。他把這種生物命名為「射蟲」（Shot），以表達其速度與攻擊力。後來他給它取了學名「煉獄狂蟲」（*Furia infernalis*），意指地獄怒火。

康復得差不多後，林奈就轉往規模更大的烏普薩拉大學求學了，但他很快就後悔這個決定。

❖ ❖ ❖

林奈發現，相較於隆德，烏普薩拉也好不到哪去。雖然全校有上千名學生，但醫學院根本形同虛設。課程表看起來很唬人，有解剖學、植物學、動物學、理論與臨床醫學、外科學、生理學、化學等等。但實際上，這些科目都是由兩位老教授包辦，而且他們心情好才授課。在校方論資排輩的縱容下，根本沒有人管得動這兩位教授。他們很少親自授課，而是派助手照念幾十年前的舊講義。

這兩位教授尸位素餐，已經徹底擺爛了。解剖學和化學課已經多年未開。臨床醫學課幾乎接觸不到真正的病人。學校的醫院使用率太低，部分區域甚至改建成酒吧。動物學的收藏寒酸得可憐，只有一隻「龍」的標本（很可能只是蜥蜴）和一條十五公分長的雙頭蛇。植物學很少開課，林奈連一堂正課都沒修過。前面提到的植物園已經變成雜草叢生的荒地。烏普薩拉的醫學文憑已大幅貶值，甚至無法在瑞典國內執業。這所學校甚至連醫學學位的證書都不頒發，逼得學生必須去別處考取行醫執照，多數人只好出國取得證書。

對林奈來說，要再籌錢上第三所醫學院很難，但那是以後的事了。他在烏普薩拉的第一堂課，是當時唯一開設的課程：一連幾週都在講鴨子、雞、家禽的藥用價值。一七二八年十二月，他好不容易拿到一筆小額的獎學金，便立刻趕往斯德哥爾摩。那裡有個女囚犯即將受到絞刑。為了彌補他在烏普薩拉沒上過的解剖課，他花了十六元觀摩這具女屍的解剖。

這幾乎耗盡了他的資金，導致他走投無路。到了一七二九年一月，飢餓感逐漸壓過了失望。套用林奈自己的說法，他「只能靠運氣混口飯吃」[5]，不是向同學借錢，就是接受別人捐贈的舊衣。他在廉價的出租房裡，瑟瑟發抖熬過嚴冬。最後一雙長襪磨破時，他剪掉襪子的腳部，把剩下的襪筒套在小腿上保暖。鞋底破洞，就塞報紙湊合。雖然還掛著學生的名分，但他付不起學費，只能整天泡在醫學圖書館裡，鑽研植物學的書籍。館內確實有幾本內容豐富的珍本，其中最重要的是《乾燥花園》。

這部巨著共有二十六卷，超過三千頁，價值連城，甚至曾被瑞典軍隊當成戰利品，從丹麥搶回國。然而，林奈千辛萬苦來到這裡，付出那麼大的代價，卻只能在這裡翻看一些枯乾的植物標本。

他現在進退維谷，無路可走。那份世襲的牧師職位，曾是他與生俱來的權利，如今已經傳給了弟弟弗雷德里克。林奈夢想著離開烏普薩拉，回到隆德，至少還能向昔日的恩師斯托貝歐斯醫生討個機會。隨著天氣漸暖，他除了泡圖書館，也開始獨自流連於那座荒蕪的植物園，描繪綻放的花朵。

這座雜亂但充滿生機的植物園，眼看就要成為他雄心壯志的終點——徹底淪為流浪漢前的最後一站。沒想到，攝爾修斯教授某天正好漫步而過，瞥見他在素描，突然考問他那些植物的名字。

攝爾修斯教授一時興起，請他吃了頓飯，之後又接連請他吃了好幾次，最後乾脆開出條件：包吃包住，只要他幫忙編撰《聖經植物志》。這個窮學生想都沒想就答應了。林奈對《聖經植物志》的貢獻其實很小，因為攝爾修斯後來花了整整十八年才完成這部手稿。不過，他最終把一種植物命名為「藥用牛膝草」(*Hyssop officinalis*)，以此回報教授的知遇之恩。這樣做既還了人情，也順帶解決了困擾學界已久的「真」牛膝草難題。

藥用牛膝草味道苦澀，確實生長在聖經記載的地區，但林奈從未說明他命名的依據，看來是全憑他個人的認定。根據現代歷史語言學的研究，聖經裡真正的「牛膝草」其實是刺山柑（caper bush，學名 *Capparis spinosa*）。

喬治—路易・勒克萊爾，日後受封德・布豐伯爵

CHAPTER 3 鹽稅官之子 The Salt-Keeper's Son

喬治—路易・勒克萊爾的童年沒有神話色彩。一七〇七年九月七日，生在勃艮第鄉間的蒙巴爾村，只比林奈晚五個月。根據所有的記載，他的少年時代平淡無奇。一位親戚回憶道：「說起他童年、甚至青少年時期的特質，其實跟那些天資聰穎的孩子差不多，沒什麼特別之處。」[1]求學時，師長給他的評語是，「沒有顯著的才華」，課業既不落後，也不突出。他長得還算端正，尤其是一雙深褐近墨的眼睛特別醒目。然而，他的眼睛沒有特別靈動，看不出有什麼遠大的抱負。所幸，沒有人在意這點，畢竟他只需要繼承父親那份不太體

面的家業就夠了。

在十七世紀法國的鄉下環境，勒克萊爾家族算是階級向上流動的典範。男孩的高祖父原本務農，後來離開田地，到鎮上開了理髮店。之後每個世代的社會地位逐漸攀升一階：理髮師的兒子當上了醫生，醫生的兒子當了法官，法官的兒子獲得了一個重要的政府職位。在按規矩向路易十四國王繳納費用後（這類職位是公開出售的），班傑明—弗朗索瓦．勒克萊爾當上了鹽稅官，專管該區的「加貝爾稅」（gabelle），即法國在全國各地開徵的鹽稅。

很少稅收比加貝爾稅令人痛恨。這項稅收是從一二五九年開徵，最初是對鹽徵收百分之一．六六的銷售稅，但從一開始就因不公平而引發民怨。這種統一稅率對窮人來說負擔太重，對富人來說是九牛一毛。問題是鹽是生活必需品，不僅是調味料，在沒有冰箱的年代更是重要的食物防腐劑。對這種生活必需品課稅，為國王帶來了穩定的收入，因此往後的數百年間，法國國王不斷加碼課稅。先是稅率愈來愈嚴苛，後來又追加強制購買的要求。等班傑明—弗朗索瓦出任蒙巴爾的鹽稅官時，鹽稅早已成為法國王室的最大收入來源。

要控制一種常見礦物的消費很難，有關當局因此採取極端的手法。無論是鹽田、鹽礦，還是煮海水取鹽，都受到嚴格的管制。理論上，你可以自己製鹽，但你必須先把鹽上繳給政府，再花錢買回來。政府也禁止牧羊人帶羊群去飲用鹹水，邊境守衛會拿刺釘刺穿旅客的行李，檢查尖端是否沾有白色的違禁物。更令人痛恨的是武裝稅吏，他們在鄉間四處搜查國內的走私活動。各地鹽稅的稅率不同，例如羅亞爾河一岸的稅率，比對岸高出十八倍。這種稅差誘使黑市商人與貧窮的農民鋌而走險，而稅吏無需搜查令或合理懷疑，就可以任意突襲搜查。每年有超過三千名的男女老幼，因鹽稅相關罪名遭到監禁或處決。萬一有人在審判前死於羈押，遺體將用鹽醃製保存，費用則由家屬承擔。

想靠少吃鹽來逃脫鹽稅根本行不通。根據法規，只要年滿八歲，每個公民每年都必須向政府的鹽倉購買定量的鹽，而且官方售價高得離譜。在勃艮第地區，每人每年應購的配額略高於十五磅重。真要吃完這麼多鹽，即使不送命，也足以引發中風。更荒謬的是，政府還強制每週分次發放，硬是給百姓的生活增添一種擾民的例行公事。在蒙巴爾鎮，每戶人家都必須在指定日期派人到鹽稅官勒克萊爾的倉庫報到，耐心等待他登記付款，然後把這包幾乎用不著的鹽運回家。這項鹽稅已經變成一種荒謬至極的儀式，根本是變相搶錢，對「活著」這件事課稅。

喬治—路易從小就明白，為什麼大家都不願踏進父親的鹽倉，卻又不得不來。他從小就了解，為何父母在蒙巴爾鎮散步時，大家的問候總是禮貌有餘，卻少了真誠。他也知道，他幾乎一定會承襲父親的命運。勒克萊爾家族經過五代人的努力，社會地位逐步提升，但想再往上爬已經不太可能了。阻礙他們的已非財富多寡，而是根深柢

因違反鹽稅法被捕

固的階級分層。在勃艮第的這個鄉間小鎮，已經沒有更上一層樓的空間。由於鹽吏職位可以世襲，這個鹽倉管理員的兒子只需靜待時機，接替父親成為下一個鹽稅官僚，坐在倉庫裡，把多餘的鹽包發給憤恨不滿的鄉親就好了。

然而，就在此時，一個與他的名字有關的非凡好運降臨了。

❖ ❖ ❖

喬治．布萊索過著平淡無奇的一生，大半輩子都在薩伏依公爵維托里奧．阿梅迪奧二世的宮廷裡擔任不起眼的小官。薩伏依是個獨立的小公國，夾在兩大強國之間，領土包含後來併入義大利的皮埃蒙特、杜林市，以及劃入法國東部的普羅旺斯和尼斯地區。對布萊索先生來說，要獲得阿梅迪奧二世的信任並非易事，因為公爵對於法國企圖將薩伏依變成附庸國一直深惡痛絕。這位公爵在母親攝政期間，被迫迎娶路易十四的侄女；但一親政，立即擺脫法國的控制，必要時也毫不猶豫地疏遠這個強大的鄰國。在九年戰爭和西班牙王位繼承戰爭期間，薩伏依起初都站在法國這邊，但一發現情勢有利，立刻倒戈。憑著這種見風轉舵的本事，他在戰後分贓中獲得了更多的領土。到了一七一三年，這位薩伏依公爵已身兼數個頭銜，其中包括西西里國王。

這位公爵對西西里這個島國根本沒有興趣。它遠在義大利那個靴形半島的腳尖處（後來他乾脆用西西里換了薩丁尼亞，改當薩丁尼亞國王），況且他早就習慣把領地事務丟給下屬打理。正因如此，布萊索這種低調可靠的人才特別好用：他雖無君王之威，卻深諳治國之道，推行法令、徵收稅賦從不興師動眾。公爵二話不說，就把新王國的管理大權交給了布萊索，並約定布萊索可以從徵稅所得中抽成。

西西里島的面積相當於美國的麻州或英國的威爾士。西西里人向來以不配合當局聞名(「緘默法則*」就是源於此地),他們自然不甘心成為遠方權力鬥爭的戰利品。布萊索的治理時間雖短(他上任不到兩年就過世了),但成效顯著,所以他去世後,遺孀的生活過得相當優渥。一七一七年,布萊索夫人去世,她的遺囑曝光,有兩點令人大感意外。其一是遺產規模驚人。這位夫人極其富有:光是從西西里稅收中抽成的部分,加上過往的收益,換算成現在的幣值,高達數千萬美元。

第二個意外是遺產繼承人。布萊索夫婦膝下無子,由於沒有直系繼承人,他們將大部分的遺產留給了住在法國中部鄉村的姪孫:一個小男孩。原來,他們的姪女克莉絲汀・馬林・勒克萊爾當年為了討好喬治・布萊索,刻意請他當長子的教父,還以他的名字為孩子命名,取名為喬治—路易。就這樣,鹽倉管理員年僅十歲的兒子,一夕之間成了富翁。

❖ ❖ ❖

這筆遺產立刻終止了男孩在蒙巴爾鎮的中產階級生活。根據法國的法律,他要到二十七歲才能完全掌管這筆財富。在此之前,由父親代為管理。不出幾個月,班傑明—弗朗索瓦・勒克萊爾就舉家搬往西北方六十四公里外的勃艮第首府迪戎,入住豪宅。他把喬治—路易和他的兩個弟妹送入最好的學校,開始讓長子全面學習上流社會的禮儀和社交技巧。

要進入上流社會沒那麼簡單。雖然一夜暴富,但這孩子很可能被當成鄉下來的暴發戶,只配回到蒙巴爾那種小地方當個土財主。然而,他的蛻變不僅成功,也很徹底。六年後,喬治—路易已從迪戎

* Omertà,昔日黑手黨間的最高法則之一,強調在面對任何威脅或壓力時保持沉默,防止成員背叛組織、遭到利用,或被報復。

的耶穌會學院畢業，在名門貴族的子弟之間如魚得水。此時的他已長成身材高大挺拔的年輕人，英俊瀟灑，體格健壯，那雙引人注目的眼睛現在更配上一頭濃密的黑髮，後來成為他的標誌。終其一生，他都拒絕佩戴當時流行的白色假髮，只在必要場合為自己的黑髮撲粉。年輕的喬治—路易舉止矯健，談吐得體，雖只是個少年，已展現出非凡的氣場與沉穩。

不過，他的聰明才智不算出眾。朋友都記得，他對運動的興趣遠超過對課本的熱情，雖然他們隱約知道他私下還閱讀其他書籍。如同在蒙巴爾的時期，他的學業表現平平。成績雖有進步，但對讀書沒有特別的興趣。一七二三年完成中學教育後，喬治—路易進入迪戎法學院就讀，雖然他根本沒打算當律師，但依然選了這條沒多大興趣的求學路。由於法律文憑是買到省議會終身職位的先決條件，這是在上流社會中鞏固地位的下一步，也是最後一步。省議會不是立法機構，而是司法機構，是勃艮第的統治階級用來鞏固大部分權力的體系，掌控著多數稅收和法規。就連國王的敕令，也必須經過這些所謂「法袍貴族」的上流官員蓋章認可後，才能生效。

一七二六年，十九歲的林奈還在三藝學校留級之際，同齡的喬治—路易已取得律師資格。他本該順理成章成為省議會的法官，稍微打點名下的葡萄園、佃農場等產業，並在迪戎的上流社會大展風采。然而，令父母失望的，他竟閉門不出，終日窩在豪宅裡讀書，連續數月沉浸在書海裡。

勃艮第的菁英階層也許接納了喬治—路易，但他並未完全接納他們。這一切來得太快，快到他始終對周遭環境保持著一種疏離感，即便表面融入，內心始終覺得格格不入。他平靜的舉止掩蓋日益增長的迷惘和不安。他不介意富有，對精緻衣著和高級家具的品味將伴隨他一生。但他不喜歡無所事事的富有。勒克萊爾家族的前幾代人至少勤奮工作，努力提升地位。而擺在他面前的生活，是不斷監督葡萄收成、向佃農收租。在他看來，這似乎只比在蒙巴爾收鹽稅稍微不無聊罷了。

沉浸於書海一年多後，喬治—路易宣布他要重返校園。這次他選擇前往西方五百六十公里外的昂熱大學，他向友人吐露心聲：「至於我嘛，我會盡量遠離迪戎，愈久愈好。如果真有什麼能讓我心甘情願回去，大概就只有那寥寥幾位我還敬重的人吧。」[2]

❖ ❖ ❖

昂熱大學不是什麼頂尖學府，但是對喬治—路易來說，那是在法國境內離迪戎最遠的大學選項。在那裡，他廣泛涉獵許多學科，鑽研數學，甚至去醫學院旁聽。他沒想過當執業醫生，那對他的身分來說是可笑的降級。不久就可以明顯看出，他根本無意取得任何學位。對他來說，課堂的吸引力還不如昂熱的咖啡館和小酒館。他的社交圈裡有嚴謹的學者，也有喜歡享樂的玩家。誠如一位早期的傳記作者含蓄描述，大學生時期的他「從一開始就對學業和享樂都展現出極大的熱忱」[3]。

老天爺給了他得天獨厚的本錢：挺拔的身材、優雅的儀態、英俊的面容、過人的體力，以及做什麼事情都全力以赴的熱情……年少的他，行事狂放衝動，但無論前夜如何縱情揮霍，翌日清晨，他都會命人準時喚醒自己，重新投入學業。

說他「相當狂放衝動」，算是相當委婉。他根本是縱情投入，既愛拈花惹草，又好逞兇鬥狠，不僅交友廣泛，也結下不少仇敵，甚至開始與人決鬥。

後世的衝動人士把決鬥改良成點到為止的榮譽儀式，很少致命。英國人和美國人會保持距離，用手槍決鬥，但多半會故意射偏或對空鳴放。德國人和奧地利人是使用特製的細劍決鬥，通常只會在臉上留下幾道可當動章炫耀的傷疤。但十八世紀初的法國決鬥，根本是玩命的廝殺：雙方赤裸上身以示沒有穿戴護甲，相隔約六十公分，用厚重的彎刃軍刀互砍，那刀能劈砍也能刺捅。法國早在一五四七年就明令禁止決鬥，但這種風氣屢禁不止，王室後來為此追加的禁令就有八道。一七二三年的最新禁令更明言：「凡貴族動武傷人，即刻撤其爵位，沒收武器。」[4]然而，坊間依然如故，大家依然下挑戰書，依然召募副手，依然清理決鬥場，那聲「開始！」照喊不誤。

在昂熱的三年間，勒克萊爾至少參與了三次決鬥。引發決鬥的原因，說法不一。有人說是為了捍衛一位女士受損的名譽，也有人說是因為一場可疑的紙牌遊戲，但這幾次決鬥都以流血收場。第三次是對決一名英國人，也是最血腥的一次。

CHAPTER 4

植物羊與藤雁樹
Vegetable Lambs and Barnacle Trees

藤雁樹，或稱藤壺樹，其果實會變成野雁。

一七二九年的深秋，兩個朋友把整個世界劃分為各自的探索領域。

一個是林奈。自從偶遇攝爾修斯教授後，他總算擺脫了窮困潦倒的窘境。這位新恩師不但提供他食宿，還幫他爭取到升級版的獎學金，他的學業得以延續一年。不再為生計擔憂，林奈終於能享受大學生活的課外樂趣：在咖啡館裡閒坐，悠閒參與課外討論，結交朋友。

彼得．阿特迪比林奈大兩歲，來自瑞典北部的翁厄曼蘭省，兩人的背景出奇相似。他也是牧師之子，也有父親自取的拉丁姓氏，從小家裡也是栽培他繼承家業當牧師，但他同樣迷上自然史，最後也被送去讀醫學院。幾個月前，林奈在大學的圖書館裡注意到他們感興趣的書籍似乎都相同，但直到最近林奈才鼓起勇氣上前攀談。這一聊便停不下來。「我們立刻聊起礦物、植物、動物。」林奈回憶道：「我渴望他的友誼，而他不僅接納了我，更承諾隨時幫我。」[1]

兩人外表與性格截然不同。林奈筆下的阿特迪「個頭高大，行動緩慢，嚴肅沉穩」[2]，他形容自己「個頭矮小，輕浮躁進，動作迅速」。阿特迪習慣白天睡覺，晚上讀書。林奈則習慣早起，作息規律。但他們成了摯友，誓言絕不互為勁敵。為了避免未來的學術競爭，他們將生物世界劃分為各自的研究領域：林奈專攻昆蟲與鳥類，阿特迪則專攻魚類（當時泛指所有的水生生物）、爬蟲類、兩棲類。至於「有毛動物」（Trichozoologia），雙方約定一起編目：兩人可以研究任意數量，只要事先告知對方即可。阿特迪深知林奈醉心植物學，便識相地只挑了胡蘿蔔、香菜、芹菜這幾樣。他們也立下約定：無論誰先離世，活著的人都要接手對方的研究手稿，繼續完成他的未竟之志。

然而，當他們興致勃勃將生物界劃分得愈來愈細，卻不得不面對一個事實：無論他們如何明確劃定界限，有些物種就是難以分門別類。例如，「樹羊」（boramez），或稱韃靼植物羊（vegetable lamb of Tartary）。據說這種生物生長在裏海周邊的亞洲地區，外表與普通羔羊無異，但它同時也是一種植物。它從地裡長出來，靠一根堅硬的莖稈與大地相連。那根莖稈就像臍帶一樣，若被切斷，那隻羊就會死亡。它的生命很短暫，因為只能吃到莖稈周圍的草。它的肉嘗起來像羊肉，但血液嘗起來像蜂蜜。

另外，還有「藤雁樹」（bernicla），或稱藤壺樹（barnacle goose tree）。這種傳說生長在蘭開夏郡外海小島的奇樹，結出的果實是藤壺的形狀，它們掉入水中，經過幾個月

樹羊

的浸泡後，就會變成野雁，破水而出。這對林奈和阿特迪各自的專業領域來說，是個特別棘手的問題，因為牠同時是植物、魚類、鳥類。英國的博物學家約翰・傑勒德這樣描述，這些蚌殼狀的果實愈長愈大，最後外殼裂開，[3]

> 先是露出鳥腿，慢慢整個身子都鑽了出來。小鳥用喙緊緊叼住果殼的內壁，等完全成熟才掉進海裡。它在海裡長出羽毛，最後變成比野鴨大、比野雁小的水禽。

一七二九年的人真的相信這些奇幻生物嗎？除了少數的懷疑者以外，絕大多數的人確實深信不疑。前一年出版的《錢伯斯百科全書：藝術與科學通用辭典》裡，植物羊還有專門的條目。在一六三六年出版的《草藥圖鑑》中，傑勒德把藤壺樹和馬鈴薯並列收錄，這本書直到十九世紀一直被當成教科書。教宗依諾增爵三世曾明確規定：四旬齋期期間禁止食用藤壺雁，理由是儘管牠們的繁殖方式奇特，但生活習性與一般雁類無異，本質仍屬鳥類。依照猶太飲食戒律，坦姆拉比裁定牠們符合潔食標準，應該按照禽類屠宰的標準方式處理。

以現代人的眼光來看，這些生物顯然荒誕不經。所謂的「植物羊」，很可能是誤解了希羅多德的記載。這位古希臘史家曾寫過，某種植物「結出的絨毛，其美麗與品質皆勝過羊毛」[4]，他描述的其實是棉花。至於「藤雁樹」，在教宗依諾增爵三世與坦姆拉比定調以前，很可能是一個刻意製造的漏洞，讓想吃禽肉的人，假裝吃的是魚類。想要了解為何連資深的博物學家都對這些生物的記載深信不疑，我們需要明白一點：當時幾乎所有人都認同，自然界有一套生命譜系的終極藍圖。

這套藍圖的結構簡單明瞭，是一條筆直向上的線。

這個概念最早是由亞里斯多德在《動物志》中提出的，名為「自然之梯」（scala naturae），或稱「生命階梯」。這個概念很簡單，就是把萬物從低到高排成一條直線，最底下是簡單的植物，最頂端是人類，愈往上愈複雜，這是逐步趨近「完美」的自然秩序。經過幾個世紀的演繹，階梯的橫木變成了鏈條的環節，原本的比喻精進成「存在巨鏈」*（Great Chain of Being）。這條巨鏈向下延伸至礦物，向上延伸則超越人類，通向天使，最終連接到上帝。像藤壺樹和植物羊這樣的生物，當時大家不會覺得牠們破壞了分類體系，因為牠們自成一個類別，在巨鏈上有自己的環節。說到底，當時大家認為，這類介於動植物之間的生物，正好是從一個層級晉升到另一個層級的必要連結。

「存在巨鏈」可不只是比喻，它更是維繫世俗權力的工具。雖然各家版本的細節不同，但多數版本把國王與貴族單獨列為一個階層，位在平民之上。如此一來，統治階級就成了天經地義的存在。這種觀念後來甚至被寫進十九世紀的讚美詩〈萬物光明美好〉：

富者安居城堡
貧者佇立門前
尊卑皆神所定
貴賤皆屬天意

這套「存在巨鏈」把君權觀點也延伸套用到自然界的其他領域。例如，老鷹被封為「百鳥之王」，大象或獅子被封為「萬獸之王」，鯨魚是「眾魚之王」，橡樹是「植物之王」。這種等級概念甚至延伸到無生命的世界，例如，黃金是「金屬之王」，鑽石是「寶石之王」，大理石是「石類之王」。到了文

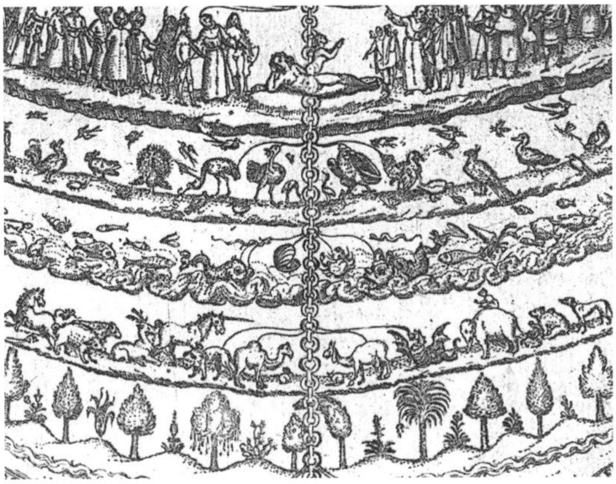

存在巨鏈（局部），取自《基督教修辭學》，一五七九年

藝復興後期，這套等級體系愈發精細：野生動物的地位高於家畜，因為他們認為野性是靈魂更高貴的證明；吃蟲的鳥類地位高於吃種子的鳥類。各種天使被導入最頂層，其中熾天使（seraphim）的地位最高，因為熾天使是天使中的王者，或稱天使的「首領」。

這套體系後來日趨複雜，也日益受到世人的接納。到了一六六七年，連英格蘭皇家學會這等學術殿堂，也直接以「存在巨鏈」的邏輯來定義其使命。[5]

人類智慧的終極追求，是窮究這個鏈條的每個環節，直到參透其中的所有奧祕，並親手改進及模仿自然的造物。這才是真正駕馭世界：把世間萬物分門別類、井然有序地層層堆疊……我們站在這日益升高的認知平台上，因此得以更近地窺見天理。

然而，幾個世紀以來「存在巨鏈」雖備受推崇，但它引發了很多問題。如果獅子是萬獸之王，那麼其他貓科動物的

* 這是十八世紀歐洲神學的概念，是自上而下萬物的分級。在「存在鎖鏈」中，上帝居首，其下有九個等級的天使，天使之下是人類，其下為動物、植物、礦物。鎖鏈中的任一環都不可上下移動，隨意移動位置會破壞整個宇宙的秩序條理，違反天意。

地位是否高於犬科？營養豐富的蘿蔔，是否比觀賞用的玫瑰更「完美」？林奈與阿特迪等學生常辯論這類問題，卻始終沒有明確的答案。

❖ ❖ ❖

林奈因攝爾修斯的提攜而獲得了聲望，這也為他開闢了另一條財路：為醫學院的同學補習。愈來愈多同學來尋求他的指導，他們被他的實務經驗吸引，因為他與多數同學不同，曾花一年的時間跟在執業醫師的身邊見習。他在韋克舍村跟隨羅斯曼醫生學習的那段時光，最終成了他此生唯一受過的扎實醫學教育。而在當時，這段經歷使他成為同學眼中雖然有限但彌足珍貴的學習資源。

羅斯曼醫生在指導林奈學醫時，先教他兩個領域。第一個是生理學，也就是人體運作的機制。在鄉間行醫時，羅斯曼會教林奈端詳病人的關節活動，要他觸摸肌肉與骨骼的連接方式，感受它們如何協調運作，以及注意疾病或傷害如何妨礙這些動作。每當遇到皮開肉綻或骨折的病例，都是難得的機會。這讓人在脈動與血液之間，瞥見人體內部的真實樣貌。這也是為什麼，林奈會掏空積蓄，專程跑到斯德哥爾摩去觀看女死囚的解剖：他想確認他腦海中對皮下世界的想像是否正確。

第二項學習內容是藥物學，亦即辨識及配製醫療用品的學問。當時除了鴉片酊劑等少數幾樣物品以外，現代意義的藥物還不存在。醫生用的是各式各樣的藥膏、敷劑、藥水等調製品，統稱為「藥物」（physicks），這個詞也是「醫師」（physician）一詞的由來。藥物學是藥理學（pharmacology）的雛形，基本上是一套藥物配方大全，附帶詳細說明如何取得所需藥材。有些療法隨手可得：病患若是出現倦怠、腹瀉或產後疼痛的狀況，醫生常開大量的葡萄酒作為處方；氣喘患者則服用紅糖塊。有些療法會用到動物，例如讓病人裹著剛宰殺的羔羊皮來治療瘧疾。還有些是礦物療法，例如癱瘓、口臭、憂鬱都是用

「飲用金」（*Aurum potabile*）醫治，這種藥水含有懸浮的細碎金箔。不過，多數藥物還是取自植物。林奈漸漸學會快速準確辨識植物，採集其藥用部位。

那個年代，大家普遍迷信「藥效形象說」，但羅斯曼醫生卻獨排眾議，告誡林奈不要輕信這套理論。這個源自遠古時代的理論，在十六、十七世紀被發揚光大，它主張：上帝創造每種植物時，都賦予它特定的醫療用途，而這些用途就巧妙地顯露在植物的外形上。比如，血紅色的葉子代表能補血；核桃長得像人腦，所以能治精神病；氣味濃烈的植物因能刺激鼻子，所以食用後可刺激神經等等。這種理論顯然漏洞百出，甚至暗藏危險。例如，馬兜鈴（Birthwort）因花朵狀似產道，被大量用於安胎，如今證實它與腎病和癌症有關。但可悲的是，這套理論在主流醫學界仍將延續數個世代。

林奈雖然摒棄了藥效形象說，省去了不少死背的功夫，但藥物學的知識無法光看書本學會。當時的藥用植物書籍，即使有插圖，也不過是些粗糙的木刻版畫，學生在野外根本認不出書裡畫的是哪種植物。羅斯曼曾讓林奈看過這門學科的經典著作：泰奧弗拉斯托斯的《植物史》，但這本書讓人愈看愈糊塗。該書已有二千多年的歷史（泰奧弗拉斯托斯是亞里斯多德的學生），而且只記載約五百種植物，其中多數不在北歐生長。林奈試圖把泰奧弗拉斯托斯的分類系統應用到瑞典南部的植物上，卻發現「許多植物在古希臘時期就未被充分研究，根本無法歸入該系統，把我們這位年輕的植物學家（指他自己）搞得一頭霧水」。

即使是常見的植物，也很難從泰奧弗拉斯托斯的文字描述中辨認出來。畢竟這位古希臘學者只能用比喻來描繪植物，而這些二千年前的比喻，如今早已難以理解。比如他描述蓮花（*Nelumbo nucifera*）時，說其莖粗如人指，花苞狀似蜂巢，葉片形如色薩利帽*（Thessalian hat）。但色薩利帽到底多大？這個問題不僅讓林奈一頭霧水，連羅斯曼醫生也搞不清楚。羅斯曼告誡這位學徒，不要太相信泰奧弗拉斯托斯的描述，或者說，不要太相信那些古典文獻的辨識方式。「記住幾個花俏的拉丁字或植物名稱沒多大意義。」[6]他這樣教導學生，鼓勵他多靠自己的觀察和實地經驗。

然而，古代名稱在歐洲醫學中是不可或缺的一環。它們能跨越地域差異，就像林奈這個姓氏的由來（椴樹），那種樹在瑞典叫lind，在德國叫linden，在羅馬尼亞叫tei，在英國叫basswood或lime（lime這個字很容易造成混淆，因為它與同名的柑橘類水果毫無關聯）。但只要使用《植物史》拉丁譯本中的名稱*tilia*，瑞典人、德國人、羅馬尼亞人、英國人就能討論同一種樹。[7]使用拉丁學名不只是為了尊崇傳統，更是為了讓當代學者能夠清楚溝通。

要真正做到這點，就必須超越古人，為泰奧弗拉斯托斯和他那個時代從未提及的植物創造新的拉丁學名。羅斯曼給林奈看的一本書，正好體現了這樣做有多難：法國植物學家杜納福爾所著的《植物學基礎：辨識植物的方法》，光是翻譯成拉丁文版的《植物學綱要》就花了五年多的功夫，因為書中有近七千種植物，每一種都得找出或創造一個對應的拉丁名稱。

林奈現在正在教導同學藥物學，但他學到的藥物知識其實很微妙，需要依情境靈活運用，因為植物不僅樣貌會隨著季節而變，連藥性也可能不同。比如，接骨木果成熟後是瑞典的家常食材，但未成熟時看起來不像漿果，更像是豆莢，而且有毒。此外，同株植物的不同部位也有不同的用途，椴樹就是一例。撇開有爭議的藥效形象說不談（該學說認為，椴樹的心形葉片有助於治療心律不整），實際經驗顯示，椴樹花（不是葉子）泡的茶能緩解焦慮。然而，同樣的茶可能加劇頭暈症狀，這時改用椴樹的樹皮煎劑可能更有效。林奈雖然能講解這些細微差異，但藥效的關鍵仍在於能否準確地辨識植物，而不是使用外觀相似的植物。如果沒有時間長期在野外考察，杜納福爾的書就成了替代方案。

《植物學綱要》嚴格來說不算醫學課程的內容，因為裡頭還收錄了許多沒有藥用價值的植物。但林奈卻為之著迷，這不只是因為該書包羅萬象，更因為它試圖把植物學歸納整理成一個完整的系統。杜納福爾的系統把樹木和草本植物分開，接著再依據花瓣特徵區分草本植物。不過，有些植物沒有花瓣（這類被歸為「無瓣植物」），所以這套系統不夠清晰，而且連這樣簡化的分類方法也很快就變得複雜難搞。杜納福爾先把植物按花瓣形狀分成二十二大類，再根據其他的外形特徵細分為六百九十八個屬（genera）。到這裡，他就停住了。雖然該書的副標題是「辨識植物的方法」，但把近七千種植物分成近七百個類別，只能幫讀者完成初步分類。想在野外準確辨認植物，就得隨身扛著這本磚頭書到處跑，不然就得把六百九十八個分類的特徵都背下來。

林奈當醫學學徒時，把這些分類背得滾瓜爛熟，但是他當家教時卻發現，沒幾個同學願意下這種苦功。說實在的，他們連基本功夫都懶得做。何必那麼麻煩呢？反正教授從不考試，也從不做課堂討論，評分全看書面報告。林奈本來就不是什麼道德聖人，他悄悄放出風聲：只要支付適當的費用，他不僅能幫忙修改論文，還能代寫全文。這種代筆生意讓林奈忙得不可開交，收入也相當可觀。他一直忙到十二月，眼看一項令他頭痛的寫作任務逼近了才歇筆。這個任務是寫詩。

按照烏普薩拉大學的傳統，受教授提攜的學生，要在元旦獻上一首原創的讚美詩給教授。林奈自認不是寫詩的料，但代筆工作以及費心把杜納福爾的知識塞進同學腦袋的枯燥經歷，讓他開始構思一種更簡明易懂的植物分類法。一七二九年的歲末，他決定送給攝爾修斯教授一份別出心裁的禮物。他用瑞典文書寫，小心翼翼，生怕寫錯字或浪費紙張：「我不擅長寫詩，但是對植物學小有心得，因此我將上帝賜予我的這點小小成果，謹獻給您。」[8]

* 色薩利為巴爾幹半島南部的一個古希臘傳統區域的名稱。色薩利帽為圓形有寬邊與柔軟帽冠的古希臘騎士帽。

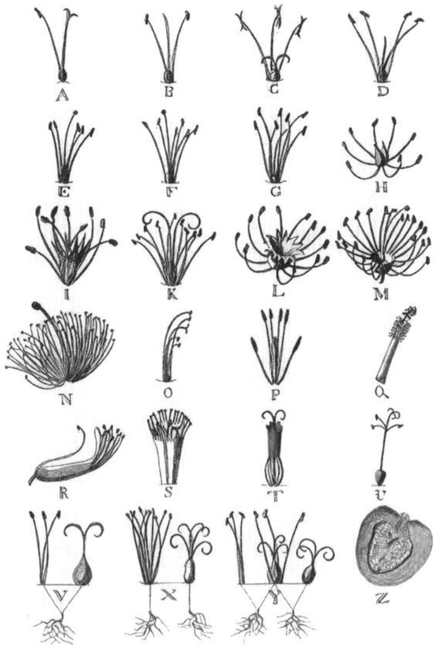

林奈的性分類系統裡的「植物字母」

CHAPTER

5

多夫多妻
Several Bridegrooms, Several Brides

一七三〇年的元旦，攝爾修斯端坐於案前，細細品讀他的寄宿學生兼助手送來的新年賀禮。這本林奈所獻的小冊子，乍看之下或許令人失望，既沒有詩歌頌詞，題辭也平淡無奇，但其中驚世駭俗的內容很快就吸引了他。這部手寫的二十二頁小冊子，標題是《植物婚配前奏》，字裡行間盡是對植物性事的狂熱描寫。

開篇尚稱尋常，林奈先歌詠春回大地的必然性。「且看沉悶整個隆冬的群鳥如何齊聲啼唱！」[1]他寫道。「且看蟄伏半死的昆蟲如何從藏身處現身，所有的植物如何破土而出……陽光為所有生物帶來的喜悅，實非筆墨所能形容。」但接著，文風不變，從田園牧歌般的景象，變成充滿情欲色彩。

這時，黑雉和松雞開始嬉戲求偶，魚兒也游動求歡。所有的動物都感受到情欲的躁動。沒錯，連植物也懂得歡愛。雄株與雌株，甚至雌雄同體的植株，都在舉行婚禮（這正是我要探討的主題）。

林奈並非在撰寫情色作品，而是提出一套全新的植物辨識系統。就像杜納福爾以花瓣的實體特徵作為分類依據一樣，早期的植物分類學家（systematists，當時大家如此稱呼他們）各自發展出獨特的分類方法。歐洲最早的分類學家之一，查爾斯・德・萊克呂茲（一五二六－一六〇九）是根據植物的地理分布區域分類；安德烈亞・切薩爾皮諾（一五一九－一六〇三）則嘗試以果實與種子的形態作為分類標準。對於外表看不出來有果實或種子的植物，他則改看子房的形狀，不過這項任務也很棘手，因為有些植物似乎有兩套子房。約翰・雷（一六二八－一七〇五）在其巨著《植物分類法》中，是以他所謂的「整體形態學」（gross morphology）為基礎，也就是說，以成熟植物、灌木或樹木的整體大小和形狀為依據，為約一萬八千個物種建立系統索引。

這些分類系統都暴露出明顯的缺陷。首先，研究者必須對每種植物標本瞭若指掌：既要觀察細微的內部構造，又要掌握整體的生長模式，有時甚至需要兩者兼顧。其次，這些系統最終都難免陷入主觀規則的泥沼，變得過於繁瑣，幾乎與隨機分類無異（杜納福爾提出的六百九十八個分類就是如此）。想要有效率地辨識植物，顯然需要一套更簡明易懂又方便運用的新系統。

因此，林奈特別強調植物的交配。正如他所言，性事是「動植物之間最顯著的共通點，也是它們繁衍後代的相似之處」。他開篇就描述春日暖陽如何「令植物為愛悸動」，展開一場植物界的浪漫篇章。「花瓣猶如造物主精心布置的婚床，裝點著華麗的床幔，瀰漫馥郁的芬芳，只為讓新郎與新娘在此共度良宵。」他寫道。

林奈並非第一個發現花朵與生殖器官有相似之處的人。當時學界普遍認為，花的雄蕊在外觀上有男性特徵，而雌蕊有女性特徵，但一般認為這只是表面相似，因為多數開花植物都有雌蕊和雄蕊的各種組合。然而，林奈近期研讀了巴黎皇家植物園的植物學家塞巴斯蒂安・瓦揚的著作。這位學者在十二年前就提出理論，認為開花植物的授粉模式其實是一種有性繁殖形式（這在當時無疑是充滿爭議的觀點），只是植物性徵的運作機制尚不明朗。林奈的聰明之處在於，他並不打算探究這些機制，只想利用這些可見的外部特徵，作為辨識植物身分的指標。

對林奈來說，植物沒有明確的性別區分不是障礙，反而是一種契機。「的確，愛神也眷顧著植物界。」他繼續寫道：「這裡既有純粹的雄株與雌株，也有雌雄同體的植株舉辦著婚禮。」他提出假設：植物的性徵並非嚴格區分的單一雌雄器官，而是以各種組合的形式存在，展現出豐富多樣的性態。他將這些觀察彙整成一部植物版的《愛經》。在《植物婚配前奏》中，每個植物類別都對應著不同的繁殖配置，林奈稱之為「婚姻」——雖然這些配置很快就突破了傳統婚姻概念的框架。從保守的「雌雄同花」（monoclinous，意思是「夫妻同床」）到完全縱欲狂歡的「多雄蕊門」（polyandria，意指「一個婚姻中有二十名或更多的丈夫」），中間還有諸多變體：如「雌雄同株」（monoecia，意指「夫妻同居一屋」）、「雌雄雜株」（polygamia，意指丈夫與妻妾同住）。就連不開花的植物，也被描述為「隱婚」（cryptogamia）現象，意指「婚禮私密進行」。他更進一步探究「臥房安排」，創造出「二強雄蕊」（didynamia，意指「四名丈夫中，兩高兩矮」），以及「四強雄蕊」（tetradynamia，意指「四個以上的丈夫，其中兩個比其他的矮」）類別。當雄蕊聚集成單一束狀時，則構成「單體雄蕊」（monadelphia，意指「丈夫們情同手足」）。

《植物婚配前奏》總共記載了二十六種花卉分類。林奈自豪地指出，這個數字正好與英文字母的數量一樣，所以他把這些分類稱為「植物字母」（vegetable letters），堪稱是最便捷的速記法。野外植物學家不必寫下冗長的字，只需記下對應的字母即可，例如不必寫polygamia（雌雄雜株），只要記下字母Y。在他看來，這套系統完美揭示了植物交配背後的嚴密邏輯。

❖ ❖ ❖

在最初的語言震撼（及其喚起的意象）逐漸消退後，攝爾修斯教授不禁為之驚歎。即使身為業餘的植物學家，他也立刻意識到這套方法的實用價值。其核心比喻生動鮮明，讓人一目了然。掌握二十六個分類，確實比死記杜納福爾的六百九十八種來得輕鬆，而且再也不必細究植物的各個部位。只需數清參與「婚配」的雌蕊與雄蕊數量，記下它們的位置，就可以對應到正確的「植物字母」。這個系統是否過於寬泛，或假設過於籠統？或許吧。但它的學習門檻比以前的任何分類法親民多了。攝爾修斯對這位門生的表現相當滿意，甚至樂於與他人分享這本小冊子。

突然間，林奈的生活開始轉變了。短短幾週內，《植物婚配前奏》的手抄本就在烏普薩拉流傳開來，不久後更傳到了斯德哥爾摩。四月，有人匿名將它提交給瑞典的一個學術協會，因此獲得了出版推薦。五月，他獲聘擔任植物園的季節性「講解員」，為同學即興講授植物知識。六月，在攝爾修斯的祝福下，他搬離了恩師的住所，遷入烏普薩拉大學年邁的解剖學兼植物學教授奧洛夫．魯德貝克的家。林奈的「性分類系統」（sexual system）正逐漸受到矚目，連保守的魯德貝克也迫不及待把其作者招至門下。

不久，數以百計的聽眾擠進了雜草叢生的植物園，爭相聆聽林奈如何運用他的「植物字母」系統，來解析園中的植物與野草。林奈入住魯德貝克的家以後，下一步發展似乎很明顯：這位實際上已退休、僅掛虛名的老教授，向來有指派畢業生代課的慣例。他公開宣布，秋季開學時，將由林奈負責授課，這等於是讓他成為植物學的代理教授。對一名二年級的學生來說（更別說是從未修過植物學課程的學生了），這簡直是難以想像的躍升。林奈理所當然地感到無比自豪。畢竟，那本來只是一份新年賀禮，但短短數個月內，就讓他從校園的邊緣人物，躍升成為備受敬重的核心人物。

一七三〇年這突飛猛進的一年，伴隨著突如其來的名聲，深刻塑造了林奈的專業形象。他逐漸養成一種權威感，一種面向大眾的自信，讓不少觀察者覺得他對自己的結論有近乎不容置疑的篤定感。平心而論，他確實沒有理由自我懷疑：他的性分類系統直接從概念變成課程，無需任何增補或修正。事實上，連他自己似乎也無法再精進這套系統了。這讓他確信，他的成就並非來自循序漸進的研究，而是來自靈光乍現的頓悟。原本呆板沉悶、看似抗拒創新的植物學界，突然冒出一位獨領風騷的先驅。素來不以謙遜著稱的林奈，此時更開始覺得自己是天選之人。這種自我認知，很快就受到考驗。

❖ ❖ ❖

林奈的崛起並非一帆風順。隔年三月，學成歸來的尼爾斯．羅森打斷了他的課堂教學。這位烏普薩拉的畢業生曾是魯德貝克的得意門生，只比林奈年長一歲。羅森十六歲就開始攻讀醫學，有資優生的美譽。魯德貝克已默許他為未來的繼任人選，但大學規定羅森必須先獲得教學資格（potestatem docendi）。想要獲得這種資格，必須先取得認證的醫學學位。由於烏普薩拉的學位無法獲得認證，羅森只好遠赴歐洲求學，師從當時頂尖的醫學大師，最終在荷蘭取得學位。當他終於帶著完整資格回國時，卻發現一個大二學生取代了他的講台位置。

魯德貝克試圖調解，將解剖學的講師職位授予羅森，但羅森不滿意這樣的安排，隨即向校務委員會提出申訴，要求撤銷林奈的任命。羅森特別提醒他們授課資格的重要性，主張教師理當具備教學資格。委員會最終採納了羅森的意見，林奈不得不讓出講師職位，回歸單純的學生身分。

這次降職給林奈帶來沉重的打擊，他不僅失去一份工作，更感覺自己的理念遭到全盤否定。屈辱很快化為熊熊怒火，他當眾揚言要刺殺羅森，甚至開始隨身佩戴短劍。林奈的死亡威脅很快就傳到了校務委員會。原本委員會打算將他永久逐出校園，但在攝爾修斯的極力周旋下，最終僅給予一紙正式警告。但林奈並未因此收斂，他仍私下向友人透露，他隨時準備殺了羅森。[2]

CHAPTER

6

耐心的極致
The Greater Gift of Patience

京士頓公爵伊夫林・皮爾龐特

沒人確切知道該如何安排伊夫林・皮爾龐特。一七一一年，他生於英國諾丁漢郡的一個富裕貴族家庭。這男孩繼承莊園與爵位，就像普通小孩收集玩具一樣。十四歲時，他已身兼多切斯特侯爵、紐瓦克子爵、皮爾龐特男爵等頭銜，更是多筆遺產的繼承人。同時，他也是孤兒，兩歲喪父，連父親的模樣都不記得。一七二二年母親過世時，他雖已到了該接受貴族傳統教育的年齡（也就是被送去寄宿學校），卻沒有任何親屬出面打點。於是，接下來那三年，這男孩幾乎是隨心所欲生活，直到有人終於想起來，才把他送進名校伊頓公學。然而，入學不到一年，祖父的離世又讓他繼承了京士頓公爵的頭銜，他的學業就此中斷。那年，他才十五歲。

這位從小疏於管教的少年，如今卻坐擁驚人的財富以及英國最高的非王室頭銜，該如何是好呢？他的姑姑蒙塔古夫人當時直言：「京士頓公爵至今所受的教育如此欠缺，實在難以判斷他日後會如何發展。」[1]她鼓勵他展開一場改良版的英國上流社會傳統：歐陸壯遊。這類壯遊通常是在二十或二十一歲進行，是悠閒奢華的環歐之旅，遍訪各大古都與文化勝地，目的是開拓視野，讓年輕貴族在正式踏入上流社會以前，增長幾分的世故閱歷。

歷史學家愛德華．吉朋在回憶自己的歐陸壯遊時寫道：「依照傳統慣例，甚至可說是合乎常理，接受海外旅行的洗禮後，才算完成英國的紳士教育。在本土，我們總是安於日常的娛樂與事務……但到了異國他鄉，好奇探索成了我們的要務與樂趣。旅人意識到自身的無知，又格外珍惜時光，所以會認真尋找及觀察每件值得注意的事物。」[2]

然而，年輕的京士頓公爵顯然仍需要繼續深造，而不只是完成學業而已。為此，他找來三十一歲的學者納森．希克曼擔任全職導師，一起出遊。這位牛津畢業的資深博物學家，是資歷扎實的學者：他在昆蟲學方面的研究，最近使他獲選為英格蘭皇家實用知識推廣學會的院士，成為這個英國最古老且頂尖的學術組織中最年輕的成員之一。更重要的是，希克曼本身也繼承了大量財產。雖然他不是貴族出身，但財富讓他得以躋身上流社會，以導師而非僕從的身分跟著公爵出遊。一七二六年七月，兩人啟程離開英國，預計在國外停留一兩年，最多三年。沒想到，他們這一走就是十多年。當他們回國，身後還帶著一連串的醜聞。

與當時遊歷歐陸的其他英國上流人士不同，這位年輕的公爵不想把壯遊搞得很盛大。當然，他們兩人仍是以高規格的方式旅行，帶著一群僕人和隨從。但他們不急著造訪那些文化名城，而是以悠閒的步調穿越鄉間和小城。一七三〇年，在悠閒漫遊四年後，他們抵達了法國的迪戎。

和其他地方一樣，他們的到來常在當地引起轟動。公爵現年十九歲，不僅有爵位和財富，還有特別俊俏的外表。作家霍勒斯・沃波爾曾形容他是「英格蘭最俊美、最風度翩翩的貴公子」。迪戎的社交名流紛紛熱情迎接他們的到來。在一連串的盛宴和招待會中，京士頓公爵與希克曼注意到一個人始終與歡宴保持些許的距離，彷彿他寧願身在他處似的。這人正是喬治—路易・勒克萊爾。他曾誓言「盡量遠離迪戎」，如今被迫回到故鄉。他的大學生涯戛然而止。此刻的他，正在等待一個英國人的死訊。

勒克雷爾終究為他的決鬥嗜好付出了代價。那年六月，他把一名英國對手刺成重傷，性命垂危。雖然他不算是畏罪潛逃（畢竟所有的相關人士都知道他的身分和去向），但他匆匆離開昂熱，躲回迪戎的莊園靜觀其變。勒克雷爾會不會吃上官司，全看那個英國人是死是活。但不管結果如何，這樁醜聞已經鬧得滿城風雨，他注定是無法回昂熱大學就讀了。如今，他狼狽回到當初極力想逃離的地方，整日窩在莊園的房間裡讀書，並開始認真思索，往後的人生該何去何從？

這次偶遇後，京士頓公爵與勒克萊爾發現彼此氣味相投，惺惺相惜。兩人都對履行身分地位的要求缺乏興趣（京士頓不曾就任上議院的議席）。兩人雖然善於社交，但也同樣聲名狼藉：勒克萊爾以熱愛決鬥出名，公爵則是沉迷賭博與女色。他們同樣家財萬貫、相貌堂堂，但骨子裡都是離經叛道的人。

那個英國人最終沒死，勒克雷爾總算逃過一劫。一七三〇年十一月三日，當京士頓公爵和希克曼離開迪戎繼續旅程，這位新結交的朋友也隨他們一起上路了。

❖ ❖ ❖

接下來的一年半裡，這三位年輕人悠閒遊歷了法國與義大利各地。勒克萊爾與公爵同行時總是衣著華麗，逐漸養成了穿著絲綢與精緻錦緞的習慣，後來這成了他的招牌裝扮。此外，他也為自己取了一個更優雅的名字。畢竟，與一位同時擁有公爵、侯爵、子爵、男爵等頭銜的朋友同行有個缺點：沿途遇到的人總搞不清一個名叫「勒克萊爾」的人在這行人中究竟是什麼身分。為了巧妙彰顯自己的高貴身分，他翻出了父親以他的名義購置的房地產清單。他擁有的地產範圍很廣，但最令他感興趣的是在他出生地蒙巴爾村東北方六公里處的布豐村（Buffon）。

布豐只是個不起眼的小村落，只有幾塊農田和十多棟沿溪而建的房屋，但他很喜歡這個地名，多虧他那熱中置產的父親，整座村莊從土地到房舍全都歸他所有。這點很重要：既然這個地方盡歸其名下，他就有權自稱「德．布豐」（de Buffon）*。雖然這比不上正式爵位，但足以散發貴族氣息。在南歐各地的接待廳裡，每當公爵引薦時，他便以「布豐先生」之名躬身致意。直到晚年，對他心懷感激的路易十六才正式冊封他為伯爵，但到那時，這樣做只不過是補個名分罷了。

此時，剛以「布豐」自居的他發現，幾位同伴雖不改風流享樂的本性，卻個個才智非凡。牛津學者希克曼在旅途中接獲通知，即便缺席，校方仍授予他崇高的「拉德克利夫學人」榮譽。身為京士頓公爵的導師，他也很認真履行這個角色，悉心培養這位才思敏捷的年輕貴族。當時一位相識者如此評價京士頓公爵：「他是個極為討喜的天才，無論什麼話題擺在面前，他都能像精通此道的大師那樣侃侃而談。」[3]

布豐從未給人特別聰明的印象，但話說回來，他也無需刻意賣弄才智：在迪戎的中產階層與昂熱的交際圈中，他自有其他方式引人注目。然而此刻，置身兩位同樣崇尚才學與風雅的同伴之間，他開始意識到自己內心深處那份超乎尋常的志趣。

在迪戎自我放逐期間，他讀了《無窮小分析》，這是法國早期探討微積分這個新興數學的著作。這是他初次接觸牛頓爵士的理論，後來他把牛頓奉為偶像，也驚覺自己的數學天賦。他鑽研牛頓那些先進且仍然深奧的理論時，發現其中一個廣義二項式定理的方程式似曾相識。那是他閒來無事時，自己推導出來的公式。

布豐意識到這確實非比尋常：一個二十歲的法國鄉下青年，竟能獨自推演出與牛頓不謀而合的定理。雖然這項偶然的成就僅有他本人的記述為憑，但每當他提及此事，總是語帶躊躇：既擔心這聽起來像在吹噓，又因為把自己與偶像牛頓的絕世天才相提並論而感到難為情。不過，這個發現讓他開始思考：或許在這場由牛頓主導的思想變革中，他也可以占有一席之地。這場當時大家普遍稱為「新科學」（new science）的運動，正逐漸形成一個嶄新的知識貴族階層，成員包括孟德斯鳩、伏爾泰等法國青年才俊。後來大家認為這場「新科學」運動開啟了「光明世紀」（Le siècle des Lumières），亦即啟蒙時代。

❖ ❖ ❖

在一七三〇年代，science 這個字還沒有現代的意義（「科學」）。這個字是源於拉丁文「*scientia*」（意為「知識」），當時用來泛指任何習得的專業知識。莎士比亞《一報還一報》的開場中，文慎修公爵稱讚艾適可的政治智慧時說道：

我必須承認，在這件事上，
你的專業知識（science）遠勝過我所能提供的建議，
所以我無需再多說什麼了。

* 在貴族姓氏中，「de」常連接一個家族的領地名稱。

一七三一年的歐洲，高等教育仍以實用為根基。布豐在昂熱求學時所接觸的教授，雖會提及抽象概念，但僅止於把它應用到現實世界的程度。例如，數學教授講授幾何學時，先教如何構築堡壘，接著分析如何計算摧毀這些堡壘的炮彈軌跡。當時的學習不僅是以實用為核心，學科的劃分方式也與今日大不相同。如今我們區分科學與人文，但在布豐的時代，最主要的學科分野是history與philosophy——這兩個詞的含義都與今日截然不同。History的現代意義是「歷史」，意指「過去發生的事件」。Philosophy的現代意義是「哲學」，意指「關於存在的概念與思想」。但在十八世紀初期，history涵蓋一切可觀察現實中的具體事物與事件；而philosophy則是探討無形的理念與原則，這些抽象概念可能在物質世界中表現出來，但本身以抽象概念獨立存在。這樣的二分法，又因「是否與人類有關」而再次劃分。所有非人類的現象都歸為「自然」（natural）的範疇，於是形成四個明確的象限：

這種分類方式反映了當時人們對知識本質的重要區分。雖然植物學和動物學都是研究生物的學科，卻被歸

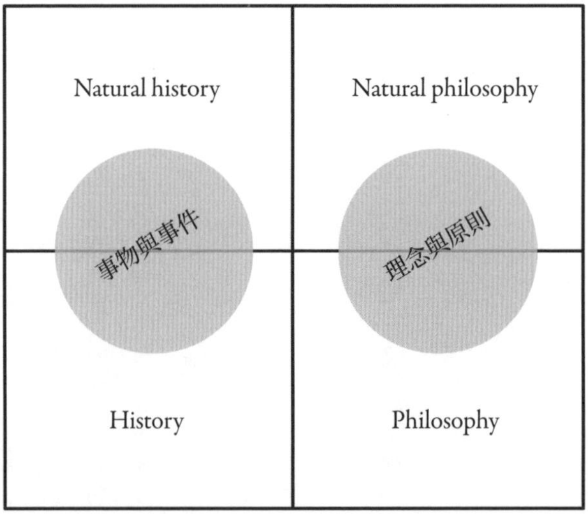

為「natural history」*的範疇。這個類別還包含研究天空的天文學，以及研究大地的礦物學。然而，探究生命為什麼如此呈現與運作的理論研究，則完全屬於另一門學科「natural philosophy」†，與數學及今日所稱的物理學並列。自然史學家負責考察與記錄現象，而原理的探索則交給自然哲學家來做。量化與質化的研究在當時是涇渭分明的兩個領域。

「新科學」的浪潮打破了這些學科藩籬。斯賓諾莎、牛頓、萊布尼茲等學者自由跨越各領域，以出人意料的新方式串聯知識、融會貫通。推動這種跨學科研究的並不是大學，而是那些追求純粹知識的學術社團。它們規模雖小，但影響深遠。這些社團的會員資格象徵著學術地位的認可，它們出版的期刊與著作是傳播思想的重要平台。牛頓的劃時代著作《數學原理》，不是由他任教的劍橋大學出版，而是由倫敦皇家自然知識促進學會（簡稱「皇家學會」）印行。

在法國，最重要的學術機構是六十二年前成立的法國科學院。其名稱中的「科學」一詞，是因為當初設立是為了協助國王裁決專利爭議。這個機構不要求任何學歷證明，只要獲得當時知識界的認可即可。布豐逐漸明白，對家境優渥的人來說，學者生涯是一條體面的出路。出身富裕的牛頓曾擔任國會議員及皇家鑄幣廠的監管。而當時，法國科學院的常任秘書長是家境優渥的貝爾納．德．豐特奈爾。他放棄了律師生涯（只打過一個案子），轉而投身學術領域。

一七三二年一月，這個會經名為喬治─路易．勒克雷爾的年輕人寫道：「此刻的羅馬正值全盛時節。狂歡節已持續兩週，四部盛大的歌劇以及同樣數量的喜劇表演（這還不包括那些小劇院的演出），在這裡不過是『尋常』的娛樂，但對我來說實在太新奇了。」[4]然而，在歌劇與狂歡節之間，布豐依然

* 譯按：這裡姑且譯成「自然史」以利後續說明。
† 譯按：這裡姑且譯成「自然哲學」以利後續說明。

持續研讀深奧的著作，並與當時幾位著名的數學家開始書信往來。他雖不確定自己未來將扮演什麼角色，但已意識到自己有獨特的思維，身處獨特的境遇。他決心要活出與眾不同的人生。

❖ ❖ ❖

一七三二年春天，布豐得知母親克莉絲汀病危，暫時中斷旅程，趕回迪戎陪伴母親度過最後時光。雙親之中，他與母親最親近，母親不僅賦予他智慧與處世的才能，當初更是因為她慎重擇名，才讓他徹底改變了人生軌跡。母親離世後，他悲痛萬分。布豐與父親始終疏離，他依然厭惡「鹽稅官之子」的身分，也愈來愈痛恨父親仍牢牢掌控著理當屬於他的財產。安葬母親後，他及時與京士頓公爵及希克曼會合，完成他們漫長旅行的最後一段。那年八月，三人抵達巴黎，打算就此長住。

在巴黎這段期間，布豐開始巧妙地與這兩位朋友保持距離。公爵與希克曼一如往常同住時，他另覓居所。若要以獨立身分躋身巴黎的社交圈，被視為公爵的朋友而非隨從，這個選擇相當明智。此時定居巴黎的京士頓公爵日漸沉淪，不僅賭債高築，風流韻事亦不斷（四年後他突然帶著友人之妻返回英國）。相較之下，布豐選擇在吉爾—弗朗索瓦．布爾杜克的體面宅邸租了房間。這位屋主不僅是御用藥劑師，也是知名學者及法國科學院的資深成員。

但定居巴黎還得再等等。布豐才剛安頓下來，就得知父親打算再婚，這樁婚事可能影響他對家產的多項合法權利。他急忙趕回迪戎與父親協商，最終獲得八萬里弗爾*的現金（約合現值三千萬美元）[5]及名下一切土地的所有權。這筆財富相當可觀，打理這些財產很快就變成他得全心投入的事業。

布豐毫不留戀地將迪戎的家產留給父親和新繼母，回到了出生地蒙巴爾村。清點財產時，他發現自己嚴格來說已失去「德．布豐」這個頭銜，因為他父親已把六公里外的那個同名小村莊變賣了，於是他又悄悄把它買回來。他也買下村莊廣場附近老家周圍的房產，連同自己兒時的故居一併拆除，在原地建起一棟宏偉的三層新古典風格大宅。那陡峭的馬薩式屋頂與一排獨特的尖頂煙囪看來特別醒目，後來大家稱那座建築為「城堡」。

布豐的新宅邸雖然氣派，卻不是蒙巴爾最醒目的地標。俯瞰村莊的古老石砌建築群才是當地的主建物。這些至少遠溯及五世紀的遺跡，正是「蒙巴爾」這個地名的由來。Montbard，源自mont qui barre，意指「防禦山丘」。一一八九年起，歷代勃艮第公爵在這片高地上陸續修建了狩獵行宮、城堡、塔樓、城牆，但如今這些建築已無人居住且日漸荒廢。布豐並未向現任公爵購買這座十七英畝的山丘，但多年前，父親以他的名義，取得了「城堡總管」的古老頭銜，這使他握有對這片土地近乎絕對的支配權。待自家宅邸開工，他便著手改造山丘，打造出後來聞名的「布豐公園」。兩百多名工人除草整地，用竹簍搬運泥土，開

蒙巴爾的布豐公園

* livre，法國古代貨幣單位名稱。

鑿溝渠，但最主要的工程還是植樹造林。他們栽種了上百列的樹木，耗資驚人。布豐後來感嘆：「就算用六法郎的硬幣鋪滿整個園區，仍比不上我實際投入的花費。」[6]

布豐在公園裡做了許多實驗，他知道可能要等上數年、甚至數十年，才會得知實驗結果。他把同品種的樹苗栽種在不同的土壤中，並要求每株樹苗的遮蔭與澆水量必須完全一致。對於那些即將採伐的成材樹木，他會先剝開部分樹皮，觀察數月的風吹日曬是否能讓鋸切後的木材更加堅韌。他還獨創了一套標準的測試方法，精確測量各類木材的承重極限，並一絲不苟記錄結果。他研讀該領域的文獻時，覺得英國學者史蒂芬・黑爾斯的研究帶給他最多的啟發。黑爾斯做過一系列的實驗，以了解植物如何「呼吸」及輸送汁液。布豐相當欣賞黑爾斯的研究，甚至親自把他的論文譯成法文，並在序言中盛讚其研究方法：「唯有這些嚴謹、理性又持久的實驗，方能迫使大自然揭露其奧祕，其他方法從來未能奏效。」[7]

在當時的法國，像布豐這樣將樹木整齊排列、純粹為了探索自然規律而設計的實驗，幾乎前所未見。這些實驗不是他唯一的嘗試，但他把它們視為畢生志業。此後的四十年間，他悉心照料這片實驗林場，既觀察樹木的生長細節，也從觀察中推演出理論洞見，就此打破了自然史與自然哲學之間的傳統界限。誠如法國歷史學家雅克・羅傑所言：「布豐在此展現的獨創性，堪稱劃時代的創舉。」[8]

他是第一個把森林本身視為一個整體、而不是樹木集合的人。在這個體系中，每棵樹都與其他個體保持特定的關係並相互影響。簡言之，這就是現今所謂「生態系統」的先驅概念。他發現不同樹種會因生長聚落而產生特定關聯，而這片雜木林又會影響經濟林木的發育狀況。他甚至注意到鳥類傳播種子、田鼠儲備冬糧等生態現象。

唯有像布豐這樣年輕、財務無憂且毅力過人的奇才，才能成就這種志業。他妙語道：「所謂天才，其實是耐心的極致。」[9]對布豐來說，這指兩種耐心：一是細心獲取資訊，二是小心維持沉思狀態以處理這些資訊。為此，他打造了一個個人專屬的研究天地。他期待過著悠長又豐富的生活，探索眾多領域，包括數學、光學、冶金學、顯微觀察，以及任何引起他興趣的學科。布豐預期自己將終生沉浸於思考中，但他巧妙地避免了迷失自我。這座占地十七英畝的園林，既是活生生的實驗室，也是他私人的靈感殿堂。靈光會在適當時機降臨，而在等待靈光乍現時，他只需漫步林間。

❖ ❖ ❖

布豐繼續在巴黎續租住所，偶爾在那裡出席必要的社交場合，但心思日益飄向蒙巴德那邊的改建工程。他在寫給友人的信中坦言：「我渴求鄉野的寧靜，寧願費心引水灌溉、栽種啤酒花，也不願在此虛耗光陰，應付那些無謂的差事，更不願無謂地奉承他人。」[10]然而，這些社交應酬也讓他結識了一位重要人物：只比他年長六歲的莫爾帕伯爵讓—弗雷德里克．菲利波。莫爾帕伯爵十七歲時便世襲父職，成為路易十五的宮廷大臣。他自幼在凡爾賽宮成長，深諳宮廷權術之道，雖行事低調，但手握大權。布豐清楚知道，法國科學院就是歸莫爾帕伯爵管轄。

此外，莫爾帕也是路易十五的海軍大臣，掌管法國海軍、所有的海外殖民地，以及海上的進出口貿易。在這個職位上，他最棘手的挑戰卻是來自陸地：建造大型木船需要大塊木材。當時法國的造船業四處搜羅適合做桅杆、帆桁、船體的古老巨木，但本土資源已日漸枯竭。若能找到替代方案，對法國海軍和海運貿易都是一大福音。當莫爾帕得知，法國有人正系統化研究樹木生長，包括實驗如何讓樹木長得更快、更直、更堅固，他自然喜出望外。在這位大臣的要求下，布豐受邀到法國科學院演講。

不過，主題不是樹木（這種話題難以引起院士的興趣），而是談幾何學。

布豐完全勝任這個場合。演講一開始，他先從機率的基本問題談起：抛硬幣出現正面的機率是多少？這很簡單，由於期望結果（正面）是兩種可能之一，所以機率是二分之一。若從撲克牌中隨機抽取一張，抽中黑桃J的機率是多少？答案是五十二分之一，因為有五十二種可能結果，而黑桃J只有一張。如此看來，計算機率似乎只要用特定結果的次數除以所有可能結果的總數即可。但是當你無法計算所有可能的結果時，那怎麼辦？布豐請聽眾想像，把一根針抛向方格地磚，針落地後恰好橫跨磚縫的機率有多大？計算所有的可能性，亦即針可能落下的每個位置和角度，很快就變成一個趨近無限的任務。

這是否意味著機率無從得知？布豐斷言，絕非如此。他指導聽眾：不妨將整盒針撒在地上，讓它們散落成單層分布。雖然針的分布很隨機，但仍能提供有用的資訊。先計算跨越磚縫的針數，然後把針都撿起來，再次投擲並計數。如此重複十次或百次後，將每次投擲的結果取平均值，就能得出一個近似值。若x根針散布在y塊地磚上，透過多次隨機取樣就能得出z值：亦即預期會橫跨磚縫的針數。

不過，布豐洞見的真正威力在於，他指出這個過程可以反過來運用。想要計算一個很大箱子裡總共有多少根針嗎？與其辛苦一根根數，不如把它們全部灑在地磚上，然後只數那些跨過磚縫的針數。假設隨機一根針跨過磚縫的機率是七千分之一，那麼若有一百五十二根針跨過磚縫，就表示箱子裡大約有一百零六萬四千根針。

當然，機率不是確切答案。但只要反覆投針好幾次以增加取樣數量，然後計算平均值，你最終得到的數字可能比逐一清點更準確，尤其是數量龐大的時候，人工計數難免會出錯。簡言之，這就是用最簡便的方式，估算出大量、甚至龐大數量的方法。這也是駕馭混亂的有效方法，因為它能在可預測的框架內，包容不可預測的行為。

「布豐投針」實驗，至今仍是機率論的經典教材，一般公認它是十八世紀最具開創性的數學理論之一。這套方法開創了幾何機率學：這種數學藉由分析物體占據的有限空間，來精確估算大量實體物件的數量。如今，科學家運用源自布豐投針的技術，來計算組織樣本中的細胞數量、測量肺部的內表面積、計算人腦的神經元總數；氣象學家用它來預測風暴的發展；金融機構用它來計算投資風險；政府用它來制定經濟政策；物理學家用它來開發第一顆原子彈。

這些影響在一七三四年無法想像，但這個證明依然令人驚歎。一月九日，莫爾帕向國王提交兩位科學院的院士人選時，他額外加上布豐作為第三人選，沒有人提出異議。對多數科學院的院士來說，當選是在輝煌職涯的巔峰或暮年才獲得的榮譽。但對布豐來說，這只是其輝煌職涯的起點。

「我早就預言，他總有一天會證明他絕頂聰明。」[11]他的一位摯友如此寫道。這可不是在開玩笑，布豐向來習慣埋首研究，只在適當場合公布成果。他在數學界獲得不朽

布豐投針實驗的實際應用

的聲譽後，隨即轉戰新領域，連「布豐投針」這篇論文都是三十年後才順手發表的。二十六歲的他參加完科學院的入院儀式後，便回家鄉忙他的植樹大業了。

❖ ❖ ❖

在蒙巴德，布豐為自己設計了一套最有效率的生活方式，力求身心維持在最佳狀態以延年益壽。他和他的偶像牛頓不同，牛頓終身獨居禁欲（伏爾泰說他「毫無熱情，亦無弱點」[12]），布豐深知自己天性貪圖享樂，容易怠惰放縱。為了對抗這種天性，他制定了嚴格的作息：每日清晨五點，貼身男僕約瑟夫必會準時出現，奉命無論如何都要叫醒他。約瑟夫認真執行這項任務，有時甚至得把主人拖下床。某日早晨，約瑟夫怎麼哄勸布豐起床都沒用，只好朝他熟睡的身軀潑了一盆冰水，隨即逃到隔壁房間，擔心自己做得太過分。沒想到，主人搖鈴召喚他回來。布豐平靜地說：「給我拿乾淨的襯衣來，但下次，我們盡量別折騰自己，這樣對我們彼此都好。」[13]說完還賞了約瑟夫三法郎作為獎勵。

布豐起床後，還會準備一個鐘頭左右，才會踏出寢室。他堅持每天盛裝打扮，這樣做不是為了賓客，只是為了自己。他認為正裝打扮有助集中精神，即便獨處時，那份莊重感也能時時刻刻提醒他莫忘初心。等髮型師為他卷好頭髮、撲上髮粉後，他會趁著晨光初現，步行穿過蒙巴德的街道，前往布豐公園。

他沿著古老堡壘的斜坡緩步上行，如今這裡已圍起柵欄，建成階梯平台，四周林木環繞。那裡有兩間靜室供他使用。一間是主工作室，是公園邊緣的單間結構，內部極其簡樸，常被誤認為園藝棚。一間在殘存的中世紀塔樓內，石砌的圓形空間隔熱良好，是天然的避暑空間。這兩個房間的陳設相同，都只有一張寫字檯、一個壁爐、一幅牛頓爵士的肖像。除了遠山的景色以外，沒有別的干擾。誠如一

位稀客所言：[14]

在那空蕩蕩的房間裡，他坐在一張木製的寫字檯前沉思、寫作。面前沒有紙張，也沒有堆積的書籍，那些學究式的累贅只會妨礙布豐的思緒。一個深思熟慮的主題，純粹的冥想，絕對的靜謐與孤獨，這些才是他的研究素材與工具。

他寫作時，全憑先前閱讀的記憶和自己的沉思，從不翻閱書籍或筆記。但這不是因為他喜歡幽閉的空間，這些房間之所以狹小，是因為他把整座公園當成工作室，隨著靈感的湧現，在靜室與戶外來來回回。另一位訪客描述：「他走來走去，長時間深入思考他想寫的內容。可以說，他先讓自己沉浸在大自然的奇妙中以汲取養分，待思緒蓬勃湧現，才提筆寫下數行，隨即又繼續散步或沉思。」[15]

上午九點，他會暫停下來，快速吃個早餐。他的早餐永遠都是一個麵包捲，配兩杯葡萄酒。接著，他又繼續工作到下午兩點，再與家人、朋友或賓客悠閒共進午餐。餐後，他會小睡片刻，然後又獨自在花園裡散步。

這段午後漫步對他很重要，若有賓客或傭人在園中巧遇他，他們都知道最好裝作沒看見。下午五點，他會回到靜室，在工作兩小時後，結束一天的工作。為了維持工作環境的簡樸，以便翌日早上繼續工作，他會把手稿交給秘書謄寫成一份乾淨的副本，添加到正在撰寫的文稿中，原稿則直接扔進壁爐焚毀。

後世史家每每為此扼腕，布豐習慣在用完手稿後就焚毀。他認為這些手稿對他的創作過程來說，就如同木屑之於木匠一般多餘。他向一位訪客解釋：「我燒盡一切手稿。待我死後，片紙不留。若非如此，我永遠無法完成工作，遲早會被自己的手稿淹沒。」[16]

晚上七點開始，是他一天中最熱鬧的沙龍時光。賓客喝著葡萄酒暢談，多數人都懂得在來之前先吃飽，因為布豐向來不吃晚餐，他堅持空腹到隔天。九點整，他便告退就寢。

他維持這樣的作息整整五十年。雖然待在巴黎時無法那麼規律，但他會盡量維持這種以沉思為核心的生活步調。對於這種嚴格自律的獨處時光，他一點也不覺得苦悶，反倒如他晚年回憶所言：「這是我人生最大的樂趣所在。」[17]

你必須長時間關注你研究的主題。漸漸地，它自然會展開，開始發展。你會感覺到彷彿有股微小的電流擊中頭部，同時觸動心臟，這就是靈光乍現的時刻，也是體會工作樂趣的瞬間……比起追求榮耀，我更醉心於這種靈感的喜悅。榮耀是隨之而來的點綴。該來的，終究會來，它幾乎一定會到。

林奈穿著拉普蘭原住民服飾，手持攣生花

CHAPTER
7
歷經盛衰榮辱
Now in Blame, Now in Honor

「這輩子沒走過比這更爛的路了。」[1] 頭戴綠帽、綁著假辮子的男人在日記裡寫道。這是一七三二年五月二十七日，他一路往北艱難前進，所謂的道路早已不見蹤影（「亂石成堆，粗壯的樹根盤錯其間，石縫間盡是水坑」）。他騎著沒有鞍轡的馬兒，只能拉扯綁在馬顎的繩索控制這頭動物。他腰間掛著一把短劍，但使用的衝動早已消失殆盡。

羅森、校務委員會，以及烏普薩拉大學的那幫人，此刻都在他身後的幾百里外。眼下最要緊的是找點食物及躲雨。

一七三一年夏天，林奈放棄了重返教職或報復的念頭，從烏普薩拉回到斯莫蘭的父母家。在那裡，他抓住最後的機會，試圖恢復自己的聲譽。他向安德斯．攝爾修斯求助，這個人是他昔日恩師的姪子，也是烏普薩拉學術協會的負責人（順帶一提，攝氏溫度計就是他發明的）。林奈申請了一筆六百七十五銅幣的微薄資助，以便前往瑞典的邊陲，進行自然史的考察。最終他只獲得了四百五十銅幣，這點錢勉強夠一個人騎馬兼徒步的考察開銷。五月十二日，他騎著租來的馬，離開烏普薩拉，這是他一路更換的許多匹馬中的第一匹。他的小皮囊裡裝著一件襯衫、墨水台、放大鏡、望遠鏡、梳子，還有大量紗布。令人意外的是，他竟然沒帶任何防止惡劣天候的裝備。這個疏漏實在太奇怪了，畢竟他的目的地是北極圈內的拉普蘭。

雖然當時拉普蘭還是瑞典的一個省分（今日的芬蘭也是），但由於地處偏遠，除了偶爾有傳教士或探險家造訪，外界對該區幾乎一無所知。據林奈所知，上一位自然史家行經當地，已是三十年前的事了。啟程北行時，林奈還相當樂觀，筆記本裡都是田園詩般的描述（「整片大地都在歡笑歌唱」[2]）。然而，兩週後，隨著天氣愈來愈惡劣，他的日記也變得愈來愈陰鬱。「自然界的一切力量都與我作對。」[3]他如此描述某日的旅程。

> 樹枝垂掛在我眼前，四面八方都掛滿了雨滴。沿途出現的所有幼小樺樹，都被雨水壓彎了腰，緊貼地面，讓人寸步難行。歷經風霜的老松，往日總是昂然挺立於眾樹之上，如遭天譴般倒下，橫臥在我的路途上。縱橫交錯的溪流異常湍急，橫跨其上的木橋早已腐朽不堪，騎著踉蹌的馬匹冒險渡橋，簡直是冒著生命危險。這條路似乎已經糟到人力無法修復了。

最叫人抓狂的是那鋪天蓋地的蚊蟲。即使他用紗布蒙著臉，「蚊蟲仍不斷叮咬著我，這趟旅程我真的受夠了。」[4]出發才三週，他就在日記裡這麼寫道。「就算是神學家描繪的地獄，也沒有這裡可怕；

詩人筆下的冥河，也不會比這裡惡劣。這麼看來，我可以吹噓我已經去過冥界了。」

林奈逐漸意識到，他的性格不適合做實地考察。這不僅從他的痛苦經歷中可見一斑，從他那套雜亂無章的研究方法（時而鑽牛角尖，時而草草了事）也可以見得。他收集了拉普蘭巫師的鼓，還有幾件服飾作為自己的衣物，卻沒有注意到他取得的圓錐帽傳統上是女性戴的。他精確繪製了拉普蘭帳篷內部的平面圖，甚至連乳酪架的細節也畫了，但他也武斷寫下：「就像所有熱愛捕魚的民族，拉普蘭人非常喜愛白蘭地」[5]，以及「拉普蘭人都不會唱歌，他們發出的聲音有如狗吠」。整趟旅程下來，他連一個拉普蘭人的名字也沒記下來。

他沿途採集的標本，裝滿了好幾個鞍袋。礦石多到不得不中途打包，先寄回烏普薩拉。最重要的植物發現是「孿生花」（學名是 *Campanula serpyllifolia*），這種北極圈植物通常是成對綻放。林奈非常喜愛這種植物，甚至把它當成個人象徵：不僅在肖像畫中手持孿生花的枝條，後來也把它納入家徽中。這是否象徵著他與阿特迪的友誼及計畫中的合作呢？他從未解釋這種花對他的個人意義。多年後，他同意將此花更名為「北極林奈花」（*Linnea borealis*）*，成為唯一以他命名的物種。他形容它為「卑微、不起眼、乏人問津，短暫綻放——正如林奈其人」[6]。

這段艱苦的旅程，讓林奈有充裕的時間思考。過去與阿特迪的討論，總圍繞著如何量化生命、估算物種數量。但他漸漸明白，要全面研究自然，光是羅列清單還不夠，必須建立一套完整的分類系統。若能完成這項創舉，不僅能超越他早年的「植物字母」成就，更將讓他重返學術巔峰，讓羅森之流再也無法撼動他的地位。

* 現今多僅中譯為「北極花」。

❖ ❖ ❖

有人能為地球上的所有生命制定一套完整的分類系統嗎？一個能容納所有物種的邏輯架構？林奈深思熟慮後，認為這絕對可行。要了解其中的緣由，得先了解林奈與同時代的人對自然界的核心認知。這些觀念在當時的歐洲文化中是普遍共識，就像房間裡的空氣般理所當然，根本不需要特別說明。首先，我們必須拋開現代人對「**物種**」(species)的定義。現今普遍認為，物種是指能夠持續繁衍的獨特生物群體。但對林奈那一代的人來說，這個概念要模糊得多。

Species 原本是拉丁字，本意是「外觀」。西元一世紀，哲學家塞內卡曾寫道：「*Fallaces sunt rerum species et hominum spes fallunt*」(表象欺人，希望弄人)。一七二九年，植物學家使用 *species* 這個字時，它只是「有這種外觀的植物」的簡稱。同樣可替代使用的拉丁字還有 *exemplum* 和 *descriptionem*，但 *species* 脫穎而出，因為 *exemplum* 帶有負面意涵（比如「殺雞儆猴」的意思），而 descriptionem 更偏向文字描述，而非視覺特徵。當時 *species* 的實際定義，完全取決於具體用途。例如，一本觀賞園藝指南可能不會區分馬蹄蓮（calla lily）和鈴蘭（a lily of the valley），畢竟它們都是白色花卉，裝飾效果相似。但醫藥典籍就會嚴格區分兩者，因為鈴蘭有毒，而馬蹄蓮無毒。對烏普薩拉那兩個愛做白日夢的學生來說，他們想怎麼寬鬆或嚴格定義 species 這個字都行。

現代我們還有一些其他的普遍認知。例如，我們理所當然認為，每個物種都有其代表性的群體，而這個群體會隨著時間而變。若經過漫長的時間（例如數百代、甚至數千代），群體中出現顯著的差異，我們稱之為「演化」。當演化造成的改變夠深刻，我們會宣告該群體成為一個全新的不同物種。若某個群體無法繼續繁衍，我們會說這個物種「滅絕」了。

然而，這些概念屬於我們這個時代，而非十八世紀中葉。「滅絕」與「演化」這些生物學用語還要數十年後才會出現。事實上，就連「生物學」這個概念本身，也要到下個世紀才會成形。林奈著手評估生物世界時，他的基本假設之一是：這是一個靜止不變的體系。這個概念在當時普遍到不需要命名，與現代認知形成鮮明的對比。為了便於區分，我們姑且稱之為一種「視角」：萬物恆定（fixity）視角。

這種「萬物恆定」視角是源自《舊約聖經》。實際上，產生這種視角是這部古文的首要任務：開篇的〈創世紀〉確立了生命出現的嚴格順序。它證明上帝在第一天將黑暗與光明分開，第二天使旱地露出來，稱之為「地」，並創造出第一批生命：「地要發生青草和結種子的菜蔬，並結果子的樹木，各從其類，果子都包著核」。第三天，上帝造了「兩個大光」（日與月），又造眾星，並將它們固定在適當的位置。第四天，為了使新創造的海洋和天空有生物，「神就造出大魚和水中所滋生各樣有生命的動物，各從其類；又造出各樣飛鳥，各從其類」。第六天是創造陸地生物：「神造出野獸，各從其類；牲畜，各從其類；地上一切昆蟲，各從其類。」同一天稍後，上帝以創造人類，為祂的任務畫上句點，然後囑咐他們「要生養眾多，遍滿地面，治理這地，也要管理海裡的魚、空中的鳥，和地上各樣行動的活物」。

第二天創造植物和樹木*，第四天創造鳥類、魚類、海洋生物，第六天創造所有的其他生物。到了第七天的黎明，創世大功告成。此後，萬物的樣貌便恆定不變。

用這種「萬物恆定」的視角來看，若設想有新物種誕生、或現有物種滅絕，無疑是對信仰的褻瀆。自然是不會改變的，也不可能改變，因為造物主早已收起工具、關閉工作坊了。若有人暗示〈創世紀〉

* 第三天的創造只把植物分成三類：「青草」、「結種子的菜蔬」、「結果子的樹木」。

的完美藍圖需要修正，就是褻瀆。一旦考慮到物種之間的互動，諸如農作物與耕種者、寄生蟲、捕食者、獵物之間的關係，這種恆定觀念也有其不可否認的邏輯。就像鐘表匠不會在鐘表運轉後再追加零件一樣，自然界的每個組成與用途，必然與上帝開天闢地時相同。

我們習慣把物種按「親緣關係」分類，覺得相似的生物就該歸在一起。但在「萬物恆定」的視角下，這種分類法其實很人為：所有生命都是同時被創造出來的，彼此間的關聯度都一樣。林奈身為牧師之子，從不質疑聖經的記載，這套視角讓他的研究有了明確的範圍。雖然個別物種的數量會增減，但物種的總數永遠不變。

〈創世紀〉的後續章節又進一步限定了生命的範圍。上帝督促大家為大水來襲做準備時（「凡地上有血肉、有氣息的活物，無一不死」），上帝給出的指示具體到可以做出數學推算。諾亞需建造一艘方舟，長四百四十二英尺、寬四十四英尺、高七十三英尺，內有三層甲板，用以容納：

> 凡潔淨的畜類，你要帶七公七母。不潔淨的畜類，你要帶一公一母。空中的飛鳥，也要帶七公七母，可以留種，活在全地上。

根據這些條件，再加上畜牧學的知識，不少神學家和學者都估算過方舟上的物種總數，從大約三百種到二千多種不等。之所以有這麼大的差距，主要取決於幾個因素：飼料要帶多少、哪些動物算「潔淨」（需要帶七對）或「不潔淨」（只需一對），還有一些水鳥能不能自己游在方舟的旁邊。儘管如此，這些條件已經具體到讓一七六八年的《大英百科全書》斷言，方舟「完全足以容納所有需要登船的動物」[7]，甚至認為整個配置恰到好處，「方舟的容量原本被當成質疑聖經的論點，其實恰恰證明了聖經的神聖性」。

一個精力充沛的年輕人，要研究三百到二千種動物確實不是難事。真正的挑戰不在於數量，而在於分布範圍。自大洪水以來，陸地動物早已遍布世界各地，有些物種蹤跡難尋。至於那些「水中所滋生各樣有生命的動物」呢？由於牠們只占了創世的半天時間，合理假設牠們的數量最多也只有陸地生物的一半。植物種類想必僅限於諾亞家人用來餵養動物和自己的植物後代，以及能在大洪水中浸泡三百七十一天仍存活下來的種子（例如諾亞的鴿子銜回的橄欖枝就是一例）。幸好，歷代的植物學家已致力列舉這些物種。一七〇三年約翰．雷出版的巨著《植物分類法》堪稱當時最全面的調查，記載了約一萬八千種植物。即使在數十年後，林奈也估計這個數字占了植物總量的九〇%。

當時已知的物種總數約在二萬零四百五十至二萬三千種之間，其中絕大多數已被發現，而且有初步的記載。要編纂一部完整的生命目錄確實可行，真正的難題在於如何分類。

❖ ❖ ❖

林奈把他的性分類系統稱為「植物字母」，其實是承認這套系統就像字母排序一樣，是人為分類的。計算雄蕊和雌蕊數量是野外辨識的便利指南，但無法真正說明生命某種更深層的結構。這種分類法也把截然不同的植物歸為一類，並要求大家忽略一些奇怪的配對（例如，在林奈的性分類系統中，榆樹和胡蘿蔔屬於同一類）。人為分類系統本身無可厚非，事實上，它們往往比自然分類更實用，但這終究不是林奈追尋的那種永恆不變的宇宙真理。

自然分類法與人為分類法有何區別？以字母順序為例。我們給字母賦予的A到Z順序是一種基礎的標準化，從小，我們透過兒歌和繪本，把A到Z的順序牢牢記在腦海裡。但實際上，字母（或其他的語言符號）本身並沒有特定的順序排列。連「文字應該有統一排序」這個概念，也是人為創造的社會共識。日本有兩種不同的傳統字母順序方式：「五十音順」和「伊呂波順」*。中文至少有十四種排序方式†，其中幾種還曾是古代世襲官員代代相傳的家族祕密。

我們之所以發展和依賴這類人為分類系統，是因為它們的「人為性」反而是一種優勢：只需記憶規則，無需深究原理。一種無可爭議的「自然」圖書排列系統，是按出版日期排列。時間順序傳達了明確的內在秩序。同理，按書本高度、頁數或封面顏色排列也是自然系統。但這些方法都無法讓讀者輕易找到特定的書。字母順序雖是社會創造的概念，卻能完美解決找書的難題。

林奈的性分類系統雖是人為設計，卻非常實用。那他為何仍不滿足呢？因為人為的東西隨時可能改變。比如，J是字母表中的第十個字母，這是一五二四年才定下的規矩，當時義大利的語言學家硬是把J從字母I裡分了出來。而Z排在最後的傳統，是更近代的發明。二十世紀初以前，英語系國家的學童仍被教導字母表的最後一個字母是「&」（如今它已變成標點符號）。林奈的「植物字母」也可能遭到類似的修訂，或甚或全盤推翻：他賭的是，所有植物都是靠雄蕊和雌蕊繁殖，即使當時還沒找到這些構造。如果有人證實被他歸入「隱花植物」（「隱婚植物」）類別的植物根本沒有雌雄蕊，整套系統就可能崩解。

林奈現有的分類系統還有一個更關鍵的侷限：它無法從植物界延伸到動物界，因為用來區分的因素是性別。植物的繁殖方式千奇百怪，但就林奈當時所知，動物似乎清一色都是雌雄交配。雖然妊娠機制上有所變化（如胎生與卵生的區別），但受孕似乎都是一雌一雄的配對。換句話說，所有的動物在他那套系統中都屬於「雌雄同花」類別。但對動物學家來說，這種分類根本毫無意義。林奈面臨雙重挑戰：為植物找出能取代「植物字母」的自然分類法，並為動物界設計另一套同樣自然的系統。

這該從何著手呢？在拉普蘭的旅途中，林奈找到了解決第二個挑戰的答案。當時他注意到一個奇特的東西在柵欄柱上風化，他停下來仔細端詳。

路旁懸掛著一副馬的下顎骨，上頭有六顆嚴重磨損且鈍化的門牙、兩顆犬齒，以及左右後方各六顆的臼齒，共十二顆。如果我知道每種動物的牙齒數量及其特殊形狀，還有乳頭數量與位置，或許就能設計出一種最自然的四足動物分類法。[8]

他突然意識到，他之所以能輕易認出那是馬的下顎骨，是因為其特殊的牙齒排列。動物需要進食，也需要哺育後代，而這些行為都需要特定的解剖特徵。如果他可以把這些特徵量化並記錄起來，不就掌握了界定動物的關鍵了嗎？他繼續向前邁進，腦中開始構思這套分類方法的可能性。

❖ ❖ ❖

十月回到烏普薩拉後，林奈發現他的學術地位僅略有提升。大學允許他回來，但只能當學術助理，只有在羅森不便授課時他才能代課。由於久久才代課一次，在漫長的空檔，他靠三件事打發時間：與友人聚會、私下授課，以及收費偷偷代寫學位論文。他的房間裡擺滿了野外考察帶回來的紀念品和標本，並穿著拉普蘭服裝讓人為他畫了肖像（畫中他得意地戴著女帽）。他也著手撰寫拉普蘭之旅的正

* 日語：いろは順，いろはじゅん，日文中假名順序的一種傳統排列方式。

† 比如部首檢字法、筆畫數目法、拼音排序法、倉頡碼排序、注音排序法等等，因是人為制定，隨時代和需求可有各式發展，所以作者依其能找到的資料曰「至少」。

式報告，不斷修潤他的野外筆記，到最後逐漸偏離了最初的真實記錄。

林奈的報告一開始只是細微的修潤，例如把搭船渡水描繪成驚險的航行。接著，他開始變本加厲，估計山路高度「超過一陸哩」：「陸哩」（land mile）是一個現在已過時的計量單位，相當於三萬六千英尺，這比珠峰還高。最後，他乾脆憑空捏造。例如，他描述攀登凱圖拜山的艱辛時寫道：「我們拖著疲憊的步伐，汗流浹背地攀爬凱圖拜山。有時雲霧繚繞，遮蔽了視線；有時必須繞道，以避開溪流；有時還得脫衣，涉過冰冷刺骨的溪水。在酷熱中跋涉時，要不是靠這冰涼的雪水提神，我們根本活不下去。」[9]這段描寫繪聲繪色，但他的旅行日誌中根本沒有提過這趟旅程，而且那也超出了人類耐力的極限。凱圖拜山離他的行程有一千三百五十公里遠，繞道去那裡需要每天平均趕路九十六公里。由於他描述的是尚未完全勘測的地域，所以近百年來都沒人識破這些誇大不實之處。但謊言終究會被揭穿，這也反映出林奈當時多迫切想要打動他的贊助者，即使只是短暫恢復聲望也好。

但這招沒有奏效。瑞典皇家學會只刊登了他報告的一小部分，並擱置了其餘內容（六年後才刊印），理由是經費有限，也沒錢資助林奈先生繼續考察。後者倒是沒讓他太難受，反正他本來就不打算再做實地考察了。但現在他連重振事業的舞台都沒有，這讓他確信他的機會可能在別處。十二月十九日早上八點，林奈再次離開烏普薩拉，這次他沒打算回來了。他在日記中寫道：「我告別了烏普薩拉學院，全能的上帝曾奇妙地引領我來這裡，歷經困頓與歡愉，貧窮與富足，盛衰與榮辱。」[10]他隨身攜帶了一疊厚厚的紙張。這些筆記與草稿，正是一個恢弘計畫的開端。

多頭蛇的目擊畫像

CHAPTER
8
漢堡的七頭蛇
The Seven-Headed Hydra of Hamburg

一七三五年五月，在德國的漢堡，一位巡遊表演者遇到了傳說中的怪物。

這個表演者是時年二十八歲的林奈。他穿著充滿異國風情的拉普蘭服飾，手持薩滿鼓，剛在漢堡紳士名流的私人聚會上結束一場私人表演。他誇張講述他在北極的冒險，展示隨身攜帶的上千種瑞典昆蟲標本，並闡述他獨創的植物分類理論。漢堡的當地報紙《漢堡通訊》在他抵達前就報導：「這位能人所思所寫皆有條理，自成體系，其勤勉、耐心、敬業程度更是超乎尋常。」[1]這則（實為林奈自擬的）報導不僅讓他獲得演出邀約，更讓他獲得親睹怪物的機會。那些博學的紳士打開珍藏櫃，展示被譽為「漢堡多頭蛇」（Hydra of Hamburg）的稀世珍寶。

這怪物有鋒利的爪子，渾身都是密實的棕色鱗甲，七顆猙獰的頭扭動著，脖子扭曲上揚，蓄勢待發，露出十四對可怕的尖牙。這個標本自八十七年前神祕地出現在教堂的祭壇上以來，就一直維持這副攻擊姿態。即便靜止不動，那兇殘的模樣也令人不寒而慄。更令人不安的是它的存在：這頭怪獸彷彿是從新約聖經〈啟示錄〉的第十二章第三節爬出來的，不僅證明了怪物的存在，還暗示著聖經預言的末日即將來臨。

天上又現出異象：有一條大紅龍，七頭十角，七頭上戴著七個冠冕。

林奈眼前這隻怪物與其說是紅色，不如說是偏棕色，也許顏色隨著時間褪去了。雖然牠的角顯然已經不見了，但確實長著七顆頭。林奈當時說道：「許多人說這是世上獨一無二的怪物，幸好它沒有繁衍後代。」[2]

多頭蛇首次出現在歷史記載中是一六四八年。當時正值三十年戰爭*結束，一位德意志將軍將它當成戰利品收藏起來。此後數十年間，這件珍品幾經易手，最終成為漢堡自由市的前市長約翰．安德森私人收藏的珍寶。富有的安德森深知它價值連城，從不公開展示，而是小心翼翼地私藏保管。丹麥國王曾出價三萬塔勒†求購（約合現值四百萬美元），但安德森拒絕了。不過，他可能很後悔做了那個決定，因為現在他正打算以二千塔勒的價格，把這個怪物賣給一位私人收藏家。這價格雖比當初丹麥國王的開價少，但依然可觀。

這隻怪物的真實性似乎毋庸置疑。數個世代以來，歐洲各地的學者紛紛前往漢堡，以親眼目睹珍藏多頭蛇的奇珍閣。所有見過的人都認定它是真品。知名的博物學家貝根主教曾鑑定這個標本是「自然造物」[3]。當代最具權威的動物學著作《施巴自然百科》的作者艾爾伯特．施巴，不僅把這隻多頭蛇收錄到書中，還聘請畫師為其繪製鱗甲畢現的畫像，並鄭重宣稱這「絕非人工製品，而是真正的自然造物」[4]。

眾人簇擁在林奈的身後，臉上交織著期待與自豪。林奈仔細地端詳這怪物的每一處過渡特徵：從那叢生的頸部，到棍棒般的尾巴。他湊近身子觀察，以便看清那三百二十二顆參差不齊的牙齒。

突然，林奈笑了起來。

他說道：「噢，偉大的上帝，您從未在創造的軀體中，放入超過一個清晰的意識。」[5]

從未在創造的軀體中，放入超過一個清晰的意識。他是在嘲諷，這隻多頭蛇竟然曾被當成活物。由於七個頭意味著七顆腦，它們怎麼可能各自扭動脖子，又協調控制同一個身體的移動呢？當然，林奈在見到多頭蛇之前，就可以提出這個質疑了，但他沒有進一步解釋，而是湊近指著那過多的下顎說：「這些顯然是來自七隻倒楣的黃鼠狼。」至於覆蓋其上的皮呢？那明顯是從蛇身上剝來拼湊的。這標本根本是剝製‡的騙局，很可能是布拉格的神職人員為了讓教徒恐懼末日而製造的。林奈後來寫道：「我是第一個看穿這不是自然奇蹟，而是人工製品的人。」他得意地把施巴博士的鑒定結論「**絕非人工製品，而是自然造物**」巧妙反轉過來。

這就像揭開了魔術師的布幔，幻象瞬間破滅。林奈僅用幾句犀利的評論，就讓在場的學者看清了再也無法否認的事實。現場陷入一片靜默，耶尼施博士上前打圓場，委婉建議這位瑞典醫學生最好盡

* Thirty Years' War，一六一八—一六四八年間，由神聖羅馬帝國的內戰演變而成的大規模歐洲戰爭。

† thaler，十五世紀中葉曾流通於歐洲約四百年的一種銀幣。

‡ 剝製（Taxidermy），這字源於古希臘語，原意是「皮膚的排列」，是把已死的動物透過泡製、剝皮、填充及上架等步驟，來保存並展覽的標本製作技術。

快離開漢堡。

林奈收拾好昆蟲標本箱、演出服、手鼓，告辭離去。不久後，漢堡多頭蛇便從世上消失。大家認清這不過是場拙劣的騙局後，就將它作廢處理了。

❖ ❖ ❖

兩天後，林奈以他慣用的第三人稱，記下這次遭遇（「為了避免市長報復，林奈必須趕緊離開」[6]），接著他搭船前往荷蘭，但不巧遇到暴風雨，飽受暈船之苦，最後終於來到目的地：哈德維克。這座離阿姆斯特丹五十六公里的小鎮，如當時的一首歌所唱的，以販賣「煙燻鯡魚、野藍莓、學位」[7]而聞名。煙燻鯡魚是冷煙燻製的鯡魚，野藍莓是當地的水果，而學位則由哈德維克大學提供，該校專為急於畢業的醫學生服務。在哈德維克，沒有人需要尋找長期的學生宿舍，因為形式化的課程設計不到一週就能修完。

林奈在哈德維克大學的求學歷程，前後只花了兩天。第一天，他完成註冊手續，提交了事先寫好的論文（主題是間歇性發燒的成因，他歸咎於黏土土壤），參加口試，寫了一篇關於《希波克拉底格言集》的短文，還抽空去診間看診，診斷並治療了一名黃疸病患。由於需要三天時間印製論文的副本，他被迫暫停行程。待論文印好，他登上講台，為他的間歇性發燒論文，與哈德維克大學的揚·德·霍特教授進行一場簡短的辯論。辯論結束後，德·霍特教授授予他簽署的畢業證書、一頂絲綢帽、一枚金戒指，並向他道賀。一七三五年六月二十三日，二十八歲的林奈正式成為醫生，不僅獲准行醫，也可以教授醫學。

這正是當初羅森用來取代他講師位置的「教學資格」。事實上，羅森也是在哈德維克大學以類似的速成方式取得學位。但此刻，林奈並不打算回瑞典，更別說回去與烏普薩拉的宿敵再起爭執了。他知道羅森在這裡取得速成學位後，又遊學歐洲的醫學院與診所多年，師從當代最傑出的醫學大師。儘管林奈的盤纏正迅速耗盡，但他也同樣需要實務經驗。

為了找工作，林奈的第一步是在《漢堡通訊》（就是那家幫他爭取到參觀多頭蛇機會的報紙）上刊登一則消息，宣稱他打算在荷蘭待上幾年，「以便向當地名家求教，尤其是與他已有學術通信的布爾哈夫先生」[8]。這位萊登大學的退休教授赫曼・布爾哈夫，是當時舉世聞名的醫學泰斗。但他也很清楚自己從未與一位名叫林奈的瑞典醫學生通過信，所以他看到這則虛假的自我宣傳後，自然不太高興。當林奈帶著推薦信出現在他家門口，布爾哈夫讓他等了一週，才勉強接見他，而且態度冷淡。這位大師後來確實對他改觀了，但目前林奈暫時斷了一條重要的人脈。

林奈造訪萊登的亮點出現在幾天後，他在酒館撞見一張熟悉的面孔。那人是阿特迪，就是當初與他一起分配世間所有生物研究的老友兼同窗。「我倆喜極而泣」[9]，林奈如此記錄這場意外的重逢。原來阿特迪為了研究魚類而負笈英國，卻因盤纏用盡，而被迫回到歐陸。林奈感嘆：「他旅費耗盡，擔心如何獲得衣物、食物，以及研究所需的一切書籍。」雖然林奈也阮囊羞澀，但他立刻發揮足智多謀的看家本領，先設法弄到了三件襯衫，讓阿特迪看起來體面些，再帶他去阿姆斯特丹，想方設法促成了他與七十歲的藥劑師兼博物學家施巴會面（就是那個把漢堡多頭蛇鑑定為「絕非人工製品，而是真正的自然造物」的權威）。

按理說，這兩人恐怕已經結下樑子，但林奈知道施巴根本沒把拆穿怪物標本的事放在心上。他也打聽到，施巴正持續編纂那套多卷本的《施巴自然百科》，當時正忙著整理魚類專卷。果不其然，富有的施巴當場就熱切雇用了阿特迪當助手。林奈收下了阿特迪和施巴的衷心感謝後，便留下他們專心投入研究，轉身去解決自己迫在眉睫的生計問題。

在阿姆斯特丹，林奈唯一找到的合適工作，是暫時擔任植物學家約翰納斯・伯曼的住家助理。伯曼正在撰寫一本關於熱帶植物的書，這份差事令林奈有些尷尬，因為待遇微薄，薪水僅比食宿略高，而且這位在阿姆斯特丹大學任教的正教授只比林奈年長一歲。但這份工作至少讓他有機會接觸到珍貴的乾燥標本（伯曼當時正在研究錫蘭的植物群），而且在一個重要場合中，見到了活生生的異國植物。八月十三日，伯曼讓林奈陪他前往城外二十五公里處的哈特營莊園一日遊。這是喬治・克利福德的私人莊園，他的祖父是移居荷蘭並以銀行家身分致富的英國人。克利福德不僅繼承家業，更擔任荷蘭東印度公司的董事，這家政府特許的航運和進口公司壟斷著全球的香料貿易。如今身為歐洲鉅富的他，正砸下重金，將哈特營打造成頂級富豪的炫富聖地：一座充滿奇花異草的私人植物園。

如今熱帶水果是地方超市的常見商品，所以我們很難想像，以前那個年代連一顆鳳梨或一根香蕉都是讓歐洲人爭相圍觀的稀罕東西。令人驚歎的不僅是水果本身，還有運送那些水果所需經歷的漫長昂貴過程。活體植株必須搭乘快船橫渡重洋，由專家全程照料，再移植到專門建造的「阿多尼斯屋」（adonis house，現代溫室的前身）*，並全天候調控以模擬熱帶環境。這些外來植物即使成功進口了，也常水土不服，迫使研究人員不得不重頭開始這個往往長達數年的過程。這也難怪一六七〇年代，英王查理二世收到御用園丁獻上的鳳梨時，認為有必要請畫師繪製肖像。到了一七三〇年代，平民購買一顆鳳梨的費用，相當於現今的八千美元。[10]

當時歐洲沒有哪位富豪能像克利福德這樣，擁有那麼多活生生的珍奇收藏。他利用荷蘭東印度公司的船隊，運來各種珍稀物種，把哈特營莊園打造成令林奈驚歎連連的「微縮版伊甸園」。廣闊的園區內，不只有一個、而是四個阿多尼斯屋，裡頭「奇花異草之多，讓這位北方來的學子癡迷地站在原地，彷彿置身異域仙境」[11]。莊園裡還有全歐洲最多樣化的私人動物園，設有裝備齊全的獸欄和鳥舍，裡面飼養著老虎、猿猴、野犬、印度鹿、山羊，以及南美和非洲的野豬。林奈依依不捨地離開，夢想著在那裡生活和工作。

儘管林奈至少還得在伯曼那兒熬過整個冬天，但這不妨礙他謀求哈特營的工作。他根據兩點觀察，制定了謀職策略。莊園雇用了大批園丁、工友、馴獸師，但沒有一位統籌指導這一切的博物學家。而莊主克利福德不僅以熱中收藏著稱，還有一個出了名的毛病：疑病症†。不久，克利福德就收到格羅諾維烏斯醫生等名流的來信，信中暗示：如果可以聘請一位既能監督植物園的植物學家，又能兼當家庭醫生的人，那有多方便，而且最近剛好有一位具備這些能力的年輕人從瑞典來到這裡。

林奈的劣勢顯而易見：他的實際醫療經驗僅限於一位病人；他從未見過哈特營的多數收藏，更遑論統籌管理了，而且他完全不會荷蘭語。但克利福德卻對這個提議很感興趣，主動提出聘書，卻遇到伯曼不願放走簽約的助手。於是，這位銀行家親自登門拜訪教授。兩人閒聊時，伯曼提到他一直想看史隆的《牙買加自然史》第二卷，但找不到。克利福德一聽，立刻抓住機會說：「我正好有兩本，如果你願意讓林奈過來，我就送你一本。」[12]交易就此達成。林奈收拾簡單的行囊，開心地搬進哈特營，對於自己能以一本書贖身感到滿心歡喜。不到一週後，他又匆匆趕回城裡，強打起精神，面對人生中最悲痛的時刻之一。

阿姆斯特丹到處都是運河，但沒有街燈。深夜獨行的人，無論是人生地不熟、精疲力竭、醉眼昏

* 阿多尼斯（Adonis）是希臘神話中每年死而復生、代表春天的植物之神。

† 在沒有明確的醫學根據下，認定自己患有某種特定疾病，而且即使有合理的醫學解釋及體檢或實驗室化驗呈陰性，都無法打消其顧慮。

花，或是三者兼而有之，往往難以分辨腳下是走道還是運河。九月二十八日，施巴邀請新助手阿特迪來參加晚宴。阿特迪當晚深夜離開施巴的豪宅時，獨自漫步，在漆黑的城市街道上迷了路。翌日清晨，有人發現他的屍體漂浮在運河中。

「我看到那具冰冷僵硬的屍體，發青的嘴唇上還掛著白沫時，頓時淚如雨下。」[13]被召來市立醫院太平間認屍的林奈這樣寫道。這是一場意外，但若非林奈牽線，阿特迪不會出現在施巴家，也不會來到阿姆斯特丹。死者身上穿的，正是林奈借給他的襯衫。

「這份摯友情誼，促使我必須完成當年的約定。」林奈說的是他們學生時代的承諾：若有一方先走，另一方要繼承遺志。他隨即與阿特迪的房東爭論，要求取得亡友的筆記本。一拿到筆記後，他立即著手編修其內容，將它們併入一本已準備付梓的手稿中。

❖ ❖ ❖

一七三五年十二月十三日，一本以拉丁文撰寫的細長書冊，在萊登的一家書店裡上架銷售。該書定價二．五荷蘭盾，在當時堪稱高價，因為它其實很薄，比較像是一本加大版的小冊子，而非書籍。三十八公分高的對開紙上，印著密密麻麻的文字，全書僅十五頁。作者署名為「醫學博士卡爾．林奈」，付梓前臨時在名字與頭銜之間添加了小字的「瑞典人」（Sveci）字樣。書名是《自然系統》。

「智慧的第一步，是認識事物本身。」[14]林奈在序言中寫道，「這需要真正了解物體的本質。唯有系統地分類並賦予恰當的名稱，方能辨識萬物。故分類與命名，實為科學之根基。」

在《自然系統》中，林奈先打破了「存在巨鏈」的傳統觀念。首先，他切斷了人類與天界眾靈的連接，讓神學家去決定拿非利人（nephilim）和熾天使（seraphim）的地位孰高孰低的問題。他把焦點拉回塵世後，將研究對象明確分為三界：「礦物會生長；植物會生長且有生命；動物會生長、有生命且有知覺。這些就是界與界之間的分際。」使用「界」（kingdom）這個字仍保留了「存在巨鏈」的封建架構色彩，他後續的術語體系也保留著類似的痕跡，但林奈其實很小心挑選這些看似熟悉的詞彙，同時賦予它們新的含義。

雖然書名《自然系統》（*Systema Naturae*，英譯 system of nature）是單數，但書中其實採用了三套截然不同的系統。對於植物界，林奈直接套用他原有的「性分類系統」，雖然他完全知道這個系統的侷限。他寫道：「目前還沒有人能建立真正的植物自然分類系統。或許將來我能提出一些初步構想，但在那之前，人為分類系統依然不可或缺。」

《自然系統》的初版中，最簡短的章節是礦物界的分類。林奈將礦物分為三類：岩石（Petrae，亦即岩塊與一般石塊）、礦石（Minerae，意指「由恆定的岩石顆粒與外來顆粒結合而成的石塊」）、化石（Fossilia，亦即「聚合的岩石顆粒或礦物的混合物所組成的石塊」）。對他來說，某些化石「呈現動物或植物的印記」只是有趣的巧合，並非生命遺跡。他主張「原始土壤」有兩種：沙土與黏土，是創世之初就已經存在：「我們認為，整個礦物界是由大自然的力量對這兩種土壤產生作用而形成。其餘的石塊是在創世後的時間裡逐漸由它們構成。」他認為土壤先出現，然後才逐漸硬化成岩石：就像砂岩是硬化的沙子，大理石是硬化的黏土，而板岩是沼澤腐殖土硬化而成。礦石是「滲入外來物質的岩石」。比如，石英「是一種寄生石，因為它是在其他石塊的空隙中形成，並向外生長」。至於寶石，他則歸類為「不是真正的物種，而是變種，因為它們只是顏色不同」。

這些分類概念相當模糊，其中不少觀點在一七三五年就沒什麼說服力，現今更是如此。石英不是寄生石，大理石也不是硬化的黏土，而化石與生物的相似度之高，更不可能是巧合。林奈的礦物界研究對地質學的發展毫無貢獻，連他最忠實的追隨者也完全忽視這個部分。不過，他在《自然系統》的後續版本裡，仍持續保留這個分類，並在往後的職涯中不斷更新礦物界的內容。

剩下的是動物界。林奈跳過野生與馴養的區別，直接把動物分成他認為顯而易見的幾大類：魚類、鳥類、兩棲類、昆蟲類。他決定沿用「綱」（class）這個大家熟悉的分類單位，這同樣是借鑑自「存在巨鏈」的概念，在該理論中，人類社會階級（class）各自占據不同的鏈節。再往下細分時，他以顯著的形體特徵作為劃分標準（例如鳥喙的形狀與大小），並稱之為「目」（order）。這是另一個大家熟悉的字眼，就像修士和神父分屬不同的「修會」（order），穿著獨特的袍服以示區別。

他進一步根據外形相似度，將生物歸類為不同的「屬」（genus，拉丁文原意為「家族」或「類型」）。最終，他確立了最基本的分類單位：「種」（species），這是指可由單一個體代表的生物。至於「種」以下的差異，比如狗的品種或馬的品種，林奈認為那是次要特徵，並非分類的必要依據，因此不納入他的分類系統。

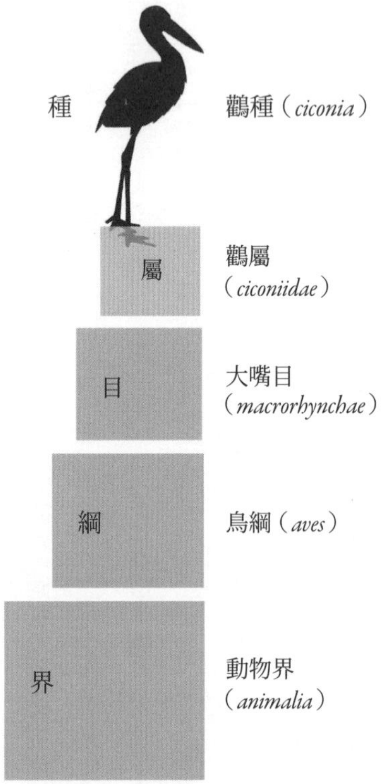

《自然系統》中「動物界」的層層嵌套

* 林奈的系統尚無「科」（family）的分類層級。

界、綱、目、屬、種。林奈並非第一個使用這些術語的人。「屬」的概念可追溯至亞里斯多德；杜納福爾早在一六九四年就為花卉制定了「綱」的分類；「種」這個詞在各種場合中早已廣泛使用。然而，林奈是第一個明確定義這些術語的當代意涵，並把它們排列成一個五層嵌套結構的學者。

林奈堅信這五層分類足以涵蓋所有的動物，後來他還舉出其他領域的五層結構來佐證他的系統。例如，地理學分為「王國、行省、地域、教區、村落」，或分為「王國、州郡、省府、領地、管區」；軍隊的編制分為「團、營、連、排、兵」。當然，每個領域要找出超過五個層級的分類並不難，但林奈認為這種「五層對應」恰恰驗證了他的分類系統。無論是否認同他的理論，這種分類法表面上反而增加了動物學家的工作難度：何必對一個物種做五層相互關聯的判斷，而不是直接描述其特徵呢？生命真的能用這種方式來確定分類嗎？

林奈相信這是可能的。《自然系統》被譽為現代「科學」命名系統的開端，但這個說法其實不太對：林奈的創新不在於賦予名稱，而在於為萬物標注了位址：在創世地圖上的確切位置。他是以物種恆定的視角來看待生命，認為這些位置是永恆不變的。他寫道：「世間沒有新物種，同類只會生出同類。」因此，物種名稱與其餘的層級結構（位址）永久綁定。其他的動物學家並不在意這五層分類的精確性，林奈獨自扛起了這份工作，還對此充滿了自信。例如，發現類似鸛的新鳥類，可能使他擴展「鸛屬」（*Ciconidae*），但鸛本身的分類位置不會改變，它依然是鸛種（*Ciconia*）、鸛屬（*Ciconidae*）、大嘴目（*Macrorhynchae*），鳥綱（*Aves*）、動物界（*Animalia*）。這些概念框架或許會擴展，但他確信絕不會崩解。

雖然名為《自然系統》，但書中其實沒有一套完全遵循自然法則的分類方法。植物界的分類確實是人為設計的，礦物界的標準更是粗糙到近乎隨意。唯有在動物界，林奈嘗試運用較詳細的自然邏輯，但始終有所保留。他分類動物的方法既非純粹人為，也非完全自然，而是一種可稱為「多重邏輯」的混合系統。

❖ ❖ ❖

如果你曾在超市的貨架間走動，你已經體驗過多重邏輯系統了。超市不會按字母順序（人為分類）或製造日期（自然排序）來擺放商品。對購物者來說，這兩種方式都顯得雜亂無章。實際上，超市每排貨架都採用不同的分類標準：有的按成分歸類，有的按產地，有的按使用時機，還有的按保存方式。我們已習慣按保存方式選購蔬菜：在生鮮區買新鮮蔬菜，在另一個貨架找罐頭蔬菜，在第三個地方找冷凍蔬菜。我們習慣按物質來源尋找牛奶、鮮奶油、優格、奶油，它們都擺在「乳製品」區。許多大型超市設有「早餐」區或「甜點」區，這是根據習慣用途分類產品。

多重邏輯系統採用在特定環境下看似完全自然的選擇。然而，在整體規畫中，環境會發生變化：在一個區域裡應用一套組織邏輯，在另一個區域裡應用另一套不同的邏輯。只要消費者獨立體驗每個區域，別去多想切換不同區域時的邏輯矛盾，逛起來還是很輕鬆自在。在超市裡，這類邏輯轉換隨處可見，所以即使它們造成認知失調，我們幾乎不會察覺。比如，乳製品區現在常擺放豆漿、人造奶油等非乳製品；同一類產品可能出現在多個位置（例如，美國某大連鎖超市把莎莎醬擺在四個不同的區域）；所謂的「早餐區」，陳列的商品其實只是部分的早餐選擇，馬芬是擺在在麵包區，優格則歸在乳製品區。

在《自然系統》中，林奈也是採用這種靈活多變的標準。他把動物界分為六個綱：首先是四足綱（*Quadrupedia*，拉丁文意為「四足」），定義是「身體有毛髮，四足，胎生，哺乳」。接著是鳥綱（*Aves*，拉丁文意為「鳥」），定義是「身體有羽毛，雙翼雙足，硬喙，卵生」。隨後是兩棲綱（*Amphibia*，希臘文意為「有兩種生存方式」），定義是「體表無毛或有鱗，無臼齒，常靜伏，無羽毛」。這個綱不僅包含現代被歸類為兩棲動物的物種（如青蛙、蟾蜍、蠑螈），也包括鱷魚和其他的半水生生物。他把「有兩種生存方式」的概念也延伸到非水生動物，比如從地面躍向空中的飛蜥，以及以類似游泳的動作在沙地中起伏前進的撒哈拉沙漠蜥蜴。這重新定義了「兩棲」（amphibian）一詞：這個詞自一六三〇年代以來，就泛指水陸兩棲的動物，如鱷魚、海象、海狸等。接下來是魚綱（*Pisces*，拉丁文意為「魚」），定義為「無足，以翅或鰭推動，體表無毛或有鱗」。由於鰓不是標準，鯨、海豚、海牛、獨角鯨等當時也被歸為魚綱。最後是昆蟲綱（*Insecta*），定義是「身體完全覆蓋著硬質外殼，頭部有觸角」。儘管定義是這樣，但這個綱包含許多無觸角的物種，包括蠍子和水生蟹類。

第六綱完全是林奈自創的，他稱之為蠕形綱（*Vermes*），這個字似乎是源自古拉丁語 *vermis*（意指蠕蟲），以及後期的拉丁語 *verminium*（意指「麻煩生物」，後來演變成英語 vermin，意為「害蟲」）。這個綱的描述最簡短（「身體肌肉均附著於堅實基部」），成為生物學家後來所謂「雜項」類別的首例，專門收容無法歸類的物種。林奈在這個綱中放入五花八門的生物，有爬行動物、軟體動物、海綿、烏賊。蚯蚓（lumbricus）也在其中，但歸為爬行動物，而且被描述為「與腸道絛蟲同一物種」。

林奈最後設了一個特殊的綱，但它與其他綱不同，既沒有編號，也毫無章法可言，名為「異形綱」（*Paradoxa*）。這個綱專門收錄那些不符合他的新分類、但讀者又期待看到的物種，其中包括「藤壺樹」（他寫道「古人認為這種生物源自海中腐木」），但對其真實性未置可否。不過，林奈確實試圖否認他認為純屬虛構的生物。例如，他列出並否定了獨角獸（「畫家的發明」）、羊男（satyr，「就算真有人見過，也不過是某種猴子」）、鳳凰（他推測那不是鳥，而是一種棕櫚樹）。他也提到他親自揭穿了多頭蛇的騙局（「多數人誤以為這是真實存在的動物物種」）。

怪的是，「異形綱」竟然包含鵜鶘，這種生物在一七三〇年代的歐洲已有大量記載。林奈似乎刻意把它歸入異形綱，只為為了駁斥「鵜鶘刺傷自己的胸部來餵養幼崽」的傳說。林奈也把「蛙魚」（即肺魚）歸入異形綱，說這種生物「很荒謬」（但肺魚確實存在）。他認為肺魚不可能存在，因為「自然法則不會讓一個屬（蛙屬）轉變成另一個綱（魚綱）」。這說法相當武斷，因為所謂的屬和綱都是他自己剛剛發明的。

在更細分的「目」這一層，林奈的多重邏輯分類法變得更加明顯，因為他為每個目選擇不同的分類特徵：四足動物是按牙齒排列分類（靈感來自他在拉普蘭撞見的馬頭骨），魚類是按魚鰭形狀分類，鳥類是按鳥喙形狀分類。青蛙、蜥蜴、烏龜、蛇都毫無緣由地歸入「蛇形目」。「人形目」（*Anthropomorpha*）包括人類、猿猴、猴子、樹懶，這個目不是由某個特徵定義，而是由缺乏的特徵定義：沒有尾巴。

第五層（亦即最後一層）是物種，林奈是採用單字命名。例如，樹懶叫 *Bradypus*（意指「慢足」），狒狒叫 *Cynocephalus*（意指「犬頭」）。至於人類，他沒有用拉丁文 *Humanus*，而是選用 *Homo*，這是羅馬人從希臘文借來的字，本意是「相同的」，在拉丁文中意指「人」。

在《自然系統》首版描述的五百四十九個物種中，林奈知道「人」（*Homo*）是爭議性最大的條目。把人劃入動物界已經很冒險了，而且竟然還與樹懶、狒狒同屬。為了儘量避免觸犯宗教敏感性，他在扉頁引用了一段聖經經文（「主阿，祢所造的何其多！」），並添加前言聲明「必須將這種起源的統一性歸因於全能全知的造物主，亦即上帝，我們稱他的作品為**造物**」（粗體標示是他加的）。在描述人種時，他沒有使用任何身體特徵，而是借用一句著名的拉丁格言，寫道：「認識你自己」（*Nosce te Ipsum*）。

❖ ❖ ❖

如今，大家把《自然系統》視為奠基之作，但在一七三五年發行初版時，它不過是個無足輕重的冷門作品。書中的植物界分類，只是重提林奈的性分類系統，那在植物學界已經廣為人知。而他對其他兩界的分類，則被視為多此一舉。雖然表面看來雄心勃勃，但實際上缺乏實用價值。除了那些擁有龐大珍奇異物收藏櫃的富豪以外，誰需要一套涵蓋動物、植物、礦物的分類系統？當時學界更關注林奈在哈特營的成就，銀行家克利福德打造的「微縮版伊甸園」，林奈在那裡締造的最新成果開始吸引眾人注目。

那是一棵從熱帶精心移植過來的香蕉樹。雖然前任管理者使盡渾身解數照料它，但它從未開花，更遑論結果了。當時大家普遍認為，即便在阿多尼斯溫室裡適度提高溫度，歐洲的空氣還是不足以誘使香蕉樹開花。但林奈推測，當地空氣沒有任何有害成分，而是因為香蕉樹已經適應熱帶季風帶來的乾濕交替循環。他指示園丁模擬季風季節，讓土壤在乾旱與大量澆水之間交替。短短四個月後，他便得意地記錄香蕉樹「初現花蕾」[15]；再過三週，花開得如此茂盛，吸引絡繹不絕的訪客來到哈特營。克利福德與林奈以符合其身分地位的方式接待賓客，引導他們參觀溫室，並欣然接受眾人的讚美。

這番成就並非首例。歐洲此前曾有三次讓香蕉樹開花的紀錄，但克利福德對這次獲得的關注極為滿意，特別印製了一本關於該植物的小冊子，作為贈送訪客的禮物。林奈迅速完成這部四十六頁的作品，並將該物種與書都命名為《克利福德的芭蕉》。書中，他用華麗的辭藻奉承金主（「大自然從未賜予王公以下階級的人，在歐洲讓這種植物開花」[16]），同時也不忘褒揚自己。[17]隔年出版的《克利福德植物園》記錄克利福德全部的植物收藏。林奈為此書委託製作了一幅混雜寓言與自我宣傳的卷首插畫。畫中，在克利福德的半身像與開花的香蕉樹下，象徵歐洲的女神正接受來自非洲、亞洲、美洲（當時已知的三大洲）使者的獻花。而手持火炬照亮這一幕的，是幾乎全裸的阿波羅。他腳踩著一條讓人

《克利福德植物園》的卷首插畫，林奈化身為手持火炬的阿波羅

聯想到漢堡多頭蛇的巨蟒，臉上卻是林奈自己的容貌。

林奈趁著這波關注的熱潮，自費出版了《植物學基礎》與《植物學評論》兩本小冊子。他在其中大力提倡一套嶄新且標準化的「命名科學」，並提出具體的規範。他認為，新屬或新物種的命名權應歸發現者所有。當然，這裡的「發現者」是指首位向歐洲植物學界通報的歐洲人。此外，為求統一，所有的學名必須源自希臘文或拉丁文。但林奈隨即發現，《克利福德的芭蕉》（*Musa Cliffortiana*）一名已違背他自己剛訂的兩條規則：首先，「*Musa*」這個屬名（歷代植物學家沿用已久）其實源自阿拉伯語的 moaz（香蕉）。為了避免牴觸「必須使用希臘或拉丁文」的規定，他順勢將 *Musa* 解釋為向「古代繆斯女神」[18]（Muse）致敬。這個說法很牽強，畢竟繆斯女神（宙斯與記憶女神謨涅摩敘涅之女）向來是複數形態（Muses）。為了強化這種薄弱的連結，他又增添了另一種解釋：

這個屬名也可以紀念奧古斯都皇帝的御醫安東尼烏斯·穆薩（Antonius Musa）。不過，林奈無法巧妙地解決第二項違規：他絕非香蕉樹的「發現者」，根本無權命名。林奈選擇睜一隻眼閉一隻眼，維持這個名稱，但多年後他剝奪了克利福德「名留青史」的機會，把學名改為*Musa sapentia*，意為「智者的芭蕉」。

❖ ❖ ❖

一七三八年五月，林奈最後一次關上哈特營莊園的溫室大門，登上借來的馬車。他在克利福德的莊園度過了兩年的時光，這段歲月將成為他一生中最快樂的回憶之一。但此刻，離開的時候到了。

他對外給出的理由是什麼？他離開瑞典前已有婚約在身，不該讓未婚妻久等。她是莎拉–麗莎·莫拉烏斯，是達卡利亞省鄉間一位富裕醫生的千金。林奈當初為《自然系統》的礦物界收集資訊，到當地考察礦區而結識了這家人。事實上，正是這位準岳父促成他的荷蘭之行：他去提親時，莫拉烏斯醫生承諾給予豐厚的嫁妝，但條件是林奈必須先取得醫學學位。有消息傳到哈特營，其他的追求者已經開始在莎拉身邊打轉，就等著這位富有的醫生對這樁婚事失去耐心。林奈雖不必火速趕回去，但至少該明確表示自己已在歸途上。

此外，還有其他原因。林奈發現自己完全沒有學習外語的天分。在荷蘭三年，他只會講幾十個荷語單字和片語；管理園丁時只能比手畫腳，深感挫折。更重要的是，克利福德只是雇主，而非提攜者。林奈已完整記下莊園內的每種動植物（共一千二百五十一種），並為《自然系統》可能的再版累積了大量的筆記。雖然克利福德願意支付與哈特營有關的出版費用，但他對於林奈的獨立著作毫無贊助之意。

林奈啟程返回瑞典，途中會在一處做重要的停留。雖然祖國有樁婚事以及未卜的前程等著他。但在此之前，他決定先完成一場朝聖之旅。

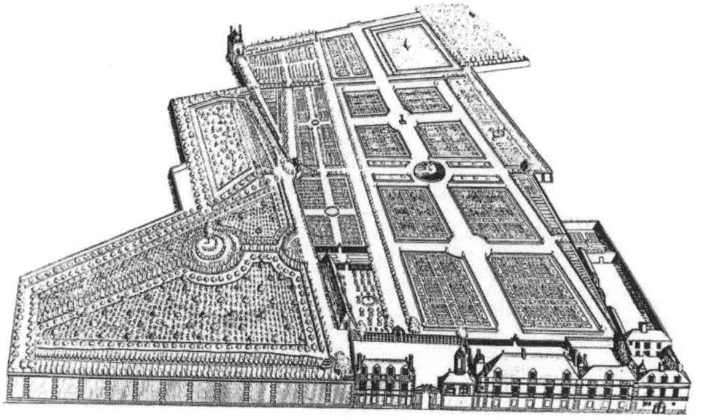

巴黎皇家植物園

CHAPTER

9

世界縮影
An Abridgment of the World Entire

一七三八年六月，林奈初抵巴黎時，或許曾瞥見杜樂麗宮、羅浮宮、聖母院等著名地標，但他只是匆匆經過，一心趕往城市東緣那片帶有鄉村氣息的區域。在那裡，修道院和牲畜市集環繞著一片綠意盎然的天地：皇家植物園。這座身處市井之間的御花園，在林奈眼中卻是無與倫比的奇觀。

這座植物園是個獨特的機構，很大程度上是因為它不以機構自居。它創立於上個世紀，原本是項暗中顛覆學術現況的計畫，後來不僅存活下來，甚至蓬勃發展。但它的存在始終充滿了爭議。

根據法律與悠久的傳統，巴黎的醫學教育向來由巴黎大學（俗稱索邦大學）壟斷。這所創立於一一五〇年的學府，曾開創了高等教育的諸多核心制度：嚴格的教授資格、校長與院長系統，以及博士學位的授予制度。然而，經過五個世紀的發展，索邦大學的許多院系已經變得極為保守、僵化不前，其中又以醫學院為甚。他們不做研究，除了講課以外也沒有其他形式的教學，教材陳舊不堪，內容還停留在公元一二九年出生的希臘醫生蓋倫的著作上。到了一六二六年，路易十三世對索邦培養的醫生已經失去信心，甚至破例任命外省醫生居怡・德拉・布霍斯為御醫，只因為他不是在巴黎學習醫術。

布霍斯一心想打破索邦大學對醫學教育的古老壟斷。他的想法獲得了國王的重臣黎希留樞機主教的支持。不過，黎希留建議採取迂迴的策略。在黎希留的建議下，國王委派布霍斯在聖維克多郊區開闢一座藥草園。那裡人煙稀少，當時還算不上是巴黎城區。這座當時名為「皇家藥用植物園」的園子，實為國王的私人藥櫃，專門種植配製藥物、敷料、煎劑所需的各類藥材。短短五年間，園內便培育了近兩千種藥用植物。

由於御醫必須隨時配製這些藥方，藥草園需要增建設施以安置藥劑師及必要的設備。於是，國王下令，把這座皇家藥庫擴充成包羅萬象的藥材寶庫。為此，不僅需要興建倉庫、增派管理的人手，還得持續研究以確保藥材與時俱進。由於這座匯聚自然知識的寶庫能造福全國，路易十三大方准許布霍斯與其他醫生分享藥草園，甚至連醫學生也獲准入內研習。

索邦大學對此提出強烈抗議，認為這明顯是在違規教授醫學，侵犯了他們獨享的特權。國王巧妙回避了這些抗議，堅稱這不過是座普通的花園，既沒有入學考試，也不收學費，更不頒發學位。沒錯，園內確實聘請了幾位學者講解植物學、化學、甚至解剖學，但他們只是「示範者」而非教授，那些看似講課的活動只是示範而已。這座藥草庫逐漸擴充，收藏了「自然界所有的珍奇之物」，被命名為「皇家陳列室」（當時無論規模大小，自然史收藏都慣稱為「陳列室」）。為了徹底證明藥草園並未侵犯索邦的特權，一六四〇年藥草園向大眾開放。現在任何人都能入園漫步，隨意旁聽示範活動，享受知識交流的愉悅氛圍。當然，這絕對稱不上是正規教育。

索邦大學持續向法國議會提出無數的申訴。當時坊間謠傳布霍斯是個無神論者兼浪蕩者，利用植物園地處偏僻的地利，大搞淫亂派對。尤其到了一六七三年，當園內的「示範者」竟敢公開演示血液循環理論時（這是英國的威廉．哈維醫生在四十五年前才剛發現的原理），索邦的教授更是氣得跳腳。然而，這座最初名為「皇家藥用植物園」（後來更名為「皇家植物園」）的單位，始終以非學術機構的名義存續。歷經四代園長的經營，這裡始終維持著當時罕見的平等精神。

對林奈來說，這裡堪稱聖地。杜納福爾在此開創了六百四十三類的植物分類系統，瓦揚在此提出植物有性器官的創見。如今，這座占地近二十英畝的蓊郁園區內，設有做化學演示的圓形講堂，以及獨立設置的解剖教室（這是常見做法，因氣味難聞）。當年布霍斯發現東隅的小丘難以鏟平，便順勢將它打造成一處景觀，沿坡修築蜿蜒的環形步道，並在丘頂栽種一棵樹。如今這棵樹為欣賞塞納河和周圍鄉野風光的遊客提供遮蔭。多數遊客就只是看看風景，在修剪整齊的幾何造型花圃間散散步，逛逛國王的陳列室。但也有人在此駐足鑽研，認真學習，讚歎不已。哲學家德尼．狄德羅會如此形容這座植物園：「在這裡，人們找到了縮短距離、夷平地表的方法。你能看到世界各國的物產，可以說，這裡是大千世界的縮影。」[1]

林奈迫不及待想驗證「任何人都能旁聽課程」的說法。當他看見一群人圍著園裡的講解員時，便悄悄湊了過去。這位講解員是三十七歲的伯納德．德．朱西厄，他是里昂藥劑師的兒子，十九歲就入園工作了。

伯納德．德．朱西厄

這種輕鬆隨意的上課方式讓林奈感到耳目一新，他早已習慣老教授照本宣科的枯燥講課。和藹可親的朱西厄直接與聽眾互動，隨時提問並調整講解內容。朱西厄指著一株植物，問現場是否有人知道其原產地時，有人自信地以拉丁文回答：

「Facies Americana（意指該植物原產於美洲）。」[2]

「Tu es Diabolis aut Linnaeus（閣下若非魔鬼，必是林奈）。」朱西厄如此回應。

這次相遇雖然充滿戲劇性，卻非偶然。林奈後來喜歡引用這次相遇作為自己聲名遠播的證據，但他其實已經拜訪過朱西厄家，留下一封狂妄到令人難忘的自薦信（「容我向您介紹卡爾・林奈，若說世上真有植物學王者，非他莫屬。」[3]朱西厄讀過林奈的近期著作（林奈早就從哈特營寄來樣書），雖然皇家植物園無意以林奈的植物字母系統取代沿用多年的杜納福爾分類法，但朱西厄至少仍感興趣，熱情接待了這位訪客。

林奈的法語和荷蘭語都不太靈光，所以他跟朱西厄一直用拉丁語交流。他們就此建立起真摯的友誼，更透過書信往來延續終生。接下來的一個月，林奈每天都跟在朱西厄的身邊。朱西厄不僅讓他在植物園裡自由活動，更自掏腰包安排巴黎近郊的考察行程，包括一般民眾禁止進入的凡爾賽宮與楓丹白露的皇家花園。朱西厄還動用人脈，讓林奈接觸到法國最稀有的植物品種。這般熱情款待讓林奈如釋重負，因為他知道他那套性分類系統在各國的評價褒貶不一。英國的植物學家起初對這套系統頗有疑慮，有人甚至批評林奈是「把整個植物學攪得一團亂的傢伙」[4]，但後來逐漸接受了。然而，多數的德國植物學家仍公開反對，認為那套系統是無用的人為系統。「我從未宣稱這套方法是自然的。」[5]林奈在寫給一位德國教授的安撫信中如此說道：「若您能創造出類似的系統，我會立即肯定……願我們和睦共處！」

透過朱西厄，林奈知道了法國對他那套「植物性分類系統」的接受度，介於前述兩者之間。當時大家的普遍共識是，這套系統不該取代本土的杜納福爾系統，但作者的獨創巧思也值得讚賞與鼓勵。在往後多年的書信往來中，朱西厄總不忘提醒林奈：不要以既有的成就為足，應繼續追尋真正自然的植物分類系統。

這位自封的「植物學王者」在巴黎多待了幾週後，終於依依不捨準備離開了。臨別之際，朱西厄帶他造訪法國科學院在羅浮宮的會議廳。令林奈驚喜的是，他在那裡獲任為外籍通訊院士。後來，他誇大這項專業禮遇，聲稱科學院的院長懇請他留下來「成為法國人」[6]，並許諾正式的院士頭銜及豐厚的津貼。他不得不婉拒是因為那需要學習法語。實際的真相是，瑞典有位未婚妻正等著他，而她的嫁妝是他近期唯一可預見的收入來源。儘管如此，他仍難以和朱西厄告別，更捨不得離開皇家植物園。他認為那是一處非凡的勝地，要是瑞典也有類似的地方就好了。

❖　❖　❖

朱西厄把林奈引薦給科學院的學者時，布豐並不在場。定期出席科學院的會議是成為院士的必要條件，但布豐堅持每年八月就離開巴黎前往蒙巴爾，直到次年四月才回巴黎，而且他餘生都堅持這麼做。當時布豐正在蒙巴爾為牛頓的《流數法》翻譯首部法文譯本，並為該書撰寫一篇序言，探討當時學術界爭議最多的問題：微積分究竟是誰發明的？是牛頓，還是哥特弗利德．威廉．萊布尼茲？

雖然萊布尼茲在一六八四年率先發表微積分的相關論文，但牛頓的私人手稿顯示，他早在一六六六年就在此領域有所發現。布豐當時翻譯的牛頓著作可追溯至一六七一年。萊布尼茲和牛頓曾有通信往來，而且諸多證據顯示，萊布尼茲在共同友人的協助下，至少讀過牛頓一些未發表的筆記與手稿。不過，兩人的研究方法略有差異，看來事情沒那麼簡單，不像是單純的抄襲。這場爭論在兩位大師去世後仍持續發酵，既是一個考據課題，也是一個形而上學的問題：所謂的「發現」權，究竟是屬於最先提出概念的人（無論其表述有多粗糙），還是屬於能以優雅明晰的方式，揭示宇宙真理的人？

崇拜牛頓的布豐，極力為牛頓辯護。他的論點其實有失偏頗，因為他對萊布尼茲的研究目標與學術背景所知甚少。後來學界普遍認為，兩人是各自獨立發明了微積分。不過，這番熱心辯護倒是讓他在法國學界嶄露頭角，聲名鵲起。同樣支持牛頓的伏爾泰對此特別欽佩，他寫道：「在布豐先生帶頭的這個圈子裡，我只是個無名小卒。我非常欣賞他，也希望能得到他的青睞。」[7]

CHAPTER

10

可憎的淫穢

Loathsome Harlotry

《自然系統》第二版中的林奈肖像

一七三八年九月返回瑞典時，林奈刻意避開了烏普薩拉。他深知，即使他在博物學領域的聲名漸起，但他在那裡沒什麼發展前景。烏普薩拉大學依舊只設有兩個醫學教授的席位，而且都已經有人擔任了。臨床醫學教授拉爾斯．羅伯格年事已高，但毫無退休之意。魯德貝克嚴格來講仍掛名理論醫學講座的位置，但由於林奈的宿敵羅森已接手其教學工作，繼任人選似乎已成定局。林奈最終選擇在斯德哥爾摩落腳，打算重操舊業，一邊當獨立的博物學家，一邊做私人執業的醫生。除非再遇到像克利福德那樣闊綽的贊助人，否則他就只能掛牌行醫，靠給人看病維持生計了。

他很快就陷入困境。他後來回憶道，這座城市「把我當成陌生人，連個僕人都不願讓我醫治。我只能勉強度日，過著清貧的生活」。[1]他原本就料到打入斯德哥爾摩的社交圈不是那麼容易，但沒想到他是徹底遭到忽視，數月過去了，竟然連一個病人都沒有，完全無人問津。如果他沒那麼自視甚高，或許會意識到自己資歷淺薄：除了醫學考試的實作部分以外，他根本沒有臨床經驗。更糟的是，瑞典要求所有持外國醫學學位歸國的人都必須參加口試，他根本忘了申請口試，遑論通過了，所以理論上他根本沒有行醫資格。但林奈卻把這一切歸咎於他人的惡意。他寫道：「因為研究植物學，我成了眾人的笑柄。沒有人在乎我熬過多少不眠之夜，受過多少煎熬，所有人都說西格斯貝克已經徹底駁倒我了。」

這位西格斯貝克，全名是約翰．格奧爾格．西格斯貝克，當時是俄羅斯科學院的植物學教授，也是聖彼德堡植物園的園長。林奈在哈特營時，兩人曾建立友好的專業關係，透過一系列書信往來交換標本和互相讚賞。正因如此，林奈得知西格斯貝克發表小冊子《對著名林奈植物性分類系統的批判分析》，從神學與道德層面猛烈抨擊其研究時，他震驚不已。西格斯貝克在文中指出，〈創世紀〉明確記載，上帝在創世第三日造植物時，「地發生了青草和結種子的菜蔬，各從其類；並結果子的樹木，各從其類」。他認為，這表示上帝創造的植物已完全成熟：第一批蘋果樹出現時已結著蘋果，第一批玫瑰叢出現時已盛開著花朵。因此，試圖探究花與種子的用途很荒謬，因為它們的存在即已完成使命。西格斯貝克不僅譴責林奈的性分類系統違背《聖經》，更痛斥那是一種道德冒犯，稱之為「可憎的淫穢」（loathsome harlotry）[2]。將植物界描述成「八位、十位、十二位，甚至二十位丈夫與一位妻子同床」的系統，是在扭曲青年學子的道德觀，恐怕「使他們沾染了百合與洋蔥間散發的墮落風氣」。

斯德哥爾摩的中產階級會去讀一位在俄國工作的普魯士人所寫的小冊子，並贊同他的觀點嗎？林奈覺得會。「我真是愚蠢，浪費這麼多時間，日夜鑽研這門學問，卻只得到這樣的結果，成為全世界的笑柄。」[3]他哀嘆道，甚至決定徹底放棄植物學的研究。

我頓悟道：「啊哈！原來醫神艾斯庫拉皮斯才是一切恩澤的賜予者；植物女神芙蘿拉給我的盡是西格斯貝克之流！」於是，我告別芙蘿拉，將畢生觀察悉數封藏，任其湮沒於塵埃，並發誓永不回應西格斯貝克。[4]

不過，後來他還是反擊了：刻意用「西格斯貝克」來命名一種惡臭難聞的小雜草。當時他寫下上述文字時，正苦思該如何處置那些筆記和手稿：與其放一把火燒個痛快，他最終決定將它們掩埋。

林奈或許曾真心打算為畢生心血挖掘一座墓穴，但很快就忙到無暇動手。為了謀生，他不再等待病人上門，而是流連斯德哥爾摩幾家比較熱鬧的咖啡館。每天從早到晚在幾家店之間來回穿梭。他特別留意店裡那些與自己年紀相仿、或更年輕的男客，最好是身著制服或看起來見過世面的。他不動聲色地打量對方的衣著、面貌與雙手，一發現符合條件的目標，就上前邀飲一杯萊茵酒，然後順勢攀談起來。

他不是想交朋友，也不是在找伴，而是在尋找那些寬鬆不合身的衣服：這表示那個人最近瘦了不少。他仔細打量不戴假髮者頭上稀疏不齊的髮量，以及手掌上的紅褐色斑點。這些都是林奈所謂的「維納斯營傷兵」（wound in castris Veneris）的病徵。維納斯（Venus）是愛與性的女神，後來成了「性病」（venereal disease）的委婉說法。

當時，大家仍把梅毒和淋病視為同一種疾病（直到一七六一年才區分開來），而當時的標準療法幾乎與疾病本身一樣可怕。療法包括在高溫下把大量有毒的水銀塗抹在皮膚上，或是直接吸入水銀蒸氣。這種療法不僅痛苦，患者就算沒有死於水銀中毒，也常出現腎衰竭、牙齒脫落、臉部潰爛、精神失常等後遺症。就算真能治病，效果也很短暫，患者必須接受長期的治療。當時流傳一句話：「與維納斯共度一宵，就得與水銀相伴一生。」[5]

在荷蘭，林奈結識了蓋哈德・范・斯維頓醫生，他發明的「斯維頓藥水」有不錯的療效。該藥水的主要成分是腐蝕性的升汞：那是一種汞和氯的化合物，雖然同樣有毒，但效果更快更強，用藥次數更少。這種新療法後來稱為「排涎療法」，因其副作用會導致唾液分泌增多。不過，相較於毀容、癡呆、甚至死亡，流口水實在不算什麼。林奈靠著這批斯維頓藥水和謹慎的行醫風格，很快成為瑞典最忙碌的排涎療法專家，每天為超過六十名患者進行局部治療。一七三九年九月，他在給友人的信中寫道：「厄運突然轉向，一掃漫長的陰霾，陽光重新照耀著我。我不再默默無聞，得以接觸權貴，一切不祥之兆都煙消雲散了。」[6]

接觸權貴。林奈蓬勃發展的醫療事業，雖未獲得上流社會的公開認可，卻引起了卡爾・古斯塔夫・泰辛元帥的注意。泰辛當時是瑞典議會的議長，也是國內最有權勢的政治人物。泰辛比林奈更清楚事態的嚴重性，當林奈還在感嘆「唉，幾乎所有年輕人都染病了」[7]，泰辛已經意識到：瑞典在情愛戰場上傷亡慘重，而海軍艦隊的情況特別危急。他迅速採取行動，把這位新銳醫生納入政府體系，擴大其服務範圍，任命他為斯德哥爾摩海軍基地的首席醫官。回國才七個月，林奈就同時經營著獲利豐厚的私人診所，並掌管全國最大的海軍醫院，那裡一次最多能容納兩百名病患。

這些病患中，有多少人罹患了瑞典海軍委婉稱為「法國病」的病症呢？這是一個嚴格保密的數字，泰辛元帥與其幕僚為了減輕就醫者的汙名，刻意將治療環境營造得像普通醫療場所一樣體面。為了消除任命「性病醫師」所引發的非議，泰辛迅速提升林奈的聲望。短短數日內，林奈就以貴賓的身分入住元帥的私人府邸，為其權貴友人配制止咳糖漿等無害藥物，並在國家礦務委員會的贊助下舉辦公開講座，講授植物學與礦物學。幾週後，泰辛更促成一個仿照法國模式創立的瑞典科學院。林奈不僅成為創始院士，更被推選為首任院長。這個頭銜不像他餘生吹噓的那般顯赫（當時科學院僅有六名成員，院長職務是抽籤決定的，任期也只有三個月），但確實為他這串令人目眩的晉升之路畫下完美的句點。在泰辛的支持下，三十二歲的林奈從斯德哥爾摩學術圈的邊緣人物，一躍成為核心要角。

有了穩定的地位，他終於能夠兌現婚約了。一七三九年六月二十六日，林奈迎娶了訂婚多年的未婚妻莎拉—麗莎．莫拉烏斯，收取了嫁妝，買了一棟足以成家立業的大宅。自從離開巴黎植物園，他與朱西厄始終維持書信往來。蜜月期間，他在一封信中忍不住炫耀道：

> 我迅速成為這座城市最大醫療客群的主治醫師，也獲聘為海軍部的特聘醫師。我終於迎娶了心儀多年的女子，坦白說（就只是咱們私底下說說），她家境相當富裕，我總算可以過得安穩舒心了。[8]

❖ ❖ ❖

一七三九年七月，四十一歲的皇家植物園園長查爾斯．德．西斯特奈．杜菲突然因天花過世。當時一位評論家寫道：「整個醫界和學院都在爭搶這個職位。年薪高達一千克朗，住在巴黎最豪華的官邸，而且掌握其下所有職位的任命權。」[9]在一片角逐聲中，只有以謙遜著稱的朱西厄不為所動。他雖是植物園的權威，但連研究成果都不願發表，更遑論出任要職拋頭露面了。

當時即使有人把布豐列入考量，頂多也只是個冷門人選。他從未發表過任何自然史的著作，雖對林業小有興趣，但當時是以數學家的聲譽活躍於學術領域。他遠在二百七十多公里外的蒙巴爾，沒興趣親自回巴黎爭取這個職位。不過，他仍期盼被列入考慮名單。他在給友人赫洛的信中寫道：「皇家植物園園長這個職位，得找個年輕力壯、耐曬又懂植物繁殖的人。我符合這些條件，但目前為止，我不敢抱太大的期望，所以就算這個職位落在別人頭上，我也不至於太難過。」[10]

布豐知道赫洛與杜菲交情匪淺，更在杜菲臨終時守護在旁。但他不曉得，赫洛其實是杜菲遺產的執行人，早已協助整理杜菲的的遺囑，其中包含一項特別的附錄：親筆簽署的繼任者推薦信，指名由布豐接任園長。由於負責向路易十五轉達這份推薦的人，正是布豐的提攜者莫爾帕伯爵，此事已成定局。一七三九年七月二十六日，布豐獲任為皇家植物園的第四任園長。

杜菲臨終時，雖體弱但腦筋依然清醒。他比誰都清楚，皇家植物園始終是個爭議不斷的地方。索邦大學素來對植物園充滿敵意；如今天主教會又加強審查植物園的研究，對那些離經叛道的學說（例如植物的性別之說）戒心重重；貴族階層則是打從心底鄙視植物園提倡的平等學習模式。一位真正卓越的領導人，必須既是朝臣，也是學者。他既要安撫凡爾賽宮裡的各派勢力，又要保住國王的青睞與資助。早在布豐寫信之前，赫洛就曾在杜菲的病榻前提及這位年輕人。說他遠離巴黎的是非圈，家底殷實到無從收買，而且當年迅速躋身科學院，足見其謀略過人。這個選擇令許多人大惑不解，也惹惱了不少人。但杜菲最後的決定，無論是否有人引導，都可說是對其畢生志業的終極守護。

❖ ❖ ❖

林奈新婚才滿月，就收到朱西厄的來信，告知布豐接任皇家植物園園長的消息。林奈頓時懊悔起自己的職業選擇。他在信中寫道：「如今我又想念起那些花花草草了。」[11]接著抱怨自己變成名醫後的生活開始令他精疲力竭：「從早上七點到晚上八點，我連匆匆吃頓飯的時間都沒有。」儘管現在的財力可以重拾自然史的研究，他卻抽不出時間。況且，要是沒有機構的支持，他投入再多的熱忱也只會被視為業餘嗜好。他早在《克利福德的芭蕉》中寫過：

植物學很難，而且所費不貲，因為大地不會在同一處孕育同樣的植物，各類植物分布在世界各地。奔赴遙遠的國度，探索世界的盡頭，追逐永晝之地，絕非單一植物學家的生命或財力所能完成，精力也終將耗盡。真正的植物學家需要全球貿易、收藏植物典籍的圖書館、園圃與溫室，以及專業的園丁。[12]

靠著行醫收入和妻子的嫁妝，林奈的手頭寬裕了不少，他因此自掏腰包在斯德哥爾摩出了《自然系統》的第二版，並把該書獻給他在政治上的貴人泰辛元帥。他在序言中堅稱：「此次再版其實是應讀者的再三催促」[13]，但字裡行間又透露出封筆之意。「本次增補了自然界的許多內容，尤其是四足動物的物種和瑞典動物的名稱。」文末以「就此擱筆」作結。

新版有七十八頁，篇幅不及初版的一半，但內容更豐富，把食蟻獸、樹懶、猿猴、人類都歸為「人形目」（*Anthropomorpha*）。更重要的是，「人」（*Homo*）這個物種下加注了「人類多變」（*homo variat*）一詞，隨後又列出四個影響深遠的分類：

歐洲白人（*Europaeus albus*）
美洲紅人（*Americanus rubescens*）
亞洲褐人（*Asiaticus fuscus*）
非洲黑人（*Africanus niger*）

初版中雖曾出現過略微不同的分類，但當時是以極小字的縮寫呈現，難以看出作者的真正意圖。

現在含義變得明確：人類按膚色與地域，明確分為四大類型。

為何是四種？有學者認為，林奈刻意追求對稱性，試圖套用當時大家公認的希波克拉底醫學理論，以增添其學說的分量。當時，該理論認為人體是由四種體液構成：白色黏液（希臘文是phlegma）、紅色血液、黃色膽汁、黑色膽汁（希臘文是melaina chole）。醫師常把疾病歸因於體液失衡：例如，精神萎靡是黏液過多造成的「遲鈍」（phlegmatic）；憂鬱傾向是黑膽汁過剩造成的憂鬱症（melancholic）。但林奈本人從未直接做出這種比較，況且這套顏色編碼與其他廣泛流傳的人類族群概念有明顯的差異。許多語言採納了葡萄牙語「*negro*」的變體來表示非洲起源或血統，但這種用法十六世紀中期才開始出現。在那之前，大家更常使用源自希臘語的「*ethiop*」，這個字同時有「貌似火焰」和「曬黑的」之意。更早的一三八七年文獻是使用中古英語「*bleuman*」（藍人，交替拼寫為*bloman*或*bleuman*）來稱呼非洲人，並把非洲稱為「*bleumen londe*」（藍人之地）。喬叟時代*的英國人把深膚色視為藍色的色調，而非黑色。一七四〇年，林奈的讀者熟悉「*niger*」（拉丁語的「黑暗」或「黑色」）的用法，但把歐洲人全歸為*albus*（白）絕非公認的概念。例如，一六八四年法國《學者期刊》指出：「埃及人與印度人的膚色，不見得比許多西班牙人更深」，可見膚色「不足以構成特定物種」。

林奈把亞洲人種歸為「褐膚」（*fuscus*）或深黃色，可能令更多讀者感到困惑。馬可．波羅在一三〇二年首度出版的《遊記》中，把中國人與日本人都描述為「白色」（*bianca*）。一三三〇年代，在中國南方傳教的方濟會傳教士鄂多立克記載當地人「體態優美」[14]（*di corpo belli*），膚色「白皙」（*pallidi*）。一五一二年遠航至馬來西亞的葡萄牙藥劑師托梅．皮雷斯更斷言中國人「和我們一樣白」[15]，說男性如日耳曼人，女性如西班牙人。一五八五年日本首支使節團訪歐，觀察者描述他們膚色各異，有的蒼白、有的是橄欖色，也有「非洲人的顏色」[16]。同年，另一位在中國傳教的胡安．岡薩雷斯．德．門多薩指出，

「內陸省分的人大多皮膚是白的」[17]，而且「愈往寒帶愈白」，其他中國人則呈現多種膚色，從白皙到「摩爾人」†般黝黑，甚至帶墨綠色調（*verdinegroes*）。雖然當時記載的膚色差異很多元（「該國居民膚色之多樣，著實令人稱奇」），卻從未提及黃色——唯獨一個早期的英譯版本，誤將門多薩‡描述的「金髮白膚」（*rubio*）譯作「偏黃……類似日爾曼人」[18]。其實就連這個「黃色」的表述，本意也是為了告訴歐洲人：亞洲人的膚色和他們相差無幾。

林奈雖加注了「人類多變」，實際上卻是把人類硬生生分成四種固定類型：歐洲白人、美洲紅人、亞洲褐人、非洲黑人。這套簡單粗暴的劃分法，日後演變成「種族」（race）的概念。

❖ ❖ ❖

林奈為《自然系統》的第二版做最後潤飾時，得知八十歲的烏普薩拉大學植物學教授魯德貝克過世的消息。林奈曾短暫獲得這位老教授的提攜，但後來被羅森取代了。這個職位幾乎注定會落入他的死對頭手中，但林奈還是決定提出申請。結果慘敗，羅森不僅當上教授，還兼任醫學系的主任。林奈寫信向友人抱怨：「連蕁麻都認不出來的羅森，卻繼承了魯德貝克的職位，這就是我們這裡的現狀。」[19]

羅森當上系主任後，似乎急著逼退僅存的老教授拉爾斯．羅伯格。他不斷慫恿老教授退休，但羅伯格當然不肯，畢竟烏普薩拉的醫學教授在世時根本沒有退休金（死後遺孀才能領到一些玉米當撫恤

* 約一三四〇年至一四〇〇年，英國中世紀作家，著有《坎特伯里故事集》。

† 摩爾人（Moors），一般指穆斯林，特別是西班牙或北非的阿拉伯人或柏柏爾人後裔。

‡ 門多薩（Juan González de Mendoza）是十六世紀西班牙奧古斯丁會的傳教士，雖從未親自到過中國，但透過整理當時葡萄牙與西班牙傳教士的一手見聞，於一五八五年出版了《中華大帝國史》（*Historia de las cosas más notables, ritos y costumbres del gran reyno de la China*），成為歐洲首部系統介紹中國的權威著作。

金）。羅森這麼做可沒安好心：他就是想把羅伯格的部分職責納為己有，尤其是解剖學的教學。

林奈也申請了這個解剖學教授的職位，儘管他其實興趣缺缺。他真心熱愛的是植物學，不是解剖學，他也知道羅森一定會從中作梗。果然，羅森立刻出手阻攔，他要求林奈公開展示拉丁文的能力，儘管林奈已經用拉丁文發表著作多年。後來另一位應徵者瓦萊里烏斯發表論文公開抨擊林奈時，羅森還公開為他背書，親自主持了校內的論文宣讀會。

瓦萊里烏斯那篇論文的標題是《二十條醫學論綱》，因為它對林奈發起了二十項攻擊，結果卻弄巧成拙。連原本對教職任命抱持中立態度的人，也對這種過度抨擊感到詫異，並對羅森容許這場鬧劇發生感到不滿。支持林奈的學生站上椅子叫嚷，甚至衝上講台把論文撕得粉碎，導致這場論文宣讀會在一片混亂中收場。在斯德哥爾摩這邊，林奈的政治靠山泰辛元帥注意到這場風波，立刻把握機會。五月五日，當瑞典議會譴責大學領導高層放任此事後，瑞典國王弗雷德里克一世簽署了任命證書，正式任命林奈出任該教職。

然而，這不是他特別想要的工作。十一月三日，林奈以實用醫學教授的身分，在烏普薩拉的最大禮堂上了第一堂課，但這也是他的最後一堂課。當天，他就和羅森一起向校長提交申請，要求重新分配兩人的教學任務。經過連串謹慎的談判後，兩人最終達成了職務互換的協議。

羅森將管理大學醫院，並教授解剖學、病因學、生理學、藥物化學。林奈則同意教授藥物學、飲食療法、症候學（疾病的外在表現，如黃疸患者的黃皮膚）、疾病分類學，以及植物學。林奈在給朱西厄的信中寫道：「感謝上帝恩典，我終於擺脫了在斯德哥爾摩行醫的苦差事。只要上帝賜我健康，多活幾年，你將會看到我在植物學上有所建樹。」[20]

朱西厄在回信中向林奈道賀，同時也提醒他，他的首要任務應該是改進那套大家公認過於人工化的植物性別分類系統。他在信中寫道：「你現在可以全心鑽研植物學了，把你開創的研究方向發揚光大，最終建立一套完美的自然分類系統。這才是所有植物學愛好者翹首盼望的。」[21]

❖ ❖ ❖

一七四二年三月，林奈教授攜帶妻小（前一年出生的長子小卡爾）遷居烏普薩拉，隨即著手將荒廢的植物園改造成他心目中的世界縮影。他先趕走吃草的牛群，清理雜草叢生的園地（原本的植物僅剩五十三種），接著把新園地分為兩區：一區種植春季開花的植物，另一區種植秋季開花的植物。然後再進一步細分為一年生與多年生的植物區，最後按其性分類系統的二十六個「植物字母」進一步區隔。由於相鄰的植物以不同的速度長成不同的大小，整個園區顯得參差交錯，實用性強於觀賞性。在園子的後方，他增設了三個不同結構的水池：一個模擬溪流，一個模擬湖泊，一個模擬沼澤，並在周圍種植各環境的原生植物。在這些水池的後面，他建造了兩座溫室：一座是柑橘園，另一座是培育無法適應瑞典寒冬的異國植物。花園的邊緣有棟廢棄十餘年的石砌建築，他形容那裡「更像貓頭鷹的巢穴或強盜的賊窩，而非教授住宅」[22]。他把那棟建築整修成像樣的住所，他的家人住在一樓和部分的二樓，其餘房間則用於私人講堂和他個人的珍藏室。

在植物園中央的水池前方，他安置了一座愛神維納斯的大理石雕像，姿態坦然地展現著裸體之美。這巧妙呼應了他昔日身為「維納斯軍營」醫生的成就，但身為性分類系統的創造者，這樣做也是想持續提醒大家：自然與性永遠交織在一起，密不可分。

在改造後的植物園裡，各種微型環境的多樣性反映了林奈的抱負。這些抱負兼顧了經濟面與學術面。在十八世紀，自然史這門學科的地位，大致與現今的科技業類似：既能顛覆傳統市場，又能開創新市場，並在過程中創造財富。這位新任教授從不諱言追求財富，他在《自然系統》的初版中寫道：「所有對人類有用的東西，都是源於這些自然產物。簡言之，這是所有產業的基礎。」當時歐洲各大商業帝國正靠著不斷發掘及滿足新需求而崛起，而這些蓬勃發展的新興產業背後，都離不開博物學家的智慧。

最典型的例子之一是糖，當時僅由甘蔗生產。十一世紀，十字軍東征把這種「不需蜜蜂就能產蜜」[23]的作物引入西歐後，幾個世紀以來，甘蔗一直是極其昂貴的新奇東西。當時僅能從印度和阿拉伯少量進口，被視為珍稀香料。歐洲本土試種甘蔗屢屢失敗（這種作物需要近熱帶的環境），但在美洲的試種卻前景看好：新大陸有相當大的區域與印度和阿拉伯處於相同緯度。一五〇一年，新大陸收成第一批甘蔗，到了一五五〇年，那裡已有三千多座糖廠運作，主要分布在加勒比海島嶼和南美洲海岸。

在歐洲，蔗糖從昂貴的稀有物資變成了日常食材。產量大增後，連帶刺激了咖啡、茶葉等進口需求，尤其是巧克力（原本是一種苦味飲品，後來西班牙人開始加糖調味）。到林奈那個年代，蔗糖占歐洲進口總量的五分之一。這種經濟支柱之所以出現，要歸功於植物學家。因為他們最先發現作物對環境的依賴，並提出移植栽培的理論與方法。

自然史帶來的商業財富也不僅限於植物。當時，墨西哥的第二大出口商品（僅次於白銀）是胭脂蟲，這種微小昆蟲的碾碎外殼可用來製作胭脂紅，是當時最鮮豔且耐久的紅色染料。胭脂蟲的需求極大，甚至在阿姆斯特丹和倫敦的商品交易所掛牌交易，但沒有活體樣本運抵歐洲，因為牠們只能在墨西哥高原沙漠的刺梨仙人掌（prickly pear cactus plant）上生長繁衍。林奈長期夢想得到一株帶有完整胭脂蟲群落的仙人掌，他相信無論是在歐洲種植刺梨仙人掌，還是為這些昆蟲找到新的寄主植物，都能創造鉅額財富。自然界中還能提取哪些令人驚豔的色彩？哪些新商品可能因移植到新大陸，或從新大陸移植過來而蓬勃發展？有了這座花園作為他的專屬實驗室，林奈決心找出答案。

CHAPTER 11 共相之爭 The Quarrel of the Universals

皇家植物園的園長布豐

伏爾泰如此評論植物園的新任園長：「他舉止優雅，兼具運動員的體魄與智者的靈魂，這正是獲得幸福所需的特質。」[1]欣賞布豐的不只伏爾泰一人。年僅二十七歲的布豐，似乎能同時散發出令人敬畏的氣場，卻又讓人感到自在。布豐深知他獲任園長引發了諸多非議，所以立刻展現出謙遜有禮的態度，化解眾人的戒心，同時巧妙地平衡了自身鋒芒過露的形象。另一位巴黎學者指出，「他對公眾人物友善圓融，對下屬謙虛不擺架子。」[2]這是一個急於施展抱負的年輕人所展開的魅力攻勢。上任不久，他的身影就遍及植物園的每個角落，認真了解那裡的運作機制，也適度推動改革。他下令擴建陳列室的狹窄空間，甚至不惜讓出部分私人居所的房間。他也開創時代先河，任命女性藝術家瑪德琳・弗朗索瓦絲・巴斯波特擔任植物園的要職[3]：宮方畫師和植物圖譜的首席插畫師（在攝影技術尚未問世的年代，這是很重要的角色）。

三十八歲的巴斯波特原本是位粉彩肖像畫家，進入植物園工作後，改用更精細的水彩畫線條。在布豐的支持下，她也跟隨朱西厄學習植物學，以求更了解描繪的對象。此後四十年間，她不僅成為植物園中備受敬重與喜愛的重要人物，更擔任王室的繪畫教師以及龐巴度夫人*的裝飾顧問。她將植物繪畫藝術推向巔峰，其繪圖的精確度在攝影術發明以前可說是無人能及。盧梭曾如此稱頌她：「自然賦予植物生命，而巴斯波特小姐則為它們留下永恆的身影。」[4]

巴斯波特所繪的歐丁香

至於植物園本身，布豐並未干涉。他知道朱西厄和其他幾位講師當初是支持另一位候選人，對他有一點戒心，把他當成外人看待。為了獲得他們的信任，布豐巧妙地運用他在宮廷的影響力，設立了「皇家植物園通訊院士」這個榮譽頭銜，專門授予對植物園有貢獻的人士。這個頭銜雖然只是虛名，卻成功吸引了全球學者與業餘的博物學家紛紛寄來種子、樣本與珍奇物件，讓植物園的苗圃日益擴大，陳列室的收藏也愈加豐富。

現有的收藏目錄是另一個難題。布豐替朱西厄解除了「藥材櫃守護者」這個古老的職位，進一步贏得了他的好感。那個職位名義上是負責監管收藏品，但實際上是個苦差事。朱西厄對活體植物的興趣遠超過保存的標本，他一直認為這個職位是乏味的文書工作，尤其它需要編製並發布陳列室的收藏目錄，朱西厄已經想辦法逃避這項任務數十年了。布豐從家鄉蒙巴爾調來助手路易·多邦東，兩人開始著手清點陳列室的收藏。這位能從散落的針中看出機率論的園長，再次著手從混沌中尋求秩序。

研究室的收藏雜亂無章，根本稱不上是精心管理的收藏，比較像雜物間。歷任主管把能搜羅到的東西，統統塞進一樓的幾個房間裡，從珍貴寶石、乾燥植物，到各式各樣的生物標本（有些是填充的，有些浸泡在酒精中）。可說是五花八門。除了原有的藥材收藏以外，現在還多了一部配套的毒物大全。此外，數不清的抽屜裡，裝滿了從各地搜集來的石子。展廳裡陳列著古老家具、老式武器，還有一件名為「巨人遺骨」的展品，那是奧爾良公爵一六六〇年去世時捐贈的（後來證實是長頸鹿的骨頭）。

這間陳列室每週開放兩天供民眾參觀，但展品陳列毫無系統可言。許多珍貴收藏被隱藏起來，以防止參觀者偷竊。四個世代的管理員都詳細記錄了收藏物品，但這些藏品如今的下落、甚至是否依然存在，卻完全是另一回事。當時著名的博學家勒內·德·列奧米爾曾如此評價：「王室收藏的昆蟲、礦物、鳥類標本並不豐富。鳥類標本約六十或八十件，是在史特拉斯堡製作的，去年大多遭蟲蛀毀，因為他們不知道該如何保存。」[5]

布豐最終會利用他為收藏品配置的額外空間，重新規畫陳列室的格局。但眼下的當務之急是編目，這需要先建立一套分類系統，作為盤點的準則。幸好，朱西厄認識一位瑞典的博物學家，這個人剛設計出一套能把動物、植物、礦物標本分類的系統。如果說這世上有誰需要林奈那套宏大的分類系統，那非布豐莫屬了。他取得一本《自然系統》後，便認真研讀並開始做筆記。

❖ ❖ ❖

* 法王路易十五的情婦。

布豐才翻了幾頁林奈的著作，就捲入一場古老的哲學論戰。自古以來，認識論（關於知識和理解的分析）領域的哲學家一直在爭論「共相問題」（Quarrel of the Universals）。這個問題可以簡要描述如下：抽象概念究竟能幫助我們更了解現實，還是反而讓我們更遠離真正的了解？當我們使用「鳥類」、「甲蟲」、或甚至「人類」等詞彙時，其實是在運用「共相」（universals），一種以觀察到的共同點而形成的通泛概念。但共相真的存在嗎？思考「人類」是否真實存在看似荒謬，但實際上，我們從未直接感知過「人類」這個概念，只能感知一個又一個具體的個體，例如你、我、你的小學老師、爵士鋼琴家瑟隆尼斯．孟克、林肯總統、老子、埃及女王哈特謝普蘇特。自然界中，真實存在的只有個體。

柏拉圖認為，這代表感知與真實之間有一道無法跨越的鴻溝。他認為，無論我們研究多少個人類（或鳥類、甲蟲），累積的觀察都只是一堆見解而非真理，因為真理本身只存在於抽象的層面。他的學生亞里斯多德不認同這點，認為持續檢視事物的特性，就能掌握其「本質」，進而從具體邁向通則。舉例來說，「杯子」的本質包含「有底部」這個特性，這正是「管子」的本質中所欠缺的特性。

這種分類邏輯看似無懈可擊，但面對複雜情況時就會漏洞百出。比如，「聖杯」的本質是什麼？它本質上算不算是杯子的一種？「容器」的本質又是什麼？它可以說和杯子是同一個「屬」。到了西元六世紀，哲學家波愛修斯乾脆放棄爭論「『物種』與『屬』究竟是真實存在，還是僅存於概念中……因為這個論述太過深奧，需要更廣泛的探索」[6]。

布豐研讀《自然系統》時發現，林奈已全心投入共相之爭，而且堅定站在本質主義的陣營。對林奈來說，這事情再簡單不過了：長得像糞金龜，牠就是糞金龜，也就是說，物種本質完全取決於外表特徵。在日常生活中處處講究秩序與條理的布豐，當然明白這種方法的好處，但他也能看到其中可能產生的謬誤與扭曲。

身為數學家，布豐深知數字的抽象本質：無論是寫成「三」、「3」、「iii」、還是「III」，都代表完全相同的數值概念，沒有哪一個符號更像或比較不像三的問題。但把具體生物視為抽象概念處理，就像林奈僅憑單一實例就定義整個物種的做法，在布豐看來是錯的。林奈的分類系統需要為每個物種指定一個實例（有時甚至是實例的繪圖）作為「範例」，將其視為該物種的絕對標準。而這些實例多半只是碰巧被送到烏普薩拉的收藏品，之所以能成為「標準」，純粹是因為林奈手邊恰好有這些樣本可供定義。此外，林奈還自行決定哪些形態特徵構成「本質特徵」，哪些只是無關緊要的變異。例如，他認定飛蛾或蝴蝶翅膀上的斑點模式很重要，卻認為牛隻身上的斑點不重要。

布豐最終是站在「共相之爭」的另一端。他在逐漸變成一篇論文的筆記中寫道：「抽象並不存在，世上沒有簡單的法則，一切都是複合的。」[7]他認為生命或許有某種規律，但若認為人類能輕易洞悉這些規律，就大錯特錯了。這些規律必須經過大量觀察才可能浮現——如果真能浮現的話——需要研究者以耐心與謙遜的態度探究。若硬要建立整齊的分類框架（無論是否層層嵌套），無異於「做出永遠違背自然的假設，剝除研究物件的多數特質，創造出與真實東西毫無相似之處的抽象概念」。

布豐並非主張混亂無序，畢竟他還得整理陳列室，但他認同瑞士博物學家查爾斯・邦納的見解：分類體系應該謹慎且有條件地運用。邦納曾告誡：「若自然界本無明確分界，顯然我們的分類法也非自然之道。我們建立的系統純屬人為命名，應當把它視為滿足人類需求、順應認知侷限的權宜之計。」[8]

《自然系統》絕對不能作為他為陳列室編目的模板。布豐在寫給友人的信中表示，所有的自然分類法都有缺陷，但林奈的方法是所有方法中最荒謬，也最怪誕的。[9]

❖ ❖ ❖

一七四三年八月，布豐向法國科學院提交了一篇論文，標題是《論研究和思考自然史的方法》。該文逐點批判系統性思維，尤其是林奈的分類系統。他在文中寫道：「研究自然需要兩種看似矛盾的心智特質：一種是一眼綜覽一切的強大智力，另一種是對單一微小細節的細膩專注。」[10]布豐認為，這種矛盾激發了我們想要發明系統的衝動。想要從宏觀視角（一眼綜覽一切）感知自然，以便為微觀觀察（專注微小細節）賦予意義，是人之常情。他坦言：「若在適當的限制下運用得宜，分類法確實很實用：可節省工夫、輔助記憶，幫助思維梳理那些雖各不相同但有共同關係的事物。」儘管如此，這些方法終究潛藏著危險。

> 我們以為增加符號表達和學術詞彙的數量，就表示我們懂得更多。我們幾乎沒注意到這些技能只是科學的鷹架，而非科學本身。除非萬不得已，我們不該輕易動用這些工具；更要時刻警惕，以免我們用它們來建構科學大廈時，突然失靈。

危險在於把鷹架誤認為建築物本身。分類方法與系統雖能引領我們接近自然真理，但它們本身並不構成自然真理。它們是人造的構想，因此先天就有缺陷，也不完整。布豐認為，這是林奈的關鍵錯誤：「把人為劃分的『屬』（理性實體）與真實存在的『屬』混為一談。」雖然物種至少可以具體描述，但從具體到概念性的發展（亦即分類層級上升到「屬」，甚至更高層時）則必須格外謹慎，切莫將這些為求便利而設的抽象概念，誤認為自然界中真實存在的分界線。它們只是人為的構想，而非自然的構造。

這有什麼差別呢？我們隨機以佛蒙特州為例，這個州確實有實體存在，其疆界有明確的記載，而這些記錄構成了全世界公認的「佛蒙特」定義。不過，它的存在仍有些模糊地帶：它的東邊是以康乃狄克河為界，而河道會隨著時間與季節變遷。此外，這片土地曾有其他名稱：佛蒙特共和國、新英格蘭自治領、新法蘭西領地、阿貝納基族的祖靈之地。

佛蒙特州真實存在嗎？當然。但只有北美洲的政治地圖會標示其邊界，地理地圖不會標示。作為「理性實體」，它確實存在。但作為自然事實，它並不存在。

林奈似乎從未區分這兩者的差別。更甚者，他建構了五層抽象概念的金字塔，層層相疊，要求生物辨識必須達到五重確定性。布豐認為，這種分類法簡直是傲慢的化身，只會讓認知偏差不斷累積。他警告大家：

> 切勿過度延伸或不當限制自然關聯，不要企圖用人為法則規範自然規律，不該在不可分割處強行劃分，更別以我們貧乏的想像力衡量自然的力量……切忌以單一實例判斷整體，將自然矮化為與她毫不相干的狹隘系統。

布豐最終總結道：「有兩種立場同樣危險：一是毫無系統，二是試圖把萬物塞進一個受限的系統。」生命的精妙不是標籤所能界定。他寫道：「人類將會驚訝發現，從最完美的造物到最無定形的物質之間，存在著幾乎難以察覺的漸變層次。」

在警告大家不要固守分類系統後，布豐轉而犀利地批判「林奈先生那套最新的分類法」，他直言：「只要細究林奈先生所用的通用特徵與具體劃分方式，會發現更多根本的缺陷。」

布豐完全沒花時間分析《自然系統》對礦物界的分類，就連熱中林奈理論的人也認為那部分難以理解而避之不談。談到植物界時，布豐三言兩語就推翻了林奈的性分類系統，指出植物與動物不同，完全可以靠嫁接與插枝來繁殖。他寫道：「既然植物繁殖本來就不依賴性別或生殖器官，這套理論自然站不住腳。聲稱性別系統足以區分植物物種，不過是牽強附會的類比罷了。」

布豐對《自然系統》的動物界分類特別不以為然，該系統據稱是一個自然系統。他指出，林奈將動物界分為六綱：四足綱、鳥綱、兩棲綱、魚綱、昆蟲綱、蠕形綱。他質問道：龍蝦、牡蠣、蛇究竟該歸在哪一綱？布豐指出：「乍看之下，牠們似乎被忽略了。」但細查後發現，林奈為了維持整齊的界限，硬是把蛇歸為兩棲綱，牡蠣歸為蠕形綱，龍蝦則歸為昆蟲綱，「而且不只是昆蟲，還跟虱子和跳蚤同一目」。

與其硬分成六綱，這位作者不如分成十二綱或更多綱……這樣可以表達得更清楚，劃分也更精確，不至於如此武斷。因為一般來說，分類愈細，才愈接近真相。畢竟，自然界中真實存在的只有個體，所謂的屬、目、綱只存在於我們的想像中。

布豐認為，林奈的想像似乎呈現出一種「分類狂熱」，這常產生荒謬的結果。以「猛獸目」（*Ferae*）為例，布豐指出拉丁文原意是「兇猛野獸」。他寫道，林奈先生

確實先列出獅子和老虎，但接著卻把貓、黃鼠狼、水獺、海豹、狗、熊、獾都算進去，最後連刺蝟、鼴鼠和蝙蝠也收編其中。誰會相信「猛獸目」適用於蝙蝠、鼴鼠或刺蝟？或者貓狗這種家畜可能是兇猛野獸？這樣胡亂套用概念和術語，不是太草率了嗎？

布豐指出，林奈對形態特徵的運用根本自相矛盾：既然大家都認同條紋貓與斑點貓同樣是貓，為何我們如此確定老虎和美洲豹是不同物種？老虎主要分布在印度，美洲豹則原生於美洲，但地理分隔真的足以證明物種分隔嗎？林奈把老虎歸類為「虎種」(*Tigris*)，美洲豹歸類為「豹種」(*Onca*)，兩者都是「貓屬」(*Felis*)。由於Felis意為貓，所以兩者都與家貓(*catus*)同一屬，這等於同時主張：毛色差異對家貓品種無關緊要，卻又是區分老虎和美洲豹的關鍵特徵。如此雙重標準，豈非矛盾？

布豐繼續檢視林奈的分類系統，發現一個又一個牽強附會與荒誕組合的例子。比如「齧形目」(*Glires*)，原意是鼠：「林奈先生的鼠包括豪豬、野兔、松鼠、海狸、大鼠。」再看「馱獸目」(*Jumenta*)，原意是役獸：「這些役獸包括大象、河馬、地鼠、馬、豬。」在分類層級的其他角落，

> 猞猁是「貓種」，狐與狼是「狗種」，麝貓是「獾種」，天竺鼠是「野兔種」，水鼠是「海狸種」，犀牛是「象種」，驢是「馬種」等等。這一切只是因為這些動物的乳腺和牙齒數量有一些相似之處，或角的形狀有些輕微相似……還需要更多例證來揭露這套分類法的武斷與荒謬嗎？

為了確保批評到位，布豐還不忘加上注腳，引用林奈的死對頭西格斯貝克的評語：「我覺得林奈這套系統不僅粗劣可笑……更是牽強附會、錯漏百出，簡直一文不值。」

這一記砲轟林奈的攻擊可謂震撼全場。科學院的幾位成員震驚不已，不是因為布豐的論點本身，而是因為他竟敢如此大膽發難。即將出任法國首席審查官的紀堯姆·德·馬勒澤布表示：「批評一位普遍受人敬重的學者，不該用這種措辭，尤其批評者就算再有才華，在科學界仍是新人。」[11]但布豐才剛剛啟動攻勢而已。

❖ ❖ ❖

林奈很快就得知有位能言善辯又強大的批評者砲轟其研究成果，但他還不知道布豐的真正雄心。這一點在次年才顯現，一則公告披露了布豐正在撰寫《自然史通論與專論．附王室藏品圖錄》。如標題所示，清點王室藏品是次要目標，主要目標是對「宇宙呈現給我們的萬物」[12]進行宏大的巡禮，預計將編成一部十五卷的巨著。

這是絕妙的策略。在一七四四年，印刷一本像樣的大部頭著作，成本高得嚇人，因為這個過程包括手工上墨的印版，然後手動壓印在單張紙上，之後再懸掛晾乾。十五卷的巨著更是前所未聞：當時正在編纂的法國首部百科全書，預計只有五卷。但布豐憑他在宮廷的影響力，竟說服國王資助這項自然史的巨著計畫。表面上是完成必要的藏品目錄，實際上收錄的內容不止於此。報紙描述了相當多的細節。

> 這部宏大巨著的前三卷已著手編撰，專述陳列室的藏品。後續將推出第四與五卷，記述所有四足動物，以及所有生活在陸地和水中的動物。第六卷是魚類，第七卷是軟體動物，第八卷是昆蟲，第九卷是鳥類，第十至十二卷是植物，第十三至十五卷是礦物。按照這個順序編排，方能盡顯自然全貌，以及專為人類探索而開創的造物界。[13]

布豐雖委派助手多邦東負責陳列室收藏品的編目工作（並在書中如實標注了多邦東的貢獻），但其餘部分將完全由他自己完成。一個人真的有可能寫盡造物界的全貌嗎？對於已在烏普薩拉嘗試此事的林奈來說，這並非誇大其詞。目前為止，林奈只遇過批評者，而非競爭者。布豐握有雄厚的資源，包括個人財富、大量助手與下屬，還有路易十四的聲望與支持。法國海軍官兵奉命在航行途中為植物園採集標本，所有駐外的法國醫師也被要求協助提供標本。儘管林奈有顯著的先發優勢，但布豐能以更扎實的功夫後來居上，用更一致及合理的方式整理龐雜的素材。畢竟林奈的《自然系統》不是一個系統，而是三個，而且三個系統的規則各不相同。

所以，布豐從四足動物開始，想必會在過程中提出自己的分類系統。林奈在寫給朱西厄的信中表示：「我期待布豐先生的後續著作，他是從狗和馬開始建立一種自然分類法。這確實可作為一種實驗，我明白他的理論，但我想看具體怎麼做。」[14]

PART
II

浩瀚萬物
THIS PRODIGIOUS MULTITUDE

「小花啊——若我能明白
你的全部，從根到花，從頭至尾，
我便能知曉上帝與人類的真諦。」
——阿佛烈．丁尼生勳爵

CHAPTER
12
獻金魚給女王
Goldfish for the Queen

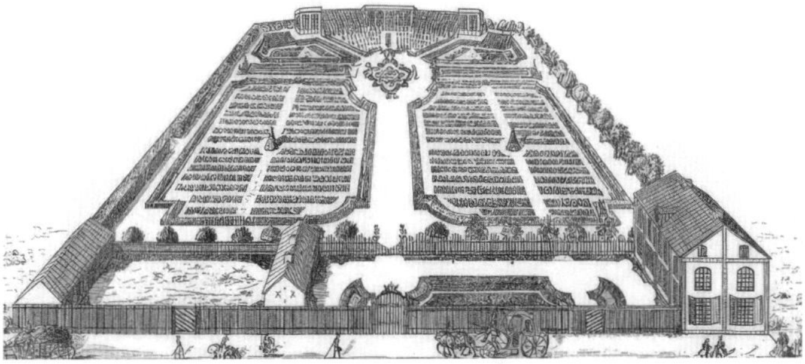
重新改造的烏普薩拉植物園，右側為林奈的住所

一七四三年二月，彼得．洛夫林剛抵達烏普薩拉大學時，就養成低調行事的習慣。一位同學回憶道：「他來烏普薩拉時還很年輕，老實的樣子看起來近乎傻楞。」[1]藉此解釋他為何總想隱沒在人群之中。洛夫林十四歲便開始讀大學，他不是神童，而是速成教育的產物。他的父親在瑞典東海岸耶斯特里克省的一家鐵工廠擔任簿記員，為了節省三藝學校的住宿費，早早就將他送進大學。按計畫，洛夫林是來大學攻讀神學，頭兩年他確實照做了。但每當知名的林奈教授在校園裡掀起熱鬧的活動時，他總是忍不住被吸引過去。

最引人注目的當屬烏普薩拉植物園的奇景，這裡名義上屬於大學，實際上顯然是這位教授的私人地盤。這片曾經荒廢的植物叢，如今成為該市最熱門的觀光景點，吸引不少遠道而來的遊客。他們不只欣賞園中的奇花異草，更是衝著林奈以表演家的姿態，從各地收集的珍禽異獸而來。這座動物園的起源，要從瑞典王儲阿道夫．腓特烈送他一隻活體美洲熊（其實是浣熊）說起。林奈把牠命名為修普，學名定為「長尾熊」（*Ursus cauda elongata*，後來在《自然系統》新版中改為「浣洗熊」（*Ursus lotor*）），還為牠特別設計了一個窩，可惜兩年後牠還是被鄰居家的狗咬死了。這隻命運多舛的浣熊只是園中陸續增添的眾多動物住客中的第一隻[2]，後續還有天竺鼠，一隻名叫黛安娜的灰鸚鵡（愛喊「擤鼻子！」）、戴著鈴鐺項圈但未命名的鼬，以及名叫格林的捲尾猴。至少還有十幾隻猴子也曾在園中居住，但不同於格林，牠們都關在分散園中各處的高杆棚屋裡，拴著鏈子以防逃跑。

林奈教授的講座也令人振奮，聽眾常常擠滿大學的圓形講堂，或在天氣晴朗時擠滿整個植物園。其他教授會嚴格限定只有本系學生才能聽課，林奈不一樣，他允許任何學生旁聽他的課程，包括課後詳盡的問答時間。更特別的是，他也開放眾人參與他設計的實地考察活動，他稱之為「博物巡禮」。這些活動非常熱門，後來他甚至開始收費，既為他自己增添收入，也讓他有機會展現精心磨練的表演才華。

林奈向來熱中在研究中融入軍事元素。他把一本早期的筆記本標記為《戰利品》，更以「團、營、連、排、兵」來解釋他的五個嵌套層級。他把植物分類單位統稱為「方陣」（phalanx，現代術語簡稱為「分類單元」（taxon））。在第二部自傳中，他把三十三位植物學家封為「植物軍官」[3]，把自己放在名單的頂端，自封為將軍及「當世植物學至尊」（他的死對頭西格斯貝克被排在最底層，僅為士官長）。

在他的「博物巡禮」活動中，林奈持續沉浸於軍事幻想。每逢週末溫暖的早晨，烏普薩拉居民早已習慣這樣的景象：三百多名「士兵」穿過市區，有人揮舞槍支，有人手持雨傘和捕網，全都穿著他們指揮官設計的制服：短外套、寬大的水手褲，頭戴寬簷帽。這支隊伍以軍事化的整齊步伐行進，分成若干連隊，由中尉和上尉指揮。清晨七點剛過，隨著首領一聲令下，他們就列隊出城，邁向郊外的田野。林奈本人走在隊伍的最前方，兩側還有旗隊與鼓號樂隊護駕。

在「博物巡禮」的隊伍中，持槍的神射手嚴陣以待；手持雨傘的士兵在灌木叢中匍匐前進，把珍貴的物件塞進布袋；持網的捕手捕獲獵物，然後用尖針刺殺獵物。數小時後，這支軍隊凱旋而歸，帶著些許曬傷的痕跡，在歡笑中回到烏普薩拉。他們將戰利品交給專門的「記錄官」清點。記錄官會鑑定哪些值得進一步研究。神射手是提交鳥類，雨傘兵是提交花草或蜥蜴，捕手是提交蛾或蝶。每當發現罕見物種，號角就會響起[4]，並隨即將實體送至林奈的面前。

洛夫林這個手頭拮据的神學院學生，不太可能花錢購買這些日益儀式化的博物巡禮門票，但他開始悄悄地出現在林奈講座的週邊。林奈在講座尾聲，通常會鼓勵聽眾提問。聽眾可以口頭發問，若需時間組織思路，也可以採書面形式。一七四五年夏天，林奈發現他經常收到洛夫林的信件，那些恭敬的提問透露出他對講座內容有深入的理解。當林奈得知來信者年僅十六歲，他忽然想到，這個年輕人很適合同時當小卡爾的家教兼玩伴。「我決定讓他住進我家，陪伴我兒子。」[5]林奈後來寫道，「我預期，洛夫林對自然史的熱愛，只會助長我兒子在這方面的興趣火苗，不會澆熄它。」在這位父親的眼中，那火苗目前微弱到令人憂心，小卡爾對自然史興致缺缺，但林奈執意培養他當接班人，甚至計畫那年秋天就讓年僅九歲的小卡爾進大學就讀。

洛夫林接下了這份家教兼玩伴的角色，並瞞著父母把主修從神學轉為醫學。「他與我同住，對我非常信賴。」[6]林奈如此描述這位最年輕的弟子，「他的心靈像黃金一樣純淨。」他給洛夫林取了一個綽號：禿鷹。這不是因為他的外貌，而是讚賞他的敏銳眼力，從遠處就能辨識實體物件。

洛夫林瞞著家人做這決定，其實不難理解。他是搬進一位毀譽參半的爭議人物家中。林奈的名聲早已大到引發大眾的公開嘲諷：法國的諷刺作家朱利安．奧弗雷．德拉美特利所著的《植物人》一書，戲謔地將林奈的性分類系統推向近乎色情的極端，還故意把書題獻給林奈：

我從植物學的角度，描述了我們這個物種中最美的植物，也就是女人。即便化身為花，聰慧的她也不會任人採摘……女性屬於「單雌蕊目」（Monagynia），因為她們只有一個陰道。最終，男女有別的人類，將為「雙雄蕊綱」（Diecia）增添新成員——我使用的這些詞彙是源自希臘語，都是林奈發明的。[7]

面對外界指責其著作淫穢，林奈始終很淡定自若。畢竟，他已經挺過西格斯貝克的指控：「可憎的淫穢」。但他為了報復而把一種惡臭植物命名為「西格斯貝草」（*siegesbeckia*）* 的舉動，開始引發嚴重的後果。西格斯貝克已展開新的攻勢，這次他的批評不再以道德為由，而是根據可觀察的事實。

林奈的「植物字母」分類法，是以雄蕊和雌蕊的數量與組合來決定。但西格斯貝克發現（並自行命名）了一種植物：無雄西格斯貝克菊（*Anandria siegesbeckia*）。這種植物似乎完全沒有雄蕊或雌蕊，因此前名是「無雄」（*Anandria*），拉丁語意為「缺乏男性特徵」。他在一本小冊子中主張，這確切證明了林奈的分類法在客觀上是錯的。如果某些植物根本沒有性徵，那怎麼能用性徵來界定整個植物界呢？

焦慮的林奈動用人脈取得那種植物的種子，親自催芽並細心培育，好讓它開花。但過了數週，植株毫無變化，這株「無雄西格斯貝克菊」對林奈分類法的威脅，簡直比當年的「漢堡多頭蛇」更致命。畢竟，這無法直接歸入「異形綱」（*Paradoxa*）那個垃圾堆裡了事。

但他並未認輸。他焦慮地繼續等，幾週後，終於在植株上發現花苞。那花苞很小，但確實是花蕾。接著，這些花苞逐漸綻放，露出微小的雄蕊。林奈乘勝追擊，發表論文《論無雄》。文中不僅駁斥對手，並把該植物重新歸為「款冬屬」（*Tussilago*）。這個命名別有深意：*Tussilago* 在拉丁文中的意思是「止咳」，暗示西格斯貝克閉嘴，別再製造噪音了。

然而，這次攻擊確實令林奈深感不安。他寫信給友人：「這種無端的公開惡意，在人心中難以抹滅。」[8]儘管他已經證明對手以這種植物攻擊他的系統是錯的，但他不可能證明所有植物都有性徵。未來的新發現，可能會出現更多難以反駁的案例。更何況，要費力辨識那些微小的雌雄蕊，也違背了他那個分類法的優勢：方便實用的野外辨識工具。

其他的批評者又更難平息了。林奈忙著安撫歐洲各地的博物學家，他們對於林奈擅自推翻原有的物種識別並以他那套分類法取代，愈來愈不滿。瑞士著名的植物學家阿爾佈雷希特・馮・哈勒原本一直是林奈最有力的支持者之一，但他看到自己的命名貢獻被系統化地輕率抹除，終於忍無可忍，寫了一封措辭激動的信給林奈：「你如此對待朋友，正合敵人的意，他們人可不少，而且不好惹。然而，你攻擊我時，毫不掩飾輕蔑，分明存心要害我。若我真想計較，要給你找麻煩並非難事。」[9]

林奈急於平息事態，卻適得其反。「我一向愛戴你、讚揚你，」[10]他在回信中寫道，隨即又展現出那惹惱同行的自以為是：「但我尊敬的朋友，你似乎不明白你的指責可能損害我的聲譽，也不明白這會讓我的對手和敵人多高興……很少人會去細探爭執究竟孰是孰非。」

他那高高在上的語氣，讓哈勒看了更加反感。「我寧可他別道歉，」[11]他向林奈的宿敵羅森抱怨，「我承認他確實很勤奮，但他的性格對我來說有些——該怎麼說呢——尖刻、反覆無常、陰晴不定。」

有疑慮的，不只哈勒一人，只是其他同行的批評比較委婉。博物學家彼得・柯林森代表英國某未具名的團體致函林奈時，如此勸誡林奈：「我們這些敬佩您的人很擔心，您頻繁更動大家普遍採納的名稱，並增添我們全然陌生的新名，會讓原本令人愉悅的植物學變得令人困惑。這門學問原本平易近

* 中文植物名為「豨薟」，此依上下文脈絡以人名譯。

人，如今卻因不斷更動的新名稱，而變成窮盡一生才能掌握的學科。如今除了真正的教授以外，沒人能夠掌握它。正因我敬重您，才坦言告知我們的想法。」[12]

林奈並不打算改變他的方法，但他確實展開了工作的新階段：目的是擴展《自然系統》，同時避開同行的質疑。以前，他與其他學者獲取標本的方式一樣，都是透過彼此交換。多數有地位的博物學家，無論是學者還是業餘愛好者，都會出於專業禮儀而分享種子與插枝。巴黎的朱西厄一向慷慨回應林奈的請求（布豐明智地選擇延續這樣的做法），就連憤怒的哈勒也在信末寫道：「關於你詢問的種子，我已盡力搜集寄出」。但這些樣本送達時，已貼上標籤、預先歸類，成了維繫學術圈人情網的一環，而林奈正逐步打破這現狀。如果能在西格斯貝克之前發現無雄菊，情況會好多少？如果能成為第一個為歐洲學術界都感到陌生的物種分類，那該有多好？向未知領域拓展的時候到了。

❖ ❖ ❖

在這群逐漸聚集到林奈身邊的學生中，洛夫林的年紀最小，而克里斯多夫・泰恩史壯則是最年長的。他比林奈的年紀還大，是個三十四歲的已婚教師，有神學的學位。正是這個學位，使他成為林奈招募的一批業餘探險者中的第一人，而向來不懂謙遜的林奈，後來將這批人封為自己的「使徒」。此後的三十年間，他陸續冊封了十四名學生為「使徒」，派他們遠赴世界各地採集樣本。

從這裡可以看出林奈的天真、過度樂觀、危險的魯莽，或是三者兼而有之。這些學生雖自願前往世界各地，但他們終究是學者，而非探險家。當時全球仍有五分之四的區域尚未探勘，他們並不適合、也沒有足夠的裝備執行這項任務。由於瑞典政府對於資助裝備充足的國外探險毫無興趣，多數「使徒」的旅程都是臨時湊合的，他們帶著微薄的資金，滿腔熱忱遠多於實際的資源。結果往往致命。

使徒計畫始於一七四六年，當時瑞典東印度公司給予林奈一項特權：每年可指定一名學生，免費搭乘回程船班。這降低了旅費，但仍需要動點腦筋，因為去程費用並不包含在內。由於泰恩史壯有神學的學位，林奈立即為他在瑞典東印度公司開往中國的商船〈卡瑪號〉上，爭取到隨船牧師的職位。現在泰恩史壯能夠賺取他的出航旅費，林奈給了他一份任務說明，讀起來有如一份詳盡的採購清單：

1. 取得一盆茶樹或至少採集其種子，並按照我口頭指示的方法保存。[13]
2. 收集掌狀葉中國桑樹的種子。
3. 把東印度群島許多未記錄的魚類，以白蘭地浸泡保存，維持原生狀態以供研究。
4. 盡可能收集並保存多種植物，最好帶有花和果實。
5. 盡量搜羅各類植物的種子。
6. 百合的球莖和塊根須置於沙土或苔蘚中保存，多肉植物亦同。
7. 昆蟲以針插保存，但植蟲類則以白蘭地浸泡（植蟲類是指狀似植物的動物，如海葵）。
8. 取得各種蛇類，尤其是眼鏡蛇。
9. 取得沒用過的瓷土樣本，以探究真瓷配方。
10. 尋找以下的未知藥材：八角茴香、氨草膠、兒茶、沉香、蘆薈、訶子，應特別了解它們來自哪種樹及其結果方式。
11. 完整記錄肉荳蔻的植物特徵。
12. 盡可能採集各種棕櫚樹的成熟果實。
13. 為女王陛下（這是指烏爾麗卡・埃莉諾拉）帶回活體金魚。
14. 在赤道以南與廣州地區，日夜用溫度計測量氣溫並記錄。

林奈指望一位隨船牧師從中國帶回活金魚，這種自信簡直荒謬得離譜。捕捉有毒的眼鏡蛇可能致命。製作真正瓷器的土壤配方是當時嚴守的機密。那年代沒有人能夠把可繁殖的活體茶樹成功運抵歐洲。國際茶葉貿易之所以興盛，正是因為這些植物無法在亞洲原產地之外存活。

泰恩史壯只完成了林奈那份購物清單上的一項任務，卻付出了慘痛的代價。他於一七四三年二月啟航，採取混合策略採集樣本：在出航途中的停靠港購買活體生物，盡力讓牠們在卡瑪號上存活。雖然多數活體撐不過整個航程，但至少能延後用白蘭地浸泡保存的時機。到了十二月，甲板和他狹窄的艙房已堆滿蜥蜴、烏龜、孔雀。後來船隻停靠崑崙島（今屬越南南部）時，他不幸感染熱病身亡。

那些活體動物全數消失，泰恩史壯的隨身物品也下落不明。最終運回烏普薩拉的，只有幾包種子和一些乾燥的植物，其中大多是在西班牙採集的，而不是來自亞洲。

泰恩史壯並非毫無家累的年輕小夥子，他身後留下妻小。悲慟的遺孀布里姬塔指控林奈毀了她的人生。雖然泰恩史壯確實是主動請命出航，但林奈還是扛下了責任，甚至提議為她尋找新丈夫作為彌補。為了紀念這位首任使徒，林奈以他的名字命名了一個植物屬：厚皮香屬（*Ternstroemia*）。諷刺的是（或該說天意弄人），這類植物是以頑強生命力、四季常青著稱。此後挑選使徒時，林奈堅決只挑年輕單身的男子。

他務實地考慮到樣本可能需要比收集者活得更久，所以改良了保存方法。使徒雖然可用紙張壓乾植物標本，但果實和根系會變形。這些部位改用手繪詳圖記錄反而更容易理解。保持種子的活性以便日後栽培，同時避免它們在運輸中發芽，是更棘手的難題。林奈發現最成功的方法是，把棉布浸入融化的蠟中，趁蠟未冷時將種子壓入蠟中，再把布捲起來並用蜂蠟密封。

動物標本的處理更麻煩。白蘭地的酒精濃度不夠，林奈建議改用高濃度的瑞典阿夸維特烈酒浸泡小型生物。但這方法有諸多限制：玻璃瓶笨重易碎、酒精容易蒸發，需反覆補充，而且成品還極易燃。至於魚類，他主張應先剝皮後塗松節油，然後像植物那樣，放在紙張之間壓製成標本。四足動物需剝皮，用乾草或棉花填充，混入鼻煙、硝石或芳香油，接著「以樹葉或紙張包裹，日曬或烘烤乾燥後，放入木箱。木箱裡也填滿相同的鼻煙、石灰或其他芳香物品，以防蛀蟲入侵」[14]。這不是真正的標本剝製術，即使標本可以撐過運回瑞典的航程，最終往往變形、褪色，而且檢查時很容易碎裂。（按林奈的指示收集的四足動物標本，大多未能留存到十八世紀之後。）

為了派出第二位使徒，林奈祭出一個巧妙的策略。一七四七年，瑞典科學院委託他規畫另一次的拉普蘭探險，作為他一七三二年探險的後續研究。但他並不想讓其他的博物學家重走舊路，更何況當年他有些記錄還誇大了。他把目標轉移到北美洲，他覺得那裡吸引人的不是物種多元性，而是與歐洲的相似性。他寫道：「你很難相信，維吉尼亞的植物有多少和歐洲完全相同；紐約地區竟然有阿爾卑斯山，因為那裡山頂的積雪終年不化。」[15]他建議把拉普蘭探險的經費轉用於派遣使徒到加拿大的荒野。他的理由是兩地緯度相同，生態景觀理當近似，應該可以找到可移植的資源。

為了這次任務，他選了一位名叫彼得．卡姆的學生。這個年輕人體格魁梧、堅毅過人，行動稍嫌遲緩，但因為他來自芬蘭，想必耐得住嚴寒。林奈寫信給瑞典科學院，力薦他們資助這次探險時寫道：「現在正是時候，再過些時日，他會變得步履沉重，懶惰散漫，胖到無法像獵犬那樣在林中奔跑。」[16]

❖ ❖ ❖

當時，布豐已撰寫那套自然史著作兩年了，但還沒全力投入。他持續探索其他的研究領域，尤其熱中於自推進的拋射體（後來稱為火箭學）與光學的實際應用實驗。他在法國的學術界已經小有名氣，但此時更因破解了一道百年謎題，一舉躍升為國際名人。

在西元前二一二年第二次布匿戰爭*期間，羅馬的執政官克勞狄烏斯・馬塞勒斯率艦隊圍攻西西里的敘拉古城，懲罰該城與迦太基結盟。圍城最終成功了，但在此之前，據傳敘拉古城最著名的公民阿基米德曾發動驚人的反擊。如最早存留的記載所述，他打造了「一種六角形的鏡子」[17]，並「在那面鏡子的適當距離外，放置同類的小鏡子。這些小鏡子可透過鉸鏈與金屬板轉動」。

> 他在夏季和冬季的正午，把鏡子放在陽光下。鏡子反射的光線，在羅馬的戰船上引燃了駭人的烈火，從一箭之遙的距離將戰船化為灰燼。這位長者憑藉著這些發明，讓馬塞勒斯吃盡了苦頭。

這究竟是史實還是傳說？阿基米德用鏡子引燃「駭人的烈火」，幾個世紀以來成為廣泛爭論的話題。例如，笛卡兒斷言，這種裝置的單邊長度至少要二百四十四公尺，根本「大得離譜，比較像是神話」[18]。

布豐證明了事實並非如此。他先後製作了多個原型，最終開發出一個直徑僅一百八十公分的裝置：在木架上安裝一百六十八面鏡子，每面都配有可移動的螺絲，接著精密校準後，能將陽光匯聚於同一焦點。當所有鏡面在烈日下對齊時，這個陣列就能產生極強的光束。在連串的實驗中，布豐僅用四十面鏡子，就讓二十公尺外一塊塗有木焦油的木板起火。當他對準一百二十八面鏡子時，四十六公尺外的松木板瞬間燃燒起來。在另一次實驗中，四十五面鏡子的陣列，在六公尺外熔化了近三公斤的錫塊。布豐把裝置運到米埃特堡，路易十五與隨行人員目睹他引燃一道道熊熊火柱時，看得入迷。

報紙盛讚布豐為「新阿基米德」。普魯士的腓特烈大帝更親筆致函祝賀[19]。一家法國期刊刊登了一首詩：[20]

布豐啊！萬物世間萬物
皆臣服於你的巧思妙手
何等驚人！阿基米德的奇蹟
對你不過是治學餘暇的遊戲

愛德華．吉朋在《羅馬帝國衰亡史》中寫道：「在沒有任何前人的知識基礎下，不朽的布豐構想並製作了一套燃燒鏡……若是有王室的經費贊助，在君士坦丁堡或敘拉古城的烈日下，他的天才又會為公共服務創造出多麼驚人的奇蹟？」[21]

重現阿基米德的鏡子確實是一場令人驚歎的公開展示[22]，展現了布豐的學術才華，但就像「布豐投針實驗」一樣，這只是一次性的表演。在引起大眾對其研究的興趣後，布豐把那面鏡子獻給國王，接著就回頭投入那部未完成的手稿了。

林奈無法忽視他那位最直言不諱的批評者日益高漲的名聲，也清楚看到布豐正穩步推進著作的出版。一七四八年，林奈發行了《自然系統》的第六版，這次特別新增序言以駁斥批評者。他寫道，如果他的分類系統「不會得罪真正方法的聖師」[23]（意指上帝），那麼「我將以平靜之心，笑看伶人戲語與犬吠之聲」。然而，同年，他卻把一整屬的植物命名為「布豐屬」（*Buffonia*）[24]。這是以細長葉片著稱的草本植物。據其後來的弟子透露，林奈故意用這種方式來嘲諷布豐「對植物學的貢獻，如細草般微不足道」[25]。

* Second Punic War，古羅馬和古迦太基之間三次布匿戰爭中最有名的一場。

CHAPTER
13
披灰蒙塵以示懺悔
Covering Myself in Dust and Ashes

《自然通史》第一卷（一七四九年）開篇插圖

一七四九年九月，布豐的巨著《自然史通論與專論・附王室藏品圖錄》的前三卷正式在法國各地的書店上架。讀者甚至還沒翻閱內容，就已經被這部著作的氣勢所震懾。三卷合計一千六百頁，共四十一萬七千六百字，裝幀與印刷皆精美考究，更印有皇家印刷局的徽記以彰顯其尊貴。然而，如此篇幅與詳盡，卻只探討單一物種。在開篇抨擊系統分類學者（尤其是林奈）後[1]，布豐用首卷的大半篇幅以及整個第二卷來闡述地球的形成與發展理論。直到第三卷，他才開始研究林奈分類系統中的「四足綱」（*Quadrupedia*）、「人形目」（*Anthropomorphia*）、「人種」（*Homo*）。

林奈僅劃分出四種人種的變異，而布豐則描繪出一幅連續的譜系。他引用自認可靠的資料（聲稱「證據確鑿」[2]），帶領讀者從北方出發，蜿蜒穿越溫帶，展開一場環球的民族考察。蒐集兩百多種不同文化的記錄後，他彙整旅人對各地族群主要體徵的描述。例如，行經北極圈時，他援引林奈對拉普蘭人的記載：「鼻子短塌，眼瞳棕黃近黑」。透過資料選擇和引述，布豐的偏見表露無遺，但本質上多屬審美評判。例如，他稱喀什米爾人「以美貌著稱」[3]，摩洛哥達拉省的居民也是如此。至於爪哇女子，則「肌膚姣好……纖手玉指，氣質溫婉，明眸流盼，笑靨可人」[4]。

這段描述並非布豐的原創文字，而是引用一七〇八年造訪爪哇的法國探險家弗朗索瓦・勒加的說法。布豐還引用了英國私掠船長威廉・丹皮爾對於新荷蘭（New Holland，今日的澳洲）沿岸原住民的描述：「在全人類中最悲慘的一群……他們沒有鬍鬚，面容瘦長，五官無一討喜之處。」[5]布豐後來否認了許多這類旅人的記述，指出他們往往過度誇大某些方面。但整體而言，他的觀察態度冷靜客觀，甚至以地區差異來評析歐洲同胞。

> 在英國、法蘭德斯、荷蘭以及德國北部的省分，黑髮或棕髮已不常見；到了丹麥、瑞典或波蘭，這類髮色更是稀罕。林奈曾記載：哥德人身材高大，髮絲滑順，亮白如銀，眼瞳泛著淡藍；芬蘭人肌肉發達，體格壯碩，留長髮，髮色微黃偏白，眼眸深黃。[6]

人類的特徵與膚色豐富多元，不是只有簡單幾種類型。為何如此？布豐推測，環境適應至少是主因之一。氣候炎熱地區的居民，膚色通常比溫帶地區深，但這現象並非放諸四海皆準。他寫道：「若膚色黝黑真是高溫所致，那麼安地列斯群島、墨西哥、聖塔菲、圭亞那、以及亞馬遜流域、秘魯等地的原住民理當皮膚黝黑，因為這些美洲地區與塞內加爾、幾內亞、安哥拉處於相同緯度。」[7]一個可能的原因是，美洲大陸的人類定居歷史比其他大陸晚，這些居民是經由北冰洋遷徙而來。

因此，我比較相信，最早踏上美洲大陸的人類，應是在加利福尼亞的西北某處登陸。當地的嚴寒迫使他們遷往新居住地的南方。最初，他們定居於墨西哥與秘魯，之後才逐漸擴散至南北美洲的各地……淺膚色的人種若要完全轉變為深膚色，可能需要歷經漫長的歲月。但若將北方的淺膚族群遷移至赤道地區，確實可能產生這種變化，尤其當他們改變生活方式、僅以熱帶物產為食時，假以時日，確實可能出現膚色變深的現象。[8]

生物的適應過程緩慢而持續，或許至今仍在演進，人類的發展從未停止。誠如布豐所言，這些理論仍無法解釋人體特徵的個體差異，諸如身高、髮色、五官等。「這些差異應視為偶然現象，因為我們在同一個國家、同一座城鎮，都能發現髮色截然不同的人。」[9]但「偶然」這個概念，他日後將有更深入的探討。這部著作名義上是本目錄，因此最終是以「人類自然史相關的陳列室部分種類」作結，清單如下：

1. 骨骼
2. 骨骼剖面（以展示內部構造）
3. 變形骨骼
4. 先天缺陷導致的畸形骨骼
5. 駝背及發育不全的骨架
6. 骨刺與齲齒標本

儘管結尾枯燥如學術報告，《自然通史》的初版仍在六週內售罄。這部著作開啟了一種出版現象，讓布豐成為當代最暢銷的法國作家，銷量甚至超越伏爾泰、盧梭、孟德斯鳩。前三卷與後續各卷迅速占據歐洲的書架，並以各種版本與譯本持續再版超過一百五十年。由於需求旺盛，布豐曾同時監製六種版本，內容完全相同，僅依書架尺寸調整開本大小。這套書出版以前，布豐已是備受尊敬的大眾人物，但《自然通史》讓他從此躋身一種新型的名人殿堂：名流學者。此後一生，他都扮演這個角色。

布豐對系統分類學的批判，首度觸及大眾。評論界對其犀利的見解特別折服。《特萊武期刊》指出：「這番抨擊直指大名鼎鼎的林奈，眾所皆知，他創立了一套新的分類系統，顛覆了先前的一切觀念。」[10]該刊認為《自然通史》這部分的論證特別有力，甚至正式撤回先前對林奈的讚譽：「布豐揭露了這種分類法的缺陷，甚至荒謬之處。」

> 讀過這部分論述的讀者會發現，自然史學者的書寫依然充滿活力，自由奔放。我們必須坦言，儘管我們對那位博學的瑞典植物學家懷抱敬意，但看到他的分類系統受到質疑，我們並不感到遺憾……布豐先生的論述可以說為我們的思維方式提供了支持，更讓我們獲得強而有力的論據，足以抵禦那些標新立異者的攻勢。

❖ ❖ ❖

然而，並非所有人都給予讚譽。《特萊武期刊》雖然稱讚《自然通史》精采痛擊了林奈那套分類系統，但後來它也刊出一篇評論，嚴詞抨擊布豐那句「從最完美的造物到最無定形的物質之間，存在著幾乎難以察覺的漸變層次」。該文認為，這種觀點的神學意涵令人不安：生命若真的是一個連續的譜系，那麼有靈生物與無靈生物之間，便難有明確分野。

該文指出：「眾所皆知，靈魂不朽，而物質則包含自我消解的根源，二者本質殊異。因此，根本沒有某種漸變狀態，能夠不著痕跡地從一種造物過渡到另一種物質。」[11]（由於《特萊武期刊》是由耶穌會出版，此後便減少了對布豐的讚賞）。《教會新聞》提出更多宗教層面的質疑。布豐主張行星是由太陽噴出的熔融物質形成，「這些物質的熱量必然會逐漸衰減。正是在這種流動狀態下，行星變成了圓形。」[12]

這段文字最觸怒教會的關鍵在於「逐漸衰減」這個說法。布豐主張地球的形成，並非如〈創世紀〉記載的那樣是上帝的單一創造行為，而是一個持續的過程。他甚至不敬地推論，這個過程在創世後仍持續了數千年。這無疑是想打破物種恆定論的視角，意圖為創世賦予一個非聖經的時間尺度。光是這點，就足以讓《基督教會新聞》譴責《自然通史》是「一本我們認為有責任揭露其毒害的書」，但布豐的言論更加大膽：

所以太陽很可能也會因相同的原因而熄滅，只不過是在更遙遠的未來。其壽命的長短，與地球及其他行星消亡的時間成比例。

行星會滅亡，連太陽也不例外？《教會新聞》嚴詞抨擊：「這樣一部惡毒的著作，豈能放任它出版而不予駁斥？布豐先生要如何引導那些不信上帝的人重回信仰的救贖之道？此書不僅褻瀆上帝，更有辱獻詞中提及的國王名號。」[13]這位匿名的評論者引用〈約伯記〉的經文（「為此，我收回我所說過的話，**坐在灰塵中懺悔**」），敦促布豐以類似的方式放棄他的異端邪說。

布豐根本不打算妥協。「我另有打算，連一個字都懶得回應。」他向友人吐露心聲：「人各有其微妙的自尊。我的自尊心讓我覺得，某些人根本不配讓我動怒。」[14]然而，爭議持續擴大，大到連索邦大學（皇家植物園的宿敵）也決定介入。該校的神學院正式通知布豐，《自然通史》因「含有與教義不符的原則和準則」[15]而正式受到譴責。

形勢所迫下，布豐不得不打破沉默。一七五一年三月，他呈上一份措辭明確的悔過書，刻意模仿《教會新聞》引述〈約伯記〉的用語，在悔過書中寫道：「我對自己的行為深感悔愧，願披灰蒙塵以示懺悔。書中有關地球形成的一切論述，我全部放棄。」[16]為了進一步安撫教會，他宣稱他的地球理論只是「純粹的哲學臆測」，並向神學院保證，他完全相信《聖經》中的創世記載，「無論是時間順序，還是具體情況」。

他在《自然通史》的下一卷中，完整收錄了索邦大學的來信與他的回覆。然而，在後續的版本中，他既未修改、也未刪除任何已出版的內容。這部鉅著持續推進。

令布豐大感意外的是，這番表態竟然奏效了。他寫信告訴友人：「我十分滿意地全身而退。一百二十位與會博士中，我獲得一百一十五位的支持，決議文中還包含我始料未及的讚譽之詞。」[17]布豐後來坦言，這不過是「虛應故事」，表面恭維，但顯然是不誠懇的花言巧語。這件事促使他說出那句名言：「寧可俯首，不願斷頭。」[18]（It is better to be humble than be hung.）

這也帶來了新挑戰：往後該如何避開宗教敏感議題？布豐這才意識到他犯下的錯誤：他完全沒用「防護措辭」。當時其他涉及神學敏感題材的著作，都會精心設計幾段醒目的文字，插入文本中作為緩衝，以防後續內容陷入爭議，遭到宗教的批評。就連卡斯珀・斯托爾那套無害的四卷本《異國蝶類圖鑑》，也不忘向讀者保證該書「從未忽視全能造物主之手」。林奈在《自然系統》中也運用防護措辭，刻意強調「將物種同源歸功於全能全知的上帝」。

布豐在未加類似警語或至少宣稱這只是純粹思想練習下，就直接拋出行星形成理論，實在有些天真。他意識到，他身兼路易十五的宮廷成員，以及頗具爭議的皇家植物園園長，深知這種雙重身分的處境微妙，因此把這次教訓銘記在心。此後出版的《自然通史》各卷，都精心穿插了大量的防護措辭，有些段落的安排甚至讓不知原始脈絡的後世讀者感到困惑。

為了進一步重建社會聲譽，布豐終於決定步入婚姻。一七五二年九月二十二日，他迎娶了相戀兩年的瑪麗—弗朗索瓦絲·德·聖伯蘭—馬蘭。這名女子出身貴族，但家道中落，當年是蒙巴爾修道院學校的貧困生。該校是由布豐的修女妹妹主理。據形容，瑪麗—弗朗索瓦絲「迷人、溫柔，雖非絕色佳人，但也清新脫俗」[19]，她沒有嫁妝，也沒有人脈，不愛在社交圈或宮廷招搖，與丈夫一樣更喜歡隱居於蒙巴爾。這段婚姻美滿和諧，大家都看得出來他們是真心相愛。雖然有人覺得這門婚事並非門當戶對，但布豐毫不在意：「別人對我婚姻的閒言碎語，還不如對我著作的批評值得在意。」[20]布豐如此妙語回應後，便繼續埋首工作。

CHAPTER 14

專屬榮譽 The Only Prize Available

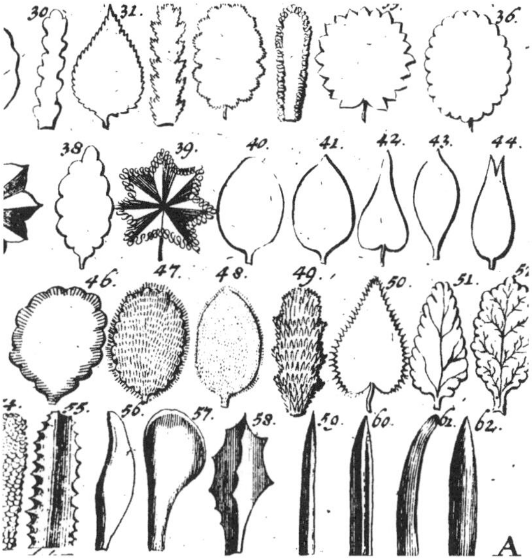

葉片類型，取自林奈的《植物學原理》（一七五〇年）

其他學生都外出搜尋野草莓時，綽號「禿鷹」的勒夫林坐在植物園宿舍二樓的床邊，為生病的老師記下口述內容。「分類系統是指引植物學的線索。沒有系統，植物學便如迷宮般混沌。運用這條指引線的系統分類學家，必將名垂青史。」[1]

這兩年來，林奈過得並不順遂。他創立的軍事化博物巡禮活動太熱門了，反而引起烏普薩拉大學校長的疑慮，在一七四八年下令禁止，理由是「這種穿制服又新穎的生活方式，讓青年學子分心，荒廢其他課業」[2]。校長還語帶歉意地補充：「我們瑞典人生性嚴肅，反應遲鈍，不像其他民族能寓教於樂。」接著，布豐的《自然通史》橫空出世，造成轟動。此後，林奈便臥床不起，抱怨痛風發作「令我身心俱疲，氣力盡失」[3]。

唯一能暫時緩解其症狀的，似乎只有現採的野草莓。當其他學生在鄉間四處尋找野草莓時，他把勒夫林留在身邊，開始口述他所謂的「植物科學精要」[4]，後來定名為《植物哲學誌》。

書名雖有哲學一詞，但這本書並非哲學論著，而是一本野外指南。林奈將植物學的核心理論，整理成三百六十五條規則和定義，逐一編號，以便有志研讀植物學及專業的植物學家查閱。例如，第一四五條以生動的比喻，概括了植物性分類系統的基本原理：「花萼是臥室，花冠是帷幔，花絲是輸精管，花藥是睪丸，花粉是精子，柱頭是外陰，花柱是陰道。」[5]

第一五七條明確指出：「我們認為物種的數量，就是創世之初創造出來的不同形態的總數。植物界不可能產生新物種，這可以從世代延續、繁殖現象、日常觀察及子葉特徵得到驗證。」[6]第一六二條更進一步強調這點：「物種非常穩定。」[7]他劃分其他的系統分類學者（systematist）時也同樣明確，把他們分為「異端」和「正統」兩類（第二十四條），後者是「依照真正的系統，建立所有植物類別的人」[8]。他把自己列入「正統」名單，與古今的博物學者並列。然而，當他定義「分類學者」（taxonomist，第四十條）為「為『屬』和『種』確定真正適當名稱的人」[9]，舉出的唯一範例只有自己。

林奈在第二一〇條規則中宣稱：「不知道事物的名稱，對它們的了解也就隨之消失。」[10]這解釋了為何《植物哲學誌》有近三分之一的條目都涉及命名。林奈就是從這裡開始奠定他在自然史領域的權威地位。在此之前，植物學家常在他們的植物目錄中列出通俗名稱，但他們還會提供「種差特徵」（differentia specifica）：一種冗長又繁瑣的標籤，目的是盡可能完整地描述該實體。例如，南非灌木是 *Mimetis cucullatis leucospermun hypophyllocarpodendron*，這個標籤大致可譯為「形似僧帽—白籽—喜水—腕葉樹」。在《植物哲學誌》中，林奈反對這種命名方式，直言：「長達一呎半的學名，不僅難以發音，可能還會傷害說話者的喉嚨。」[11]他鄙視使用超過十二個字母的詞，說這種名稱「令人厭惡」，這項準則促使他棄用*hypophyllocarpodendron*，改以*protea*（海神花屬）代替。

在命名規則方面，林奈建立了一套新架構。此後，每個學名將包含兩部分：用來標識「屬」的**屬名**（generic name）與該「物種」專屬的**種名**（specific name）。這在《自然系統》中已有雛形：只要同時讀出屬名與種名，就能得出「晝行人」（*Homo diurnus*）這樣的組合。但為了嚴格執行階層標識，這裡需要捨棄所有華麗的修辭，僅保留簡潔的二名結構——這項創新讓自然史研究導向標準化的軌道。他寫道：「沒有『屬』的概念，就無法確定物種。只有種名但無屬名，就像有鈴舌而無鈴鐺。」[12]

林奈並非首創二名法的人。早在一五七六年，法國的植物學家卡羅盧斯．克盧修斯研究西班牙的植物時，就創造了諸如*Genista tinctoria*（染料木）和*Dorycnium Hispanicum*（西班牙矛豆）這樣的二名詞。但克盧修斯並未提出有條理的系統，他也嘗試過簡單地為植物編號。其實在通俗用語中，用二名詞來識別生命形式是常見做法：第一個詞用來區分群體，第二個詞用來標示群體內的差異。例如「鴞」（亦即貓頭鷹）一詞，泛指那些短喙、扁臉、夜行的鳥類，再加上「雪」或「斑點」等詞，就能區分兩種不同的貓頭鷹。

但這類民間命名法很快就出問題了，它們只適用於特定地區，無法成為通用標準。以「雪鴞」（snowy owl）為例，這個名稱看似適合羽毛大多雪白的物種，但並非所有的雪鴞都是羽色最白的貓頭鷹。事實上，更常見的倉鴞（barn owl）可能毛色更淺。其他描述性的詞彙也有類似的侷限，比如「倉鴞」這個名稱完全無法體現物種的特質。更麻煩的是，民間稱法常出現撞名的現象，例如「鳴角鴞」（screech owl）在英格蘭是指一種貓頭鷹，在北美卻是完全不同的物種。透過嚴格的二名法規則，林奈得以重新釐清這些混淆：將北美的鳴角鴞命名為*Megascops asio*（東美角鴞），英國的鳴角鴞命名為*Tyto alba*（西倉鴞）。

二名法的推行首先得廢除既有的複合名稱，林奈宣稱這些名稱「應被逐出植物學聯邦」[13]。於是，杜納福爾的 *Bella donna*（顛茄）和 *Corona solis*（日冕花），分別被改為 *Atropa*（顛茄屬）與 *Helianthus*（向日葵屬）。為求簡潔，他更規定每個二名物種的正式描述不得超過十二個拉丁字，他認為這已足夠記錄他所謂的「基本特徵」：未必是最顯著或最難忘的實體構造，而是能與其他生物區別的關鍵。誠如第二五九條規則強調：「種名應取自**植物不會變異的部位**」[14]（粗體為林奈所加）。若某特徵可能變異，則邏輯上只能歸為「變種」，屬於更低的分類層級。

在命名選擇上，林奈摒棄了氣味、滋味等主觀的描述標準，認為這些特徵「多變且很少恆定」[15]。他解釋：「氣味無法劃定明確的界線，也難以精確定義……滋味常因品嘗者而異。」他廢除了多個以這類標準命名的物種名稱，說它們是「過度追求細枝末節」[16]與「花卉愛好者的集體狂熱」。他更明確宣稱：「屬名不該用來討好權貴或紀念聖人，也不該冠給其他領域的名人。這是植物學家的專屬榮譽，因此不該濫用。」[17]不過，「我保留以下屬名：源自詩歌的神名、獻給君王的尊稱，以及授予植物學推動者的榮譽名稱。」更重要的是：「為紀念傑出植物學家而設立的屬名，應認真保留下來。」

林奈進一步訂立命名規則：唯有「真正的」植物學家能為植物命名，但他並未明確定義資格。這項規定之所以必要，是因為「民間人士常取荒謬的名稱」[18]，例如開花植物「勿碰我」（*Noli me tangere*），林奈把它改名為「鳳仙花」（*Impatiens*）。當初之所以有「勿碰我」這個名稱，是因為其種莢成熟時一觸即爆的特性。林奈重申早年一本小冊子的主張：植物絕不可保留原生名稱，亦即當地文化原有的稱呼。「理智的人不會採用原始屬名，」[19]他寫道，並補充：「所有的番名在我們的眼中都算是原始的，因為這些名稱來自學者不懂的語言。」他禁用所有非拉丁或希臘語的名稱，更規定即使是希臘語名稱，也必須以拉丁字母書寫。因此，杜納福爾的 *Ketmia*，必須更名為 *Hibiscus*（木槿屬），因其原名源自土耳其語。最後，他明令禁止所有暗示用途或警訊的名稱。於是，不僅「*Anoctium*」（安諾菊）不能再稱為「*salutiferium*」（益壽菊），連致命的顛茄也不能再稱為「*Solanum lethale*」（致命茄），只能稱為「*Solanum*」（茄屬）。

此外，還有一項反對虛榮的規定：新物種的發現者不得以自己的名字命名。這自然會促使博物學家直接把標本寄給他，希望他能用他們的名字命名物種。為了強化這種效應，他特別提出請求：「由於我正在收集植物物種，我強烈請求並懇請歐洲各地最傑出的植物學家，若手上有我尚未描述的稀有植物複本，請將帶花的完整植物寄給我。」[20]

隨著野草莓的食療法逐漸恢復他的健康，林奈在《植物哲學誌》的末尾訂定了測量標準：拇指寬、掌寬、臂長，甚至髮絲粗細都可以作為正當的尺寸描述。這種衡量標準雖不精確，但是對偶然發現某物種的人來說，足以相當準確地描述它。該書的最後一節為初學者列出了許多任務的逐步精確指南，例如，如何研究植物學、如何製作標本集、如何規畫植物園，甚至如何進行考察旅行（「首要之務是對萬物保持好奇心，再尋常的事物也不例外」[21]）。

雖然《自然系統》勾勒出林奈建構的世界觀，《植物哲學誌》邀請世人共同建構這套系統。這是把他那套如今被禁止的「博物巡禮」活動擴展至全球規模。這部著作在他有生之年至少再版了六次，並從拉丁原文譯為英、荷、西、德、法、俄等多國語言，成為林奈最暢銷的著作，也是他國際聲譽的基石。緊接著，在一七五三年五月，他出版《植物種誌》的首版。這部植物界的目錄，此後成為《自然系統》的植物分卷。在一連串的命名熱潮中，他為植物界創造了五千九百四十個二名組合，從*Acalypha australis*（鐵莧菜）到*Zygophyllum spinosum*（刺蒺藜）皆在其中。接著，他將這些物種歸入近千個屬，這些屬是在另一衍生著作《植物屬誌》中描述，全書架構仍遵循他那套性分類系統的原始分類。這套植物層級仍是明顯的人造系統，甚至因類別擴增，導致更多不相干的物種硬是被湊在一起。不過，林奈構思的二名法後來成了歷久彌新的創舉。《植物種誌》出版數年內，多數植物學家至少都勉強接受了這套二名法及其作者推動的全面改革。雖然《自然系統》的分類方式持續受到批評，但《植物種誌》建立的規則迅速成為一種通用語言，為概念與發現提供了一致的表述框架。這一次，林奈那過人的自信總算獲得了回報。

CHAPTER

15

恆久不朽

Durable and Even Eternal

布豐的馬匹相貌圖例

一七五三年，《自然通史》的第四卷問世，布豐終於將目光從人類轉向他宣稱要探討的萬千物種。他決心不把人為系統強行套用在自然上，但這部巨作仍需要某種組織原則。布豐選擇了一種讓讀者感到自在，甚至熟悉的切入方式。他先提出一個問題：一般人（非學者）是如何認識自然界的？

布豐指出，大家都是從周遭環境開始認識自然的：先熟悉家養動物（如狗、馬、牛），再逐步擴展至更廣闊的世界。他們先了解鹿、野兔等棲息在附近森林與田野的野生動物，之後才擴展視野至更遙遠的風土和更奇特的異域生物，如大象、單峰駱駝等等。布豐寫道：「魚類、鳥類、昆蟲、貝類、植物、礦物和自然界的所有其他產物也是如此。」[1]一般人「會根據實用性研究它們，會基於熟悉程度思考它們，並按照認識它們的先後順序在心裡排序……這種最自然的順序，正是我們認為應該採用的。」

因此，《自然通史》的宏大旅程是從農家的畜舍展開，只描述三種動物：馬、驢、公牛，卻用了五百四十四頁的篇幅，總計十四萬兩千字。這與一般自然史的通俗書籍大相逕庭。一般的通俗書籍為了促進銷量，會盡快列出奇珍異獸來吸引讀者，但布豐的做法巧妙地達成三個創舉：其一，把人類放在自然世界中，作為自然的重心，而不是像「存在巨鏈」理論那樣放在一個獨立階層。藉由檢視其他生物與人類的關係，布豐得以順理成章地把人類視為自然等式的一環，既不超然，也不分離。其二，運用大量既有的知識，畢竟家畜向來是研究最透徹的生物。其三，也是最關鍵的一點，這體現了布豐對林奈分類系統和其他系統的主要反對，也就是說，那些系統都是冷冰冰的概念，彷彿刻意將生命抽離其脈絡。布豐寫道：「我們深信，我們有充分的理由優先採用這種方法，我們的分類是根據萬物與人類之間似乎存在的關係。」[2]

每個條目的性質也明顯不同。林奈只標記一個物種，附上簡短的描述，然後就把它硬塞入分類階層中。布豐會委託製作每種動物在自然棲息地的直刻版畫，並嚴格審查解剖的準確性。這些畫作會搭配深入研究的文字描繪，試圖透過兩種視角來捕捉每個物種的本質：先是「靜止狀態」，接著是「行動狀態」。許多描述長達數千字，布豐的寫作風格兼具詩意與精確，不僅生動地勾勒相貌，更傳神地捕捉到生物的神韻與性格特質。在馬的條目中（「其天性經人工培育而成熟，最終被精心馴化，為人類服務」[3]），他不僅收錄詳盡繪製的馬匹相貌圖，更寫下以下描述：

牠在狩獵與競技中神采飛揚，在賽道上目光炯炯。雖然勇猛無畏，但不會因狂熱情緒而失控。牠懂得收斂動作，駕馭及克制與生俱來的活力和烈性。不僅順從騎手操控，更彷彿能體察騎手的心意。

布豐的散文筆法，對現代讀者而言或許顯得華麗冗長。他追求清晰的方式，不是透過簡練的描述，而是透過鋪陳，從多個角度反覆地描繪主題，讓讀者在文字的洪流中領悟真意。但這種風格在當時頗受歡迎，更重要的是，這確實自成一家。多數自然史的著作只是枯燥的彙編，完全沒有考慮到學術界以外的讀者。一位評論家寫道：「布豐的文字最初以詩意令人驚艷，文字魅力熱情如火又扣人心弦。」[4]另一位評論家盛讚其文風「莊重典雅，用詞貼切，條理分明」[5]。儘管內容包羅萬象且學理嚴謹，《自然通史》仍是眾人眼中的文學傑作，而且是一部引人入勝的作品。

❖ ❖ ❖

然而，《自然通史》處理動物界的方式仍難逃批評。博物學家列奧米爾寫道：「我不想批評一種已經讓所有研究自然史的人反感的方法。但若真的按照這種方法，依動物與人類的關係排序，結果會變得非常奇怪……加拿大的博物學家會把河狸放在首位。在中國，豬會被擺在牛之前。」[6]這批評很合理，但其合理性恰好印證了布豐反對系統分類學的核心主張，也是他參與「共相之爭」的立論基礎：世上根本沒有脫離文化脈絡的絕對客觀視角，也沒有脫離世俗的自然研究方法。

大眾對此毫無異議。《自然通史》問世四年來持續熱銷，大家日益公認它不僅是學術著作，更是藝術傑作。一七五三年，布豐當選法蘭西學術院院士的消息傳來，這既是法國最高的文學榮譽，也是權威地位的象徵：該院創立至今，始終肩負著守護法文優雅與莊嚴的使命。這個消息令布豐萬分欣喜，因為他對文字優美的執著不亞於對準確性的講究。他在就任演說中表示：「唯有文筆出眾的作品才能流芳百世。知識的豐富、事實的獨特，甚至發現的新穎，都不足以保證作品傳世不朽。」[7]

知識、事實與發現，都可以輕易提取與轉述，這些都是身外之物。唯獨文風即其人，文風既無法提取，也無法轉移或篡改。若文風崇高、莊重、恢宏，作者將永遠受到同樣的景仰，因為唯有真實是恆久不朽的。

這些都是崇高的理想。布豐雖獲殊榮，但他並未欺騙自己已完全達到這樣的境界。「我每天都在學習寫作。」[8]二十五年後他仍如此說道。每當在植物園或私人園林中散步構思後，他會向秘書口述初稿，之後再審閱修訂。他喜歡把句子朗讀出來，彷彿面對聽眾演講一樣：這再次證明他是為了後世書寫。文稿經過數度修改後，他常邀訪客與友人實際聆聽，並觀察他們的反應：聽眾是否對某段感到困惑？或覺得另一段乏味呢？

然而，他不會直接徵詢意見，而是要求他們用自己的話複述內容。如果回應顯示他並未充分傳達觀點，他會重新改寫。文稿可能進展到足以送交皇家印刷廠排版，但校樣送回只意味著新一輪編輯和修正的開始。《自然通史》中關於地質年代的章節，至少經歷了十七次修改。

布豐在資料蒐集上同樣嚴謹執著。以第四卷中「牛」的條目為例，不僅包含活體動物及其骨架的精確直刻版畫，還有腎臟、脾臟、肺臟等八幅同等細膩的內臟解剖圖。如果讀者想了解成年公牛前腿骨的確切長度和寬度，可在第五二六頁找到這些尺寸的記錄。如果讀者依然意猶未盡，文末還詳述了皇家陳列室展出的牛骨標本，壓軸的是一具「畸形牛犢的頭骨」[9]。這種從華麗辭藻（「鄉間所有勞作皆仰賴於牠」[10]）到平凡數據的轉換可說是前所未見，而布豐從不允許自己抄捷徑。畢竟，天才其實是耐心的極致。

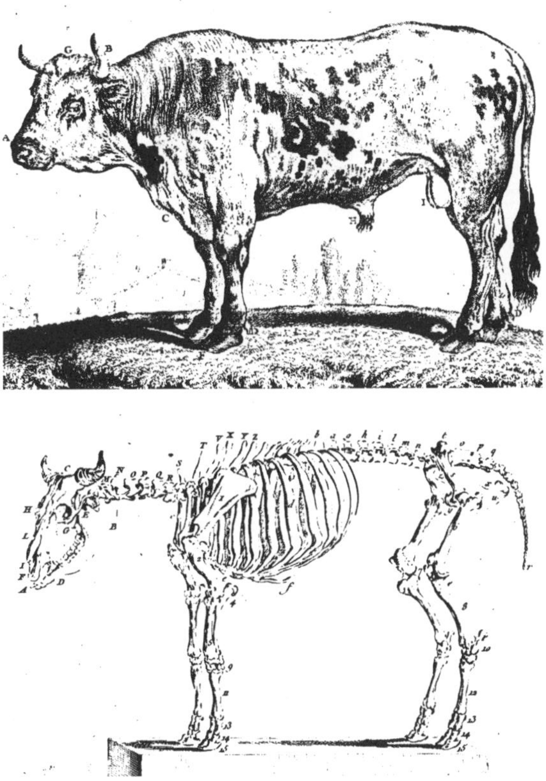

布豐著作中的公牛畫像（上）及其骨架（下）

猢猻木

CHAPTER 16 猢猻木的命名 Baobab-zu-zu

布豐並未刻意招攬弟子，但神童米歇爾．阿丹森無意間成了他的追隨者。阿丹森生於一七二七年，幼年便展露過人的天賦：七歲精通拉丁文，九歲學會希臘語，十一歲時已能優雅地翻譯賀拉斯*的抒情詩。然而，這時他也面臨了一個殘酷的現實：家裡有十個孩子，他是長子，父親只是巴黎大主教家中的低階侍從。大主教好心資助他就讀普通學校，但期望他十三歲時結束學業，進入神學院接受神職培訓。此後兩年間，年少的阿丹森深知家境無力負擔其他的出路，只能把握最後的求學時光，無奈接受一個遠不及其才能的有限未來。後來他發現皇家植物園向所有人敞開大門，這裡不僅接納早慧的十三歲少年踏入園區，更允許他旁聽非正式的課程。

阿丹森開始盡可能待在植物園裡。工作人員漸漸習慣看到

* Horace，古羅馬文學「黃金時代」的代表人之一，代表作為《詩藝》（*Ars Poetica*）。

這個紅髮少年的身影，他看起來比實際年齡更小，時而在講堂裡聽課，時而在園中的綠徑徘徊，提出的問題愈來愈有深度。十四歲時，他主動成為朱西厄的得力助手，跟著朱西厄到巴黎郊野採集標本。十五歲時，由於他成天埋首於植物園的圖書館，一位來訪的英國植物學家給他一台小型顯微鏡，這在當時是昂貴又罕見的東西。那人說：「年輕人，你讀的書已經夠多了。你未來的出路不在書堆裡，而是在自然萬物之中。」[1]

阿丹森聽懂了這句話的深意。他的目光不再侷限於植物園，而是開始嚮往未知世界可能帶來的榮耀。在他看來，歐洲這片土地對博物學家已無太多的驚喜。真正值得探索的祕境，至少遠在另一片大陸。

當時法國僅派出過一次科學考察隊：一七三五年的大地測量團，目的是測量地球的周長，但以失敗告終。時隔近十年，考察隊中仍有幾位成員（包括朱西厄的弟弟約瑟夫）仍未歸來。一七四八年，阿丹森找不到籌措旅費的辦法，只好加入法國商業集團「印度公司」擔任簿記員。這家商業集團在西非海岸的塞內加爾設有貿易站。這份工作的薪水微薄，但遠赴異國的機會充滿冒險色彩。阿丹森指出：「塞內加爾是所有的白人定居點中，最難以深入、氣候最炎熱，環境最惡劣、各方面都最危險的地方，因此博物學家對它的了解最少。」[2]

當年離開時，阿丹森還是個成天埋首書堆、不諳世事的二十歲青年。一七五四年重返植物園時，他不僅長了六歲，更脫胎換骨。當時有人如此描述他：

> 他體格健壯、精力充沛，熱愛跳舞，劍術精湛，槍法了得，騎術嫻熟——這些都是在非洲長期訓練的結果。他自稱血氣方剛，精力旺盛，才會透過這些劇烈運動消耗過剩的體力。他喜歡格魯

克的音樂、芭蕾和歌劇。他向來不掩飾對女性魅力的欣賞。[3]

這位意氣風發的探險家，帶回了令人驚歎的珍貴標本：三百五十隻鳥類、四十隻四足動物、六百隻昆蟲、七百枚貝殼、四百個蝸牛化石、六百株風乾植物，以及一千個品種的種子。其中多數物種都是歐洲的科學界前所未見的。此外，他也採集了數百件礦物、樹脂、異國木材，記錄了天文觀測資料，繪製了地圖，並為當地的沃洛夫語編纂了語典。

阿丹森搬進了朱西厄家，他在柏納丁街的房子還有空房，距離植物園只有步行十五分鐘的路程。為了答謝他們一家人的收留，阿丹森準備了一頓特別的午餐。在朱西厄一家和五位受邀賓客的注視下，他打開一個盒子，取出幾件用厚厚的植物油脂包裹的大型易碎物品。拭去油脂後，露出非洲鴕鳥蛋。眾人欣賞數分鐘後，這些蛋就送進了廚房，烹煮成一頓令人難忘的盛宴。

阿丹森帶了許多引人入勝的故事跟大家分享。他說他曾在酷熱乾燥的沙漠中跋涉數週，熱到「血液常從汗水無法滲透的毛孔中滲出來」[4]。還有一次，他親眼目睹一條巨蟒，「頭跟鱷魚一樣大……大到足以一口吞下野兔，甚至大型狗，根本無需咀嚼」，可惜當時沒把牠製成標本。

其他故事反映出阿丹森觀念上的顯著轉變。剛到塞內加爾時，他還是一副典型歐洲人的打扮：穿著白色長襪和燈籠褲，對當地人也帶著一種居高臨下的態度。但漸漸地，他的外表和心態都發生了很大的轉變。他蓄起長髮，幾乎及腰，必要時會盤起來塞進帽子裡。白襪子穿得又髒又破，但都沒換新。

他心中的偏見之牆也逐漸崩塌。關鍵的轉折點是發生在一七五一年十月的某個夜晚，幾位塞內加爾的嚮導與他一起仰望星空。他們不僅指出星座，還辨認出幾顆行星，令他大為震驚。他回憶道：「不僅如此，他們甚至能辨認出那些剛出現在夜空中閃爍的星辰。只要有適當的儀器，再加上有心學習，他們肯定能成為出色的天文學家。」[5]旅程結束時，他已成為原住民權益的堅定捍衛者，強烈反對奴隸貿易。

此時的阿丹森還有另一個新的領悟。他一直很清楚布豐與林奈之間的爭執，但始終刻意與這件事保持距離，因為他知道朱西厄與林奈的交情，也顧慮到林奈擅自把持著物種命名的大權。他從塞內加爾寄給朱西厄一種當地人稱為猴麵包樹（Baobab）的奇特樹木枝條，並在信中附注：「您可以自行決定是否將猴麵包樹的特徵告知林奈先生……我只想請您轉達我對這位博學之士及其著作的無限敬意。」[6]後來林奈確實把這個物種命名為指狀阿丹森木（*Adansonia digitata*，現在的名稱是猢猻木），但阿丹森得知此事時，早已不在意了。他在塞內加爾見證的生命多樣性使他確信：布豐才是正確的。他總結道：「只要離開溫帶地區進入熱帶，就會發現熱帶的植物特性如此新穎獨特，完全超出我們現有分類系統的認知範圍，這些系統基本上只適用於我們本土氣候下的植物。」[7]換言之，林奈那套嚴整的層級分類架構，根本無法囊括生命真正的豐富多樣性。

阿丹森回國後，有了新的人生目標。他想建立一套新的生命分類方法，兼顧生物本身的複雜性，同時避免分類學家動輒過度簡化、籠統概括的缺陷。畢竟，布豐寫過，理論上可以建立「一種有教育意義又符合自然的方法」[8]，他只需要「把相似的事物歸在一起，把相異的事物區分開來」就好。

如果個體之間完全相似，或差異微小到難以察覺，那麼它們就屬於同一物種。如果差異開始變得可察覺，但相似處仍多於相異處時，這些個體屬於不同的物種，但與前者歸於同一屬。如果差異更加明顯，但仍未超過相似之處，那麼這些個體不僅屬於另一物種，甚至與前兩者不同屬。不過，由於相似處多於相異處，它們仍屬於同一綱。

布豐認為，建立一套複雜的分類系統在理論上可行，但以當時的技術來看不切實際。這種分類方法不能像林奈那樣，僅憑隨意挑選的幾個外部特徵區分物種，而必須「包羅萬象」，盡可能涵蓋所有特徵。換句話說，需要對每種生物的裡裡外外都有透徹的了解。否則，要怎麼發現那些我們根本不知道要尋找的差異呢？然而，在十八世紀，要深入了解眾多生物根本是天方夜譚。在那個年代，從遙遠國度運回的軟體動物往往只剩外殼；顯微鏡的放大倍數也不足以觀察微小的細節。「顯然，不僅對整個自然史來說，甚至對其中任何一個分支來說，要建立一個通用系統、一個完美方法是不可能的。」[9]

然而，完美並非必要。阿丹森開始看到一條趨近理想的分類路徑。他寫道：「我找到了一種截然不同的描述方法，[10]不僅因為它絕對包含了生物體的所有不同部分，也因為它描述了這些部分所有固有的特質。」阿丹森構想的系統，將鉅細靡遺地考量內外的許多特徵，並依差異程度賦予對應的權重。這個方法很複雜，而且編纂很費時：判定物種更像是在解微積分方程式，而不是查閱林奈分類表中的名稱與位址那麼簡單。但阿丹森認為可行，而且成果將更接近真實的自然系統，就連林奈也承認自己的植物分類仍缺此環節。要以更完善的系統取代林奈的階層系統，或許需要窮盡一生的努力，但阿丹森深信他是完成這件事的不二人選。

植物園裡沒有人打算勸退他。畢竟，這位備受他們疼惜的神童已然長大成人，如今獨自考察歸來，帶回了史上最豐富的標本收藏。他擁有十二年扎實的博物學經驗，仍充滿青春活力，甚至充滿個人魅力。而且，他還得到布豐的支持，布豐稱讚他的收藏是「珍貴的寶庫……值得國王珍藏」[11]，後來更在《自然通史》中引用他的研究上百次。若要說誰能顛覆《自然系統》的層層框架，實在難以想像比他更適合的人選了。一七五六年，法國科學院在羅浮宮開會，核准了他計畫打造的複雜分類系統的初始階段。他在手稿的序言中寫道：「讓我們多做觀察，[12]而非增加系統或書籍，因為那只會讓自然史更加混亂，而非增進知識。」

❖ ❖ ❖

翌年，阿丹森出版了《塞內加爾自然史》首卷，這部初步著作分析了他收藏的部分標本（當時布豐仍代表國王洽購這批收藏）。經過六年的努力，他又推出兩卷本的《植物科誌》，這兩卷只是他研究的初步成果。他在這套書中運用的加權特徵方法仍處於試探階段，因此並未引起太大的迴響。不過，他提出的分類命名改革方案就不同了。這個方案是依循三大原則，他稱之為「命名規則」（rules of appointment）。

第一條規則：**採用你能找到的最古老物種名稱**。這表示，林奈命名的「*Actea*」應恢復為古希臘原名「*Akokorion*」，但這也表示你應該採用物種發現地的原住民名稱。阿丹森指出：「有些現代的植物學家把所有的外來語名稱——包括印度、非洲、美洲，甚至部分歐洲地區的命名——都視為番名。但這些固步自封的學者若曾遊歷四方就會發現，在當地人耳中，我們的歐洲名稱聽起來也同樣怪異拗口。這些名稱之所以顯得怪異，是因為它們的發音方式，就如同他們的名稱給我們的感覺一樣。我們應摒棄這種不當的偏見，承認這些名稱放在天平上都是對等的，無高下之分。只要名稱不是過於冗長、拗口或難發音，就應該採用。」[13]

那麼，林奈以他命名的「指狀阿丹森木」呢？不能用，應該以他在塞內加爾學到的當地名稱「猴麵包樹」（*Baobab*）作為正式名稱。「這正好印證了布豐先生的說法：研究植物命名法往往比研究植物本身更費時。」[14]阿丹森寫道，「因此我們認為，除非是最古老或最貼切的原始名稱，否則另立新名都是多餘的」。

他提出一套創新的命名法：以植物「科」（family，他覺得「科」比「屬」更好）的名稱為基礎，再加上一個巧妙的字母編碼。例如，第一種猴麵包樹是加上母音a，寫作 *Baobab-a*；接下來四個品種則依序加上其餘的母音：*Baobab-e*、*Baobab-i*、*Baobab-o*、*Baobab-u*。之後則改用「子音＋母音」的組合循環，例如 *Baobab-be*、*Baobab-ke*（為求發音的通用性，c改為k）、*Baobab-de*等。他指出，這種方法只用兩個字母與一個音節，就可為每個科列出多達一百一十個物種（當時他算錯了，算成八十種）。他認為，這套方法對多數植物科別已經夠用了，即使需要擴增命名，也能維持簡潔。只需從他二十一個字母*的語音系統中再多加兩個字母，就能產生一萬一千零二十五種不同的組合變化†，最後一個物種會命名為 *Baobab-zu-zu*。這種命名不僅容易發音，而且一看就知道它比 *Baobab-zu-ka* 發現得更晚。承襲布豐的傳統，每個物種還會附上一份包含其所有歷史名稱的表格，並按大致的年代排序。

第二條規則：**以最常見或最知名的物種命名整個屬**。這其實是延續早期博物學家的傳統做法，比如用「松屬」（*Pinus*）統稱所有的松樹，用「楓屬」（*Acer*）涵蓋各種楓樹。這種命名方式可以幫普通人在概念上迅速鎖定談論的物種，而不是像林奈那樣選用晦澀難懂的名稱。

第三條也是最後一條規則：**統一拼寫與發音**。既然名稱會被世界各地使用不同語言的人讀寫，這些名稱就必須做到讓所有人都能輕鬆讀寫出來。這意味著「按發音拼寫，刪除不發音的字母，合併相

* 這裡說的是21個音標字母，不是26個英文字母，有些字母比如 c、q、x 被排除了或替換成別的形式，像c改成k。

† 擴展案例說明：
原始方案：*Baobab-a*→*Baobab-u*（5種）
第一層擴展：*Baobab-be*→*Baobab-ze*（21子音×5母音=105種）
第二層擴展：*Baobab-zu-zu*（105×21×5=11,025種）

同發音的字母」。若名稱中含有不發音的字母，比如Herba，就應簡化為Erba；若含有發音與其他字母相同的字母，例如gentle中的g音，聽起來像j，那就應該替換為最常代表該發音的字母。如果一個名稱連續使用相同的字母兩次，例如Buffonia，則直接刪除一個字母。

林奈迅速表達他的不滿。一七六四年《植物科誌》的第二卷出版後不久，他就在寫給同行的信中表示：「我看了阿丹森的自然分類法，簡直荒謬透頂……他提供了大量注釋，但根本沒有釐清任何區別。他把所有的名稱改得更糟了，真不知道他是瘋了還是醉了。」[15]同年在其他的信件裡，他繼續炮轟這位後起之秀（「他的做法違背自然，根本是在破壞」[16]），最終他斷言：

> 阿丹森的方法是最不自然的……我精心設計的拉丁屬名全被替換成來自馬拉巴、墨西哥、巴西等地的名稱，連發音都有困難……他那些分類沒有一個是自然的，根本是大雜燴。

阿丹森並未因此退縮，無論是林奈的否定，還是外界對其著作的冷淡反應，都未能動搖他的決心。就像任何系統一樣，其成敗取決於有多少學者願意採用。進展順利的話，布豐在第十卷著手編寫植物界時，這套兼具教育意義且符合自然的新分類法或許就準備就緒了，屆時正是取代林奈那套人為性分類系統的最佳時機。

然而，《自然通史》的總體規畫已有異動。在最初的規畫中，第四卷與第五卷原本是要涵蓋「所有的四足動物，以及所有生活在陸地和水中的動物」，第六卷是關於魚類。但在長達五百四十四頁的第四卷中，只研究了馬、驢、公牛。一七五五年出版的第五卷則以三百一十一頁探討綿羊、山羊（包括安哥拉山羊）、豬（含野豬）及數十種犬類。翌年第六卷問世時，用了三百四十三頁來詳解貓、鹿、野兔和家兔。

有待解說的四足動物還有很多。更麻煩的是，布豐堅持盡可能觀察真實的活體動物。他將布豐莊園的部分區域改建成私人動物園，並不惜重金引進各種動物。他花了一千二百里弗爾（相當於林奈的年薪），從非洲內陸進口一隻安哥拉疣猴。他甚至可能花了更多的錢，買了一隻黑猩猩，取名為「喬科」，以及一隻沒有名字的獅子，並為獅子特製了一座深坑。他認為籠養不利於觀察動物的自然狀態，甚至允許比較溫馴的物種在園區裡自由活動。訪客曾目睹貛溜進屋內，窩在壁爐邊取暖；刺蝟在廚房裡大快朵頤；安哥拉猴大肆破壞接待室。僕人會驅趕這些動物並收拾殘局，但都得趁著布豐不注意時偷偷進行。

布豐的黑猩猩喬科

CHAPTER 17 未知新領域何其多 So Many New and Unknown Parts

卡姆筆下的北美原住民

與此同時，林奈繼續從學生中遴選「使徒」。他四處張羅免費的船位與微薄的資金，將這些年輕人送往命運的彼岸。這些使徒本身有許多值得欽佩之處，畢竟，他們為了追求知識而甘願冒著生命危險，這種高尚的冒險精神和真誠的執行態度令人動容。當然，林奈從未強迫學生遠行，都是他們自己渴望前往。就像皇家植物園的前神童阿丹森那樣的獨立學者所示，像這樣憑著簡陋行裝就遠赴異鄉考察的博物學家，並不是只有林奈的弟子。不過，林奈首批使徒的遭遇，卻為後人留下許多慘痛的教訓與警示故事。

在林奈的第二位使徒彼得・卡姆的身上，他清楚意識到這類科學考察往往曠日持久。而更現實的是，即使是最忠實的追隨者，最終也想要過自己的生活。一七四八年九月，卡姆抵達費城時，他在記錄中寫道：「我覺得我來到一個全新的世界。舉目所及，都是我從未見過的植物。想到要探索這麼多全新且未知的自然領域，我竟感到一陣惶恐。」[1]

卡姆的第一站是拜訪一位四十二歲的印刷商，那人也以業餘的學者著稱。「我邀請他來我家住。」[2]班傑明．富蘭克林後來親切地回憶道，「並承諾盡我所能協助他。」他們很快就開始討論北美的地質學，研究那些似乎暗示這片大陸曾被海水淹沒的證據。富蘭克林向他展示一種名為石棉的礦物樣本（「產自新英格蘭，當地人用它來建造壁爐，因為它在火中絲毫不會變形或碎裂」[3]）。他們也一起做了許多實驗，比如餵食螞蟻、改良蠟燭設計。後來卡姆搬到自己的住處過冬時，富蘭克林還送給他一件最新發明：改良版的富蘭克林爐*。

卡姆在北美殖民地過得十分愜意，以致於翌年春天他實在不太願意北上加拿大。當時該區正捲入法屬殖民地戰爭，所以他不想去也是有道理的。但最終，他還是在一七四九年五月動身了。他帶著一名男僕，借了艘樺木舟，沿著哈德遜河划行。據他描述，途中先遇到充滿敵意的原住民，他們揮舞著從敵人身上割取的頭皮，接著又遇到敵意更重的法國士兵，他們懷疑他是英國派來的間諜†。在寫給富蘭克林的信中，卡姆用不甚流利的英語描述一個鮮少旅人描述的奇觀：令人歎為觀止的尼加拉大瀑布。

> 這是世界上最湍急的水流……滔滔大水奔至斷崖處，便垂直飛瀉而下。你看到這個景象時，連頭髮都會豎起來。那奇觀，實在言語難以形容。[4]

卡姆心不甘情不願地向北行進，但始終沒抵達與瑞典同緯度的加拿大地區。林奈原本指示他探索至哈德遜灣，但他只到魁北克城稍北就停止了。他在報告中寫道，這地方「比拉普蘭地區還要荒涼五倍。加拿大北部根本長不出什麼有價值的植物，我的時間太寶貴了，不值得耗在這裡。」[5]況且，更北的極地是「愛斯基摩人」的地盤，他記載道：「這些人狡詐陰險，容不得外人靠近。他們只要撞見外來者，必定趕盡殺絕。」[6]

他完全沒提到，他從費城到加拿大整整花了一年半的真正原因：他在紐澤西愛上了一名寡婦，而且亟欲與她成婚。當這位堅毅的芬蘭學者終於在一七五一年帶著北美洲的新娘返回歐洲，富蘭克林依依不捨地送別他們。他寫道：「我們的朋友卡姆先生帶著大量的珍奇收藏，搭乘這艘船返鄉。我欣賞這個人，更欽佩他那不屈不撓的勤奮精神。」[7]

卡姆知道自己恐怕會讓恩師失望，便繞過烏普薩拉，直接返回故鄉芬蘭。他遲遲沒去見林奈，拖了好幾個月，直到林奈寄來一封措辭直接的信：「快拿火把去催卡姆教授！叫他別耽擱，立刻來烏普薩拉，因為我盼望他，如同新娘期待洞房之夜那般迫切。」[8]卡姆帶給林奈的收藏確實令人驚歎：楓樹的枝條（楓糖漿的來源）、北美南瓜、北美人參、耐寒的桑樹，還有一些大山梗菜（blue lobelia），切羅基人宣稱這種植物可以治療梅毒（syphilis）。

可惜，這些植物都無法提供預期的成果。還沒來得及測試其療效，大山梗菜就枯萎死去了（儘管如此，林奈還是將它命名為*Lobelia siphilitica*（梅毒大山梗菜）。桑樹和楓樹都無法適應移植後的環境。雖然南瓜結出了林奈稱為「美麗又成熟的果實」[9]，但他無法吸引任何人食用，更別說是將它發展成

* 富蘭克林是美國開國元勛之一，身分多元，原本是印刷商、出版商、發明家，後來投身政治與外交。他因電學發現和理論而成為美國啟蒙時代和物理學史上的重要人物，以發明避雷針、雙目眼鏡、富蘭克林爐聞名。卡姆與富蘭克林相遇時，美國尚未立國，那裡仍是北美殖民地。

† 因為那是英法殖民對峙時期。

經濟作物了。林奈用最實在的方式褒獎這位北美使徒的貢獻：把新大陸（現又譯新世界）的月桂屬植物全數命名為「卡姆屬」（*Kalmia*）以示殊榮*。可惜最終兩人的關係漸生嫌隙，林奈那過高的期望始終未能實現。

接下來幾年，卡姆一再懇求林奈再次派他去北美考察，這既是給他另一次機會，也能慰藉其美洲†妻子的思鄉之情。但這些請求始終沒得到回應。最終，他坦然接受了這種冷落，感謝林奈的「特殊情誼與關照」[10]，之後便定居芬蘭，教授植物學度過餘生。

❖ ❖ ❖

第三位使徒的悲慘遭遇，讓人清楚看到長途考察對身體的傷害有多大。這個學生名叫弗雷德里克・哈賽爾奎斯特，林奈形容他「謙遜有禮、開朗聰慧」。他於一七四九年前往中東，只因為聽到林奈抱怨來自該區的標本太少。雖然他在士麥那有位擔任總領事的遠親，但啟程時不僅盤纏微薄，健康也不太理想。在埃及待了五個月後，哈賽爾奎斯特已經窮困潦倒，還疑似罹患肺結核，日益消瘦虛弱。林奈籌措了足以救急的款項並寄過去給他（金額比他自己的年薪還高出三分之一），但哈賽爾奎斯特並未立即返程，而是拖著病體輾轉埃及、巴勒斯坦、敘利亞等地，竭力採集更多的標本。最終在一七五二年，即任務啟動兩年半後，客死異鄉。

林奈哀悼哈賽爾奎斯特的死亡，形容他「如同燃盡的油燈」[11]。但更令他痛心的是，債主扣留了「所有珍貴的自然標本、考察筆記與手稿，並堅持除非償清債務，否則絕不歸還」。林奈哀嘆：「我們一時也籌不出這麼大一筆錢。」

「這簡直是雙重死亡，不僅人沒了，連心血也付諸東流。」[12]林奈向瑞典女王求助，女王自掏腰包償還了債務。可惜這並非慷慨解囊，而是一筆交易。女王要求把哈賽爾奎斯特的收藏直接送至卓寧霍姆宮，當作奇珍異品展出。原本指望把這些東西納入個人收藏的林奈，現在只能趁參觀時研究它們。花費了六百多瑞典磅的費用‡，還賠上一條人命，他發誓不再資助任何遠征，也不再派弟子出國考察了。

❖ ❖ ❖

這個誓言幾乎立刻就被打破了。暱稱為「禿鷹」的洛夫林在林奈家中忠心耿耿地服務七年後，如今已長成體格健壯的青年，他迫不及待想展開自己的冒險之旅。

洛夫林早在一七四九年就完成了研究生論文（研究樹木的主根），並於一七五一年獲選加入瑞典科學院。連他的恩師林奈也不得不承認，他似乎很適合探險的嚴酷考驗。林奈寫道：「他睡最硬的木板或最軟的床鋪都無所謂，[13]但為了找到一株小草或一片苔蘚，再遠的路，他都不嫌長。」是該放他出去闖蕩了，但眼下經費短缺，林奈只好先派他去馬德里，因為當時的西班牙國王斐迪南六世正請求協助建造一座皇家植物園。

一七五三年十月，西班牙人邀請洛夫林加入一支勘測隊，目的是劃定西班牙與葡萄牙在南美幾塊殖民地的邊界。林奈欣然同意他前往，很高興這次他的使徒終於不必獨自上路，而是參與正規的考察隊。臨行前，林奈叮囑弟子：蝴蝶要夾在書頁間保存，蟲子需泡在白蘭地裡，畢竟瑞典烈酒「阿夸維

* 因為用月桂的葉子作成的頭冠，在競技比賽中代表優勝的殊榮。「卡姆屬」（*Kalmia*）的中文名稱為「山月桂屬」，此處依上下文脈絡以人名譯。

† 這時美國尚未建國。

‡ 據查相當於林奈四年的年薪。

特」在那裡不好找。

洛夫林在海上航行五十五天後，於一七五四年四月抵達委內瑞拉。在前往新巴塞隆納的漫長陸路旅程中，他在報告中寫道：「腹痛如絞，全身劇痛……從脊椎到四肢，無一處不痛。」[14]他忍痛繼續前進，但是當考察隊抵達圭亞那，他已虛弱到無法再走了。在反覆高燒的折磨下，他最終於一七五六年二月二十二日過世。

考察隊將他安葬在一棵橙樹下，便繼續前行。

「偉大的禿鷹隕落了。」[15]林奈哀嘆：「洛夫林為植物界及其愛好者獻出了生命，他們都為這項損失同感哀慟。從未有像他這般學識精深、觀察入微的植物學家踏上異國土地，也沒有旅人有機會像他那樣發現珍貴的自然奧祕。」

然而，這些珍貴的發現卻永遠遺失了。洛夫林努力了數十年，準備在自然史的領域大放異彩，卻只寄回幾份野外筆記後就不幸離世。不知是誰抖落了他書中夾藏的蝴蝶標本，並取用了他用來保存樣本的白蘭地。最終，洛夫林採集的標本都遺失了，無一倖存。

❖ ❖ ❖

幾週後，林奈仍沉浸在失去「禿鷹」的悲痛中，此時第四位使徒馬頓・卡勒回到了烏普薩拉。卡勒講述的磨難經歷近乎離奇，充分證明了行前沒有為意外做好準備的危險。

雖然卡勒早在五年前就被派往南非，但他實際上最南只到南歐。從丹麥啟航時，他的船遭遇猛烈的風暴，船艙進水，沖走他的所有行囊。他身無分文地在波爾多上岸後，不得不面對一個事實：林奈給他的派遣函裡，沒有任何應急方案。也就是說，發生意外時，沒有備用指示，也沒有可求助的同行名單。

卡勒四處乞求及借錢，好不容易再度登船，但船隻剛離港又遭遇危險。這次是被海盜追擊，在全速逃往馬賽避難下，才勉強脫險。航程取消後，卡勒再次變得身無分文，滯留異鄉。走投無路之下，他開始徒步南行，跨過邊境，進入義大利，沿途採集標本。他委託第三艘船把這些標本寄給林奈，結果該船被海盜劫獲，所有的標本從未到達目的地。卡勒步行到羅馬，在那裡他放棄了前往南非的希望，開始思考怎麼返回瑞典。

但原始的考察計畫中沒有任何應變方案。為何卡勒不像哈賽爾奎斯特那樣寫信向林奈求援呢？可能是因為哈賽爾奎斯特在敘利亞等待回信時，還能借錢度日。卡勒在羅馬找不到這樣的接濟，只好徒步返鄉，一路走回烏普薩拉。這段旅程，他整整走了三年。

如果疲憊不堪的卡勒期待著英雄式的歡迎，他並沒有得到。林奈雖設宴款待，也客氣聽完他的經歷，但除此之外，既沒有表示同情，也沒有提供任何支持。這位使徒除了帶回悲慘的故事，已無其他貢獻可言。他的存在本身就如同一個無聲的警示，提醒了林奈的其他弟子，野外考察不見得能帶來榮耀與冒險。卡勒似乎領悟了這點，他離開烏普薩拉，完全放棄了植物學，加入瑞典皇家海軍擔任軍醫。

❖ ❖ ❖

一個月後，又一位迷途的使徒意外出現在林奈的家門前。

一七五四年，一位甘蔗種植園的園主找上林奈，請他為荷屬殖民地蘇利南的孩子推薦一位家教。林奈把握了這個在南美安插使徒的機會，立刻推薦了他的學生丹尼爾·羅蘭德。羅蘭德二十九歲，是來自林奈的故鄉斯莫蘭省。羅蘭德對這份工作心存顧慮。他雖熱中植物學和昆蟲學，但是對教導殖民地的孩童毫無興趣。不過，他跟隨林奈研習近十年了，導師迫不及待想讓他自立門戶。在反覆勸說又再三保證他有充足的時間做野外考察後，羅蘭德終於答應前往。

這段考察之旅一開始並不順利。在阿姆斯特丹登船的前夕，羅蘭德突然高燒不退，導致雇主不得不將這次行程延後數月。但次年羅蘭德抵達蘇利南後，就展現出驚人的行動力，發現連連。他記錄了大量新奇的熱帶雨林生物，例如食蟻獸、樹懶、螢火蟲、豔麗的蝴蝶，以及一種看似神話般的生物：變色龍。他興致勃勃地實驗，把變色龍放在不同顏色的布料前，驚歎牠隨心所欲變換花紋與色彩的能力。羅蘭德看起來可以在蘇利南展開多年的豐碩研究，這裡有待採集與描述的物種似乎取之不盡。

然而，羅蘭德的內心相當苦悶，情緒日漸緊繃。阿姆斯特丹的那場病讓他憂心忡忡，總擔心熱帶氣候會導致舊疾復發。他討厭荷蘭殖民者，形容他們粗俗野蠻、酗酒成性，對待奴工更是殘暴。短短六個月，在身心俱疲下，羅蘭德一時衝動，決定搭下一班船離開蘇利南的雨林。他在日誌中寫道：「我最後一次踏入森林，欣賞它的美好，向它道別。我知道這些森林的深處蘊藏著自然的禮物：那些我此刻無緣看見、也將永遠錯過的珍寶。」[16]這次突然的撤離，需要繞道加勒比海並橫越大西洋。一七五六年四月抵達荷蘭的泰瑟爾港時，他竟在海上漂泊了二十個月，而真正在陸地上的時間僅有四個月。回到烏普薩拉時，羅蘭德和前一位使徒卡勒一樣身無分文。

羅蘭德的精神狀態也很脆弱[17]。提前歸來後，他對林奈的態度變得異常古怪。他沒有恭敬地獻上採集的標本，而是把標本藏起來，要求林奈為他安排教職或提供經濟補償。他變得孤僻多疑，愈來愈確信他的收藏價值連城。他說，其中一個標本是一種能產出珍珠的植物；另一種「可能延年益壽，即使無法讓人長生不老，也能大幅延長壽命」[18]。這究竟是妄想，還是高燒的後遺症，至今難以定論，但眾人對林奈當時的反應都沒有異議。

幾位使徒的近期發展（一人客死異鄉，兩人倉促折返且收穫寥寥），恰好發生在最不合時宜的緊繃時刻。當時林奈正焦頭爛額地因應一場危機：瑞典正在鬧飢荒，成千上萬的瑞典人餓死。一連串的作物歉收使國家大片地區陷入饑荒，瑞典議會急需解決方案。林奈極力勸說饑民食用冷杉樹皮、蕁麻、橡實、冰島苔蘚、海藻、牛蒡、多足蕨、香楊梅、櫻桃樹脂和薊草，但這些野生物種根本無法大規模採集發揮實質影響。

林奈的耐心已經耗盡，他直奔羅蘭德的住處，發現人不在，便從窗戶闖入。出來時，他並沒有找到那些據稱很神奇的植物（羅蘭德可能隨身帶著），手裡只拿著一件標本。他後來把那個植物命名為*sauvagesia*（蒴蓮木屬），這種小型蔓生的草本植物雖有些微的醫療價值（蘇利南的原住民用它來治療腹瀉），但無法充當糧食。

羅蘭德很快就發現住處遭竊，但林奈並不打算道歉。為了表示憤怒，他只用羅蘭德的名字命名了一樣標本：他把一種微小的甲蟲命名為*Aphanus rolandi*（直譯為羅蘭德隱椿，或可譯羅氏隱椿）。在希臘語中，*aphanus*意為「默默無聞」。這用意再明顯不過了，林奈要讓羅蘭德湮沒於歷史塵埃中。

羅蘭德後來移居斯德哥爾摩，到了一七五一年，他的狀況似乎已經好轉，當地甚至開始認真考慮聘請他任教。但林奈動用影響力，硬是讓他求職失敗。走投無路的羅蘭德一度在斯德哥爾摩的塞拉菲姆醫院當園丁。後來，他漂泊到丹麥，將蘇利南的標本和日記賤價變賣（那些所謂的神奇植物，不過是普通的紫草和木槿）。他最終於一七九三年離世。

林奈對於他對待羅蘭德的方式始終毫無悔意。但哈賽爾奎斯特與洛夫林的死，加上卡勒的遭遇，開始讓他心力交瘁。「那些在我鼓勵下遠行卻喪命的人，讓我愁白了頭髮。」[19]他向友人坦言：「而我得到了什麼？幾株乾癟的植物，還有滿心的焦慮、不安與憂愁。」儘管如此，他並未停止任命新的使徒。

林奈的夜行人、有尾人、森林人、穴居人，一七五八年

CHAPTER 18

假客觀之名，行偏見之實

Governed by Laws, Governed by Whim

布豐對林奈分類系統的主要批評是，該系統本質上是武斷分類。這個批評在一七五八年似乎得到了驗證，當時林奈對分類系統做了隨意的調整。那年出版的《自然系統》第十版收錄了四千二百三十六個動物物種，全面採用二名法為動物命名，與他先前為植物制定的二名法相互呼應。林奈在日記中自我讚許道：「整體而言，這部著作在認識自然方面，堪稱無可匹敵。」[1]然而，這項浩大工程卻使他精疲力竭且情緒低落。他在寫給友人的信中透露：「我的手瘦到握不住筆了，我真是命途多舛。若有根繩索與英國人的膽量，我早就上吊了。如今我蒼老憔悴，身心俱疲。」[2]當時他年方五十。

在《自然系統》的初版中，林奈創造了「*fauna*」（動物相）一字，作為「*flora*」（植物相）的對應概念。到了第十版，他又創造出更多的新字來簡述其概念，其中包括如今常見的詞彙，例如以「*Cactus*」（仙人掌）代表多刺植物目，這個字源自希臘文的「*kaktos*」，當時僅指西班牙的某種朝鮮薊；「*Lemur*」（狐猴）是取自拉丁文「亡靈」的意思，這反映了該生物的夜行習性和令人不安的凝視；以「*Aphid*」（蚜蟲）代表小型昆蟲屬，由於林奈從未解釋命名緣由，其詞源至今依然成謎。林奈在這一版中創造的其他名稱不僅成為學名，更進入現代語言的日常使用，例如 *absinthe*（苦艾酒）、*azalea*（杜鵑花）、*amaryllis*（孤挺花）、*tanager*（唐納雀）、*boa constrictor*（蟒蛇）等。

這些命名本身蘊含著近乎詩意的語言藝術。林奈身為巧克力的愛好者，把可可樹命名為「*Theobroma cacao*」，意即「眾神的食物」。但他的命名中也不乏一些隨性之作，例如，他原本用拉丁文「*Alcedo*」（拉丁文的「翠鳥」）來命名翠鳥屬。後來隨著分類擴充，他決定將這個屬拆分為兩個新屬。為了命名，他直接把原字重新排列組合，創造出「*Lacedo*」和「*Dacelo*」這兩個新字。這些字雖然毫無意義，但「聽起來」還不賴。

林奈系統中有許多物種重新分類的情況：這些物種雖然保留原名，卻從一個屬調到另一個屬。布豐認為，這恰恰證明該分類系統一開始的設計就不夠嚴謹。以獴（mongoose）為例，他評論道：「林奈先生先是把它歸為狸屬，後來又改為貂屬……其他人把牠歸為水獺屬或鼠屬。我舉這些例子，就是要提醒大家注意這些所謂的『屬名』，它們幾乎都是錯的，或至少是武斷、模糊且模稜兩可的。」[3]

不過，這些都只是小調整，更值得注意的是重大修訂。林奈這次把蠕蟲和昆蟲移到不同的目，不再把所有的水生生物都草率地歸為「魚類」。原先的四足綱（*Quadrupedia*）如今不僅包括大象、海牛、鯨魚等動物，還包含了所有的有蹄動物，並更名為哺乳綱（*Mammalia*）。這個字是來自拉丁文的 *mammalis*，意思是「與乳房有關」。

早該重新劃分類別了，畢竟鯨魚和海牛顯然不是四足動物，但改用哺乳特徵作為分類標準，卻是個突兀的決定，自然招致不少批評。例如，布豐反駁道：「既然要用乳房作為四足動物的共同特徵，那至少應該適用於所有的四足動物才對。」[4]他指出，公馬沒有乳頭（公鼠亦然），而且哺乳能力通常只是物種生命週期中的暫時狀態。若要用這個標準鑑定新發現的物種是否屬於哺乳類，過程會變得很麻煩：研究人員必須確認他觀察的是正在哺育幼崽的雌性個體。但林奈只是把乳頭的數量和位置，當作他眾多分類標準中的一項參考。布豐認為，僅憑「這些動物的乳頭數量或牙齒數目之間的某些微小關係，或角型的細微相似之處」[5]分類，簡直是「胡來」。

然而，影響最深遠的，是林奈對「人形目」（*Anthropomorphia*）的大幅修訂。他摒棄了「人形」這種贅述，改稱「靈長目」（*Primates*），意為「最高等或第一等的生物」。布豐對這種隱含的價值判斷並無異議，畢竟他把人類歸入動物界時也需要格外謹慎。他在《自然通史》中寫道：「人是理性生物，動物則缺乏理性。」[6]但隨即小心翼翼地打破二者之間的界限：「儘管造物主的作品本身都同樣完美，但以人類的眼光來看，動物是自然界最完整的造物，而人則是這創造之中的傑作。」

然而，在靈長目之下，「人屬」（*Homo*）卻出現令人質疑的變動。在兩年前出版的《自然系統》第九版中，林奈終於把二名法套用在人類物種上，並命名為「*Homo diurnus*」（晝行人）。如今他將它改名為「*Homo sapiens*」（智人），亦即有智慧的人（描述仍然是「認識你自己」）。以前人屬只有一個物種，但現在林奈覺得有必要增添新成員。雖然「晝行人」消失了，但他新增了「夜行人」（*Homo nocturnus*）、「有尾人」（*Homo caudatus*）、「穴居人」（*Homo troglodytes*）、「森林人」（*Homo sylvestris*）、「野人」（*Homo ferus*）以及「畸形人」（*Homo monstrosus*）。

「人屬」中突然冒出太多的物種，但這種情況只出現在第十版。「穴居人」後來被重新歸類為黑猩猩（*Simia satyrus*），「森林人」（*Homo sylvestris*）則改為婆羅洲紅毛猩猩（*Pongo pygmaeus*）。「野人」被取消了，因為它不代表一個獨立物種，而是指在野外長大的人類個體。「畸形人」同樣也遭到淘汰，因為林奈當初用這個分類來收納各種奇特現象，從傳聞中的巴塔哥尼亞（Patagonia）巨人，到據稱「頭大長角」的中國居民，都曾被歸入此類。不過，「夜行人」和「有尾人」都是林奈自己憑空想像的產物。

這些錯誤只是曇花一現，但有些錯誤卻影響深遠。林奈原本僅簡單表示「人類多變」，並把人種粗略分為：歐洲白人、美洲紅人、亞洲褐人、非洲黑人。但在這一版中，他加入了極其詳盡且充滿偏見的描述：

- 美洲智人
  膚紅，暴躁易怒，體態挺拔。黑髮粗直，鼻孔寬大，面容粗獷，鬍鬚稀疏。性格固執樂觀，崇尚自由。會用紅色顏料在身上繪製複雜圖案。受習俗支配。
- 歐洲智人
  膚白，血氣旺盛，肌肉發達。金髮飄逸，藍眼澄澈。性情溫和，思維敏銳，有創造力。身著合身服飾。循規蹈矩。
- 亞洲智人
  膚黃，性情憂鬱，舉止拘謹。髮色深黑，眼瞳深色。性格嚴肅、傲慢、貪婪。穿著寬鬆服飾。受輿論左右。
- 非洲智人

鬈曲黑髮，皮膚絲滑，塌鼻厚唇。女性胸部裸露，哺乳期長。性格狡黠、懶散、粗心。全身厚塗油脂。

任性妄為[7]。

林奈試圖將這些籠統的特徵編入普遍特質中，使其成為身分認同的一部分，彷彿這些身分特徵就像常青樹的針葉或馬的蹄子一樣真實存在。後世的辯護者試圖為他開脫種族歧視的嫌疑，辯稱他沒有明確使用「race」（種族／人種）一詞，也未宣稱某個人種優於其他人種。這種說辭根本站不住腳。一七五八年，race這個字就是一個可隨意定義的集合概念，它可用來指稱任何被視為整體的群體——這種用法至今仍保留在「human race」（人種）這個說法中。將某個群體定義為「循規蹈矩」，另一個卻是「任性妄為」，這根本就是明顯展現優越感。而且，這些虛構的人種分類不像「夜行人」或「有尾人」那樣曇花一現。林奈終其一生都堅持這些觀點。

林奈深信的許多事物，是許多後世崇拜者選擇忽視的荒謬理論。例如，他堅信癲癇是洗頭引起的[8]；在幼犬的毛皮上大量塗抹烈酒可阻止牠長大，維持迷你的體型[9]；燕子會在結冰的湖底冬眠[10]。這些未經證實卻言之鑿鑿的論點（林奈與布豐不一樣，他從不做實驗），至少只出現在他的次要著作中。但是，當他把同樣毫無根據的結論寫入畢生巨著時，這種以博學掩飾無知的作為，就顯得格外荒唐。

這種做法的影響極其深遠。人類以貌取人、物化他人的行為，當然是自古有之。如今我們稱為「**種族主義**」的排外偏見，更可追溯至人類史前時期。但現代的「**種族**」觀念，包括那些將先天特質強加於不同種族的偽科學，可以直接追溯到《自然系統》的書頁中。

❖　❖　❖

布豐的研究方向與林奈正好相反。從「人屬」那些曇花一現的新人種可以看出，林奈對物種定義的認知愈來愈模糊，但仍然以外表為中心。布豐在《自然通史》的首卷中指出：雖然形體描述很重要，「但必須小心別迷失在瑣碎的細節中……而輕忽了主要且根本的特徵」[11]。他提醒大家，生理特徵因個體而異，「動物的歷史不該是個體的歷史，而是整個物種的歷史」。真正的自然史研究應該是「簡單明瞭地描繪事物，不改變或過度簡化它們，也不添加任何想像的成分」。

布豐列出了十二項他認為在定義物種時比外表更重要的因素。經過多年親自觀察私人動物園裡的動物後，他比以往更加確信這份清單的有效性：

繁殖方式（產生活體幼崽）
妊娠期長短
分娩特性
產子數量
父母對幼崽的照顧
育幼方式
本能行為
棲息地
行為習性

捕獵方式
對人類的服務價值
可提供的所有用途與便利

這些多元的觀察指標，確實讓布豐在《自然通史》中描繪出生動的物種樣態。但整體而言，這些指標仍難以有效地辨識一個物種。對野外的博物學家來說，要標準化地觀察全部十二項因素，根本不切實際。當他發現前四項特質（生殖方式、妊娠期、分娩特性、產子數量）其實相互關聯時，才有突破性的進展：這些都可以視為同一過程的不同面向，布豐將此過程命名為「繁殖」（*reproduction*）。正是透過「繁殖」，布豐找到了一個實用的物種定義準則。他寫道：「判定物種的關鍵，不是看個體的數量或群體規模，而是看可繁殖的個體能否世代延續。」[12]雖然物種仍是一個籠統抽象的概念，但現在似乎能找到實際可行的定義方法：不是透過研究單一實體，而是追溯牠們在時間長河中前後相連的繁衍脈絡。

> 我們之所以能清楚了解所謂的「物種」，是因為比較當今的自然界與過往的自然界，以及比較當前的個體與過去的個體。至於個體數量的多寡或外形的相似，那只是次要的參考依據，往往與物種本質無關……舉例來說，驢子與馬的相似度，遠高於巴貝犬與靈緹犬，但巴貝犬與靈緹犬屬於同一物種，因為牠們能夠繁殖出有生育能力的個體。

不同物種之間難道不能雜交繁衍嗎？確實可以，但僅限一代。布豐以馬和驢為例，兩者交配產生的騾子，比馬長壽，也比倔強出名的驢子更溫順。然而，騾子無法生育，而且每頭騾子都必須由公驢與母馬交配而來。雖然理論上母驢與公馬交配也可以產下「驢騾」(hinny，正式名稱是「駃騠」)，但極為罕見，而且同樣不育。那麼其他動物呢？是不是有些物種可以孕育出有生育力的雜交後代，但因為身邊有更合適的同類配偶，所以不這麼做？

就在林奈出版《自然系統》第十版的同一年，布豐也在《自然通史》第七卷發表了他的雜交實驗紀錄，其中提到：「我飼養的一隻母狼，雖然與同齡的獒犬單獨關在同個大圍欄裡三年，卻始終無法習慣與牠共處，也不願屈服。」[13]布豐持續進行這類實驗多年，強制讓不同物種的雌雄動物同居，例如狗與狐狸、野兔與家兔、豬與貒豬、山羊與綿羊。只有山羊與綿羊有了結果：產下九隻混種後代[14]，七隻公的和兩隻母的。但這些「山綿羊」全都無法繁殖下一代，就像騾子一樣不育。

如果布豐當年嘗試讓大型貓科動物雜交，也會產生類似的結果。如今我們知道，美洲虎和獅子可以雜交，儘管前者原產於美洲，後者原產於非洲。而美洲獅、花豹、老虎，也都能與美洲豹或獅子交配，產下名稱奇特的混種：獅虎（liger）、豹虎（jagulep）、美洲獅豹（pumapard）等。這些混種都只能存活一代，無法繼續繁衍後代。

布豐找到了他的實用定義：物種的本質在於繁殖，在於代代相傳的能力。他合理地把這個邏輯推及人類：既然所有的族群都能相互通婚繁衍，他們自然同屬一個物種。「差異僅止於外表，自然的改變只是表象。」[15]他總結道：「亞洲人、歐洲人、黑人，都能與美洲人輕易結合生育。各族群能如此自然地融合繁衍，正是同根同源最有力的證明。」簡言之，繁殖能力證明了：

> 人類最初本為同一物種，在繁衍並擴散到整個地球表面後，因氣候、飲食、生活方式、流行疾

病、個體混血等因素而產生種種變化……起初這些改變微不足道，僅限於個體。後來，由於持續的作用，形成了特定的變種。這些變種又透過代代相傳而延續至今。

布豐的論述並非毫無偏見。他起初認為，最早的人類膚色較淺，斷言「blanc（法語白色）似乎是自然界最原始的膚色」[16]，但後來他修正了觀點，推測最早的人類應是深膚色的非洲人[17]。雖然法文blanc通常譯為「白色」或「蒼白」，但布豐以這個詞來描述諸多族群：從北非巴巴里山區的居民、波斯北部省分的民眾，到中國中原省分的百姓，他都歸為blanc。這清楚顯示他指的是比林奈的「歐洲智人」更多樣化的群體。布豐的理論主張，人類這個物種是起源於最適宜生存的氣候帶，也就是「北緯四十至五十度之間最溫和的地區」[18]。

某種程度上，這種觀點反映了文化偏見。畢竟，北緯四十至五十度涵蓋了義大利、瑞士，當然還有法國。但布豐所指的並非這些國家，而是一條環繞地球的地理物理帶。這一帶包含北非與地中海的部分區域、土耳其、烏克蘭、北美的大片地區、蒙古的多數區域，以及前文提及的中國中原省分，還有日本相當大的範圍。事實上，布豐認為亞洲很可能是人類文明的發源地，稱其為「古大陸」[19]，並指出日本與中國文化「源遠流長，他們的早期文明可歸因於土壤肥沃、氣候溫和、臨海之便」。在《自然通史》的後續篇章中，他更明確寫道，歐洲「很晚才接收到來自東方的文明之光」。

在羅馬建立以前，如今歐洲最富庶的義大利、法國、德國等地，仍然只有半野蠻人居住……由此可見，人類知識的根基其實是扎根於亞洲的北部地區。正是在這片沃土上，科學之樹成長茁壯，最終托起了人類權力的寶座。

布豐認為，林奈把人類只劃分為四個變種（或亞種，林奈對此從未明確說明）是極其嚴重的錯誤。更令人反感的是，他還為這些族群強加固有的特質。把「亞洲智人」定義為「嚴厲、傲慢、貪婪」，簡直是對我們文化先祖的嚴重誣衊。他覺得「非洲智人」的分類特別荒謬。把非洲的後裔描述成「狡黠、懶散、粗心」，不過是為剝削行為找藉口罷了，布豐堅決反對這種剝削，他寫道：「他們的遭遇令人潸然淚下。難道他們淪為奴隸、被迫終日勞作卻不得享有絲毫成果，還要忍受辱罵毆打，被當成畜生對待，還不夠悲慘嗎？」[20]

這種壓迫令人性本能地產生反感。但凡還有半點人性的人，怎能接受這樣的準則？又怎能憑這般膚淺的理由，為那些唯利是圖的暴行開脫？不過，且讓我們撇開這些冷酷無情的人，回歸正題。

CHAPTER

19

萬物通用原型 A General Prototype

林奈的家徽，上有攣生花與中央的蛋

一七六一年十一月，瑞典國王阿道夫．腓特烈為慶祝登基十週年，廣施恩澤，不僅舉辦慶典，更冊封烏普薩拉大學的林奈教授為騎士。

林奈此前已經獲得王室頒授的一些榮譽，例如，他獲頒北極星勳章（這是國王新設的勳章，專門表彰瑞典學者與公務人員）；此外，他也與幾位醫師同享「御醫」的頭銜（不過，林奈從未在宮廷或其他地方行醫）。但這次，國王決定授予他真正的貴族身分，讓他晉升為騎士階級。雖然這種貴族層級較低，既不賜予封地，也不賦予議會席位。但這確實讓他享有「爵士」的尊稱，可自行選用一個體面的姓氏，並擁有專屬的家徽。

這位為無數物種命名的大師，在為自己取名時也格外用心。經過一番斟酌後，他捨棄了Linnaeus（林奈）這個舊名（但本書後續仍將沿用此舊稱），改用「馮．

林奈」(von Linné)。這個新名字是奇特的混搭：馮（von）是德語姓氏的前綴詞，瑞典貴族中確實有人使用，但通常只限於那些至少能宣稱有一些德國血統的人士，但林奈顯然不符合這個條件。林奈（Linné）則是個自創詞，隱約帶著法語風情。為何要糅合這兩個他僅短暫造訪過、但連語言都不通的國家元素？史料並未記載其中的緣由。但這樣的組合確實讓他顯得更有世界觀，遠離斯莫蘭省那片貧瘠故鄉的形象。

新晉的林奈爵士還買了房產，資金來源是他科學生涯中唯一一次成功的創業嘗試。在研究軟體動物時，他偶然發現一種在牡蠣中培育珍珠的可靠方法，並將這個方法當成商業機密提交給瑞典政府。其實那稱不上是什麼機密，亞洲國家養殖珍珠已有數百年歷史，而且瑞典也沒有認真發展珍珠產業。不過，議會還是透過祕密投票，授予他四百五十瑞典鎊作為謝禮。他用這筆錢買下了烏普薩拉東南方十四公里處的一座小農場「哈馬比」。他把這座農場改造成符合騎士階級身分的莊園時，也行使了另一項與其爵位有關的特權：為林奈家族設計家徽。

在向國王提交的申請中，他設計了一面有三個色區的盾牌：黑色代表礦物界，紅色代表動物界，綠色代表植物界；盾徽的上方點綴著一朵孿生花，中央繪有一顆受精卵（申請書中寫道：「象徵自然在卵中繁衍不息」[1]）。他也為家族擬定了一句拉丁文格言「*Ex Ovo Omnia*」(萬物始於卵)，但瑞典官方的紋章學家覺得這格言實在太怪異而予以否決，改用「*Famam Extendere Factis*」(以功績揚名)替代。

❖ ❖ ❖

不過，林奈家族的家徽最終還是保留了那顆卵作為中心元素。林奈雖然對生殖機制不甚了解，但他對生命的基本構成深信不疑。

林奈是真心相信「萬物始於卵」的理念。他是狂熱的「卵源論」（ovist）支持者，認為雌性的卵包含孕育下一代所需的一切，而雄性的作用只是「激發」這個孕育過程而已，而非參與其中。他在《自然系統》的初版中明確寫道：[2]

只要觀察上帝的造物，人人都能清楚明白：每個生命皆由卵而生，每顆卵孕育的後代都與親代極為相似。因此，當今世上不會再產生新物種。

關於生命起源的學說眾說紛紜，卵源論只是其一。亞里斯多德在《動物的生殖》中提出，雌性主要提供經血作為孕育材料，而雄性精液則像發酵劑那樣，將這些經血「發泡」成胚胎（他認為這解釋了為何女性懷孕時會停經）。但亞里斯多德始終無法解釋一個關鍵問題：為何子女與父母的相似程度有所不同？一六五一年，英國醫生威廉．哈維在《動物生殖研究》中提出新理論，他認為雌性全身都會受到某種「生殖精氣」（aura seminalis）的「煥發」，而啟動妊娠過程；至於後代與父母的相似程度，則取決於這種精氣的強弱。伊比鳩魯等學者主張，雌性體內也會產生類似精液的物質，當兩者混合，就會開始孕育生命。這些理論雖然都試圖解釋子女為何會同時像父母雙方，但終究都只是推測。

直到一六六九年，參與早期顯微鏡研究的荷蘭科學家揚．斯瓦默丹才提出一項突破性的理論：所有的動物都是源自同物種的雌性所產生的卵。這個觀點在當時是一大冒險的主張，因為當時大家普遍認為昆蟲是自然生成的，而且大家從未見過哺乳動物的卵[3]。儘管如此，林奈等卵源論者仍對「卵的存在」深信不疑。

另一方面，精源論者（Animalculists）認為雄性才是關鍵。他們的說法還有實物依據：早在一六七七年，顯微鏡先驅安東尼・范・雷文霍克就已在人類和其他哺乳動物精液中發現了「微動物」（animalcules，其所見即現今所稱的精子）。這個發現讓雷文霍克宣稱（雖然仍缺乏觀察證據）：「胎兒完全是由雄性精液形成的，女性的作用僅限於接收精液並提供營養。」[4]到了一六九四年，尼古拉斯・哈特索克甚至宣稱，這些微動物中藏著微小但完全成形的「微型人」，母體的子宮只是用來孕育這些微型人的地方。

布豐認為卵源論和精源論一樣荒謬。儘管兩派的假設不同，但他們都認定生命起源於一種被稱為「胚芽」的微小單位，而性行為的作用只是啟動這個生命種子。但這引發了一個邏輯問題：既然新生的生命體還會繁衍後代，而後代同樣源自胚芽，這是否意味著胚芽中還包含更微小的胚芽？難道從蛋裡孵出的小雞，體內已經藏著未來世世代代的種子？布豐評論這類生殖理論為「把結果當作前提」[5]。他認為，相信這種概念「不僅是承認自己不懂生殖原理，更是放棄了思考這個問題的意願」。他認為，生命不是由層層嵌套的微小個體構成，而是源自「一種始終活躍的有機物質。這種物質不斷地自我塑造、自我構建，最終孕育出與母體相似的新生命」。

這種神祕的力量、過程或原理究竟是什麼？為了深入探究，布豐特地請來英國的顯微鏡學家約翰・尼達姆，並在蒙巴爾德建立了當時設備最先進的實驗室。他寫道：「即使我們無法完全解釋自然界的生殖機制，至少也能提出比現有理論更接近真相的見解。」[6]布豐與尼達姆一起檢查了蒙巴爾動物園裡多種動物的生殖系統，經過幾個月的研究後，他們宣布了一項重大發現：他們在一隻狗的卵巢中，觀察到一種雌性「精液」。

當然，他們完全搞錯了。雖然無法確定當時他們究竟看到了什麼，但那不是雌性精液[7]。不過，這種誤解情有可原。以現代的標準來看，即使是當時最先進的顯微鏡，也相當簡陋（真正的受精過程，亦即精子與卵子的相遇，要到一八七五年才發現）。然而，這個錯誤認知卻把布豐引向一個重要的方向：既然雌雄雙方都分泌生殖體液，這表示新生命的誕生需要兩性共同參與。這個發現讓他開始支持「漸生說」（epigenesis，又譯「後成說」）。這種理論認為，形成胎兒的「配方」是由兩性提供的指令相互作用而成。漸生說可以解釋為何孩子可能有類似父親的鼻子和母親的眼睛，也能說明為何兄弟姐妹的五官特徵可能恰好相反。甚至連死胎或畸形兒的出現，也可以歸因於指令的相互作用出了差錯。

這些生命指令的本質究竟是什麼？雖然它們可能是無形的，但這並不妨礙我們把它視為一種力量來研究。畢竟，從來沒有人真正「看見」電力，但多數人都看過電能的處理、傳輸與儲存方式。萬有引力無所不在，也完全看不見，但人類還是可以歸納其定律。布豐寫道：「自然界每個物種都有一個通用原型，所有的個體都是按照這個模型塑造而成。但在塑造的過程中，這個原型似乎會根據環境條件來改變或完善自己。」[8]

因此，就某些特質而言，我們既能看到個體間驚人的變異，又能看到整個物種令人讚歎的恆定性。以馬為例，世上的第一匹馬展現了「內在模版」（moule intérieur）的外顯形態。此後所有的馬——無論是過去已誕生的、現今存在的，或是未來將出生的——都是依照這個原始模版塑造而成。

「內在模版」是布豐用來描述自然界通用原型的術語，意指自然界塑造有機物質的形態、主導生殖過程的機制。雖然這個詞的字面意思是「內在模版」，但布豐並不是要我們照字面去理解這個詞。畢竟按常理，模版不可能在形體內部。當代譯者認為，這個概念最貼切的譯法應是「內在基質」（internal matrix）[9]。

布豐提出的這個「基質」概念，只能點到為止，無法深入探究，因為當時的科技太有限了。但後來的生物學家發現，這其實是最早的生殖理論雛形。科學史家奧蒂斯·費洛斯和史蒂芬·米利肯在二百年後如此評價：「如果今天的醫生要用最淺顯的方式，向一個完全不懂化學、對細胞結構一無所知、對微生物只有模糊概念的孩子，解釋基因的運作及受精卵的形成，他的解釋必然會與布豐的理論非常相似。」[10]

探索這個「內在基質」，或者更詳細地研究其運作機制，是布豐不得不留給後世的任務。光是記錄四足動物，就占據了他工作時間的每一刻。一七六〇年出版的《自然通史》第八卷涵蓋了從天竺鼠到刺豚鼠等十六個物種，其中對海狸的描寫特別生動。他不惜重金從加拿大運來活體海狸，養在皇家植物園裡。布豐寫道：「有一天牠逃跑了，沿著地窖樓梯鑽進了植物園下方廢棄採石場的洞窟裡。它在洞窟底部的惡臭水中游了很遠，但一看見我拿著火把尋找時所發出的光，就游了回來。」[11]

> 牠性情溫順但不太黏人，牠會用輕微的嗚咽聲或簡單的動作表達需求……不過，牠看什麼就啃什麼，坐墊、家具、樹木無一倖免。當初運送牠的木桶，必須包上錫板加固。

布豐持續寫作。一七六一年出版的第九卷，主要是記載大型貓科動物（獅子、老虎、黑豹、山獅、花豹），以及鬣狗、麝貓、黑狼。緊接著在一七六二年問世的第十卷，則收錄了西貒、負鼠、穿山甲、狨猴等物種。

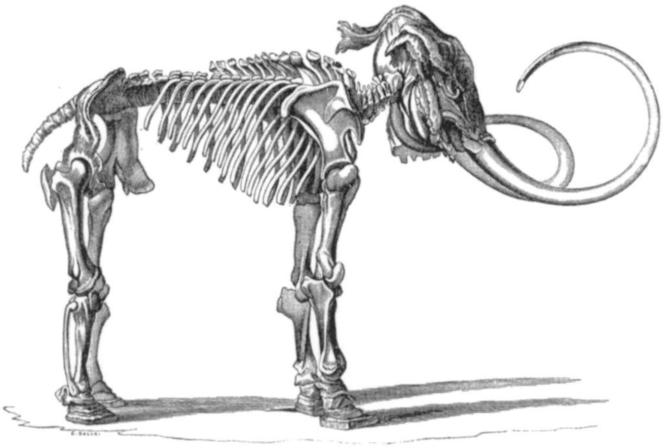

第一具完整重建的猛瑪象骨架

CHAPTER

20

打破視角 Breaking the Lens

一七六三年，林奈開始進入半退休狀態[1]。他向大學申請卸下教職，但仍依循烏普薩拉大學的傳統慣例，保留教授的頭銜與薪俸。這樣做是為了讓兒子小卡爾接班。當時二十二歲的小卡爾被任命為植物學副教授，以便在父親逝世後順理成章地接任正教授的職位。如此安排自然引發了不少非議，這種明目張膽的裙帶關係，若是發生在普通學者身上，或許還可以原諒；但發生在這位桃李滿門的學術泰斗身上，則難以服眾。儘管小卡爾自幼就被當成接班人培養，但明眼人都看得出來這次拔擢太勉強：他連資格考都沒參加過，論文沒寫過，學位也沒拿到，對植物學更是興趣缺缺。連林奈私底下也承認：「這孩子從來沒幫過我做植物研究，對這行完全沒興趣。」[2]校園裡還流傳著一句玩笑話，說小卡爾生性風流，「對花花草草沒興趣，倒是特別愛拈花惹草」[3]。

林奈家族中確實不乏對植物學的熱忱與天賦，可惜這些特質都沒遺傳到小卡爾身上。林奈費盡心思栽培獨子，但他極力壓制四個女兒的才智發展，即使是在當時那個重男輕女的社會，他壓抑女兒的程度也屬罕見。按當時的標準，大學教授的女兒至少該學習法語、禮儀，以及足夠的基本知識，以便與人優雅交談。然而，林奈卻禁止女兒上學，認定她們只要會做家務就夠了。一位目睹伊莉莎白·克莉絲蒂娜、洛維莎、莎拉·克莉絲蒂娜、索菲亞這四個女兒成長的人寫道：「在這種環境下，林奈那幾個女兒的教育自然相當有限。她們雖性情溫和，但舉手投足粗枝大葉，缺少了原本可由良好教育獲得的外在修養。」[4]

然而，他們一家就住在植物園裡。長女伊莉莎白·克莉絲蒂娜雖然從小就得圍著爐灶和洗衣盆打轉，卻始終對植物園和父親的研究充滿了好奇。她偷聽父親與來訪的博物學家談話，並與其中幾位年輕的學者建立了交情。十九歲那年，她寫了一篇有關旱金蓮（*Tropaeolum majus*）奇特光學現象的論文。她注意到在暮色中的特定條件下，這些花朵會迸發出小閃電般的閃光。有人（非林奈本人）讀了這篇論文後大為讚賞，把它提交給瑞典皇家科學院。他們正式發表了〈論印度旱金

卡爾與伊莉莎白·克莉絲蒂娜·馮·林奈

蓮的閃光現象〉一文，該文雖招致林奈震怒，卻為伊莉莎白．克莉絲蒂娜贏得了「瑞典首位女植物學家」的歷史地位。這種閃光現象，如今稱為「伊莉莎白林奈現象」。這個謎團直到一九一四年才由德國教授F．A．W．湯瑪斯破解。他證明那不是一些人所信的磷光殘留，而是人眼結構造成的光學錯覺。在黃昏時分，我們的視覺會轉換色彩受體，使人在瞬間對旱金蓮花瓣的特定顏色產生發亮的錯覺。

伊莉莎白還愛上了父親的學生丹尼爾．索蘭德（注意，不要與去蘇利南那位遭到排擠的「使徒」丹尼爾．羅蘭德搞混了）。兩人情投意合，索蘭德甚至向她求婚，卻遭到林奈斷然拒絕。這位失意的追求者後來轉而成為林奈的使徒，先是遠渡英國，後來又加入了航海探險隊。但伊莉莎白始終在他的心中占據著特殊的位置。索蘭德從里約熱內盧寫信給林奈時，仍不忘提及「請代我問候令嫒，她曾是我幸福的希望」。[5]

伊莉莎白很快就被許配給瑞典的少校卡爾．弗雷德里克．伯根克蘭茲。這段婚姻十分不幸，伯根克蘭茲對她百般虐待，兩年後她不得不帶著兩名幼子（分別以她父母的名字命名為卡爾和莎拉）逃回娘家。這段痛苦經歷嚴重摧殘了她的身心健康，導致她三十九歲就不幸離世，兩個孩子也未能活到成年。

❖ ❖ ❖

一七五八年，年僅十七歲的約翰．古斯塔夫．阿克雷爾滿懷熱忱來到烏普薩拉，渴望跟隨偉大的林奈教授研習醫學。然而，兩年後，強制的兵役打斷了他的學業。一七六五年服役期滿後，阿克雷爾重返烏普薩拉時，卻發現他敬愛的教授已明顯衰老。

阿克雷爾早已注意到林奈身體欠佳，還記得「他五十歲時就開始拖著腳走路，不再抬腿邁步」

[6]。但如今，這位導師的衰弱已不僅限於身體，連心智也明顯衰退。年輕時的林奈以即興演講聞名，能不看一眼筆記，連續講課數小時。如今他卻連站都站不久，思緒更是難以連貫，只能騎坐在他所謂的「學習馬」上授課。那是一種附帶座椅的講台，設計得像馬鞍一樣可以跨坐。盡職的學生站在一旁，為他遞上筆記，讓他照著朗讀。「即便我在他的身邊，他也想不起至親好友的名字。」[7] 一位學生回憶道，「我記得有一次，他給岳父寫信，卻怎麼也想不起來岳父的姓名，當場十分難堪。」那時，林奈才五十六歲。

同樣五十六歲的布豐，精力依然充沛，彷彿正值巔峰狀態。他將此歸功於長年堅持的養生之道：飲食清淡、規律運動，以及由忠僕約瑟夫嚴格把關的作息時間。他打趣道：「我的《自然通史》能多寫出三、四卷，都多虧了約瑟夫。」[8] 此時，布豐的聲望如日中天，身兼法國科學院的常務財長，以及法蘭西學術院的院長。其他的博物學家開始納悶，為何他不能與林奈和解，整合雙方的研究成果，共同攀上學術巔峰。美國的植物學家亞歷山大・加登談及林奈與這位頭號對手時寫道：「看到布豐先生三不五時就與他針鋒相對，真是令人扼腕！」[9] 他認為布豐堅持使用物種的俗名，純粹是出於惡意。

> 他執意保留易洛魁*和巴西的俗名，純粹是為了反對林奈，這實在很幼稚可笑。我十分欣賞他的論述，對許多動物的描述詳盡清晰、論斷有力，讀來令人信服。他的文筆平易近人，流暢生動，常如畫家般栩栩如生……但他頻頻對林奈惡言相向，真教人惱火。真是麻煩！這兩人就不能好好相處嗎？

加登身為林奈的死忠追隨者（林奈後來以他的名字命名了梔子花〔gardenia〕），自然希望將這場爭端描繪成可調和的小摩擦。但實際上，兩人的分歧遠遠超出單純的分類法之爭。林奈始終堅信，地球上的生命自上帝創世以來就從未改變。他在《自然系統》首版的序言中就寫道：「物種數量與創世之初完全相同。」[10]既然生命呈現出如此穩定的狀態，兩人都確信終有一天能完成物種分類。一七六三年的一場演講中，林奈更信心滿滿地宣布：「所有生物物種的總數將達四萬種。」並細分如下：

植物：兩萬種
蠕蟲：三千種
昆蟲：一萬兩千種
兩棲動物：兩百種
魚類：兩千六百種
鳥類：兩千種
四足動物：兩百種

林奈甚至覺得四萬種生物都嫌太多，沒必要那麼複雜。他還對學生感嘆，上帝「以最簡單而明智的方式創造了萬物」[11]，為何不乾脆把人類造成蠕蟲，再把地球變成一大塊乳酪，「讓我們這些蠕蟲慢慢啃食」呢？既然大自然專為人類服務，理當設計得更簡潔一些。不過，他對自己的估算依然信心十足：畢竟，《聖經》說過，亞當知道所有動物的名稱。即使是人類的始祖，腦子裡也裝不下好幾千個

* Iroquois，為北美洲東部的一個印第安人邦聯，由五個或六個部落組成。

名稱吧？更何況還有諾亞方舟的容量限制，這自然篩去了不少物種。

然而，光是確定物種數量，仍無法解釋多樣性之謎：為什麼有些生物顯然很適合其環境？例如北極熊天生適合冰原，駱駝則與沙漠完美契合。為此，林奈提出一套理論：創世之初，伊甸園是地球上唯一的陸地。那是一座位於赤道附近的島嶼，四周環海。而且，那個島嶼很特殊，涵蓋了現今所有的氣候與棲地的特質，包括雨林、沼澤、乾燥沙漠、冰雪山巔，應有盡有。上帝在每個區域都安置了對應的生物。由於生物全擠在這座島上，物種分布密集，亞當才能隨意漫步，認識所有的生物。後來海水退去，露出更多的陸地，生物才逐漸遷徙分散。

❖ ❖ ❖

相較之下，布豐逐漸意識到地球上的物種遠不止四萬種，而且這顆星球的過往可能孕育過更多的生命。起初他與林奈一樣，把生命視為穩定不變的研究對象，曾在《自然通史》的序言中寫道：「自然界存在的一切，皆有其必然。」[12]但如今他開始檢討這個觀點。皇家陳列室裡珍藏著許多化石，看似龐大動物的骨骼。雖然「恐龍」一詞直到一八二四年才創造出來，但這些龐然巨骨與其他大型化石似乎顯示某些物種早已滅絕，除非牠們特別擅長隱匿行蹤。

以一六七六年在英格蘭康瓦爾的石灰岩礦場發現的「康瓦爾股骨」（Cornwall Femur）為例，有人猜測這是聖經時代的巨人遺骸，林奈卻堅稱那不過是塊形狀奇特的石頭，就像所謂的化石，在他眼中都只是特殊的岩石構造。他在《自然系統》的礦物篇中明確解釋：這些「石化物」純屬礦物界，是偶然形成動物的形狀，或是出於某種未知的神聖旨意而呈現動物形態。正因如此，他對那些忍不住將化石分類的學者嗤之以鼻，認為他們是抵不過分類的「誘惑」罷了。

布豐當然無從得知那塊「康瓦爾股骨」日後會被鑑定為斑龍（megalosaurus）的化石，但他相信那絕對不是什麼巨人遺骨，就像皇家陳列室裡那根號稱「巨人遺骨」的標本（後來證實是長頸鹿骨頭）一樣不可靠。當時他正忙著整理一批新發現的骨骼：這種被稱為「謎樣巨獸」（incognitum）或猛瑪象（mammoth）的生物，看起來與大象頗為相似。這些奇物珍品第一次運抵植物園是在一七三八年，是法國士兵在如今的肯塔基州一帶發現的，並用駁船沿著河流運至紐奧良。

由於肯塔基與大象棲息的非洲和亞洲相距甚遠，布豐因此推斷：這些骨骼屬於完全不同的物種，而且現今已無活體存在，也就是說，牠們絕種了。他寫道：「龐然巨獸猛瑪象，如今已無處可尋。此物種無疑會是四足動物中最古老、最龐大、最強悍的。既然連這樣的物種都會消失，不知還有多少更渺小、更脆弱、更不起眼的物種早已滅絕，連半點曾經存在的證據都沒留下來。」[13]

斷言物種滅絕在當時已是大逆不道，畢竟，正統觀念認為，若整個物種消亡，那表示上帝的完美造物中有缺陷或錯誤。但布豐仍堅持己見，他把這些危險的觀點，巧妙地藏進有關魚鷹與水獺的一般論述中，猶如汪洋中的孤島。他在寫給友人的私信中表示：「有些想法可以偷偷寫進四開本的圖書中蒙混過關，但若是印成小冊子，恐怕會引發眾怒。」[14]

在探討物種滅絕後，布豐轉而研究爭議更大的課題：物種起源。生命的龐雜多元，遠遠超出了他的筆力所能描述、甚至超出了他的想像範圍。無論是林奈想像的孤島，還是「一次性創世」理論的任何變體，都難以解釋這種現象。既然物種會消亡，他推斷物種也必然會在時間的長河中持續新生。在一七五三年出版的《自然通史》第四卷中，布豐寫道，儘管人與馬的外形迥異，馬蹄內的骨骼卻與人類手掌的骨骼結構完全相同。這種「隱密的相似性」[15]完全超脫了林奈的分類系統。對布豐而言，這「似乎意味著，造物主在創造眾生時，秉持著同一概念，但同時以各種可能的方式加以千變萬化」。

布豐認為這些相似處絕非偶然。既然他提出的「內在基質」假說可用來解釋物種內部的個體差異，那麼它是否也可能引發更大規模的可遺傳變異呢？這些改變可能會不斷累積，最終形成一種全新的物種。在一七六四年出版的《自然通史》第十一卷中，他開始思考「原始物種」（genuine species）與「衍生物種」（derived species）之間的區別。

從這裡開始，我們需要釐清布豐那個年代與現今這個年代的重大語言差異。他所說的genuine，並不是指某些物種比其他更真實，而是沿用拉丁文*genuinus*（與生俱來）的本義，亦即「先天形成，而非後天獲得」。所謂原始物種，是指其內在基質大致穩定不變，因而能按原始路線持續繁衍。基質中的細微差異可以解釋物種內部的多樣性，例如髮色、眸色等，但這些微小差異也可能隨著時間累積。當差異累積到一定程度時，就可能形成「衍生物種」：既保留某些相似特徵，但又明顯不同。那麼，原始物種與衍生物種的分界點在哪裡？當牠們無法再雜交繁殖時，就分道揚鑣了。

在確立物種如何變化後，布豐進而探究牠為何會變化。他認為，物種改變絕非偶然，而是為了適應環境。他在著作中寫道：「只要觀察每個物種在不同氣候下的生存狀態，就會發現牠們在大小和形態上的明顯差異：牠們或多或少都會受到所處環境的影響。」[16]他將這種現象歸因於

> 某個自古以來就存在的變化過程。這種過程似乎出現在每個生物族系（family）＊中……大象、犀牛、河馬、長頸鹿形成獨立的屬（genera）或單型種……其他的生物也各自形成族系，每個族系通常可以看到一個共同的始祖，不同的支系皆由此分化而來。

林奈雖然常用「屬」這個字（genus，複數是genera，拉丁文的原意即「族系」），但他這類博物學家從

未暗示這些分類有真實的血緣傳承（即有共同的始祖）。所謂的族系相似性，就只是相似而已，是造物主設計的主題變奏曲。但布豐開始認真看待這個字的字面意義，把它視為真實的血緣族譜。而且，他更大膽地順著這條思路窮究到底，甚至懷疑連「原始物種」都只是假象，認為所有的物種或許都能追溯到同一個始祖。

如果我們能證實，動物和植物中，確實有某個物種（這裡姑且不說多個物種，就只講一個）是由另一物種直接演變而來，比方說，若能證實驢其實是馬的某種變異形態，那麼自然的力量就無限制可言了。我們完全可以認為，自然確實能夠從一個原始形態，逐步發展出所有的生命形態。

如果讀者覺得這段話好像精確定義了「演化」的概念，那是因為它確實就是。事實上，後來的英譯本直接把「逐步發展」（tirer à travers le temps）譯為「演化」（to evolve）[17]。但在一七六五年，「演化」（evolution）這個詞還沒有現在的含義，當時只有「展開」的意思，就像展開卷軸那樣。布豐也很清楚，這是一個非常危險的概念。所以他隨即以戲劇化的方式否認這點，緊接著寫道：

絕非如此！《聖經》明載，眾生都蒙受上帝親手創造的恩典，每個物種的第一對都是從造物主手中完整形成的。

布豐認為這種明顯的修辭技巧應該能安撫審查者後，開始試著為他的概念命名，因為「逐步發展」

* 布豐那時還沒有現代生物分類學中的「科」（family）概念，所以這裡把 family 譯成「族系」，以呼應後面的同一始祖。

這幾個字講起來實在有點累贅。在這裡，語言的複雜性又進一步加深了。他試了好幾個術語，包括「變性」（dénaturation）和「劣化」（dégradation），但最終他最常使用的是「退化」（dégénération），這很可能是因為這個詞似乎強調物種變化是一種獨立於生殖（generation）本身的力量。誠如生物學家史蒂芬・傑伊・古爾德（Stephen Jay Gould）後來闡明的，這種「退化」：

> 不是指現代意義的「衰退」，而是指字面意思的「偏離初始形態」，亦即偏離創世時的原始類型（de意指「脫離」，genus是指我們的原始種群）。[18]

「退化」一詞也不是布豐首創的，他是改編自萊布尼茲的概念。萊布尼茲早在一七一八年就在相同的語境中用過這個詞。雖然法語的dégénération和英語的degeneration意思差很多，但大家很容易把這兩字混為一談。若要更準確表達原意，應該譯成「外生成」（exogeneration）更合適，這個譯名中的希臘前綴詞*exo*（意為「外部」）更能體現該術語的本義。

許多人會想要直接使用「演化」一詞來解釋這個概念，但這樣可能過度解讀了布豐的本意。他提出這個想法，但沒有深入探討其運作原理。可以說，這代表布豐試圖打破「物種恆定」視角的最有力嘗試。布豐提出的「外生成」概念是一種宏大的宣言，它主張生命會自行轉變。在漫長的歲月中，某些形態會消失，同時新的形態也會出現。他提醒讀者：「這些變化緩慢得難以察覺，自然界最偉大的工匠是時間。」[19]

時間總是以穩定的步伐前進，從不跳躍，而是透過漸進、累積、連續的方式達成一切。它所帶來的改變起初難以察覺，後來逐漸明顯，最終呈現出不容置疑的結果。

林奈的最後肖像

CHAPTER 21 人生的寒冬 My Cold Years

正式卸下教職後，林奈終於有足夠的精力與專注力，於一七六五年完成《自然系統》的新版，這也是他生前最後的修訂版。雖然這本其實是他親自編纂的第五個版本，但他仍將這版標為第十二版，因為他習慣將瑞典境外出版的授權版本也計入正式版次。這部作品已從最初的十二頁手冊，壯大成占據整層書架的二千四百頁對開本（高三十八公分、寬三十六公分）。動物界的篇幅從首版的一目了然，暴增至一千五百零四頁；植物界仍沿用林奈自創的性分類系統，單是《植物種誌》與《植物屬誌》分冊就占了八百七十八頁；礦物界則只剩一百一十八頁，已淪為聊備一格的領域。全書因規模過於龐大，不得不分階段印刷，歷時三年才全部出版完成。

這個版本對林奈的分類系統做了最後的微調，並新增了一些後來大家廣泛使用的術語。他首次把海綿納入分類系統，創立了「動植綱」（*Zoophyta*），顧名思義就是「形似植物的動物」。這樣的命名很有意思：當年他用「植形動物」稱呼那些被他歸入「異形綱」（此綱已廢除）的神話生物，包括藤雁樹和植物羊；如今他用同一名稱來為真實存在的海綿分類。此外，林奈也首次採用「幼蟲」（*larva*）一詞來指稱未成熟的昆蟲。這個拉丁字有「幽靈」（ghost）與「面具」（mask）的雙重涵義：究竟他是指幼蟲的形態「掩蓋」（mask）了成蟲的真貌，還是形容幼蟲蒼白蠕動的外形讓人聯想到鬼魅呢？他從未解釋過這點。

❖ ❖ ❖

《自然系統》的最終版還有一個深遠的影響：它幾乎完全避開了微生物。當時學界奉行「分類與命名是科學根基」的信條，這導致大家對肉眼看不見或甚至勉強可見的生物抱有偏見。如果某物微小到難以觀察、描述、分類，那麼大家幾乎不會承認它的存在。

自古以來，人們就相信有些獨立生物是肉眼看不見的，而且這些微小生命與較大的生物之間往往有重要的互動。西元前三十七年，學者馬庫斯・特倫提烏斯・瓦羅在《論農業》中寫道：「空氣中有肉眼看不見的微小生物，它們會透過口鼻進入人體，引發嚴重的疾病。」[1]這個觀點在一六七〇年代獲得證實。當時一位荷蘭布商為了更仔細地檢查布料而改良放大鏡，製作出簡易的單鏡片顯微鏡，就此進入了一個肉眼看不見的世界。這位布商（就是前面提過的雷文霍克）驚訝地觀察到複雜生命的結構組成：微血管中的血流、肌肉纖維的收縮，更發現了他所謂的「小動物」（dierkins），這些微小生命體顯然獨立存在著。

這已經夠驚人了，但他同時代的英國學者羅伯特・虎克透過進一步的顯微鏡研究，發現了一個看似矛盾的現象。從軟木塞的橫切面開始，再到更複雜的樣本，虎克觀察到一種他稱為「細胞」(cell，源自拉丁文*cella*，意為小房間）的獨立單元。連簡單的生物體內似乎也有成千上萬個細胞，而雷文霍克發現的「小動物」（當時學者已改稱為「微動物」）顯然只由單一細胞構成。

若生命需要多細胞的互動，那麼單一細胞如何能獨立存活？然而，單細胞生物確實存在，因此我們理當把它納入生命系統中。布豐是很熱中於顯微鏡研究的學者，他不惜重金購置當時最先進的儀器，更宣布要為《自然通史》增加一卷，專門探討這些微小生命（可惜未能如願）。他也懷疑這些生物既非動物、也非植物，而是應驗了他早年批判林奈分類法時的預言：「我們將會發現許多難以歸類的中間物種，它們必然會破壞建立通用系統的計畫。」[2]一個世紀後，「微生物」(microbe）一詞才取代舊稱「微動物」(animalcule)，印證了他的真知灼見。雖然布豐沒有明確提出「細胞是所有生物的基本單位」（這個概念要等到一八三八年更精良的顯微鏡問世時才確立），但他已為該方向奠定了堅實的基礎。

> 我們可以推論，自然界有無數與生物本質相同的有機微粒……就像要累積數百萬個鹽晶，才能形成一粒肉眼可見的海鹽那樣，自然也需要無數類似的有機微粒，才能孕育出榆樹中那數不盡的胚芽。[3]

布豐進一步提出，研究最簡單的生命形式可能是了解整體生命的關鍵：

> 這些微小的生命體是由活的有機微粒組成，動物和植物都有這些微粒，它們是生命永恆不變的基本單元。這些微粒的集合構成了一個動物或植物。因此，繁殖或生殖不過是添加相似微粒所達

成的形態變化；而生物的死亡或分解，也只是這些微粒的分離罷了。

與此同時，林奈對微生物毫無興趣。他乾脆把這些小東西一股腦兒地塞進「動物界」的「蠕形綱」，設立了一個名為「混沌」（*Chaos*）的屬，並為該屬下的唯一物種取了同樣的名字「混沌混沌」（*Chaos chaos*，編按：*chaos*今日稱為變形蟲）。

從其他條目可以明顯看出，林奈的描述能力正快速衰退。他收錄的鳥類數量增加了一倍，還新增了一百零二種昆蟲與甲殼類物種，但許多物種的界定過於模糊，導致後世的科學家無法確定他指的究竟是哪些物種。這些物種如今都被歸類為「疑難名」（nomen dubium）。儘管這些名稱形同虛設，但已無法重新使用了。

林奈也曾被騙過至少一次。他收到兩隻色彩鮮豔、以黃色為主的蝴蝶標本，據稱是一位名叫威廉・查爾頓的人發現的。林奈把這種蝴蝶命名為「蝕影鳳蝶」（*Papilio ecclipsis*），不僅將其收錄在《自然系統》的第十二版中，還列入他編寫的《稀有昆蟲百種》補遺中。但這兩件標本其實都是粗製濫造的贗品，只是用黑色與藍色墨水在常見的鉤粉蝶（*Gonepteryx rhamni*）身上塗抹偽造而成。後人輕易識破了這個騙局：一七九五年，一位館長在發現真相後，憤而把那兩件標本搗得粉碎。

林奈收藏中的鉤粉蝶（中間），與偽造的日蝕蝶

書中有一處改動幾乎無人察覺。林奈首次刪去了「因此，當今世上不會再產生新物種」這段開篇宣言。在《植物屬誌》的分冊中，他對物種恆定論的立場似乎軟化了，並含糊承認當代植物可能是伊甸園原種的變異體[4]。最能體現這個思路的表述，潦草寫在手稿的邊緣：

> 創世之初，上帝為每種植物只創造一株。這些原始植株衍生出「綱」，綱的混合產生「目」，目再分化出「屬」，屬又產生「種」。[5]

這只是一種溫和、模糊的臆測，他並未深入探究。但在同一時期未公開的隨筆中，林奈難得卸下心防，坦承：「若非聖經所限」[6]，他其實願意相信物種會改變。

❖ ❖ ❖

一七七二年十二月，林奈正式從半退休狀態轉為完全退休，但他仍打算私下授課。按照慣例，這場退休儀式在烏普薩拉大教堂舉行，並以教授演講作為壓軸。林奈只簡短說了幾句，便突然打住，然後說道：「但這寒冷的季節、這冰冷的教堂、我這人生的寒冬，以及諸位逐漸冷卻的耐心，都提醒我該結束了。」[7]這是他最後一次公開演講。

林奈曾向友人傾訴：「種種跡象都在提醒我大限將至，我恐怕難逃中風的命運。現在只要一低頭彎腰，我就天旋地轉，走路像醉漢一樣踉蹌……或許上帝會及時帶我走，讓我免受不可避免的痛苦。」[8]

林奈最終放棄了一項始於一七四七年的計畫。當年他指示首位使徒泰恩史壯務必帶回一株活體茶樹（*Camillia sinsesis*）。這種紅茶樹是中國與印度的出口經濟命脈。可惜泰恩史壯尚未抵達中國便客死異鄉，但林奈並未因此放棄。一七四五年至一七五一年間，他先後派遣了五位使徒遠赴東方，每位都奉命帶回一株茶樹，但沒有人成功。到了一七五七年，瑞典東印度公司送來兩株號稱活體茶樹的植株，讓林奈欣喜若狂。他悉心照料，翌年春天它們開花時，他才驚覺那根本不是茶樹，甚至不是原產於中國的植物（林奈怒斥這是「中國人的詐術」[9]，認定是蓄意調包。）

林奈仍持續追尋茶樹。一七六〇年，英國寄來十顆茶樹種子，卻因存放過久而無法發芽。一七六一年，瑞典東印度公司告知林奈，他們已將一株活體茶樹運送到德國，可惜途中被船上的老鼠啃食殆盡。最後，一七六三年，該公司再度來信告知，第三批茶樹正在運送途中。「此話當真？」[10]林奈回信道：「懇請看在世間珍寶的份上，務必悉心照料這些寶貝。」

這批植物送達時早已枯死，林奈沮喪不已，但他得知船長仍保留另外十株茶樹時，又重燃希望。船長的妻子親自用馬車把這些植物小心翼翼地運到烏普薩拉，抵達時仍活著，其中兩株存活了兩年，讓他能夠小心翼翼地摘採幾片葉子，並宣稱「烏普薩拉植物園首度在中國境外培育出茶樹」[11]。可惜，這些植株並未熬過下一個瑞典寒冬。林奈轉而開始開發茶的「替代品」：用黑刺李、香楊梅，甚至他最愛的北極林奈花來製茶，可惜都沒有流行起來。

林奈還有個未竟之志：建立一套真正自然的植物分類系統，以取代他那套性分類系統。他嘗試了多種新的組織比喻，並努力尋找花萼、花冠、果皮、雌蕊、種子、雄蕊等花器部位之間的新關聯模式，但一位學生指出：「他付出了很多心血，但成果依然零碎，許多植物至今仍無法歸類。」[12]他也無法改進他的動物分類。另一位學生寫道：「林奈先生自己也很清楚，他的動物分類系統不像植物系統那麼穩固，而且屬級特徵更是搖擺不定、模糊不清。」[13]

❖　❖　❖

林奈最後一次展現抱負，是試圖建立一套醫學分類系統，以他一七五九年出版的《疾病屬誌》研究為基礎。這部著作曾試圖分類疾病，把疾病分為十一綱、三十七目、三百二十五種。其中，引發血液和腦部發熱的疾病是歸為「熱病綱」（*Febriles*）；影響情緒的疾病是屬於「精神病綱」（*Morbi*），接著再按症狀進一步細分。憂鬱、躁狂、譫妄是歸為「理念性精神病」（*Mentales idealis*），疑病症是「想像型精神病」（*Mentales imaginarii*），而狂犬病、過度口渴、暴食症、性欲亢進則屬於「情感型精神病」（*Mentalis pathetici*）。

完成疾病分類後，一七六六年林奈發表了《醫學雙鑰》這部三十頁的論述，目的是把疾病分類與治療方法連結起來。所謂「雙鑰」，是指林奈自認的一項重大發現：「以病治病，以毒攻毒。」[14]（粗體標示是他自己的強調），「核心原則就是對立相剋」。因此，若患者因性欲過旺而被診斷為「情感型精神病」，那就該用「惡臭物質」治療，例如蜥蜴蘭、臭藜、柳穿魚等等，因為人在反胃作嘔時，通常不想發生親密行為。反過來說，噁心不適的病患則該用「芳香物質」調理，例如龍涎香、麝香、麝貓香。

要為每種疾病找到對立的療法並非易事，這或許也是《醫學雙鑰》只有三十頁的原因之一。不過，瑞典的《學術報刊》很快就刊登了一篇充滿溢美之詞的書評，盛讚「我們這位博學勤奮的作者」[15]。

> 我們可以肯定地說，凡是習醫者，無論是內科、藥學或外科，皆不可不讀此書。即使是醫術精湛者，亦能從中獲益良多。

這篇書評其實出自林奈本人，只是未署名罷了。

大約在這段時期，林奈開始編撰他生平最奇特的著作：一本名為《神讚錄》的半神祕主義作品。

他在書中努力清算舊帳、參透人生意義，更不忘以其一貫作風，硬是對哲學強加一套系統。這部他生前未出版的手稿，主要由格言與軼事交織而成，目的是揭示行為與報應之間的對稱關係，可以說是一種道德分類學。其中還不時穿插著虛無主義的片段：

這人生？這世界？戰爭、瘟疫、大火、盜匪、竊賊、毒物、船難、疾病、傷痛、極端天候、暴君、求愛不得之苦、奴役、苛稅、欲望、嫉妒，還有形形色色的敵人。萬物相爭，眾生相殘。[16]

這些段落處處反映了一個緊繃的心智，亟欲尋找萬事萬物的規律。在一則軼事中，他提到死對頭西格斯貝克不幸目睹兒子自殺，並暗示這某種程度上是因果報應。他也努力從那些命運多舛的使徒離別中尋找徵兆，例如洛夫林和另一位使徒向他道別時都突然口吃。整部手稿支離破碎，雖試圖統整，但終究未能自成體系。不過，書中語氣真摯，讀來令人心酸，正好能窺見林奈晚年的心境。

我們每天都漸漸死去；每過一個時辰，生命便消減一部分，你已死去了大半人生。
不幸之人若能早逝，反倒是幸運的。
死亡，不過是自然法則。[17]

❖ ❖ ❖

死亡不過是自然的法則。此時的林奈，早已不再為使徒哀悼。他前前後後共派出十七位使徒，有一半客死異鄉，其中包括：

卡爾・弗雷德里克・阿德勒受過醫學訓練，因此得以隨船擔任醫師，前往東亞。他最終抵達爪哇，躲過海盜劫掠，並在信中欣喜回報他蒐集了大量標本。然而，一七六一年，就在整裝歸國的前夕，他卻猝逝異鄉。林奈始終期盼阿德勒在生前已寄出標本，此後多年他一直苦苦等候，但終究落空。

約翰・彼得・法爾克是林奈的使徒中，陸路行程最遠的一位。一七六〇年，林奈派他前往西伯利亞和俄羅斯的遠東地區。當時，這些地方幾乎是植物學的空白地帶。這段旅程原本就漫長，再加上法爾克必須自籌旅費，導致旅程更加曠日長久。他直到一七六三年才抵達聖彼得堡，一七六八年才繼續東行。在這片日益荒涼的土地上跋涉了十四年後，一七七四年三月他穿過喀山時，與其他旅人寒暄幾句後，獨自離開營地，選擇結束自己的生命。從他的筆記看來，他從未發現任何新物種。他那雜亂的實地考察筆記中，大多是對毛軸異燕麥（*Avena sesquitertia*）的詳細描述。

安德列亞斯・柏林是瑞典的農家子弟，曾以一篇有關苔蘚用途的創新論文打動林奈。一七七三年，林奈派他前往西非的香蕉群島。當時那裡是全球瘧疾最猖獗的地區。在幾內亞的洛斯群島上，他勉強寄出幾份標本給林奈後，最終仍不敵瘧疾而喪命。

至少還有兩位使徒仍在外地，生死未卜，所以不難理解為何知名的博物學家兼作家雅各・瓦倫堡會半開玩笑地懇求林奈別選他當使徒：

> 我必須向植物界的至尊、鱷魚與美人魚的公爵，以及四足獸、飛鳥、昆蟲的領主——我們偉大的林奈騎士——屈膝懇求，敬請高抬貴手，免我此番艱苦的跋涉。[18]

❖ ❖ ❖

林奈開始迴避社交場合，也不修邊幅，漸漸變得古怪。有位訪客見到這位大人物時難掩失望，形容他是「一個略顯老態的矮小男子，穿著髒兮兮的鞋子和襪子，明顯沒刮鬍子，身著綠色舊外套，上面掛著一枚勳章」[19]。那正是他獲頒的北極星騎士勳章。他堅持把勳章別在日益破舊的外套上，這是大家開始在他背後稱他為「老糊塗」（gubbe，這個瑞典語同時有「老頭」與「愚蠢錯誤」的意思）的原因之一。

林奈有個執念與布豐有關：他開始相信他已經徹底擊敗這位老對手，並迫使對方公開受辱。一七七四年，他寫道：「布豐——林奈的宿敵——不得不按照我的系統，重新規畫巴黎皇家植物園的植栽，畢竟法王、英王，以及歐洲多數植物園都已採納此系統。」[20]然而，事實恰恰相反。布豐根本沒有被迫重新栽種皇家植物園，他從以前就一直在植物標籤上附上林奈的命名。同年的一封信中，林奈如此貶抑布豐的著作：「缺乏精美插圖；描述冗長；華而不實；徒有華麗的法語詞藻；充斥著骨骼與解剖；毫無方法論；批評他人卻忘了檢討自己，明明他犯錯最多；厭惡各種方法論。」[21]

不過，林奈也勉強給予讚許：「布豐並未拓展科學的邊界，但他懂得讓科學通俗化，這也算是一種對科學的貢獻。」[22]

❖ ❖ ❖

林奈六十一歲那年，開始出現另一種新症狀，那已經不算是無傷大雅的怪癖了。他的私人教學有個固定流程：先在植物園家中的一樓迎接學生，再帶他們上樓到那間兼作講堂與小型陳列室的房間授課。但某次課程開始時，他引領學生進屋後突然止步，並用清晰的高音說道：「啊哈！卡爾，是你坐在那裡嗎？」[23]彷彿房間裡有人在場似的。「你安心坐著，我不會打擾你。」

實際上，房間裡空無一人。

「教授，您在和誰說話？」學生驚詫問道。

林奈指著書桌和他常坐的椅子：「我有時會覺得我就坐在那兒工作。」他說得好像這很稀鬆平常。

接著，他開始講課，刻意避開那個空位，彷彿那裡正坐著他的分身。

這是林奈出現「自體幻視」症狀的首度記錄，他持續產生幻覺，堅信有另一個分身共存。現代醫學可能會把這種症狀歸類為「自體分身妄想症候群」(Subjective Double Syndrome)，這種單事件妄想症常見於承受極大壓力、患有精神疾病或腦部病變的患者。林奈還算幸運，他的「分身」看似無害且忙於工作，他並不是很在意。其他患者聲稱他們的分身與配偶同床共眠，或正虎視眈眈等著取代本尊。更有患者堅稱自己已經被分身取代了，說幻覺中的分身才是真實自我，而他們自己已經變成他人或根本不存在。

「林奈步履蹣跚，舉步維艱，言語混亂，幾乎無法書寫。」[24]一七七六年初，林奈如此描述自身狀態。這是他筆下最後幾句清晰可辨的文字。到了春天，他喪失了大部分的言語能力。入夏後，他對周遭只剩模糊的感知。他最後的門生之一安德斯．斯帕曼回憶道：「他試著不靠攙扶從座椅起身，勉強走幾步，但極為吃力。如果有人帶他去花園，他會開心地看著植物，但一株也不認得。他見什麼都笑，但有時又突然落淚，只能講三、四個字，但會靜靜聆聽他人言語。」[25]

另一位學生亞當．阿茲菲利斯表示：「他連自己的名字都忘了，旁邊有沒有人，大多渾然不覺。」[26]

然而，他偶爾仍有清醒的時刻。阿茲菲利斯寫道：「偶爾，他的思考能力會突然恢復片刻。比如當他發現身旁放著植物學或動物學的書籍，甚至是他個人著作的時候。」這位曾經宣稱「上帝讓我比任何凡人看到更多祂的造物」的學者，如今會誇讚《自然系統》，但渾然不知那是自己的作品。「他翻著書頁時，流露出明顯的愉悅之情，彷彿在說，如果他能寫出這樣的傑作，此生無憾。」

到了一七七六年，林奈陷入了沉默狀態，此後再也沒有恢復了。雖然偶爾精神稍好時，他還能享受些許樂趣（例如抽菸斗、喝杯啤酒），但他就在這種半清醒的狀態下又熬了一年半。一七七八年一月十日上午八點他離世時，家人都不在身旁，只有學生約翰．羅瑟蘭和么女的未婚夫薩繆爾．杜瑟守在床邊。

卡爾．馮．林奈爵士——本名卡爾．林奈，是哈馬比御醫、騎士階級成員，亦獲頒北極星騎士勳章——於十二天後在烏普薩拉大教堂安葬。葬禮在傍晚舉行，他鄉間莊園的農工手持火把，為送葬隊伍照明。每位抬棺者都佩戴著林奈肖像的胸章，這些胸章是他生前訂製的。棺中的遺體並未精心修飾，林奈在遺囑中指示：「不必剃鬚、不必淨身、不必更衣，僅以白布裹身入殮，並立即蓋棺，莫讓人見我狼狽模樣。」[27]

一位在場者回憶道：

那是個昏暗寂靜的夜晚，唯有送葬隊伍手持的火把與燈籠劃破黑暗。隊伍緩步前行，四下寂然，只能聽見街上聚集的人群窸窣低語，與大鐘莊嚴的鳴響。[28]

「死後葬地大小，我不在乎。」[29]林奈在《神譴錄》中寫道：「反正人人難逃一死。」但早在他離世的三十年前，他已在烏普薩拉大教堂的管風琴樓台下，買下一塊很顯眼的墓地。他以一貫的張揚本色，訂製了一枚銅質徽章，上面刻著「植物學王者」（*Princeps Botanicorum*）的字樣與生卒年月日，要求把它鑲在墓碑上。

然而，那枚徽章終究沒有鑄成。他的墓塚因此空白了二十一個年頭，沒有標記。

布豐七十多歲時的半身雕像

CHAPTER

22

時間的價值 The Price of Time

布豐肯定注意到這位對手離世了，但這個時期他的私人筆記幾乎都沒有保存下來。他仍維持著銷毀手稿的習慣，一處理完手邊的文稿便立即燒毀，而待燒的文稿總是堆積如山。高齡七十一歲的他，比以往更忙碌。十一年前，布豐斥資近五十萬里弗爾的鉅款，在蒙巴爾附近的布豐村開設了鐵工廠。這家鐵工廠既是鑄造廠，也是冶金研究中心，如今雇用了四百多名工人，不僅為法國陸軍與海軍鑄造火炮，更生產各類實驗性製品，比如巴黎植物園裡那些精美的鐵柵欄。布豐的鐵工廠是法國最早的私人大型工廠之一，為後來的工廠發展樹立了典範。此外，這也為他帶來了可觀的收益。布豐用部分的獲利來收購周邊的地產及擴建植物園，深信國王最終會補償他這些開支（但後來希望落空了）。

此時，他也進入寫作生涯最多產的階段。短短三年間，他完成了《自然通史》另五卷的撰寫，使總卷數達到十五卷。至此，他終於告別了四足動物的研究領域，開始研究鳥類。為了這項新研究，他先在蒙巴爾建造了一座鳥舍。但這次不是建在布豐公園裡，而是建在自家的莊園附近。這個選址是送給妻子的禮物，因為她很喜歡鳥鳴聲縈繞的環境。

布豐此時仍持續提攜年輕的博物學家。一七六四年九月，菲利伯．康默森來到植物園的門口，恭敬地詢問七年前曾獲得的工作機會，就此展開了一段著名的師徒情誼。康默森出身富裕的中產家庭，雖取得行醫資格，但無心執業。當年他前往法國南部的蒙彼利埃醫學院就讀，主要是為了修習植物學的課程。他在植物學界早有一些名氣，但名聲不全然是正面的：他以才華洋溢但藐視權威著稱。他從不申請許可，就直接從大學的植物園採集枝條。被逮到並禁止入園後，他仍在夜間翻牆入園，繼續擴充自己的收藏。

儘管如此，他的研究仍引起兩位業界巨擘的注意：林奈委託他撰寫地中海魚類的研究報告，而朱西厄則邀請他到皇家植物園任職。他很快就完成了林奈的委託，但婉拒了朱西厄的工作邀請，因為他比較喜歡在法國與瑞士的鄉野間研究植物。

接下來的七年，康默森過得十分坎坷。家人逐漸斷絕了對他的經濟資助。他在野外考察時屢屢受傷：攀岩時墜落、在湍急的溪流中險些溺斃，最後還遭到惡犬咬成重傷，臥床休養了三個月（這次受傷導致他餘生行走困難）。窮困潦倒又傷病纏身之際，康默森勉強接受了家人倉促安排的婚事，娶了一位大他七歲的女子。兩人成家後準備開始養兒育女，但妻子在四十一歲那年因難產而亡。

三十六歲的康默森帶著一名家僕，悄然來到巴黎。他在距離植物園僅幾個街區的麵包師街租了一間二樓公寓。朱西厄遺憾地告知，當初提供給他的職位已有人接任。但布豐仍熱情接納他，並允許他自由使用植物園，更引薦他進入巴黎學者圈的社交場合。兩年後，千載難逢的植物考察機會出現時，布豐還贊助他成行。

這個難得的機會是源自一位失意軍官的不甘心。路易・安托萬・德・布干維爾是退役的法國陸軍上校，他痛恨大家只記得他軍旅生涯的最低谷：在七年戰爭*中把蒙特婁拱手讓給了英軍。戰後，戰敗的法國幾乎割讓了所有的北美殖民地。布干維爾自掏腰包，協助一百五十名法屬加拿大移民遷徙至南美洲外海的一群島嶼，並在那裡建立了名為「聖路易港」的殖民地。

布干維爾為此耗資不菲，但很快就付諸東流。他返回法國後，得知這個新建立的殖民地被西班牙視為威脅。西班牙認為該群島是進攻南美大陸西屬領地的絕佳跳板。路易十五心知英國很可能也有同樣的想法，為了避免承擔高昂的防衛成本，他決定把這片群島賣給西班牙。布干維爾只好奉命再次出航，重返這片群島，把它拱手讓給西班牙（後來英國確實宣稱那片島嶼叫「福克蘭群島」）。

布干維爾實在不願在履歷上再添一筆投降記錄。他提議擴大這次航行的規模，把這次任務從法國又一次的退讓，轉變為一場輝煌的壯舉。當時還沒有法國船隻完成環球航行，所以何不在航行到南美，移交群島後，繼續前行呢？這不僅能成為值得自豪的成就，更重要的是，變成一次祕密偵察任務，尋找尚未發現的土地，以便法國占為新領地。為掩人耳目，布干維爾提議以科學考察的名義展開這次遠征。

國王採納了這項提議，便聯繫皇家植物園物色不畏艱險的合適博物學家。布豐推薦了康默森[1]，康默森欣然接受了，只請求帶上長期跟隨他的僕役兼助手尚・巴雷。沒有人反對這項請求。一七六六年十一月十五日，由《星辰號》和《布德茲號》這兩艘船所組成的遠征隊正式啟航。

* Seven Years' War，一七五六－一七六三年，影響範圍覆蓋歐洲、北美、中美洲、西非海岸、印度、菲律賓的一場西方列強戰爭。

❖ ❖ ❖

在航行途中與靠港期間，探險隊的成員一致認為，尚．巴雷正是瘦弱多病的康默森最需要的那種助手。二十多歲的巴雷體格健壯、力大無比，隊友戲稱他是「康默森的馱獸」，連布干維爾都對他讚譽有加，在航海日誌中寫道：「即便在艱苦的考察途中，他仍能背負糧食、武器與植物標本箱，展現出驚人的毅力與體力。」[2]康默森與巴雷合作無間，採集記錄的標本數量之多，甚至讓康默森開始質疑林奈分類法的侷限性。他在筆記中寫道：「在無數物種尚未被發現下，就妄自斷定植物種類的數量與特徵，這有多狂妄啊！林奈僅提出約七千至八千種物種，但我敢說，光是我親手採集的就有二萬五千種。而且，我還敢斷言，全球物種的總數至少是這個數字的四或五倍。」[3]

一七六八年四月，布干維爾的兩艘船艦在巴西和巴塔哥尼亞成功採集標本後，橫渡太平洋，抵達社會群島，最終在大溪地下錨停泊。他們是第二批造訪這個玻里尼西亞島群的歐洲人：英國皇家海軍巡防艦《海豚號》十個月前才剛經過此地。布干維爾得知英國尚未在此宣示主權後，立即以法國的名義占領這些島嶼，並將該區命名為「新基西拉島」*。

探險隊抵達時，首批登上《星辰號》的大溪地人之一是奧圖魯。他對布干維爾和隨從身上的正式制服毫無興趣，而是被甲板上站在船員中的巴雷所吸引。他開始繞著巴雷打轉，嘴裡不停說著：「艾恩（Aiene），艾恩。」次日，康默森和巴雷上岸採集標本時，一群大溪地人圍著巴雷驚歎不已，同樣不停地說著「艾恩」。其中一名最強壯的男子突然上前，一把抱起巴雷，並把他帶走。《星辰號》上的一名軍官立即拔劍追趕，及時阻止了這場綁架，但全體探險隊員也對這件事困惑不已，不知道這究竟是怎麼回事。

他們很快就明白,「艾恩」的意思是「女人」。大溪地人不懂歐洲人男女有別的衣著與行為規範,一眼就看穿了布干維爾一行人航行數月都沒發現的真相:康默森的男僕實為女扮男裝的珍・巴雷。「她含淚承認自己是女兒身,」[4]布干維爾寫道:「當初在羅什福爾登船時,她穿著男裝瞞過了主人。登船後,她才知道要環球航行,這也激起了她的好奇心。她將成為史上首位完成環球航行的女性,勇氣令人欽佩。」

所謂「瞞過了主人」,這說法根本是謊言,真相很快就水落石出了:康默森與巴雷多年來一直是情侶。他們初到巴黎不久就有了一個孩子,取名為尚—皮埃爾,但嬰兒數月後不幸夭折。這場偽裝自始至終都是兩人計畫好的。巴雷女扮男裝,康默森佯裝不知,這場雙重欺騙最終激怒了探險隊。更嚴重的是,這也構成犯罪:當時法國明令禁止女性隨船航行。幸好,船隊不久後停靠模里西斯島時,

* 基西拉島(Cythera,或拼音為Kythira)通常是指希臘神話中愛與美的女神維納斯的出生地。十八世紀的歐洲探險家慣用希臘神話命名新發現的「人間樂園」。布干維爾在航海日誌中把大溪地描述為「維納斯之島」。加New既強調這是新發現的「愛神之島」,也符合歐洲殖民者的命名慣例。

菲利伯・康默森與珍・巴雷

兩人便離船定居，終於能以真實身分共同生活，這也讓布干維爾如釋重負。康默森滿懷熱情地在模里西斯島與馬達加斯加島上繼續採集標本，直到健康開始惡化。巴雷始終悉心照顧他，直至一七七三年他過世，得年四十五歲。兩年後，巴雷返回法國，過程中成為史上首位完成環球航行的女性。

巴雷帶回了康默森畢生採集的標本，其中有數千個物種對歐洲學界來說是全新發現。布豐原本可以國王之名直接沒收這批珍藏，但他選擇善待巴雷，主動與巴雷協商收購事宜。最終議定的價格，讓巴雷得以安享晚年，直到一八〇七年辭世。

安托萬—洛朗・德・朱西厄

布豐將這批珍藏移交至皇家植物園，交由另一位門生處理：二十九歲的安托萬—洛朗・德・朱西厄。他是伯納德・德・朱西厄的姪子。這位年輕人十幾歲時就從里昂來到巴黎，先取得醫學學位，然後進入植物園工作。他與年邁的伯父（伯納德）同住，同時也照顧伯父的起居。這段期間，他驚訝發現，伯父早已放棄等待林奈建立自然的植物分類法，默默發展了自己的系統。伯納德的發明已有顯著的進展，甚至按照他的新分類法，在凡爾賽宮設計了一片園圃。不過，他秉持著一貫的謙遜作風，連簡要的原則說明都不願發表。那片園圃最終被鏟平，研究計畫也隨之擱置，直到一七七二年安托萬—洛朗才決定接手推進。伯納德與好友阿丹森不同，他年輕時雖反對林奈的系統，但依然保持敬意，僅承認他「不完全是林奈學派」[5]，並尊稱林奈是「偉人」。不過，他堅信植物學需要一套有別於林奈系統的分類法。他寫道，林奈的系統「似乎讓科學偏離了真正的目標」。一七七七年伯納德過世時（僅比林奈早兩個月），安托萬—洛朗仍在精進「朱西厄分類法」。不久，他接手康默森與巴雷的珍藏，研究進度開始加快。

同年，布豐出版了《自然通史》中有關鳥類的第四與第五卷，以及為《自然通史》早期版本發表的第五卷「補遺」。其中一篇補遺文章〈自然的紀元〉其實是重新探討地球的深層歷史——這是他系列著作的開篇主題，也曾招致神學家與索邦大學的嚴厲譴責。在該文中，布豐把地球歷史劃分為七個「紀元」，明顯對應《聖經》創世的七天。他無法確切指出每個紀元的時間長短，畢竟當時還沒有精確測算地質年代的技術。但該文的革命性主張依然不言而喻：地球的歷史，遠比《舊約》記載的短暫歲月還要悠久許多。

布豐開篇便以批評者的口吻自問自答：「有人或許會說，你提出的物質年齡如此久遠，那要如何與僅記載世界歷史六千或八千年的《聖經》傳統調和？反駁這些傳統，難道不是對啟示真理的上帝不敬嗎？」[6]他隨即反駁道：「正因我深入探索自然的本質，才更驚歎及敬畏造物主的偉大。但盲目的尊崇，不過是迷信罷了。」

> 讓我們理性傾聽那位神聖的詮釋者所傳遞的創世第一個事實；讓我們細心收集從那第一道光中散逸出來的光芒。這些發現非但不會遮蔽真相，反而能為其增添新的光明與榮耀。

布豐寫道，第一個紀元始於太陽系的形成。他提出理論：地球和其他行星都是由太陽噴發的物質逐漸聚集而成，而且形成的時間相近，因為所有的行星「都朝著同一方向繞著太陽運行，而且幾乎處於同一平面上」。這個理論的大體框架，至今仍是主流觀點。第二個紀元始於地球凝固成密集、粗糙的球體。在第三個紀元，地球變成了被海洋覆蓋的星球（「有很長一段時間，海水完全覆蓋著地表，可能只有少數高地例外」[7]）。第四個紀元始於海水退去，「在露出水面的陸地上，長滿了各種參天大樹與茂密植被」，「全球的海洋處處充滿了魚類與貝類」。

隨後，生命登上了陸地。第五紀元始於「大象和其他的南方動物生活在北方」[8]的時期，而第六紀元的特徵是大陸分離。如今我們所處的第七紀元，是人類主宰的時代，更準確地說，是「人類力量輔助自然力量」的時代。

〈自然的紀元〉是布豐打破「萬物恆定」視角的最後一次嘗試，也是他精心策畫的一場挑釁。他預料會引發反彈。果然，一七七九年十一月，索邦大學再度正式譴責他，並啟動審查程序。神學院雖成立委員會調查此事，但這次布豐獲得了路易十六的默許支持。面對學界的怒火，國王謹慎應對，只委婉要求委員會「審慎行事」[9]，但藉此止住了調查。委員會最終並未提交任何報告。儘管如此，索邦大學仍準備了一份新的悔過聲明要布豐簽署，內容與他二十八年前簽過的那份非常相似。布豐再次欣然簽字，並承諾像上次那樣把悔過聲明載入《自然通史》的下一卷。

但這次布豐食言了，他非但沒有履行承諾，還變本加厲，將〈自然的紀元〉單獨出版，以便觸及最廣的讀者群。索邦大學見狀，為免進一步施壓顯得咄咄逼人，只好在一七八〇年自行發表一份拉丁文的小冊子，刊載他的悔過聲明。「索邦大學刻意找我麻煩的時候，我不費吹灰之力就讓他們如願以償了。」[10]布豐向友人坦言，「那不過是裝裝樣子，他們居然就此心滿意足，實在可笑。」

❖　❖　❖

一位親戚曾如此評價：「沒有人比布豐伯爵更懂得時間的價值，也沒有人能像他那樣，始終如一地善用生命中的每分每秒。」[11]然而，一七八二年春天，這位向來非常忙碌的學者卻突然停下了腳步。原來皇家植物園來了一位稀客，讓布豐決定放下一切，專心接待。

這位訪客是四十二歲的小卡爾·馮·林奈，此時他已繼承父業多年。布豐雖未曾見過林奈本人，但眼前是化解舊怨的良機，世人總認為他與林奈是宿敵，如今或許能達成某種形式的和解。他熱情接待小林奈，堅持親自擔任嚮導，並下令閒人勿擾：「那天除了我以外，任何人都不得打擾林奈先生。」[12]助手忙著清理植物園的小徑及陳列室時，這場導覽之旅就此展開。

此次出訪，是小林奈教授首次以官方身分踏出瑞典國門，拜會各國知名的博物學家。他先後去了丹麥、荷蘭等國，如今來到法國，下一站是倫敦。這趟旅行雖是公務行程，卻讓小林奈得以暫時擺脫烏普薩拉的苦悶生活。他在那裡的日子簡直度日如年。

小林奈的身形比父親高瘦，人緣不錯。他努力達成家族的期望，因此贏得了眾人的尊重，儘管有些人心裡不太情願。不過，身為教授，他一站上講台就暴露了侷限。一位聽課者回憶道：「他口才流利，但帶著幾分冷漠。看得出來，他只是在履行職責，而不是出於對科學的真心熱愛。」[13]

早在父親去世以前，小林奈就搞砸了烏普薩拉的學術政治。一七七七年，他直接向瑞典國王請願，要求接替父親的全部職務，成為正教授。由於林奈的健康日益惡化，國王批准了請求。但這種越級請願激怒了大學校長及其同僚，他們背地裡罵他是「可憐蟲」和「超級懶鬼」[14]。光是維護父親的收藏就讓他精疲力盡：他必須不斷地與老鼠、田鼠、飛蛾、黴菌搏鬥，忙到不禁抱怨他「累得像苦力」。但最糟的是他家裡的情況，林奈夫人對丈夫原本就冷淡，如今對這個單身的兒子更是嫌棄。「林奈夫人對獨子如此厭惡，實在罕見。」[15]一位訪客寫道，「這世上找不到比他母親更仇視他的人了……這個獨子活得像奴隸一樣，終日活在母親的陰影下。」他處處受辱，覺得繼承的頭銜徒有虛名。

「呸！誰要當父親的繼承人！」[16]他私下向朋友發牢騷，「我寧願做點別的，連從軍都比這強。」話雖如此，他還是硬著頭皮做下去，只不過進度很慢。雖然他宣稱要修訂父親的《自然系統》及其子目錄，但目前為止，他只完成了一本《補編》，這本單行本是用來補充《植物屬誌》和《植物種誌》。

對布豐來說，結識小林奈教授至少帶著一絲傷感。儘管種種跡象顯示這位年輕人勉強追隨父親的腳步，但他至少是毫無爭議的繼承人。而布豐正試圖為自己的兒子打造相似的傳承。然而，這是一場他已經輸了一半的戰役，眼看就要全盤皆輸。

一七八二年那個下午，布豐已喪妻十三年了。他的妻子瑪麗—弗朗索瓦絲在巴黎一場騎馬事故中重傷，下頜毀容，痛苦臥床近三年。她三十七歲離世時，悲痛欲絕的布豐為她守喪兩年，終身未再娶。他傾全力撫養人稱「小布豐」的獨子喬治—路易—瑪麗．布豐。

就像林奈栽培小林奈那樣，布豐很早就想讓兒子繼承衣缽。林奈讓兒子九歲時就進入烏普薩拉大學就讀；布豐則是說服路易十五國王允諾，讓當時年僅五歲的小布豐將來接任皇家植物園園長的職位。但這個「世襲」計畫僅維持了兩年。一七七一年二月，布豐突發罹患嚴重的痢疾，病到隨時可能喪命。國王當初的承諾是針對遙遠的未來，而小布豐當時才七歲。在此情況下，一群野心勃勃的人趁此機會，開始爭奪布豐的職位，國王也因此動搖了。布豐在病榻上得知，原本的安排已遭到擱置。他的繼任者將不是他兒子，而是博物學造詣淺薄的昂維利耶伯爵。

後來布豐沒死，最終康復了，這讓國王十分尷尬，因為他操之過急，在宮廷裡招來不少批評。為了挽回顏面，國王冊封布豐為伯爵，宣稱他在勃艮第的領地足以構成一個伯爵領。此外，國王也賜予這位新晉貴族[17]「王室侍從」的地位，讓他可以直接進入國王寢宮，無需正式請求謁見。然而，國王並未撤銷昂維利耶伯爵的未來任命。布豐雖躋身貴族之列，代價卻無比苦澀。

他仍將兒子當作博物學神童培養。即使小布豐無緣掌管植物園，至少他還能繼承《自然通史》的編纂工作。然而，經過十二年的家教與父親的親自指導，這個孩子既未展現天分，也對相關的學科毫無興趣。他曾惡作劇，把墨水噴在家教的襯衫上。他被安排遊歷歐洲各國的首都時，曾與仰慕布豐的俄國凱薩琳大帝私下餐敘，她事後感嘆：「天才似乎注定要生出愚鈍的兒子，真是諷刺。」[18]如今十八歲的小布豐相貌堂堂卻膚淺浮躁，在植物園以外的任何地方都還更容易看到他的身影。

布豐和小林奈漫步在植物苗圃間的土徑上，隨處可見植物的標示。那些標示印證了布豐壓制林奈命名法的傳言都是假的。林奈和杜納福爾的命名在此並列展示，而且同樣醒目。他們走進皇家陳列室時，這位訪客不禁注意到館內最顯眼的擺設：一尊令主人頗為尷尬的英雄雕塑，那是布豐本人的雕像。

讓布豐尷尬的是，這座雕像是國王因違背讓小布豐繼任的承諾而做的第二項補救措施。國王祕密委託當時最頂尖的雕塑家奧古斯丁．帕如打造這尊雕像，耗資高達一萬五千里弗爾。這項祕密工程歷時六年完成，並在布豐暫返蒙巴爾期間悄然安裝。「若在我死後才立像，我會更欣慰。」[19]他私下表示，「我始終認為，智者當畏人妒，而非貪慕虛名。」誠如他在《自然通史》第四卷所寫的：

> 榮耀……對已經接近它的人來說，不過是個乏味的東西；而對那些仍與它相距甚遠的人來說，則是虛幻欺人的魅影。懶惰趁機而入，看似為所有人提供更輕鬆的路徑和更實在的好處，但厭惡感總是早它一步而來，無聊感接踵而至。無聊是戕害所有思想的可悲暴君，連智慧都拿它沒輒，還不如瘋狂來得有效。[20]

布豐雖不抗拒奉承，但他明白奉承與過度美化是兩回事。他對自己的歷史地位有自信，但他也非常注重公共關係。他知道，這座雕像雖然不是他委託製作的，他沒為它擺過姿勢，甚至未經他同意，但大家可能會覺得那是用來安撫他自尊的。他親眼見到雕像時，果然印證了他的疑慮。

布豐的雕像身高近二百七十公分，肌肉發達健美。套用一位當代人的說法：「全身赤裸，僅以布幔遮掩私密部位。」[21]他右手執筆，貌似要在置於地球儀上的石板上書寫，整體姿態令人聯想到摩西領受十誡。地球儀下方長著海綿，象徵植物界；動物界則以一頭獅子（狀似死亡或失去知覺）、一條纏繞著獅鬃的蛇，以及一隻牧羊犬為代表；獅首旁有一簇水晶，代表礦物界。牧羊犬正認真地舔舐布豐赤足的左腳趾，後人描述這個細節是「現實與象徵的不當結合」[22]。

布豐在《自然通史》第二卷中如此描述（雄性）人類：

> 他昂首挺立，望向天際，氣宇軒昂，面容莊重，盡顯尊貴。靈魂的印記顯露於眉宇，天性的卓越穿透形體，面容因煥發神聖靈光而神采奕奕。[23]

雕塑家帕如似乎想把這段描述具象化，讓布豐成為它的化身。但這個理想化的形象，比布豐想像的更尷尬。底座原本刻著 *Naturam amplectitur omnen*（「他擁抱整個自然」），但屢遭塗鴉添加 *Qui trop em-*

雕像細節

brasse mal étreint（直譯是「想擁抱太多的人，握得不牢」，意指「貪多必失」）。小林奈到訪時，銘文剛換成 *Majestati Naturae par Ingenium*（「與自然的恢弘相稱的天才」）。布豐想必沒在擺放雕像的門廳逗留太久，而是匆匆帶著客人進入陳列室，兩人相談甚歡數小時。

小林奈教授在賓主盡歡中告辭，布豐對他的禮遇遠勝於他在烏普薩拉習慣受到的待遇。但眼前的景象仍令他驚歎不已：布豐有計畫地收購周邊的土地（通常是自費收購），已將植物園擴展到一百一十英畝。烏普薩拉的植物園只有十一英畝，一名兼職的園丁，布豐卻雇用了上百人。烏普薩拉的標本室只占用一棟小小的附屬建築，而且根本沒有他父親的巨型雕像。

兩人此後未再相見。小林奈結束九個月的歐洲之旅返鄉時，在倫敦感染了黃疸病，隔年便與世長辭。一七八三年十一月三十日，他的遺體被安葬在烏普薩拉大教堂底下，與父親長眠相伴。追思儀式結束後，眾人目睹林奈的家徽按瑞典傳統被當場擊碎。由於沒有男性繼承人能繼承「騎士階級」的頭銜，馮．林奈家族就此終結。

然而，家族仍有女性成員存活。由於小林奈終身未婚，他的遺產由母親繼承，這包含林奈視為最珍貴遺產的全部標本收藏。林奈在遺囑中寫道：「不許任何博物學家偷走一株植物。這些標本無比珍貴，而且會隨著時間增值，它們是舉世無雙的珍藏。」[24]小林奈嚴守父親的遺囑。父親葬禮後不久，一位英國富豪出價一萬兩千英鎊收購那些標本，他立即回絕了。這個決定或許是他招致母親怨恨的原因之一。

為了籌措兩個女兒體面出嫁的費用，林奈夫人莎拉－麗莎．馮．林奈對於變賣家族的主要資產毫不心軟。她聯繫了之前那位英國收藏家，但對方已無興趣。最終出價最高的是另一位英國業餘的博物學家，開價略高於一千英鎊。這價格雖不及當初的十二分之一，但林奈夫人已無法找到出價更高的人了。交易達成後，一七八四年九月十七日，英國雙桅船《顯現號》載著二十六箱來自烏普薩拉的物品，駛離斯德哥爾摩。

❖ ❖ ❖

布豐不得不開始面對生死問題了。表面上，他仍是健康硬朗的典範。一七八五年一位造訪蒙巴爾的訪客描述：「七十八歲的布豐看起來像五十六或五十八歲……身材高大，面相和善，棕眸黑眉，還有一頭濃密的白髮。」[25]但鮮為人知的是，他原本出了名的嚴謹作息，如今常因腰部與腹部的劇痛及排尿疼痛而中斷。布豐患有腎結石，獨居習慣讓他至今能隱藏病痛，但發作愈來愈頻繁，常使他不得不停下工作。

眼前的工作依然看不到盡頭。布豐心知肚明，即使在最理想的情況下，他也無法活著見證《自然通史》的完成。挑選接班人的時候到了。

他早已不指望二十一歲的小布豐能繼承衣缽。布豐最終讓兒子去從軍，並為他買下法蘭西近衛團的軍官職位，還促成小布豐與瑟普瓦侯爵夫人千金的婚事，這份姻緣也帶來了豐厚的嫁妝。布豐每年額外給予這對夫婦兩萬里弗爾的慷慨津貼，便放手讓兒子去過自己的人生了。

然而，布豐和林奈一樣，其實有一個更能幹的「後代」。造訪蒙巴爾的客人常不自覺地盯著布豐的年輕助手盧卡斯先生看，原因有二：其一，他的相貌極其俊美，一位訪客形容：「他非常高大，而且五官格外英挺。」[26]更重要的是，「他出眾的體態與俊美的容貌，使他看起來活脫脫就是布豐的親生子。」

人稱小布豐的喬治—路易—瑪麗・布豐

若說兩人相似只是巧合，那不過是場面話。盧卡斯其實是布豐與一位村婦的私生子。這件事雖未曾言明，但早已是公開的祕密。盧卡斯與同父異母的兄長不同，他既是幹練的管理者、有天賦的園藝家，更熱愛戶外活動。布豐曾讓盧卡斯管理蒙巴爾莊園多年，之後才把他調到植物園，讓他住進陳列館的公寓。布豐外出時，盧卡斯便成為實際的主事者，掌握財政大權並執行父親的計畫。但布豐始終無法公開承認這個兒子，更不可能培養他作為接班人。

那麼，誰來承接《自然通史》的未竟之業呢？

阿丹森顯然不在考慮之列。他曾公開爭取成為布豐的接班人而惹惱了布豐，如今他已深陷在自己的龐大計畫中。一七七五年，他向法國科學院提交了一項龐大的計畫：先出版二十七卷「涵蓋所有已知生物的《天然分類法》」[27]，接著出版八卷《塞內加爾自然史》的續作，再編寫《自然史教程》和《自然史通用詞典》（作為通用秩序基礎），以及為四萬種已知生物製作圖鑑，最後是整理他辦公室裡收藏的三萬四千種生物標本。

除了阿丹森本人，所有人都看得出來這個計畫過於好高鶩遠，整個工作量甚至超過布豐和林奈畢生心血的總和。布豐曾勸他量力而為，但他不為所動。科學院自然投票否決了他的經費申請，但阿丹森誓言，即使自費也要完成。此後八年間，他執意獨力完成這個計畫，因此遠離了皇家植物園。朱西厄家的房間堆不下他的手稿和標本時，他便搬往偏遠廉價的街區租更大的住所。布豐透過科學院為他爭取到微薄的津貼，但這份收入遠遠不夠，他只能私下教植物學勉強維持生計。

學生寥寥無幾，而且多半學不久。雖然布豐確保他能自由進出植物園，但龐大的工作量與日益窘迫的生活，使他幾乎與世隔絕。面對堆積如山的資料，他發展複雜分類法的進度完全停擺。如今，開發一個替代林奈系統的方案，全落在安托萬—洛朗．德．朱西厄的肩上。他以伯父的研究為基礎，投入這項任務已有數年。布豐不願打斷他的計畫，所以沒有考慮讓年輕的朱西厄接班。

最終獲選的是一七五六年出生於加斯科尼的拉塞佩德伯爵貝爾納—熱爾曼—艾蒂安・拉維爾敘里隆。布豐在這位年輕伯爵的身上看到了自己的影子：拉塞佩德伯爵從母親家族無子嗣的伯祖父那裡繼承了財產與爵位。他和布豐一樣，自幼往返於鄉間莊園與省會城市之間。年僅二十七歲的拉塞佩德伯爵從小就是《自然通史》的書迷，如今是植物園圈子裡的新人。

拉塞佩德伯爵，貝爾納—熱爾曼—艾蒂安・拉維爾敘里隆

一七八四年，布豐任命拉塞佩德伯爵為植物園的館長兼助理講師，條件是這位年輕人必須學習成為他的文學接班人，練習用布豐特有的風格寫作。這點很重要，布豐不僅希望拉塞佩德的著作能與自己的無縫銜接，更堅信文風本身是《自然通史》暢銷的關鍵。布豐曾寫道：「唯有風格能通向不朽。」[28]

> 流芳百世的關鍵，不在於知識廣博、掌握冷門學科，或題材新穎。即使作品具備所有這些條件，若只是談瑣碎事物，或缺乏品味、才華與真正崇高的思想，那終將湮沒無聞。

最重要的是，拉塞佩德與布豐的核心理念一致：洞察自然的複雜性，需要嚴謹的自律。人類總想要強行簡化複雜，在沒有界限的地方劃分界限。這是人性的通病，終將導致認知上的盲區。拉塞佩德很清楚「強加秩序」與「靜待自然揭示」的區別，這就如同面具與面紗之別。一切順利的話，拉塞佩德將把這種理念也傳給繼任者，而繼任者也將如此傳承下去。如今看來，把《自然通史》視為跨世代的工程或許最為恰當，從此持續撰寫到十九世紀，甚至更遠之後。

布豐已坦然接受這個事實。他知道他的畢生作品不會是一座獨立的紀念碑，而是讓後人繼續發揚光大的基石。四十年孜孜不倦的嚴謹投入，雖未能達成目標，但他對此心懷敬畏，而非失望。他寫道：「真正的自然哲學家不該氣餒，而是該為自然喝采。」[29]他重提「面紗」的比喻。

即使自然看似吝於顯露或神祕莫測，研究者也該欣然接受。因為每當他揭開自然面紗的一角，便能窺見無數值得探究的新事物。我們現有的知識可以幫我們判斷還能知道什麼；人類的心智沒有邊界，它會隨著宇宙的展現而擴展；因此，人類能夠且必須探索一切，他只需要時間就能了解萬物。

布豐明白，他能把握的時間所剩無幾了。

❖ ❖ ❖

一七八四年五月，四十一歲的湯瑪斯．傑佛遜*在費城街頭漫步時，發現一家帽店的門上掛著一張異常大的豹皮。他當場買下那張皮，決定「把它帶到法國，好讓布豐先生明白他搞錯了。他把這種動物和美洲獅搞混了」[30]。當時他正在等船前往歐洲大陸，準備接替富蘭克林出任美國第二任的駐法

* Thomas Jefferson，美國開國元勛，也是第三任美國總統（一八〇一－一八〇九年）。

大使。但對傑佛遜而言，赴法任職意味著進入布豐的領域，他熱切期盼著與這位偉大的博物學家結識。

首先，前任駐法大使富蘭克林是布豐的摯友。兩人交情很深，其他法國人想接近布豐，常會先討好這位美國大使。再者，興趣多元的傑佛遜自詡為業餘的博物學家。事實上，當時他正在撰寫這方面的著作：《維吉尼亞州隨筆》，這也是他生平唯一出版的書籍。當巴黎印廠完成首刷兩百本後，他立即將新書與豹皮打包，一併寄給布豐。

一七八六年一月，傑佛遜收到一封感謝信：

> 布豐感謝傑佛遜先生惠贈獸皮。若健康允許，本當親自致謝，但因行動不便，誠盼閣下能撥冗前來植物園共進晚餐。
>
> 這頭美洲獅與科利努先生所提供的樣本不同，體型較短，尾部亦較短，所以似乎是介於科利努的美洲獅與南美種之間。[31]

布豐刻意稱之為「獸皮」，後面又提到「這頭美洲獅」，藉此直接反駁了傑佛遜贈禮的原意：他不認為這是豹皮，因為他不相信北美有豹（他是對的，連所謂的佛羅里達豹其實也是美洲獅）。儘管如此，這份邀約實在太誘人了，難以拒絕。從巴黎到蒙巴爾，路途遙遠，尤其只為了晚宴邀約，路途更顯得遙遠，但傑佛遜渴望親眼見識這位大人物，以及那座已成為其自然天地的植物園，他欣然接受了邀請。

「布豐的習慣是，晚餐前不離開書房，也不會客。」[32]傑佛遜寫道：「但宅邸與庭園是開放的，僕役會殷勤導覽。」漫步庭園消磨時光時，他瞥見主人走在另一條小徑上，貌似正在沉思。深諳禮節的傑佛遜知道，此刻不宜打擾。直到晚宴時分，布豐才一如既往身著華服現身餐廳。「他們向布豐介紹我時，說我就是那位在《維吉尼亞州隨筆》中與他抱持不同觀點的傑佛遜先生。」大使回憶道：「而布豐如往常般，展現了非凡的談吐魅力。」

兩人相處雖融洽，但不算契合。厭惡奴隸制的布豐，清楚知道傑佛遜是奴隸主。他讀過《維吉尼亞州隨筆》，深知傑佛遜雖在書中稱他為「著述最淵博的博物學家」[33]，卻也用了大量篇幅反駁《自然通史》中的一段文字：布豐曾寫道：「新舊大陸共有的動物，在新大陸的體型較小；而新大陸特有的物種，體型也較小。」[34]

布豐認為，這是合理的觀察。非洲和亞洲的大型貓科動物（獅子、老虎，沒錯，還有豹），都比美洲已知的大型貓科動物來得壯碩。歐洲野牛也比美洲野牛龐大，而美洲既沒有長頸鹿，也沒有大象這類動物。

「但美洲確實有象類。」傑佛遜反駁道。他指的是陳列在植物園的「謎樣巨獸」化石（即猛獁象，其骨骼出土於肯塔基）。的確，當時尚未捕獲活的猛獁象，但美洲荒野遼闊且大多尚未開發，他認為終究會發現的。傑佛遜不相信物種滅絕，這不是出於宗教信念，而是認為這違背自然的精妙法則。（十四年後，時任美國總統的傑佛遜派遣劉易斯與克拉克遠征隊時，還特別指示考察隊，若發現活體猛獁象，需射擊後採集局部組織保存。）

布豐無意解釋他的「深層歷史」概念。傑佛遜回憶道：「他沒打算爭辯，[35]只取下最新著作遞給我說：『等傑佛遜先生讀完這本，就會完全認同我的觀點。』」傑佛遜沒有提到書名。由於當時布豐正在出版《自然通史》的礦物篇，他的「最新著作」很可能是指剛出版的補遺卷，其中寫道：

象群的跨大陸遷徙，必然是經由亞洲鄰近美洲的北部地帶……由此可以合理推測，堪察加半島周邊及以北的海域應該不深。事實上，那裡早已發現散布著大量島嶼。[36]

換句話說，布豐想像以前有一段時期，大陸的分離尚未徹底完成。他推測舊大陸與新大陸曾透過堪察加半島延伸的陸橋相連，這段陸橋如今只剩下阿留申群島。許多物種，包括人類，很可能是藉此陸橋遷徙。經過漫長歲月——久到足以讓陸橋消失——這些遷徙的物種逐漸適應美洲的新氣候。但「謎樣巨獸」未能適應。（布豐的觀點在大方向上是正確的。現今的研究認為，乳齒象〔mastodon〕其實是無法適應更新世〔Pleistocene〕的人類人口成長所帶來的狩獵增加。）

雖然仍有爭議，傑佛遜當場指出布豐的謬誤：他把美洲鹿與歐洲馬鹿混為一談。「我試圖說服他相信他搞錯了，我說我們的鹿角有兩英尺長。」[37]傑佛遜回憶道：「他熱切反駁說，只要我能拿出一副一英尺長的鹿角標本，他就認輸。」他也發現布豐對另一種北美動物一無所知：北美麋鹿。布豐誤以為那是一種馴鹿。傑佛遜堅稱兩者截然不同：「馴鹿能從我們的麋鹿肚皮下走過。」美洲能孕育如此巨獸，布豐自然難以置信。傑佛遜指出，林奈的美洲使徒卡姆曾提到麋鹿的巨大體型，但這並沒有說服布豐，因卡姆素有誇大之名。

傑佛遜只能就此打住。當時已是晚上九點，布豐維持四十多年來的作息時間到了，他向客人道謝後便回房休息。

離開蒙巴爾時，傑佛遜下定決心要找到確鑿的證據，證明北美確實有大型哺乳動物。一七八六年一月七日，他委託美國友人約翰・蘇利文弄一具新鮮的麋鹿標本到法國。傑佛遜在信中寫道：「這份標本對我們來說無比珍貴，超乎你的想像。請務必把你能收集到的鹿皮、骨架、鹿角都寄給我。」[38]

一七八七年三月在大雪紛飛中，蘇利文派出二十人狩獵隊前往佛蒙特，成功獵獲一大頭麋鹿：站立時高達七英尺（二百一十三公分），鹿角更額外延伸四英尺（一百二十二公分）。運送鹿屍到波士頓耗時兩週，抵達時已嚴重腐爛。蘇利文盡力清理骨骼，但感嘆「組裝完整的骨架真是棘手透頂」[39]。由於無法挽救原角，他又弄來另一對鹿角「可按需要固定」。裝箱的遺骸經海運抵達法國利哈佛港後，竟離奇失蹤。傑佛遜痛心稱之為「一場徹底的災難」[40]，哀嘆「自然史的這章仍將持續空白」。令他振奮的是，裝著麋鹿的板條箱最終尋獲了，但隨之而來的是一筆驚人的帳單：約折合現值三萬美元。傑佛遜照單全付了，並坦言整個計畫是「無窮的麻煩」[41]。不過，當布豐同意將麋鹿「填充後立於皇家陳列室」[42]時，他仍倍感欣慰。誠如他向丹尼爾．韋伯斯特報告的，這頭巨大麋鹿「讓布豐先生心服口服，他承諾在下一卷著作中修正觀點」。

❖ ❖ ❖

但不會有下一卷了。布豐生前最後一篇有關現存生物的論述，是一七八三年發表的「短嘴企鵝」研究（他稱之為「一種不會飛的鵝」）。後續出版的幾卷著述轉向礦物領域，他在其中再次強調：「石化物與化石」其實是現已滅絕的古代生物遺骸。

這是自然運作的偉大法則，她過去如此，現在依然如此。這是她用來永久保存易腐生物足跡的重要方式。透過這些石化物，我們得以辨識最古老的造物，窺見那些早於現存動植物、如今已絕跡的物種。它們是洪荒時代唯一留下的歷史遺跡。[43]

他在最後幾篇文章中仍不忘抨擊分類學家。在一篇有關硫磺的文章裡，他寫道：「沒有什麼比『創造新術語』這種文字遊戲更阻礙科學發展了。」[44]在鹽類條目裡，他指出：「所有系統命名法都有這種缺陷，一旦要把它套用於自然的真實物體，就會因漏洞百出而遭淘汰。」

一七八七年三月二十八日，布豐的最終卷獲得皇家審查官的批准後出版。這部關於磁石的專著，附有三百六十一頁精心編制的表格，記載了歷代航海家在各地觀測到的羅盤指針偏角。《自然通史》至此共出版了三十五卷：有三卷總論、十二卷哺乳動物、九卷鳥類、五卷礦物，以及六卷他稱為《補遺》的雜篇。這只是他原定計畫的一小部分，他原本打算用十五卷涵蓋「自然的全部範圍與整個造物界」。他從未探討到兩棲動物、魚類、軟體動物或昆蟲。至於植物領域，他原本計畫以三卷處理，那將使他與林奈的觀點形成最鮮明的對比，但至今仍缺乏可行的分類方案。

儘管如此，這仍是一項驚人的成就。即使不完整，也沒有計入陳列室的標本描述（他把這部分委派給助手多邦東處理），《自然通史》依然是史上由單人執筆的最宏大非虛構著作，其規模與廣度足以媲美數百人合編的百科全書。

❖ ❖ ❖

《自然通史》得罪的群體不止分類學家和索邦大學而已。當布豐忍不住批判，他的觀點也冒犯了其他意識形態和世界觀。他對奴隸制的痛斥（「但凡還有半點人性的人，怎能接受這樣的準則？」）尤其引人側目。畢竟，這套暢銷書出版時，正值國際奴隸貿易的巔峰。他認為文明最早發源於亞洲的觀點，也與主流的世界觀格格不入。當時大家普遍認為，文明的火炬是直接從希臘傳到羅馬，再傳到當代歐洲。在《自然通史》第四卷的〈論動物本性〉一節中，他更引發爭議：針對「動物無靈魂」的說法，布豐指出數世紀的觀察證明，動物能體驗「愛中最美好的部分」[45]，包括羈絆、親子之情，甚至自我犧牲。但他不敢直接斷言這證明動物有靈魂，因為那將激怒天主教的神學家，他們向來堅稱動物毫無靈性。這種遊走於審查邊緣的論述令人不安：無靈魂的生物竟能體驗愛？該文不僅得罪了神學家，也激怒了衛道人士，因為布豐明確指出「愛中最美好的部分」包含性吸引與歡愉。這種肯定性欲價值的立場，直接挑戰了性欲為卑劣衝動的傳統觀念。國王的情婦龐巴度夫人讀完此文後，默默地用扇子拍打布豐的臉以示不滿。

厭女主義者同樣感到不滿。在《自然通史》的其他章節中，布豐嚴厲批判男性如何利用「貞潔」概念控制女性：「這種原本只是心靈純淨的美德，卻被扭曲成男性異常在意的身體特徵。」[46]

> 這種觀念衍生出諸多荒謬的見解、習俗、儀式與迷信；甚至為酷刑懲罰、非法虐待、違背人性的行徑提供正當性……我對於消除這方面的可笑偏見已不抱希望。

布豐主張貞潔是「道德概念」，而非「身體特徵」。這表示女性是在自願發生性行為時失去貞潔，而非被迫時。他還指出，以完整的處女膜作為貞潔證明，根本靠不住。解剖學家即使能找到這層膜，其形態也有很大差異；即使是性交後，這層膜也可能完好無損。他總結道：「所謂貞潔的徵兆，不僅不可靠，根本是想像出來的。」

布豐甚至挑戰了一個近乎普世的信念：地球資源取之不盡。在《植物土地論》中，他討論現今稱為「生物量」(biomass)的東西，他寫道：「自然的生產力如此旺盛，若非人類的計畫性開發幾乎總是過度，導致土地遭到掠奪與耗竭，這種植物腐植質的數量理當在各地持續增加。」這種認為人類「掠奪與耗竭」神賜豐饒之地的觀點，與否認創世論一樣近乎褻瀆。

然而，《自然通史》數千頁中的每一頁文字，無論是否引發爭議，都是布豐努力不懈應用「複雜主義」世界觀的直接成果。他始終秉持這樣的信念：應當耐心窺探自然的面紗，而非強加面具。他青年時期便主張：「認清事實，乃科學唯一真諦。」這些事實引領他走向幾乎無人同行的道路。如今，他只希望拉塞佩德能承襲類似的紀律與勇氣。

❖ ❖ ❖

四十七年來，布豐總是像季節更替般，準時在春季返回巴黎。但一七八八年初，皇家植物園的員工卻收到前所未有的通知：園長打破慣例，比往年更早結束蒙巴爾的事務，準備搬遷家眷。時值隆冬，講解員、園丁、植物園的學者已在植物園的廣場集合，列隊迎接，卻見一輛陌生馬車穿過大門，停在陳列室前。為何伯爵沒有搭乘專屬的馬車？這個疑問在他們看見下車的人時消散了：布豐在助手的攙扶下，步履蹣跚地踏出車廂。

八十一歲的布豐已是垂暮之年。嚴重的腎結石讓他步履遲緩。他雖竭力保持一貫的沉穩姿態，但仍不時因突發的疼痛而皺眉蹙額。這輛馬車是特意借來的，因避震機能較好，可讓他在崎嶇不平的路面上少受些顛簸之苦。

布豐心裡明白，他的病情已到末期。腎結石無法手術取出，已累積到連腎臟都開始衰竭了。清醒時的每分每秒都充滿疼痛，而這樣的清醒時刻又太過漫長。他的姪孫後來回憶道：「生命的最後三年，他幾乎無法入睡」[47]，但「即使治療無效，他既不驚訝，也不惱怒」。

他面對即將到來的死亡……帶著勇氣與坦然，既不驚訝，也不抱怨，只是平靜交代後事。內心的波瀾，絲毫未影響其精神的自由。

「真貼心！妳專程來看我死。」[48]幾天後，一位女士來到布豐的床邊，布豐緊握著她的玉手說道：「對多愁善感的人來說，這可是場好戲啊！」這句病態的玩笑話，已不再讓訪客感到不安。這幾天的早晨，布豐總是以同樣的方式迎接她，彷彿她前一天沒有靜靜陪在他身邊似的。她是蘇珊·屈爾紹·尼克，一位優雅的五十一歲女士，活躍於巴黎最上流的社交圈。她的丈夫曾任國庫總管，是富有的銀行家。她與布豐已相知相愛逾十五年。

他們的關係，是法國人所謂的「浪漫友情」（une amitié amoureuse），雖無肌膚之親，但充滿熾熱情感，公開進行且得到另一半的包容。「我愛妳，此生不渝。」[49]他在往來不斷的書信中如此寫道。「我對妳的愛與敬重，超越世間一切。」

他的用字十分講究。打動她的不是熾熱告白，

蘇珊·屈爾紹·尼克

而是那份敬重。尼克夫人是巴黎最負盛名的文學沙龍的創始人兼核心人物，對那些只懂得讚美她美貌與社交魅力、卻忽視她敏銳與淵博才智的仰慕者向來不屑一顧。但布豐截然不同，這位大人物與她交往時毫無架子，不會把她當成調情對象，而是把她視為與他智慧相當的知己。布豐常把著作草稿送交給尼克夫人「請求指教」[50]，同時希望她「寬容以待，亦直言不諱」。他們會辯論宗教（她是加爾文教徒，曾想要改變布豐的信仰）、交流思想、互訴心事，情誼日漸深厚。

他們的關係完全公開，她的丈夫賈克和布豐常在信中提及「我們的蘇珊」，但這段親密關係始終保持著純潔的本質。儘管兩人的書信往來充滿了熱情洋溢的言辭，但雙方對肉體關係都毫無興趣。尼克夫人深知丈夫的政治生涯經不起醜聞衝擊，而布豐仍沉浸於喪妻之痛（他坦承：「她的離世在我心中留下無法癒合的創傷。」），能在精神層面獲得親密關係已讓他心滿意足。他在給尼克夫人的信中寫道：「天哪！這絕非一縷無火的情思，而是一種靈魂的溫暖與悸動，其甜美深刻不遜於任何激情。這是不帶狂熱的歡愉，是超越快樂的幸福境界。它比愛情更純粹，但比愛情更真實。靈魂的結合是彼此的滲透交織，而肉體的結合不過是膚淺的觸碰罷了。」[51]

顯然，布豐不僅把她視為平起平坐的知己，在許多方面，甚至覺得她更優秀。「但靈魂的結合，難道不需要雙方站在相同的高度嗎？我豈敢奢望我的靈魂能提升到妳的境界？」[52]他在信中如此寫道，「有時我又覺得可以，因為我如此渴望，因為妳是我效法的榜樣，因為我對妳的愛慕與敬重，超越我愛過的任何人。」

這種情感是互相的。談及布豐時，尼克夫人寫道：「每次相見，我的心都會產生兩種完全相反的錯覺：彷彿初次相見般為他傾倒，又恍若已愛慕他一生之久。」[53]

多年來，布豐向她傾訴年老的無奈，視力衰退，顫抖的手愈來愈難以握筆。他坦承兒子小布豐不適合當接班人令他心碎，也毫無保留地描述此刻承受的痛苦。尼克夫人一得知他打算提前離開蒙巴爾，就立即明白箇中深意，派出最豪華的馬車以減輕旅程的痛苦。如今他拒絕攝取任何飲食和藥物，她前來床邊，握著他的手。

布豐說：「我感到生命正在流逝，[54]當世間所有的美好都離我而去時，妳依然令我著迷。」[55]

她在他的病榻前又守了五天。直到某個清晨，他突然要所有的人離開，這個要求讓眾人都很意外。原來他想最後一次獨覽植物園。四月的午後，「溫暖的陽光為新芽鍍金」[56]時，尼克夫人和其他的朋友都退到遠處。她寫道：「我們看見一位耆老，裹著溫暖的毛皮大衣，由兩名僕人攙扶著，在穿越植物園的林蔭小道上緩緩步行。」那件毛皮大衣是俄國凱薩琳大帝所贈[57]。

布豐如今步履蹣跚走過的這座植物園，與一七四九年他剛加入時的模樣已截然不同。他將園區擴大了四倍半，植物種類從兩千種激增至六萬多種。昔日的藥材陳列室更名為「皇家陳列室」，空間也從幾間擁擠的房間，變成一棟宏偉的建築。在他的經營下，工作人員增加了兩倍，免費提供的課程也增加了一倍，並向所有的求知者敞開大門。他把皇家藥用植物園轉變成全球規模最大的自然史研究機構。

他視若無睹地走過那座由心虛的國王所贈的本人巨型雕像，目光停留在一座露天建築上，那才是他心中真正的紀念碑。布豐剛接管植物園時，園中的最高處只有一根旗杆。但一七八六年，布豐在此建造了名為「榮耀亭」的觀景台。這座完全由勃艮第的布豐鐵廠所鑄造的涼亭，是巴黎第一座全鐵結構。它彷彿掙脫了地心引力：纖細的立柱如長矛般刺向天空，托起一個編織如籃的鏤空圓頂，而不是厚重的穹頂。頂端更小的結構上，裝著風向標和渾天儀，將整個弧線向上拉伸。一般的穹頂是用來傳達堅固和穩重感，榮耀亭不一樣，它宛如即將升空的熱氣球吊籃。這座亭子是用特別的方式報時：陽光經過放大後，會燒斷一根懸著砝碼的髮絲。髮絲一斷，地球造型的銅錘就會敲響銅鑼。路人可以據此校準懷表，工人也知道該換新髮絲了。最上方刻著銘文「*Horas non numero nisi serenas*」（我只計算晴朗的時光）。

榮耀亭巧妙融合了簡約與繁複的美感，直到數十年後才有人真正了解其深意：數學家發現，這座看似輕盈的網狀穹頂之所以穩固，不僅是源自於鑄鐵工藝，更是源於其特殊的網格結構。這是一種單片的雙曲面體，是當時發現最複雜的二次曲面。這種能把結構強度與表面積的比例最大化的幾何形態，直到二十世紀才進入建築詞彙，成為發電廠冷卻塔的基本結構。榮耀亭就像布豐本人，都走在時代尖端。

這座植物園欣欣向榮，並將永續發展。《自然通史》的傳承同樣後繼有人。讓布豐略感無奈的是，他親自挑選的接班人拉塞佩德伯爵太過心急，已經搶先出版了自己的著作：一本有關卵生四足動物與蛇類的專著。布豐原本希望拉塞佩德等他離世後再出版，但至少他能從該書的序言中讀到弟子的溢美之詞（「這部恢宏的自然巨著，其格局之宏大，盡顯作者的非凡巧思」[58]），而翻閱內容後他也更加確信，拉塞佩德的文風與自己頗為神似，理念也一脈相承。

布豐並非虔誠的信徒，但曾向友人坦言：「當我病危

布豐的榮耀亭，位於植物園的最高處

臨終，一定會毫不猶豫地接受臨終聖事，這是對大眾信仰的尊重。」[59]四月十四日晚間，他以為身旁是告解神父，但其實是幻覺，聽他最後告解的是尼克夫人。他對著想像中的神職人員說：「親愛的伊格納修，你認識我超過四十年了，深知我一生的作為。我力行善事，問心無愧。我宣告，我將以出生時的信仰離世。」[60]他喝下三茶匙的亞利坎提葡萄酒[61]，闔上雙眼，於午夜過四十分辭世[62]。

❖ ❖ ❖

依照布豐的遺願，他的遺體成了他最後的標本。翌日的解剖中，醫生從他的泌尿道取出五十七顆結石。數量多到足以裝滿成人的手掌，這些驚人的體內碎片，意味著常人難以想像的痛苦煎熬。按他的囑咐，他的心臟排放血液後，交給了巴泰勒米．福雅．德．聖豐，這位地質學家曾協助他做礦物學的研究。隨後，解剖師花了更長的時間，謹慎地使用骨鋸，取出布豐的大腦。經測量，他們判定其「體積略大於常人」[63]。之後，他們把那顆腦鄭重地交給他的兒子。

小布豐對此毫無興趣，他深知他的才智令父親失望。一想到餘生都要守護父親的大腦，他就覺得煩惱。於是，他提議交換：由他保存父親的心臟，讓地質學家帶走大腦。但聖豐不得不委婉透露，那顆心臟其實是要給另一個人的。布豐立即會意過來，他正好可以趁機徹底擺脫這樁差事。

聖豐帶走了心臟和大腦。他將大腦放入水晶骨灰甕中，並附上一個標籤，上面刻著「布豐的大腦，以埃及方法保存」[64]（在接下來的七十九年裡，它一直保存在他的家族中。）布豐的心臟被金子和水晶包裹後，送到了尼克夫人的私人住所，她是布豐晚年的純愛對象，也是他臨終的慰藉。

《文學通訊》期刊報導：「布豐於週三逝世，[65]他為法國帶來榮耀的輝煌世紀，就此落幕。」翌日清晨，兩萬名巴黎民眾齊聚街頭，目送葬禮隊伍經過。

尼克夫人雖珍藏著安放布豐心臟的聖物盒，但她認為最能紀念布豐的不是實物，而是那座植物園。「我每週都會去皇家植物園，向摯友留下的那片生機盎然的園地致意。」[66]她在給友人的信中寫道：「有時仍能感受到他那崇高的靈魂，彷彿穿越時空與我交談。但往昔相伴的時光，終究是無可替代的。」

❖ ❖ ❖

她與布豐靈魂的每週交流並未持續太久。四個月後，路易十六為了避免迫在眉睫的財政危機，任命她的丈夫賈克．尼克為法國財政總監。次年一月，國王在尼克的建議下，重啟一個大家幾乎都遺忘的古老制度：三級會議（Estates General），希望藉此爭取民眾對財政改革的支持。這個由貴族、教士、平民代表所組成的議事機構，非但沒有順從王命，配合改革，反而提出許多訴求。國王一氣之下，將財政總監革職。

那是一七八九年七月十一日。歷史學家對法國大革命的導火線眾說紛紜，但尼克遭到革職無疑是關鍵事件之一。這位財政總監深得民心，不僅公開坦承國家瀕臨破產，也願意傾聽民意。他遭到革職的消息傳到了巴黎，次日街頭爆發抗議活動。示威持續升級，短短兩日後，憤怒的民眾便攻陷了巴士底監獄。

PART III

造物主的登錄官

GOD'S REGISTRAR

「人類爭論不休，自然默默運行。」
——伏爾泰

CHAPTER 23 共和曆 Germinal, Floreal, Thermidor, Messidor

林奈的半身像在皇家植物園的揭幕儀式，
一七九〇年八月二十三日

一七九〇年八月二十三日傍晚，法國大革命爆發已逾一年。一支手持火炬的遊行隊伍，穿過皇家植物園的大門。

這些自詡為革命分子的人，與當年攻占巴士底監獄、殺害典獄長並將其頭顱插在長矛上遊街的那類暴徒不同。他們自稱是思想革命的先驅，手中高舉的不是血淋淋的頭顱，而是一尊漆成青銅色的石膏雕像，那是林奈的半身像。

林奈與布豐長達四十年的學術爭論，並未隨著兩人的離世而終結。分類學派與複雜主義學派的對立依然持續，而且在不同國家獲得不同程度的影響力。在義大利，林奈的分類法遭到全面禁止，直到一七七三年教宗克萊孟十三世才解除十五年前頒布的教宗禁令。英國學界對此意見分歧；德國學界受哈勒與西格斯貝克的反對聲浪影響，對林奈理論的態度始終冷淡。而在布豐及其圈子主導數十年的法國，林奈學說更長期遭到邊緣化。但在風雲變色的一七九〇年，這些邊緣思想正逐步邁向舞台中央。

❖ ❖ ❖

巴士底監獄離皇家植物園僅一英里，就在塞納河的對岸。自從巴士底監獄遭到攻陷，園內師生便刻意保持低調，忐忑不安地等待著革命浪潮終將波及他們的一刻。這座位於城郊、綠蔭環繞的機構雖不起眼，但終究掛著「皇家」的名號，裡頭還設有「皇家陳列室」。這種與皇室的關聯終究是撇不清的。

一七八八年，布豐臨終之際，他的官方繼任者昂維利耶決定把這個職位轉給胞弟比拉德里侯爵。這位侯爵是軍人出身，曾任國王軍隊的大元帥，對博物學一竅不通，也毫無興趣。他沒有搬進布豐在園內的故居，對工作人員的要求也置之不理。早在革命爆發以前，他就懶得履行布豐舊職中最重要的一項工作：為植物園向宮廷爭取經費。當時的路易十六（仍以立憲君主身分苦苦維繫著王權）和新成立的國民議會都忙於應付更迫切的危機，根本無暇注意植物園日益拮据的營運資金。事實上，他們幾乎忘了這個園子的存在。園內的工作者只能節衣縮食，默默忍耐，期盼能熬過這段動盪的歲月。

但有些人把動盪視為良機。皇家農業學會的常任秘書奧古斯特・布魯索內就是其一。這位私底下熱中林奈學說的學者，刻意發表演說，將自然史議題引入當時熱議的國事討論中，藉此抨擊布豐及其代表的複雜主義學派。布魯索內雖承認布豐「天資聰穎、思維敏銳，且有豐富奔放的想像力」，[1]但仍批評這位已故的皇家植物園園長「面對自然萬物的紛繁複雜，卻只滿足於描繪其混沌表象，徒為這場恢弘的天地大戲增添幾許變奏而已」。布魯索內總結道，相較之下，林奈「同樣才華橫溢、熱情澎湃，但他堅持用實際觀察驗證一切」,「在看似混沌的生命現象中,他看見必須消除的混亂,好讓自然知識更加實用」。

這是一種策略性的攻擊。布魯索內是巴黎林奈學會的領導者之一。這個地下組織成立於一七八七年十二月(當時布豐仍在世),成員暗中集會,就等著布豐去世後趁勢而起。他們偷偷成立學會是為了避開官方耳目,也是為了掩飾這種明顯的背叛行為。然而,崛起時機遲遲未到,祕密會議因此逐漸減少。成立僅一年後,這個學會就名存實亡。然而,隨著變革氣氛日益高漲,如今這個組織已重振旗鼓,有至少十六名成員。

來自地中海城市蒙彼利埃的鄉下人布魯索內,在巴黎的學術圈中原本就是邊緣人。那個菁英群體長久以來一直是以布豐為核心,但他的攻擊行動並非出於狹隘的報復心理。布魯索內原是醫生,後來轉攻農學,因此他更重視自然史的實際應用價值,而非抽象理論。對於那些無法從事純理論研究、主要關注物種辨識與實際運用的人來說,林奈的性分類系統雖是人為設計,卻是不可或缺的實用工具。若將林奈學說斥為歪理謬論,就等於否定像布魯索內這類學者畢生的研究成果。他真心想破除「那些陳腐的謬誤與偏見」[2](誠如另一位巴黎林奈學會的成員所言),「讓我們能更精準認識布豐那些過於籠統的自然定義……使法國重獲其在自然史領域應有的重要地位」。

其他成員則是各有不同的動機。另一位領導者是安德烈·圖安,他是布豐慷慨作風的終身受益者。布豐先是雇用圖安的父親擔任一般園丁,後來將他提拔為園丁長。他的父親過世後,布豐仍將那個職位交給當時年僅十七歲的圖安。多年來,布豐視圖安為最信任的助手,每當布豐前往蒙巴爾,總讓他代管植物園。但早在布豐去世以前,圖安就已經決定投靠林奈學派。他知道他的前途很有限,眼看就要改朝換代,一個沒受過正規教育的園丁二代,僅憑非正式的權威地位,恐怕難以立足。

一七九〇年八月，巴黎林奈學會以布魯索內的演說試探風向後，決定公開活動，不過是採取比較低調的方式：他們計畫在巴黎近郊聖日耳曼昂萊村外的林地，放一尊林奈的半身像，那裡離巴黎約半小時的馬車路程。沒想到那場儀式弄巧成拙，當地居民看見一群衣著考究的男子抬著大木箱和幾個小錫盒（他們原本打算沿途採集植物標本），頓時起疑並聚集起來驅趕他們。看來他們必須採取更大膽、或至少更明確的行動。於是，巴黎林奈學會改變策略：與其在巴黎的周邊偷偷摸摸，不如直接向國民議會請願，要求將林奈半身像安放在皇家植物園內。

布魯索內等人以精心琢磨的措辭，將林奈重新包裝成一位科學革命者、真正的人民之子。他們在請願書中謙卑請求，為這位他們刻意稱作「查理・林奈」的人（而非帶有貴族頭銜的「卡爾・馮・林奈爵士」）樹立一座「樸素的紀念石像」[3]。去掉「爵士」頭銜以彰顯其親民，省略德文前綴詞「馮」字以強調法蘭西色彩。在所謂的「皇家植物園」內設立這樣的紀念石像，無疑是對舊體制的一記重擊。此時日益壯大的巴黎林奈學會，已號召了六十三人連署。他們把請願書送交國民議會後，便開始靜候回音。

他們沒有等很久。儘管國民議會對皇家植物園沒有明確的管轄權，他們仍批准了這項請願。一七九〇年八月二十三日傍晚，一支手持火炬的隊伍穿過植物園的大門，聚集在榮耀亭的觀景台下方一棵大雪松的樹蔭下。他們迅速架起漆成大理石紋的基座，然後把林奈的半身像安放在基座上。

他們在現場發表了演說。學會成員與自詡為林奈學派的新進追隨者，紛紛在紙片上寫下自己的姓名，投入半身像基座前的花瓶。隨後，他們點燃這些紙片，火光照亮了基座上的詩體銘文：「園美如畫，林奈引我望伊甸，但命運何其詭譎。」

年僅十九歲的艾蒂安・若弗魯瓦・聖伊萊爾（通常簡稱為若弗魯瓦）冷眼旁觀這情景，毫不掩飾他的輕蔑。他後來回憶道：「我親眼目睹這群狂熱分子，刻意在布豐精心打造的園林裡，於特定時刻聚集喧鬧，羞辱這位偉人留下的遺澤。那個外國人的半身像，被虔誠地安放在黎巴嫩雪松的樹蔭下……是對林奈的狂熱推崇。但與其說是在頌揚林奈的聲名，不如說是企圖扼殺布豐學派的發展。」[4]

若弗魯瓦剛從當地一所天主教學校畢業，在校期間因對礦物學產生興趣，經一位神學教師的指點而來到植物園。他自認只是「布豐學派」的初學者，和其他的園內學者一樣，面對巴黎林奈學會反客為主的行徑（強占演講廳舉辦集會、吸納新成員），只能默不作聲。隨著巴黎林奈學會的會員增至數百人，該組織也改名了：從「巴黎林奈學會」搖身變為「自然史學會」。這並非要與卡爾．林奈劃清界限，而是要徹底消除距離。在他們眼中，林奈就是自然史的化身。一位名為格朗梅松的業餘博物學家（該學會的另一位共同創始者）更趁機抨擊：「布豐的著作不過是以華美的文風蠱惑人心，才贏得同胞乃至全歐陸的矚目。」[5]

不可否認，布豐對自然科學系統與方法所表現出來的輕蔑態度，以及這種態度所造成的影響，確實阻礙了真正知識的進步。若缺乏這些系統與方法，自然科學只會陷入混亂，成為永遠走不出去的迷宮。

❖ ❖ ❖

儘管林奈學會占據了植物園並高唱勝利凱歌，官方仍未對植物園的未來作出正式決議。一七九一年七月一

艾蒂安．若弗魯瓦．聖伊萊爾

日，比拉德里侯爵辭去園長一職。接任的賈克—亨利．貝爾納丹．德．聖皮埃爾更不具備領導植物園的資格。這位以小說《保羅與維珍妮》風靡一時的暢銷作家，與自然科學的唯一淵源是他與已故的哲學家盧梭的交情。盧梭曾熱情讚頌布豐，也對林奈推崇備至。一七七〇年盧梭去蒙巴爾造訪布豐時，曾刻意跪吻布豐宅邸的門檻，聲稱自己即將踏入「聖地」。但隔年，他也同樣熱情寫信給林奈，懇求道：「先生，願您以康泰之身，接納您最駑鈍卻最熾忱的弟子獻上的敬意……懇請先生繼續為世人闡釋這部自然之書……我拜讀您的著作、鑽研您的思想、深思您的智慧，並全心全意尊崇您與您志業的同道。」[6]

聖皮埃爾和已故的好友盧梭一樣，是個兩面討好的騎牆派。他保持低調，無所作為，植物園就此陷入前途未卜的困境。年輕的若弗魯瓦只好繼續他的礦物學研究，直到一七九二年八月十日，這天民眾攻占杜樂麗宮，國王遭到囚禁，新政府「國民公會」成立，法國大革命也從此陷入反動的混亂局面。

❖ ❖ ❖

國民公會成立後的首要行動之一，就是搜捕並開始處決那些「拒誓派」的神父。這些神職人員拒絕接受國家權力凌駕教會之上的效忠誓詞。若弗魯瓦得知母校的多數教師已遭逮捕，便懇求植物園的同僚協助營救。然而，他們的人脈僅成功救出少數人，這位年輕人於是發誓要親自解救其餘的師長。九月二日清晨，他假扮成獄政督察，直接走進聖菲爾曼監獄的露天牢區，勸說神父跟隨他脫逃。

令他震驚的是，那些神父竟然拒絕離開。他們或許不知道即將面臨的危險，向若弗魯瓦道謝後，仍選擇與其他的囚犯共患難。最終他僅帶著一位神父逃離，只好繼續思索下一步對策。他知道處決才剛開始，事實上，那天正是「九月屠殺」的開始，這場持續四天的殺戮狂潮，將奪走巴黎半數囚犯的性命。

他等到夜幕低垂，找來一架梯子，爬上聖菲爾曼監獄的護牆，蹲在牆頭整整八個小時。底下殺戮聲不絕於耳，他知道隨時可能有人發現那架梯子。終於，他在月光下認出神父的身影，示意他們攀梯而上。他先後拉起十二名神父翻越牆頭，將他們安全送到附近的木材場。就在若弗魯瓦準備爬下梯子時，他突然感到一顆子彈穿透外套。原來他全神貫注營救神父時，沒有察覺天色已亮，整個人完全暴露在守衛的視線中。

❖ ❖ ❖

一個月後，賈克．尼克帶著尼克夫人倉皇逃離巴黎，匆忙間，布豐的心臟就此遺留在巴黎。他們在瑞士的邊境被捕，遭拘留數日。當地公社爭論著到底要怎麼看待他們：他們究竟是革命英雄，還是革命之敵？畢竟，賈克在一七八一年因不顧禁令公布王室預算而開啟了許多變革，後來協助國民公會促成王室和平交權，更曾傾盡家財填補國庫，竭力避免法國經濟崩潰。最終在九月十一日，他們獲准離境，但革命政府隨即沒收了他們剩餘的財產。

尼克夫人始終未能從這場倉皇逃亡的打擊中恢復過來。她從此深居簡出，深陷疑病症的折磨，病態地反覆修改遺囑與葬禮安排。一七九四年，五十四歲的尼克夫人在流亡中離世，留下遺願要求將遺體防腐處理，讓她倚靠床榻，展示給訪客長達四個月。賈克雖活到一八〇二年，但始終未能拿回他為法國犧牲的龐大家產，連一小部分都追不回來。

路易十六國王被剝奪頭銜、以「公民路易．卡佩」的身分受審，並於一七九三年一月二十一日被押上斷頭台。臨刑之際，他高呼「我死得冤枉！」[7]，卻被革命將領不耐煩地以鼓聲掩蓋了他的最後遺言。革命群眾高唱〈馬賽曲〉，用手帕蘸取國王的鮮血，隨即開始清算他的政治遺產。到了二月，他們向國民公會請願，要求「廢除」（實為拆除）皇家植物園，斥之為「王宮的附屬品」[8]。公會雖下令小組委員會審議此事，卻同時成立了更激進的革命法庭，目的是伸張革命正義。三月十日，革命法庭開始運作，從此開啟了後世所謂的「恐怖統治」。

植物園的前景黯淡，園內學者的性命也岌岌可危。拉塞佩德伯爵深知自己的貴族頭銜恐招來殺身之禍，立即逃離巴黎，躲回故鄉勒維爾避風頭，並辭去自然史陳列室副主任兼助理講師的職務。此時，由作家轉任園長的貝爾納丹．德．聖皮埃爾向若弗魯瓦提出了一個驚人的提議：是否願意接替拉塞佩德的職位？

若弗魯瓦很清楚自己根本不夠格。他只是一個毫無成就的二十一歲學生，沒有研究或教學經驗，但他明白這項提議背後的深意。聖皮埃爾和植物園的同僚都知道，他在九月屠殺期間冒死營救曾為其師長的神父。他們希望，必要時，他也會營救他們。

他接受了這個職位，也明白大家暗中期待他保護新同事的使命，大家都理解他的職責不包括繼續編撰《自然通史》（這事要等拉塞佩德平安歸來再說）。他的接任恰逢其時，幾天後，恐怖統治已全面展開，國民公會那個名稱看似無害的「公共安全委員會」實際掌握了大權，開始肆意處決他們認定的敵人（不分真假）。短短一年內，約有一萬七千名公民被送上斷頭台，另有一萬多人沒等到審判就死於獄中。雖然若弗魯瓦竭力避免植物園的同僚慘遭毒手，但對植物園即將面臨的厄運，他卻無能為力。

植物園的救星是一位出乎意料的人物：五十二歲的尚—巴蒂斯特．皮耶．安東尼．德．莫內。這位平日低調的植物標本室管理員，正好也是一位騎士。

❖ ❖ ❖

這位植物標本室管理員出生於法國東北部的皮卡第地區，家中有十一個孩子，他排行老么。他的家境貧寒，但家族承襲了過往的貴族頭銜。他繼承了「拉馬克騎士」這個小頭銜（騎士頭銜相當於最低階的貴族身分），這讓他有足夠的社會聲望加入法國軍官團。他以「拉馬克」之名從軍，因出色的領導力及英勇善戰而小有名氣，但後來發生了一場難堪的意外：一七六三年駐防摩納哥期間，一位同僚一時興起，看拉馬克身材矮小，直接抓起他的頭將他提起。這場玩鬧導致他頭部重傷，必須動手術長期休養。三十二歲那年，他漂泊到巴黎，短暫擔任銀行職員，正考慮成為職業音樂家時，偶然發現了植物園。不久後，有人把他引薦給布豐。

拉馬克的背景與自然史的職業毫不相干，但布豐自己也是在沒有正式的資格下接掌植物園，他一眼就很喜歡這位飽經戰火的退伍軍人，所以先聘請拉馬克擔任小布豐的家庭教師，又在一七七七年促成國家資助出版拉馬克的首部著作《法國植物誌》。這本書的語調明顯偏向複雜主義，作者毫不客氣地批評林奈「對自然發號施令，強迫她像將軍調派軍隊那樣，按旅、團、營、連等單位來部署她的造物」[9]。該書暢銷一時，一七七九年拉馬克順利入選法國科學院。

但隨著時間經過，他與布豐漸行漸遠。擔任小布豐家庭教師的日子令他覺得屈辱，即使多年後想起那個潑他墨水、毀他衣服的頑童，他仍會不寒而慄。更重要的是，他與布豐對一個關鍵問題始終無法達成共識：雖然布豐的「外生成論」（exogenesis）認為生命是流動變化的，

尚—巴蒂斯特・皮耶・安東尼・
德・莫內，拉馬克騎士

拉馬克始終相信物種恆定：他認為生命機制過於精妙複雜，絕非演變所能解釋，那肯定是造物主一次創造出來的結果。兩人表面上維持著禮貌往來，但布豐的關照僅止於任命他為植物園標本室的管理員。那份差事薪資微薄，但拉馬克視之為延續其研究的重要依託。

他的著作《法國植物志》擺明了他是反林奈學派，對此他也毫不避諱。但是，當新任園長放任林奈學派自由發展，這樣的聲譽就顯得不合時宜。拉馬克自認飯碗即將不保，便火速起草了一份小冊子，準備呈交國民議會。內文是為自己的生計和皇家植物園的實用價值辯護。他精明地把這本小冊子命名為《自然史陳列室備忘錄．植物園專題》。

他刻意使用「植物園」，而非「皇家植物園」，暗示「國王的花園」（御花園）已不復存在，如今只是座「植物園」。署名時，他捨棄「拉馬克騎士」的頭銜，僅以「公民拉馬克」自稱。

拉馬克指出，自然史陳列室向來對大眾開放。植物園不僅沒有收門票，連最高階的專業課程也從不收費。公民拉馬克謙卑提議，把收藏館非正式的存放功能正式改制：由人民慷慨捐贈，擴建自然史陳列室，讓它成為人民的「自然史博物館」，坐落在人民的植物園綠意中。未來不再由單一園長或政治任命者領導，而是改由六位「教授兼行政主管」共同管理，體現平等精神。

這個新名稱明顯是向林奈學派妥協，他們早已把組織改名為「自然史學會」。拉馬克預料那群人將在「教授兼行政主管委員會」中占有主導地位，但他仍希望能為自己掙得一席。

這本小冊子送到國民議會後便石沉大海。經過三年後，國民議會本身也消失了，被國民公會取代。一七九三年六月，政府正面臨更迫切的危機：除了恐怖統治以外，還同時與奧地利、普魯士、英國、西班牙交戰，但關於植物園的決議終於出爐了。不知怎的，公會的「公共教育與財政委員會」偶然發現了拉馬克的小冊子，認為那是絕佳的改革範本，僅將提案中的教授兼行政主管人數從六人增至十二人便全盤採納。國民公會毫無異議通過了那個方案。

拉馬克的小冊子不僅避免這座機構遭到革命風暴的猛烈摧殘，更賦予它新的名稱。由於他的提案是把植物園視為自然史陳列室的附屬部分（而不是反過來），「陳列室」一詞被提升為「博物館」並獲得主導地位。從此，「皇家植物園」正式更名為「國家自然史博物館暨植物園」。

這個名稱的反轉凸顯出該機構的實用價值。革命群眾衝進貴族宅邸沒收珠寶等貴重物品時，他們也沒放過那些曾經風靡一時的私人奇珍櫃。有些掠奪者發現多數標本沒什麼實際價值後，就把它們扔進垃圾堆或塞納河，但也有人把它們丟棄在植物園。通往自然史陳列室（現為博物館）的小徑上，常散落著遭遺棄的鳥類標本、蝴蝶標本、化石碎片，以及泡在罐子裡的各種物件。

❖ ❖ ❖

植物園的學者自行將機構劃分為十二個部門。植物界拆分為兩個教席：館方把「園藝學」教席授予安德烈·圖安，「植物學」教席則給了勒內·德方丹。德方丹是醫生兼業餘的植物愛好者，唯一的正式資歷是巴黎林奈學會的共同創始者。解剖學教席也分為「人類」與「脊椎動物」兩部門（儘管人類顯然也是脊椎動物），動物界則劃分為「高等」與「低等」部門。

「高等動物學」教席的首選是拉塞佩德，但他已逃離巴黎。招募新人的任務落在多邦東的身上，亦即當初被布豐從蒙巴爾找來的助手，他為《自然通史》編寫了陳列室的補充目錄，並監督解剖圖的精確繪製。高齡七十七歲的多邦東自認無法勝任這個職位，但他迫切希望找一個有布豐學派理念的人，來制衡林奈分類學派的主導地位。他拜訪了若弗魯瓦，這位年輕人再次被懇請接手一個他完全不夠格的職位。「你的經驗不足由我來承擔。」[10]多邦東向他保證，「我對你有如父親般的影響力，接下這個教授職位吧。讓我們有朝一日能說，是你使動物學成為法國的科學。」於是，若弗魯瓦接下了這個教席。

這樣一來，就剩下拉馬克了。林奈學派的成員都不喜歡他，但他確實拯救了植物園。他獲得了「低等動物」的教席，具體是負責「昆蟲、蠕蟲、微動物」[11]的研究。這是最模糊不清的分類範疇，涵蓋了林奈最初歸為「蠕形綱」（*Vermes*），後來又細分為「蠕形綱與昆蟲類」（*Vermes* and *Insecta*）的所有物種。

他接受了任命。身為植物學家而非動物學家，這個職位的本意是要羞辱他，但總比之前擔任植物標本室的管理員要好。年輕的若弗魯瓦意識到，拉馬克現在面臨的學習挑戰比他更艱鉅，從此終生都對這位年長的前輩敬佩有加。他後來回憶道：「一七九三年的法令規定，自然科學的所有領域都應平等教授。」[12]

> 昆蟲、貝殼與無數微小生物——這片幾乎未知的造物領域——正等待研究……這項任務如此艱鉅，將引領他投入無盡的探索。這份孤獨又吃力不討好的任務，他毅然接受了。

這項任命看似要把拉馬克流放到動物界的邊陲，但實際上反而把他推向了生物研究的核心。節肢動物與軟體動物（即「昆蟲與貝類」）恰巧占了地球現存動物物種的九成。拉馬克被迫研究數量龐大的生物，又硬是從植物界轉戰動物界，這些都將帶來深遠的影響。

❖ ❖ ❖

植物園改制的同時，法國的學術界正經歷著更劇烈的變革。一七九三年八月，科學院與法蘭西學術院等所有的皇家學術機構都遭到廢除。植物園內那尊林奈的石膏半身像也不翼而飛，據傳是被誤認為法國古代國王的雕像而遭到砸毀。但那年秋天，國民公會開始推行曆法革命時，已故的林奈被重塑為「革命英雄查理．林奈」的風潮依然方興未艾。

某天清晨，法國民眾醒來後，驚覺當天不是一七九三年十月二十五日，而是共和曆二年霧月（Brumaire）四日。新頒布的《共和曆》追溯性地將國民公會成立後的次日（一七九二年九月二十二日）定為元年元旦，此後每年以巴黎秋分為元旦。新曆法全面採用十進制：每週十天，每日重新劃分為十個時段，每段含一百分鐘，每分鐘一百秒。每月固定三週，這種安排需要四或五天額外的時間，以便與天文年同步。這些多出來的日子統稱為「補充日」。這套曆法就像法國大革命的諸多措施一樣，也是委員會集體創作出來的東西。其中一位委員是演員兼詩人法布爾．代格朗蒂納，他負責為每個月份重新命名，名稱必須去除任何帝國或宗教色彩。他拜訪植物園的圖安後，帶回了從林奈一七五六年出版的《花卉曆》（*Calendarium Florae*）中摘錄的筆記。這本《花卉曆》僅十八頁，是以植物術語描述時令變化。

代格朗蒂納在這項任務上充分發揮了詩人才情，他把二月前後命名為「風月」（Ventose），意指「風的時節」；把十月前後命名為「霧月」（Brumaire），意為「霧的時節」。但有四個月份的名稱是直接取自《花卉曆》：「芽月」（Germinal）、「花月」（Floreal）、「熱月」（Thermidor）、「穫月」（Messidor）。於是，林奈因曆法中大部份月份的名稱出自其著作，而在法國永垂不朽。

由於需要惡補動物學的知識，若弗魯瓦決定建造一座動物園。當時國民公會已明令禁止私人豢養異國動物，革命者四處搜捕巡迴馬戲團，並把動物連同馴獸師一起送到植物園，這成了若弗魯瓦的難題。突然間，他得照料一隻老虎、一隻黑豹、一隻花豹、一隻白熊，兩隻老鷹，還有好幾隻彩面狒狒。按規定，他應該辭退馴獸師，把動物製成標本後展出，但他另有打算。他急忙尋找資金，在植物園的低處搭建獸欄，並雇用那些馬戲團的馴獸師擔任動物園的管理員。一七九四年十二月十一日，動物園開張，很快就成為植物園裡最受歡迎的景點。悠閒的民眾開始湧入園內尋樂時，拉馬克和若弗魯瓦也謹慎恢復了這個機構最悠久的傳統：向所有人免費開放的自然史講座。

❖ ❖ ❖

然而，這仍是一個動輒喪命的年代。喬治—路易—瑪麗．布豐（在成為第二代布豐伯爵前被稱為小布豐）是革命的早期支持者，在革命軍第五十八步兵團擔任上校。但他難以擺脫繼承父親爵位的事實，更因非自願的王室關係而遭到非議。

七年前，病重的布豐在生命的最後階段，仍盡了父職，告訴兒子一個難堪的消息：國王的堂弟奧爾良公爵把小布豐的妻子納為情婦。他勸兒子別與公爵正面衝突，低調處理此事。小布豐聽從父命，辭去皇家軍隊的職務，並且盡可能低調地與妻子分居。然而，大革命正全力剷除統治階級，光是「國王堂弟情婦的前夫」這個身分，就足以讓他送命。羅伯斯庇爾指控這位二十九歲的年輕人參與「破壞共和國統一與不可分割性」的陰謀，公共安全委員會隨即判處他死刑。最終，在共和曆二年穫月二十二日（亦即一七九四年七月十日）遭到處決。

在生命的最後時刻，這位昔日玩世不恭的小布豐，展現出其父當年的凜然氣概。目擊者稱，他鎮定地走向斷頭台，在行刑架上向人群自豪宣告：「公民們，我姓布豐！」[13]語畢，鍘刀隨即落下。

他的遺體沒有與父母一起葬在蒙巴爾的家族墓穴。該座位於布豐公園邊緣、附屬於小教堂的墓室，不久前遭革命分子褻瀆。他們為了獲取製造子彈的鉛料，撬開壁龕中的棺木，倒空遺骸，剝取金屬內層。布豐的遺體才下葬不久，尚未完全腐化，就這樣被扔在教堂的地上，和妻子的遺骨混在一起。

❖ ❖ ❖

一七九五年七月，二十五歲的喬治・居維葉手持邀請函，來到植物園的門前。那是當時二十三歲的若弗魯瓦執筆的邀請函，他在信中寫道：「來這裡接替林奈的位置吧」，又說「來成為自然史的另一位立法者」[14]。

居維葉生於一七六九年，父親是瑞士近衛隊的中尉。他的家鄉蒙貝利亞爾位於法瑞邊境，一五三六年符騰堡公國從法國手中買下蒙貝利亞爾，使這個市鎮在領土上屬於德國，但文化上仍屬法國。居維葉從小聰慧，在當地的教育資源有限下，他的成長歲月都沉浸在布豐的《自然通史》中，不僅讀遍他能拿到的每一卷，甚至把喜愛的段落背得滾瓜爛熟。布豐本人更成為他的人生榜樣：這位學識淵博的學者，以生動的敘事才華，縱橫多元的領域，既提升自然史的學術地位，又讓這些知識廣為人知。居維葉後來的志向就是沿著類似的軌跡發展。

為擺脫環境限制，他利用蒙貝利亞爾在法理上屬於外國領土的優勢，前往公國首府司徒加特求學，儘管當時他連德語都不會說。但他學得極快，不久就在演講比賽中獲獎，更因驚人的記憶力，成為校園的風雲人物（「再枯燥的編年史實，只要記住，就永不遺忘」[15]）。但一七八八年，十九歲的他耗盡了求學資金，不得不返回法國謀生。一七九〇年，他定居在諾曼第鄉村，擔任某貴族之子的家庭教師。他唯一能參與的知識活動是偶爾造訪鄰村，那裡有一

喬治・居維葉

個由農夫、市民、其他公民所組成的非正式團體，他們會聚在一起討論農業問題。

在一次聚會中，居維葉開始特別關注另一位與會者。那人是附近野戰醫院的醫生，似乎特別了解穀物病害、小麥腐壞等專業議題，而且他的言談節奏和學識細節，讓居維葉覺得莫名熟悉。居維葉憑其驚人的記憶力，突然想起他曾在百科全書讀過的條目，立刻認出那人就是作者本人。他是亨利－亞歷山大·泰西耶，路易十六在朗布依埃有一座皇家農場，泰西耶在那裡擔任總管並以引進美利奴羊到法國著稱。發現這樣的名人在身邊，居維葉興奮上前攀談，開口便直呼其名，並問了不少問題。

泰西耶嚇壞了。他倉皇逃離巴黎，就是為了躲避革命。如今隱居鄉村且化名生活，深怕被認出來。「這麼說，我的身分已經曝光了。」[16]他脫口而出：「這下完蛋了。」

「完蛋？」居維葉回應：「不，從今以後，您將受到我們最悉心的關照。」

這位前朝的農學家如釋重負，對這個年輕人的賞識與日俱增。他寫信給巴黎的友人：「我剛在諾曼第這個鳥不生蛋的地方發現了一顆珍珠。」[17]這位青年才俊的名聲很快就傳到若弗魯瓦的耳中。若弗魯瓦正渴望有同齡的夥伴，立即在動物解剖部門安排了一個助理職位，並向居維葉發出邀請函。

❖ ❖ ❖

兩位年輕的博物學家一見如故，很快就建立了深厚的友誼，更發展出合作夥伴般的默契。有記載寫道：「若弗魯瓦與居維葉從不妒忌彼此。若弗魯瓦有任何東西，都會與居維葉分享：職位與這個朋友同享，藏書也開放給這位夥伴使用，連博物館的住處也與這位新兄弟共用。」[18]這種日益緊密的合作關係，讓一些植物園的同僚感到不安。他們委婉地提醒若弗魯瓦：他身居高位，而新來者只是個低階助理；居維葉絕非另一個林奈，而是一個經驗不足、有待磨練的新學者。但若弗魯瓦對這些提醒毫不在意。

共和曆四年葡月（Vendémiaire）十三日（一七九五年十月五日）後，法國逐漸恢復某種平靜。那天保皇派的軍隊攻入巴黎時，埋伏在蜿蜒街巷的炮兵突然開火。這場出其不意的炮擊不僅徹底瓦解了革命最後的武裝反抗勢力，也讓炮兵指揮官——年輕的拿破崙．波拿巴准將——一戰成名。保皇勢力就此瓦解，但反保皇的流血鎮壓也隨之落幕：曾將小布豐送上斷頭台的「恐怖統治」主謀羅伯斯庇爾，最終也死於同一把鍘刀。隨著極端主義退潮，法國開始轉向務實治國（當時法國正與多國交戰），各方的敵對情緒也逐漸消退。

拉塞佩德伯爵不再消聲匿跡，回到了植物園。植物園改組使他失去了正式職位，但他不以為意。這給了他更多的時間，繼續撰寫《自然通史》。拉馬克試圖展開職涯的新篇章，向國民公會申請經費以撰寫《自然之系統》。他聲稱這將是「類似林奈《自然系統》的法語版著作」。他已無奈地接受了林奈分類法的盛行，不再試圖推翻它，但他想加以更新。不過，他犯了一個錯誤，說林奈的最終版本「充斥著嚴重的錯誤、屢次出現遺漏，以及同物異名的謬誤」[19]。

這項申請因此未獲批准。林奈辭世後，聲譽日隆，科學史家後來稱之為「新林奈主義」（néolinnéisme）。這段期間，他平實的語言和通俗易懂的分類系統，使他成為大眾文化的寵兒，更被視為思想民主化的典範。當時雷內─理查德．路易．卡斯特爾的一首詩，道出了這種普遍推崇的精神：

林奈啊，願你永世流芳！
你一至，萬物歸序。
一道靈光，驟現自然全貌，

埋藏多種礦物的深邃暗床，
翱翔天際的飛禽與水族眾生，
春風吹拂下甦醒的草木，
你生時洞悉萬物真理，
逝後讓我們通曉萬物。[20]

儘管拉馬克因不相信物種變化而與布豐決裂，但他與布豐（革命前的植物園領袖）的關係仍是個汙點。一七九四年一份關於林奈學會起義的記述寫道：「眾所皆知，布豐既不懂林奈分類法，也不願費心了解，還經常批評林奈。」[21]這段話強化了後來長期流傳的迷思：布豐之所以反對林奈分類法，並不是出於對立的複雜主義理念，而是純粹的頑固無知。相較之下，林奈「屬於少數的曠世奇才。這些傑出人士開創學術的新紀元，成就超越了時代的限制，英名永世流芳」。

❖ ❖ ❖

當拿破崙晉升為將軍時，他自認不僅是軍人，更是學者。他早期的軍事成就，主要是靠出色的炮兵部署能力，而這種能力又源於他扎實的數學造詣。一七九六年他當選科學院的院士時，這個頭銜絕非虛名。一七九八年，督政府（當時執政的軍政府）派他領導一項神祕的軍事行動，他的準備工作包含一項特殊安排：成立一個特別的「科學與藝術委員會」，並邀請一百六十七位學界人士加入，若弗魯瓦也在其中。當這群學者齊聚一堂時，二十八歲的將軍向他們提出一項建議：他們可以參與這項軍事行動，但條件是不得事先得知軍事簡報。他們將登上法國軍艦，前往保密的地點，進行為期不明的考察。

這項邀請本身就已經透露了玄機。此前一直有傳言指出，法國各港口祕密集結的軍隊與船隻將用於入侵英格蘭。這顯然不需要一支由動物學家、天文學家、化學家、地理工程師所組成的特別團隊。對二十五歲的若弗魯瓦而言，這趟未知之旅實在太吸引人，難以拒絕。在確認植物園將為他保留職位後，他就簽字加入這支團隊了。其他一百六十六位學者中，有一百五十人接受了邀請，其中許多人是考慮到，在國家需要時若是拒絕支援，恐怕會影響自己的政治前途。令若弗魯瓦感到遺憾的是，他的好友居維葉（那位動物解剖助理）因身分不夠重要而未獲邀請。

一七九八年五月十九日，若弗魯瓦隨同拿破崙，登上旗艦《東方號》，與四百艘戰艦組成的艦隊一同啟航。直到陸地從視線中消失，拿破崙才告知他們此行的目的：法國將遠征埃及。

❖ ❖ ❖

為何選擇埃及？這完全是拿破崙的戰略構想。他說服督政府相信，占領該區的時機已經成熟。當時鄂圖曼帝國日漸衰落，那裡是鄂圖曼帝國嚴重忽視的省分，防務鬆懈，唾手可得。占領埃及，就可以干擾英國通往印度和東印度群島的貿易路線。而督政府對於開鑿一條運河以連接地中海與紅海的構想（這個構想多年後促成了蘇伊士運河）特別感興趣。占領這區也將是一場文化勝利，奪取歐洲人公認的文明搖籃。正因如此，拿破崙才煞費苦心招募一百五十一位學者：邀他們同行可以證明，法國人此行不僅是為了征服，也是為了探索與保存文明。法國艦隊橫掃地中海，途中攻占了馬爾他，並於七月一日登陸埃及的亞歷山卓。

從軍事角度來看，這次遠征失敗了。英國海軍上將納爾遜率艦隊多次襲擊，使法國幾乎喪失了對地中海的控制權。在陸地上，由於拿破崙無法說服埃及人相信他是來幫他們擺脫鄂圖曼帝國的統治，這導致法軍對亞歷山卓和開羅的控制搖搖欲墜。埃及人群起反抗，更令法軍折損逾三萬兵力——半數戰死，半數病死。一七九九年八月，拿破崙放棄遠征，返回法國。表面上他是回去調增援部隊，實際上是趁政局動盪之際奪權。回國不到一個月，拿破崙就參與了一場計畫中的政變，並在政變中又策畫了自己的政變，最終以近乎獨裁的權力，成為法國第一執政（First Consul of France）。「革命結束了。」[22]他宣告一個時代的終結，又說：「我就是革命。」他開啟了另一個時代。

埃及聖䴉

CHAPTER
24

轉變論與災變論
Transformism and Catastrophism

兩年又兩個月後，若弗魯瓦從埃及歸來。那是一八〇二年一月，這位二十九歲的學者終於隨著遠征軍的殘餘部隊歸來。當初參與遠征的一百五十一名學者中，他是最後一批返國的學者之一。在遠征軍的領導人棄他們而去後，他把握每個野戰考察的機會，趁著軍隊調動的間隙，持續把一批批的標本寄回巴黎植物園。那是一段既顛沛又令人沉醉的時光，尤其當部隊撤離後，他獨自留在被時光深深烙印的土地上，彷彿遭世人遺忘，卻得以盡情探索。

他回到巴黎時，不僅受到英雄般的歡迎，更目睹了一座正在蛻變的新城市。拿破崙將這場未竟的軍事遠征，巧妙包裝成民族榮耀的勝利；並把那些從埃及掠奪的文物，塑造成文化上的戰利品。羅浮宮（不久後將更名為拿破崙博物館）醒目陳列著埃及雕像與祭祀用品，一股埃及熱潮正席捲法國的上流社會。若弗魯瓦在街頭漫步時，隨處可見女性戴著頭巾帽，也常經過那些以「重返埃及風」（retour d'Egypte）新建的宅邸，外牆裝飾著人面獅身像與聖甲蟲圖案。遠征隊的其他成員早已埋首工作，將他們的素描與實地考察報告整理成冊。第一執政拿破崙正迫不及待想用公帑，將這些成果以豪華的形式出版。

若弗魯瓦離開的那段時間，植物園內早已風雲變色。他雖重獲舊職，備受讚譽，但背後的權力格局已悄然改變。他的朋友居維葉巧妙利用了幾個關鍵因素，趁勢而起：他趁著植物園內資深學者的怠惰、學術圈有一百五十一位頂尖學者遠征未歸的空窗期，以及大革命改革的浪潮，將政治謀略與自然史研究巧妙結合，為自己鋪就了一條平步青雲之路。他先是暫代了博物館中「比較解剖學」的教職（這個位置很快就成了他的常任職位），又拿下了法蘭西公學院的教授席位。法蘭西公學院是由革命前的帝國學院重組而來。這些角色結合起來，為他奠定了穩固的根基，既能鞏固學術影響力，又能以公眾人物之姿嶄露頭角。

事實上，居維葉正聲名鵲起。他的講座座無虛席，但聽眾對演講者本人的興趣往往更甚於講座主題。當時有人這樣描述：「正值盛年的他，英俊瀟灑，一頭紅髮修剪成巴黎的時髦風格，衣著入時，帶點刻意的雕琢。」[1]面對這一切，若弗魯瓦顯得泰然自若。在他眼中，居維葉始終是摯友。況且，若弗魯瓦本來就不太喜歡在講堂上大出風頭，他的心思全放在擴建動物園和研究那批埃及標本上。

然而，植物園裡最令人矚目的成就，當屬拉馬克了。這位時年五十八歲的教授，專門研究昆蟲、蠕蟲、微動物，此時正進入學術生涯的巔峰。儘管他仍沿用林奈的分類系統，但他也著手拓展其架構。他在著作中寫道，林奈「在博物學家心中的地位如此崇高，以致於無人敢改動『蠕形綱』這個龐雜的綱目」。拉馬克不僅為這類生物創立了「無脊椎動物」（*invertebrates*）這個新綱，也把甲殼類動物從「昆蟲綱」中移出來，他認為龍蝦不是昆蟲，蜘蛛和其他的蛛類動物也不是昆蟲，他將牠們單獨歸類。終其一生，拉馬克命名了至少一千七百個物種，他在命名方面的成就僅次於林奈。

拉馬克被迫從植物學轉攻動物學後，還提出了一項重大的創見。他體悟到，雖然「自然史」作為學術分類尚可接受，但對於這門正逐漸呈現出科學輪廓的學科來說，這個詞實在太籠統了。過去，植物學與動物學在「自然史」這個框架下各行其道。而親身跨越這兩大領域的拉馬克，最終為這門涵蓋兩者的單一科學創造了新名稱：生物學，亦即對所有生命的統一研究。

在林奈學派主導的時代，自然史研究是把焦點放在差異上。拉馬克創立的生物學，則是專注於尋找生命間的共通點，甚至跨越動物界與植物界的藩籬。林奈那套自然史系統的核心，始終有一個謎團：其運作機制與原理，都是天意的展現。而拉馬克的生物學，則是一門拆解、檢視、質疑的學科。

拉馬克給年輕同事若弗魯瓦帶來的驚奇還不止於此。當年他因堅信物種恆定論，無法認同布豐提出的生命流動論，而與布豐分道揚鑣。但是，當他著手為占動物界九成的無脊椎動物分類時，面對如此龐雜的體系，他的思想發生了徹底的轉變：如此繁多的物種絕非一次性的造物結果，而是一個過程。因此，物種並非恆久不變的。

這樣的思想轉變，為他的研究開啟了全新的視野。他開始以布豐提出的「外生成論」為基礎，進一步拓展。一八〇〇年的春天，在一系列有關他新創的「無脊椎動物」的公開講座中，拉馬克開始深入闡述這個觀點轉變所帶來的影響。布豐對物種變化的思考仍停留在籠統的概念層面，而拉馬克則提出一套以環境為核心的完整理論：他把環境稱為「生存條件」[2]。他設想，當這些條件發生變化，物種會透過兩種過程跟著改變。

拉馬克把第一種過程稱為「用進廢退法則」。他認為，生物體持續使用某些生理特徵時，這些特徵就會在代代相傳中不斷強化；反之，若某些特徵長期閒置，生理機制就會為了節省代謝資源而使其逐漸退化，甚至完全消失。拉馬克以鼴形鼠（Spalax）為例：這種盲眼鼴鼠為適應地下生活，雖然仍有眼睛構造，卻已完全失去功能。牠們的眼睛小到幾乎看不見，而且被皮膚完全覆蓋著。

拉馬克提出的第二個法則是「遺傳特性法則」。他認為，生物體後天獲得的特性，能夠遺傳給下一代，而「用進廢退法則」仍會持續作用，促使物種進一步改變。如此一來，生命的演變便沿著兩個方向進行：橫向是「環境影響」（l'influence des circonstances），亦即因地制宜的適應力；縱向是「生命力量」（le pouvoir de la vie），亦即複雜化的趨勢。

拉馬克深信，正是這種適應力與複雜化，以及用進與廢退的交互作用，推動了物種演變。若弗魯瓦回到巴黎時，拉馬克正在籌備《生物體組織研究》的出版，該書首次公開他所謂的「轉變論」（transformisme）。

❖ ❖ ❖

然而，居維葉也提出一套自己的宏大理論。身為比較解剖學的代理講師，他得以自由研究博物館內日益增多的化石標本。這些標本的龐雜使他確信，至少在某一方面，布豐是對的：物種滅絕確實存在。隨著學者拼湊出愈來愈多的化石物種，居維葉得出一個結論：在地質時間的尺度上，無數生命形式已經消亡，而新的物種則取而代之。

然而，這不表示他相信物種會改變。恰恰相反，根據他的推論，每個物種都是單次造物的結果。居維葉提出所謂的「部位相關法則」[3]，他對化石和現有生物的精密構造驚歎不已：每塊骨頭如何優雅地與下一塊協調；它們如何有效地相互關聯，以構成一個運作良好的整體。這些構造就像鐘表大師精心打造的鐘表機械一樣緊密有效地結合在一起，展現出如此適應環境的智慧設計，讓人難以想像它們能透過漸進變化而形成。

一個物種怎麼可能轉變成另一個物種呢？對設計做任何細微的修改，都會破壞部位之間的相關性，導致它無法再正常運作。居維葉認為，布豐的「外生成論」、甚至拉馬克那套更新、更精煉的「轉變論」都荒謬至極。這就好比說一座落地古董鐘可以透過逐步更換零件，最終變成懷表，還能正常報時一樣可笑。

那麼，該如何解釋物種滅絕後新生命的出現呢？居維葉提出一套後來稱為「災變論」（catastrophism）的學說。他主張地球曾經經歷多次劇變，其中一次就是《聖經》記載的大洪水。有些物種在災難中倖存，原封不動地存活至今；有些則徹底滅絕；還有一批新物種，則是每次災變後由神重新創造的。〈創世紀〉記載的創世過程確有其事，只不過類似的造物行為已經反覆上演了好幾次。

拉馬克的「轉變論」與居維葉的「災變論」幾乎同時出現，而且完全相互對立。隨著若弗魯瓦的歸來，這場學術論戰也從暗流湧動演變為公開交鋒，呈現在大眾眼前。

❖ ❖ ❖

在埃及考察期間，若弗魯瓦發現，動物木乃伊的數量遠超過人類木乃伊，例如貓、鱷魚、狗、豺狼、蛇，尤其是鳥類。其中圖納艾戈貝爾的地下墓穴更藏有約四百萬具鳥類木乃伊，令人驚奇的是，這些鳥似乎都屬於同一物種。他帶著大批從該遺址收集的標本回到法國，無意間為後來所謂的「聖䴉論戰」（Sacred Ibis Debates）奠定了基礎。

這場論戰始於一八〇二年，當時居維葉、拉馬克、拉塞佩德三人共同向法國科學院展示這些木乃伊。他們仔細拆解並檢驗數具標本後，一致認定這些木乃伊距今約有三千年的歷史。拉塞佩德說：「這些動物與現今的物種完全相同。」[4]不過，拉塞佩德並未深入探討此事，轉而繼續投入《自然通史》的編纂工作。但拉馬克與居維葉卻得出截然不同的結論，由此展開了一場持續多年的公開論戰。

仔細測量骨骼後，居維葉發現，這種神祕鳥類並非當時學者認為的黃嘴鸛鶴（Tantalus ibis）。事實上，牠根本不是鸛類，因為牠的喙部是彎曲而非筆直的。他在植物園的標本室中翻找東西時，發現一批尚未分類的鳥類標本，看起來與這些木乃伊的特徵更吻合。他把這個物種命名為「聖䴉」（*Numenius ibis*，後來這又重新分類為 *Threskiornis aethiopicus*）。

居維葉比對木乃伊的骨骼與標本室取出的骨骼後，得出結論：「這些古代鳥類與現今存活的同類之間的差異，絕不會比人類木乃伊與現代人骨骼的差異更大。」[5]他以此作為確鑿的證據，斷言布豐與拉馬克的理論錯了，也就是說，物種的界限終究是固定不變的。

這根本是循環論證*（circular logic）的典型例子。他先復原古代骨骼，再找來與之相似的現代標本，然後就憑這種相似性，斷言兩者屬於同一物種。既然他新命名的「聖

若弗魯瓦（左）與居維葉（右）在生涯後段

鸛」三千年來都沒有變化，他因此斷定：這個物種未來也永遠不會改變。

拉馬克在向科學院的答辯中，反駁道：若聖䴉真的產生變化，他反而會很驚訝。首先，物種演變的過程很可能需要更長的時間；更重要的是，自從這些鳥類被製成木乃伊以來，埃及的氣候與環境並未發生顯著的變化。適應環境是推動物種演變的動力：很顯然，當一個物種完全適應所處環境後，改變就會停止，等到環境本身發生變化時，物種才會再跟著改變。

對當時仍難以接受地球年齡超過六千年的人來說，你說三千年不過是彈指一瞬，這觀念確實難以理解。因此，當時的學界普遍認定，居維葉在這場辯論中大獲全勝。誠如十九世紀末的科學史家威廉·洛西對居維葉的評斷：「無可否認，他對拉馬克學說的敵對立場，阻礙了科學進展近半個世紀。」[6]

這場論戰使拉馬克的聲譽轉趨黯淡，同時牢牢確立了其對手在法國科學界（這個新興名詞正逐漸取代「學者圈」）的領袖地位。居維葉因推翻物種變化理論而受到讚揚，他趁著聲名鵲起及社會地位的提升（他後來獲封為男爵），把矛頭轉向另一個他認為荒謬的觀念：人人生而平等。

將人類劃分為不同類別的偽科學，最早可追溯到林奈的分類系統，但直到一七九五年德國的博物學家約翰·弗里德里希·布盧門巴赫出版《人類自然變種論》的第三版時，這套理論才真正發揚光大。在前幾版中，布盧門巴赫僅微調了林奈的《自然系統》分類，他寫道：「林奈將人類劃分為四個族群，分別對應全球四大地理區域……我雖沿用其分類數量，但以其他的界限定義我的變種。」[7]

在第三版中，布盧門巴赫大膽做出根本的改變。他捨棄了林奈的術語（如「美洲紅人」等），自創新的分類系統，提出：「人類主要可區分為五大變種……高加索人、蒙古人、衣索比亞人、美洲人、

* 循環論證是指論證時將結論隱含在前提中，形成「因為A所以A」的邏輯謬誤。例如：「《聖經》絕對正確，因為《聖經》自己這麼說」。用有待證明的結論作為證據，實則未提供任何實質論據。

馬來人。」[8]雖然他只稱這些是「主要變種」，但同時引用其他人使用的「人種」（race）一詞來指稱相同的概念。於是，「人種」這個分類術語便確立下來了。

布盧門巴赫的分類與林奈的分類沒有完全吻合。他的分類中沒有「亞洲人」，只有「蒙古人」。所有非洲人（包括埃及人）都歸為「衣索比亞人」（當時現今稱為衣索比亞的地區，更常被稱為「阿比西尼亞」〔Abyssinia〕）；「馬來人」涵蓋了澳洲原住民和波利尼西亞人。至於「高加索人」，則包含阿拉伯人、猶太人、亞美尼亞人、印度人、波斯人，以及幾乎所有的歐洲人（但他排除了拉普人和芬蘭人）。換句話說，每個類別都包含了多種不同的膚色，這正是布盧門巴赫的目的：他試圖去除林奈以膚色為基礎的分類方式，同時保留大範圍分類的便利性。

然而，「高加索人」這個分類不只是用來取代林奈的「歐洲白人」而已。雖然林奈的分類系統充滿偏見，但至少他沒有把任何人種明確置於其他種族之上。布盧門巴赫卻毫不猶豫地宣稱種族優劣。他是頭骨收藏家，在其收藏中，最符合他審美標準（以勻稱比例而言）的標本，是一名來自黑海與裏海之間高加索山脈的女性頭骨。布盧門巴赫純粹基於個人的美學判斷，寫道「我把高加索人列於首位」[9]，並解釋：「這個名稱取自高加索山脈……因為該地區，尤其是南麓，孕育出最美的人種。若真要追尋人類的起源，高加索地區無疑是最有可能的原始族群（autochthones）發源地。」

「原始族群」意指最初始的人類形態。布盧門巴赫端詳著他的頭骨收藏，腦海中勾勒出一幅從伊甸園延續下來的血脈圖譜。僅憑個人審美判斷（而且還是對骨頭的審美），他就斷言亞當與夏娃必屬高加索人。誠如博物學家羅伯特．戈登．萊瑟姆於一八五〇年所寫的：「這顆來自喬治亞的女性頭骨，以其勻稱完美的形狀，死後仍禍害科學界，其危害之深前所未見。」[10]布盧門巴赫藉由給人種貼標籤，並宣稱人類有一種「原始」形態，點燃了現代種族主義的燎原之火。

居維葉將布盧門巴赫的美學觀點又進一步放大，公然主張種族優越論。他如此描述非洲人：「這是最劣等的人種，形貌近似野獸，智力發展甚至不足以建立像樣的治理體制。」[11]至於「我們所屬的高加索人（種）」[12]，他則盛讚：「其頭部的優美橢圓形輪廓最為出眾，正是這一人種孕育了最文明的國度，長期統治其他種族。」

那句「我們所屬的」顯然預設讀者全是高加索人，這句顯得特別荒唐可笑。儘管滿懷偏見，居維葉至少還謹慎地接受了布豐對物種的定義，他寫道：「由於任何成員結合都能繁衍後代，人類應該屬於單一物種。」

其他的博物學家就不是那麼肯定了。一七九九年出版《人類階序論》的作者查爾斯·懷特就反駁布豐，認為造物主當然可以讓不同物種保有交配能力。懷特總結道：「想要解釋人類的形體與狀態為何如此多樣，只有兩種可能：一種是假設這種多樣性無論差異多大，都是源自同一對始祖。多樣性是在自然法則的緩慢作用下，逐漸演變而來；另一種是假設不同物種最初被創造時，就帶著這些至今仍保留的獨到特徵。」[13]

懷特對後者深信不疑，他支持「多源論」（polygenism）。這種學說認為，人類外貌差異，源於本質區別：上帝在不同時期、出於不同原因，創造了各人種。繁衍能力無關緊要：人種不是籠統的分組，而是截然不同的物種。

「多源論」的根源可追溯至古代。帕拉塞爾蘇斯*、華特·雷利†、焦爾達諾·布魯諾‡都提過各

* Paracelsus，中世紀德意志文藝復興時的瑞士醫生、煉金術士、占星師。
† Walter Raleigh，英國伊莉莎白時代著名的冒險家。
‡ Giordano Bruno，文藝復興時期的義大利哲學家、鍊金術士與宗教人物。

種設想，把「各人種是分別創造的」視為既定前提。但把「多源論」包裝成偽科學，則要從一六五五年說起：法國神學家伊薩克・拉佩雷爾出版《亞當前的人類》一書，書中引用《新約聖經》的〈羅馬書〉第五章第十三節：「沒有律法，罪也不算罪。」拉佩雷爾主張，亞當夏娃的故事只解釋了猶太民族的起源，而非全人類。既然亞當犯了罪，那表示伊甸園裡已有律法；既然有律法，就必然存在他所謂的「前亞當人」(pre-Adamites)，亦即在亞當出現之前制定這些律法的族群。

這套神學理論牽強附會，引發極大爭議。《亞當前的人類》在巴黎遭到焚毀，拉佩雷爾也一度入獄。但書中的主張卻吸引了廣泛而持久的追隨者，尤其吸引許多人添加自己的詮釋。作者原意只是想解決聖經中某些令人困惑的矛盾，比如該隱的妻子從何而來？但多源論恰好迎合了當時為征服、殖民剝削、奴隸制辯護的需求。根據「前亞當論」，那些遭到奴役的族群原本就是天意注定的不同族群，因此天生就不平等。伏爾泰這位知名的多源論者寫道：「智者總說人類是神的形象，是神聖完美的。但你看看這個所謂『永恆主宰』的尊容吧：扁平的黑鼻子，根本毫無智慧可言！[14]」

多源論者對布豐特別不屑，認為他主張的「人類同源分化說」荒謬至極。一七七四年蘇格蘭的凱姆斯勳爵寫道：「布豐先生難道以為，輕描淡寫地說這些差異可能是氣候或其他偶然因素造成的，就能蒙混過關嗎？這種毫無根據的臆測和可能性，根本站不住腳。」[15]

❖ ❖ ❖

拉馬克在法國大革命期間，靠著低調行事得以自保。而在「聖鸝論戰」後，他依舊保持這種作風。他不願讓人注意到他在布豐故居的特殊家庭狀況，即便以巴黎的標準來看，他的家庭狀況也相當另類。他與情婦羅莎莉・德拉波特同居十五年，育有六名子女，直到一七九二年羅莎莉臨終前，他才同意與她結婚。後來他又再婚二、三次（確切次數已不可考），又多了兩個孩子，靠著微薄的薪資辛苦養活這個大家庭。一八〇九年，拉馬克最後一次嘗試維持其大眾形象。他請求謁見當時的拿破崙皇帝，以獻上其代表作《動物哲學》。但他遭到拒絕，因為拿破崙誤以為那是一本氣象學的著作，據一份記載：「皇帝認為這種作品配不上科學院成員的身分。這位年邁的動物學家因此潸然淚下。」[16]到了一八一〇年，他更加遠離社交，這次是為了隱藏一個祕密：他正緩慢失去視力。八年後，他完全失明，靠著女兒協助他閱讀與寫作，在植物園裡過著近乎隱居的生活。

不過，在若弗魯瓦的鼓勵下，晚年的拉馬克仍持續發展其「轉變論」的思想。在一八二〇年出版的最後一本著作《人類實證知識分析系統》中，他提出：生物多樣性源自同一路徑上的不同分歧點。他寫道：「爬行動物形成一個分支序列，一支從龜類經鴨嘴獸演變為多樣的鳥類，另一支似乎是經由蜥蜴向哺乳動物發展，[17]而鳥類接著形成豐富多變的分支系列，其中一支最後演變成猛禽類。」

這段描述把生命的豐富多樣，視為萬物同源的體現，就像同一棵樹上長出的不同枝椏。這與布豐數十年前提出的自然論點不謀而合：「我們完全可以設想，大自然深諳如何從最原始的生命形態出發，順著時間的長河，繪出所有其他的生命形態。」

布豐的其他門生開始淡出。後革命時期，拉塞佩德伯爵繼續出版了兩卷《自然通史》，分別探討鯨類與魚類，他仍秉持著布豐的複雜主義思想。他寫道：「為何不宣告一個重要的真理？物種就像屬、目、綱

年邁失明的拉馬克

一樣，本質上是一種心智的抽象概念，一種集體概念。」[18]這番論述呼應了布豐的謹慎態度。跟布豐一樣，他承認分類的實用性，稱其「對於認知、比較、了解、教學是必要的」，但也警告人類，便利不等於自然本相。一八〇四年拉塞佩德寫道：「自然只創造相似與相異的生命。」所有進一步的劃分，都只是想像的概念，推理的產物。

他的論述就此止步。在那個連曆法都打著林奈烙印的新林奈主義時代，繼續質疑物種、屬、目、綱的分類似乎已毫無意義。《自然通史》的編撰悄然落幕，未引起多少關注。拉塞佩德轉而投身政壇，開創了輝煌的職涯第二春，先後擔任法國參議院的議長及拿破崙的國務大臣。但他始終銘記恩師的栽培，那位為他留下「一部宏大而全面自然著作」的導師。一八二五年，六十八歲的拉塞佩德過世，臨終遺言是：「我將與布豐重逢。」[19]

阿丹森

❖ ❖ ❖

曾是植物園學者的阿丹森窮盡畢生心力，試圖建立獨特的自然分類系統，但於一八〇六年在窮困潦倒下離世。法國科學院發放的微薄津貼，早在大革命期間隨著科學院的解散而中斷。他生前堅持不修改的巨著，最終未能完成，也未出版。居維葉在悼詞中毫不留情批評道：「阿丹森先生全心投入他的大作，從此閉門造車，不再吸收他人見解。他的才華只能在自己搭建的陳舊基礎上發揮，而這個基礎從未更新。」[20]

然而，阿丹森的心血並未完全白費。經過近二十年的潛心鑽研，安托萬—洛朗・德・朱西厄終於出版了他的《植物屬誌》首卷，提出一套實用的植物自然分類法。這套方法保留了林奈的二名法，但以不同的方式應用：有別於林奈僅憑雌雄蕊排列的「性分類系統」，朱西厄綜合考量多項特徵，並將它們分為三個層級——穩定特徵、相對穩定特徵、半穩定特徵——建立層次分明的判斷系統。《植物屬誌》將數千種花卉分成十五個綱，其下再細分為一百個「科」。其中三十八科是直接沿用阿丹森未完成的分類系統，朱西厄對此學術借鑒始終公開致謝。

阿丹森雖以固守己見聞名，但對這份學術傳承的敬意，欣然領受。他對自己的葬禮只提了一個要求：墓前擺一個由這三十八種鮮花編成的花環，每一種都代表他對朱西厄那個新系統的貢獻。

然而，《植物屬誌》似乎注定對植物學界毫無影響。這部著作是在一七八九年八月四日出版，這個日期剛好碰上法國國民議會廢除封建制度，剝奪貴族特權，將大革命推向激進路線的關鍵時刻。一位默默無聞的植物園學者出版的新書，自然無人問津。朱西厄就此告別植物學，投身巴黎市政工作，後來升任市立醫院的總監。他後來雖重返植物園，著手修訂《植物屬誌》的新版，但因未能引起足夠的興趣而沒有出版。直到一八三六年去世後，第二版的序言才得以出版問世。

❖ ❖ ❖

阿丹森並非居維葉最後一位公開貶抑的學者。一八二九年，八十五歲的拉馬克逝世時，居維葉雖撰寫悼詞，但沒有親自宣讀。這個決定相當精明，因為通篇不見隻字褒揚。他在悼詞中如此評論：「過度沉溺於天馬行空的想像，導致其學說漏洞百出。」更批評拉馬克「固守與科學主流格格不入的理論系統」[21]，並直言，這種固執己見「自然難以獲得學術權威的認可」，字裡行間就是暗指自己是權威。

若弗魯瓦是少數出席葬禮的悼念者之一。這場葬禮格外淒涼，大家都知道拉馬克去世時，甚至沒錢買一塊永久的墓地，他下葬的蒙帕納斯公墓只是租用，租期五年。若弗魯瓦追憶這位亦師亦友的學者：「他晚年失明、窮困潦倒、遭人遺忘，卻始終懷抱著一份清醒的自信。其學術成就，唯有當生命組織的奧祕被真正揭開時，後世方能完全領會。」[22]

一八三五年，拉馬克租用五年的墓穴到期後，遺骨被挖掘出來，放入公共墓坑中，具體位置早已遭到遺忘。

❖ ❖ ❖

那時居維葉早已離世，他是一八三二年巴黎霍亂疫情中喪生的一萬九千名患者之一。不過，他汲汲營營追求名利與政治地位確實有所回報：他死時貴為男爵，而且一八八七年落成的艾菲爾鐵塔上，更以鍍金字母烙印著他的名字，讓他躋身「法國科學偉人」之列。為了給他的兒子弗雷德里克・居維葉安插新職，博物館的董事會竟撤銷了若弗魯瓦自一七九三年創立動物園以來一直擔任的動物園主管職位。受此屈辱的若弗魯瓦從此淡出大眾視野，於一八四四年辭世。

若弗魯瓦的兒子伊西多爾繼承父志，投身自然史研究。他同樣推崇植物園那位前革命時期的園長，他寫道：「布豐之於物種可變論，猶如林奈之於物種恆定論。自布豐的《自然通史》問世以來，物種的可變性才真正成為科學議題。」[23]

拉馬克的轉變論雖在法國遭到猛烈抨擊，但當時在其他地區幾乎沒有引起任何關注。一八二六年，蘇格蘭愛丁堡一本短命的期刊上刊登過一篇匿名書評，那是少數的評論之一。那篇評論有兩點特別值得注意：其一，匿名評論者為了翻譯法文「transformisme」（轉變論），創造了英文術語evolution（演化）。這個新創字為那個字賦予了現代的含義；其二，期刊出版商（很可能就是那位匿名評論者）是愛丁堡大學的自然史教授羅伯特・詹姆森。當時他門下有位十八歲的學生，名叫查理斯・達爾文。

CHAPTER 25 鴨嘴獸 Platypus

詹姆斯・愛德華・史密斯與（虛構的）瑞典軍艦，
追逐載著林奈收藏品前往英國的雙桅船

當法國正沉浸在「新林奈主義」時代之際，英吉利海峽的對岸也掀起一股對林奈的推崇，但本質上這股風潮與法國截然不同。法國人把林奈重新塑造成平等主義的革命家，英國人則是開始頌揚他是學術開疆的泰斗，將其分類學奉為帝國穩固的基石。英國最初對林奈學說反應冷淡，經過四十年後才逐漸接納。而從勉強接受到狂熱崇拜的轉折，是始於一七八三年聖誕節的前兩天，當時一位年輕的業餘自然史愛好者應邀參加了一場早餐會。

二十四歲的詹姆斯・愛德華・史密斯是個閒散的公子，但他對於自己這種悠閒的狀態深感不安。身為諾里奇羊毛富商的繼承人，他不以此為足，渴望在英國的學術界闖出名號。他曾涉獵自然史，也曾在愛丁堡短暫學醫，卻始終找不到明確的志向。他在倫敦茫然度日時，收到了一封令他欣喜的早餐邀約：蘇豪廣場三十二號，約瑟夫・班克斯爵士那棟典雅的倫敦宅邸。

四十歲的班克斯已是自然史領域的巨擘。他與史密斯相似，出身富裕又醉心學術。不過，他追求志趣的堅定毅力堪比布豐。在牛津求學時，因不滿校方未開設植物學的課程，他直接自掏腰包，聘請劍橋教授為自己與友人授課。二十四歲時，他已是皇家學會的會員、英王喬治三世的植物學顧問，更是經驗豐富的探險家。一七六六年乘護衛艦《尼日號》赴紐芬蘭與拉布拉多考察，帶回了數百種獨特的植物標本，以及三十四種新發現的鳥類。當他得知前一年出版的《自然系統》第十二版將是林奈的最後之作時，他親自按林奈分類法，整理了這些標本。

班克斯的第二次遠征為他贏得了爵位與不朽聲名。一七六八年，班克斯自掏腰包組成一支由植物學家、繪圖師、藝術家所組成的團隊，並率隊參與南太平洋的科學考察。他們搭乘詹姆斯・庫克中尉指揮的《奮進號》，就此載入史冊。同年，他們抵達大溪地（就在布干維爾的探險隊抵達後幾個月），一七六九年又航向紐西蘭，成為第二批登陸的歐洲人。一七七〇年，他們成為首支登陸現今澳大利亞大陸的歐洲隊伍。這三次登陸為班克斯帶來西方科學界前所未見的數千種標本，包括袋鼠、相思樹、尤加利樹等無數新物種。十三年後，已任皇家學會會長的班克斯，仍在整理這批珍貴的收藏。一七八三年十二月二十三日早上，班克斯與史密斯共進早餐時，暫離餐桌去翻閱郵件，發現一封來自烏普薩拉的信件。那是林奈的遺孀委託約翰・古斯塔夫・阿克雷爾代筆的信件，信中提議出售其亡夫的珍藏。

班克斯爵士對林奈的遺產興趣缺缺。他自己就有龐大的收藏，雖然五年前林奈逝世時他曾寫信給小林奈致意（「我對這位傑出學者始終懷抱著最高敬意」[1]），但私下他更關注阿丹森與小朱西厄正在推動的分類學改革。《自然系統》已過時十七年，他樂見新的變革。他隨手將信扔給史密斯，漫不經心地建議這位年輕人考慮自行購買那批收藏，談話隨即轉向其他事務。

史密斯急欲討好班克斯，但他對林奈的崇拜程度遠遠超過班克斯的想像。後來他回憶童年時初讀《自然系統》的震撼：

我永遠也忘不了當時的驚歎。我發現他把動物、植物、礦物三大界全部納入三本八開本的書時，非常興奮。我看過，布豐光是寫馬，就用了一部精美的四開本，所以我以為林奈的分類著作必定是汗牛充棟，結果竟然像《伊里亞德》那樣言簡意賅。從此以後，一個全新的世界在我的眼前展開。[2]

布豐那套宏大的鉅作曾讓史密斯望而生畏，而林奈那套井然有序的分類系統，則讓整個自然界看起來更容易掌握，連孩童都能理解。史密斯在愛丁堡短暫學醫期間，全神貫注聆聽約翰．霍普博士的講課。這位教授是當地第一位教授林奈系統的植物學教授。後來，他也注意到一個神祕的巧合：他入學的第一天是一七七八年一月十日，那天正好是林奈辭世的日子。

史密斯立即寫信到烏普薩拉，出價一千基尼*（折合現值約二十五萬美元），但堅持必須完整收購林奈的全部收藏，包括珍本圖書、珍貴礦物標本，一件也不能少。阿克雷爾回信時，附上詳盡的收藏品清單，於是交易就此達成。一七八四年十月，英國雙桅船《顯現號》從斯德哥爾摩運來二十六箱

* Guinea，英國舊時的金幣，價值一．〇五英鎊。

珍寶，包括一萬四千份植物標本、一百五十八種魚類、三千一百九十八種昆蟲、一千五百六十四枚貝殼，以及一千六百冊藏書。

拆箱時，史密斯發現了意想不到的驚喜。林奈夫人打包時，索性來個大掃除，把丈夫的全部手稿也一併打包：約三千封親筆信件及數十份原始手稿。這些珍貴文件在運輸途中，被當成緩衝材料來保護標本。

這些意外獲得的手稿與信件，徹底改變了史密斯這筆收購的性質。他原本打算出售部分的珍貴書籍來抵銷收購成本。事實上，他已承諾以一百基尼（相當於總價的十分之一）將其中一本賣給班克斯爵士。但這些文件的加入，讓他感覺他不像收藏家，反而像是遺產繼承人。該如何處置這二十六箱珍品呢？他毫無頭緒。於是，他在切爾西租了展間以展示這些收藏品，並邀請學界友人來參觀。這場非正式的展覽為他贏得了皇家學會的會員資格，但這份榮耀反而加深了他的困惑。他深知自己只是業餘愛好者，又不願只以「收藏者」的身分出名。一七八五年他將收藏品封存，動身展開漫長的歐陸之旅。

在三年的旅外期間，史密斯造訪了義大利與荷蘭，並追隨林奈的腳步，快速取得醫學學位。他多次途經大革命前的巴黎，結識多位植物園的學者，並記下了他對那些學者的觀感。他很欣賞小朱西厄，雖然他「儼然是反林奈分類學派的領軍人物」[3]。

他是一位真正的哲學家，學識淵博，熱切追求真理，而且治學開明，只要證據充分就願意修正己見……他舉止溫文爾雅，談吐輕鬆愉快又彬彬有禮。雖然我們在命名法則和林奈系統的價值等諸多問題上意見相左，但正因真理是我們共同的目標，經過多次坦率的交流，我們反而更加敬重彼此。

他對拉馬克就沒有那麼欣賞了：「同樣熱中於植物學，但性格實在不討喜。坦白說，我總忍不住避開這種人，他動不動就猛烈抨擊我最珍視的觀點。」至於阿丹森，更是讓史密斯反感：「他的植物學造詣原本可以享譽學界，卻偏偏沉迷於標新立異、賣弄學問。每次碰面，他總要抨擊林奈，甚至口出惡言，說林奈極度無知且缺乏素養。」

遊歷歸來後，史密斯確定了他的人生目標：成為林奈學說的守護者。他寫道：「儘管遭遇重重阻力，林奈分類系統如今已舉世通行，世界各地都有其門徒。」[4]（雖然事實根本不是如此）

反觀阿丹森先生的《植物科誌》雖公然宣稱要取而代之，卻只有那些熱中標新立異的人才會偶爾翻閱，更別提書中那套古怪的拼寫系統，簡直荒謬透頂，不知所云。

❖ ❖ ❖

林奈分類系統最初在不列顛群島的接受度不高。一七三六年，博物學家約翰·阿蒙對它嗤之以鼻，說那不過是「林奈博士編的幾張自然史分類表」[5]，並斷言「沒幾個植物學家會採用這套粗俗的方法」。一七五九年，班傑明·史汀弗利更斷言林奈學說已過時：「依我看，除了少數好奇心特別旺盛的鑑賞家以外，他的著作恐怕鮮為人知。」[6]一七六一年，約翰·希爾爵士（他是最早採用「性分類系統」的非瑞典植物學家之一）最終評斷：「林奈的方法僅以新奇取勝，但其原則是錯的，執行方式也有缺陷。他的發現對科學的貢獻，恐怕還抵不過這套方法所造成的傷害。」[7]一七六三年，英國醫師理查·布魯克斯在《自然史的新精確系統》中，開篇就痛批林奈學派：「他們硬要把植物名稱塞進系統裡，反而使研究變得更加困難且容易出錯。學生若是老老實實用眼睛辨認植物，靠腦子記住特徵，效果應該更好。」[8]

然而，一七六三年也是林奈支持派取得策略性突破的一年。這年大英博物館聘請了一位外國人來整理其植物標本收藏。不久前，財力雄厚又有影響力的博物學家漢斯・斯隆爵士過世，並把大量的收藏品捐給了大英博物館，使得館藏大幅暴增。斯隆生前是著名的林奈批評者，他是按個人偏好，為收藏品詳細編目。但博物館新聘的博物學家，恰好是那位因愛上林奈的女兒伊莉莎白・克莉絲蒂娜，而被派往英國的使徒索蘭德。

索蘭德（後來隨班克斯搭乘《奮進號》遠航）雖是林奈無緣的女婿，卻始終是林奈的忠實信徒。他一上任就大刀闊斧剔除舊有分類，改用他在烏普薩拉學到的系統，最終連館內陳列的每件動植物展品也全部重新分類了。在他的建議下，博物館還依照林奈在《植物哲學誌》中描述的設計圖，定制了新櫃子來存放乾燥植物。這番改革使林奈分類法在英國學界逐漸成為通用語言。林奈學派的支持者聲勢日益壯大，影響力與信心不斷成長。到一七八五年，《自然通史》的英譯本譯者甚至直接刪除了布豐批判分類法的長篇大論，理由是：

> 這些論述的主要意圖，是為了嘲諷系統分類學者，尤其是充滿創意巧思又孜孜不倦的已故學者林奈爵士。他推動自然研究的熱情與努力，理當獲得最高的讚譽。[9]

史密斯亟欲煽動這種情緒。一七八八年二月二十六日，他在倫敦的馬爾堡咖啡館召集友人，宣布成立新的學術組織。四月八日的首次會議上，學會招募了二十位正式會員、三十九位海外會員，以及十一位準會員。眾人隨即推選史密斯為會長（他後來一直當會長，直到辭世），並把學會命名為倫敦林奈學會（Linnean Society of London）。

這個拼寫名稱是史密斯與巴黎林奈學會的成員會晤後的結果，當時巴黎林奈學會還是地下組織。嚴格來說，英文應該譯成Linnaean，但史密斯選擇支持巴黎同仁採用的更親民拼法Linné。倫敦林奈學會成立後的首要事務之一，就是授予巴黎林奈學會的創始人榮譽會員的資格。Linnean這個拼寫就此確立了。

創始會議獨缺班克斯爵士。他只接受榮譽會員的身分，對這個以林奈學說為核心的學會心存疑慮，但也不反對保持若即若離的關係。「在我看來，它應該會蓬勃發展，畢竟入會審查嚴格，不適合者一概不收。」[10]

學會確實蓬勃發展起來了。一八〇〇年，會員增至二百零九人；一八二〇年，更達到四百六十三人。但史密斯並未將收藏捐贈給學會，他仍堅持私有，甚至後來他決定大多時間待在老家諾里奇時，也把收藏移去那裡。不過，他仍極力維護林奈的身後名聲，悄悄變賣了礦石標本，抹去《自然系統》中礦物界錯誤分類的痕跡。他也縱容一則謠傳，那個謠言宣稱，瑞典國王後知後覺地意識到這批珍藏的寶貴價值，曾派護衛艦追擊《顯現號》但徒勞無功。史密斯明明知道那趟航程平淡無奇，卻放任謠言流傳。在《花之神殿》這本大型彩色巨著中，收錄了一幅一八〇七年的畫作，畫中這個虛構的追擊場景，比史密斯本人的肖像還要醒目。書中另一幅畫清楚暗示林奈學會在皇家植物園的勝利：畫中，眾神親手為林奈的半身像戴上桂冠與花環，象徵至高榮耀。

一八一四年，史密斯獲封爵士。翌年，滑鐵盧戰役結束，為拿破崙戰爭畫下句點。此時，英國已獨霸海洋，更透過和平談判取得法國、西班牙、荷蘭三國的前殖民地。錫蘭與非洲好望角就此納入英國版圖，並透過鴉片貿易將勢力擴及中國。一八一八年，英國東印度公司鎮壓最後一場反抗，實質掌控了印度的大部分疆土。一八一九年，英美達成協議，共管奧勒岡領地*，使兩國都擁有從大西洋延伸至太平洋的北美領土。美國開始打造橫跨大陸的國家，英國則著手打造日不落帝國。

在這個擴張的新時代，分類學成了另一種征服手段。還有什麼比清點某地的動植物、抹去其本土名稱並重新命名，更能「教化」該地區的呢？英國軍艦在和平時期負擔減輕，如今有充足的空間供博物學家隨船航行。海外的英國公民是一群日益壯大的殖民階級，他們將成千上萬的標本運回本土。英國政府意識到把政治利益與自然史發展結合起來的價值，開始大力支持林奈學會。一八一四年，攝政王喬治．奧古斯都（他是實質統治者，即未來的喬治四世）正式出任學會的贊助人，史密斯不久後也獲封爵士。到了一八一七年，那位三十四年前隨手扔信給他的班克斯爵士，也客套地在信中讚揚他：「你捍衛林奈自然分類的論點令人欽

《花之神殿》（一八〇七年）中的一幅畫作，醫神、花神、穀神、愛神一起向林奈的半身像致敬。

佩，既獨創又巧妙，更展現出對分類學奧祕的深刻了解。不過，當我認為朱西厄的自然目錄（Natural Orders）優於林奈的分類時，恐怕你會反對。當然，我並非暗示朱西厄編纂它們的成就能與林奈比肩。」[11]

班克斯這種語帶歉意的表達，其實默認了當時學界的主流觀點。此時，史密斯覺得已無需爭辯。一八二一年，學會遷入蘇豪廣場三十二號，亦即班克斯的舊宅，當年他們就是在這裡共進那頓改變命運的早餐。

一八二八年史密斯過世時[12]，業餘自然史研究在英國已成為一種廣受歡迎的休閒活動，在林奈學派的追隨者大力宣揚下，大家開始領略分類學的樂趣，使分類學在英國蔚為風尚。約翰．桑頓在《花之神殿》中寫道：「當人們為一朵無名花朵尋找綱目歸屬，就算是踏上植物學之旅了。如果他能看懂自然之筆在花卉上留下的植物特徵，循著分類系統，很快就能抵達這場旅程的終點。」[13]

早年的奇珍櫃是權貴專屬，炫耀的多是稀世珍品。到了攝政時期與維多利亞時代的英國，植物標本收藏不再象徵上流身分，而是代表富裕的中產階級。壓花標本與針插蝴蝶的展示，在英國蔚為家居風尚，既能彰顯主人悠閒雅致的生活情調與海外遊歷的財力，更可炫耀其標注拉丁學名的博物學涵養。一八四九年植物學家詹姆斯．德拉蒙德寫道：「成千上萬人迷上這項嗜好。」[14]

這項活動成了雅俗共賞的樂事。無論是學者，還是普通人，都熱中於觀察花卉，再歸綱分目，最終透過這種輕鬆入門的方式，確定它們的名稱和歷史。於是，這種對自然的熱愛，或油然而生，或與日俱增，盛況空前。每次郊遊，也多了一分前所未有的樂趣。

* Oregon Country，北美洲西部地區，位於北緯四十二度以北，北緯五十四度四十分以南，洛磯山脈以西，太平洋以東的地區，包括今日加拿大英屬哥倫比亞省的南部地區，以及全部的美國奧勒岡州、華盛頓州、愛達荷州，和蒙大拿州、懷俄明州的一部分。

至此，大家已普遍認同：自然既可實體收藏，亦可用言語收編。誠如十九世紀一位傳記作家所寫的，林奈的成就無異於解碼了「書寫植物史的語言：植物術語猶如字母，植物學名猶如單字，分類系統猶如文法」[15]。多虧了烏普薩拉的這位天才，才終結了那些複雜主義者將學界引入歧途的蒙昧時代。

當時普遍存在一種謬見……認為唯有透過吹毛求疵的詮釋，才能了解自然。後來，林奈出現了，其貢獻猶如一陣清風，驅散了迷霧，展現出陽光明媚的開闊視野。自然科學這個昔日的冷門學科，轉眼間成了老少咸宜、貧富貴賤都珍視的學問。

博物學家阿道夫・寇治說得更精闢：林奈無異於「造物主的登錄官」。

❖ ❖ ❖

在瑞典，林奈的其他遺跡則是逐漸淡去。接替小林奈擔任烏普薩拉教授的卡爾・彼得・通貝里，既是老林奈的最後一位使徒，也是眾使徒中考察最遠的一位。當年林奈派他前往遙遠的遠東地區，這任務後來證明是最艱鉅的。

一七七一年十二月，通貝里以船醫身分加入荷蘭東印度公司。這份差事將他帶到荷蘭控制的南非開普敦殖民地，他在當地潛居三年，暗中執行一項祕密計畫。他需要精通荷蘭語到足以冒充荷蘭人，因為他的最終目的地是日本，當時日本處於鎖國狀態，唯一通商的西方國家是荷蘭。這趟旅程的最後一段是由荷蘭的花卉愛好者資助，他們期待他從封閉的島國帶回奇花異卉。這無疑是一個冒險的提議。通貝里寫道：「一般認為，前往日本的航線是東印度群島中最危險的。荷蘭東印度公司預計，每五艘派往當地的船，就有一艘會失事。」[16]

一七七五年，通貝里抵達這個鎖國的國度，更確切地說，是獲准到盡可能最近的地方。當時日本嚴拒所有的外國人，尤其是西方的蠻夷，僅在長崎灣的人工小島「出島」，為歐洲人留了一個立足之地。荷蘭商人在此被隔離，貿易也受到嚴格的限制。通貝里的偽裝很成功，因為他很快就發現，日方派出來與商人交涉的人員，只會說零星的古荷蘭語。但實際上他等於被囚禁在那座島上，始終無法踏上日本本土。

為了獲取植物標本，通貝里開始暗中檢查那些送來餵養動物的飼料。他偷偷用西方的醫學知識，交換日本的動植物情報，因此開始追蹤一種名為「冬蟲夏草」的生物：這種生物若是真的存在，將顛覆林奈分類系統的根基：「一種非常獨特的植物，夏天是爬行的昆蟲，冬天是植物。」[17]通貝里千方百計取得標本後，卻發現「這分明只是條毛毛蟲，在即將變成蛹之前鑽入土中」。由於每年只准一艘荷蘭船離港，通貝里在等待歸期時，只能想辦法打發時間。

一七七九年三月，林奈逝世一年多後，通貝里回到烏普薩拉。四年後小林奈過世，他順理成章接任教授職位。他曾極力反對出售林奈的收藏，但無力阻止。

眼見珍藏流散，通貝里也樂見往事就此淡去。他無意修訂《自然系統》，也不打算整理林奈父子的任何著作。他認為林奈的植物園既狹小，又臨近易氾濫的菲里斯河，所以一七八七年說服瑞典國王古斯塔夫三世捐地，在烏普薩拉城堡旁闢建新園。一八〇二年關閉舊園後，他只挑選部分植物移植。工程進度緩慢，但新園終於在一八〇七年對外開放。通貝里將園內一棟建築命名為「林奈館」，並在林奈的誕辰日舉行揭幕儀式以示紀念。但整個園區是按照他的藍圖規畫，與林奈無關。他決定不帶走舊園的動物（包括絨猴、鶴、孔雀、鸚鵡、鴕鳥、鶴鴕），而是把牠們留給其他人認養。

半個世紀前，林奈從那座荒蕪的花園崛起，至此一切彷彿回到了原點。烏普薩拉這座老舊的植物園就像林奈出現之前一樣，再次陷入荒廢。往後數十年間，這塊地先後變成公園、馬鈴薯田；建築物則從學生社團的聚會所，變成北歐古物博物館，最終淪為運動器材的儲藏室。

❖ ❖ ❖

那麼，誰繼承了林奈的分類學衣缽？

既不是悉心保存手稿的史密斯，也不是林奈學會。《自然系統》不再出新版，而是變成日益壯大的眾包分類學的基礎。這股風潮的背後，是工業革命一項少有人注意的技術變革：一七九七年平版印刷術發明後，印刷技術迅速發展。這種新的複製技術不僅比金屬雕版更精細，石材印版也更耐用，比較不會磨損。印刷成本大幅降低，雙面印刷機問世後，效率倍增。後來，又加入蒸汽動力，印刷速度更從每小時數十張暴增至上千張。

突然間，數百家學術機構、學會，甚至業餘的博物社團，都有能力印製專業期刊，而且他們也確實這樣做了。在林奈與布豐的職涯初期，只有少數資金雄厚的期刊能定期出版。到了一七九九年，英國已有三十五種科學期刊，法國有五十四種，德國更驚人地達到三百零四種。根據林奈《植物哲學誌》的命名規則，物種的命名權是屬於「發現者」，亦即首位在出版物中描述它的人。科學期刊的爆炸式成長，引發了某種命名混戰：博物學家爭相自創林奈式分類，火速發表新發現以搶占優先權。這不免導致命名紊亂，甚至出現牽強的妥協方案。

一七九九年，一樁怪事在英格蘭東北的泰恩河畔新堡的碼頭上演。某個小木桶被送到碼頭上，收件人是該市的文學與哲學學會，一名女僕奉命去領取。回程時，她將桶子頂在頭上，不料桶底突然脫落，把她嚇壞了。酒精浸濕了她全身，而她腳邊更躺著一團濕漉漉的殘骸，那是「一種奇怪生物，半鳥半獸」。

這怪物是從何而來的？從澳洲寄來這件標本的新南威爾斯總督相信，這是澳洲內陸多種動物瘋狂交配的產物。澳洲原住民稱之為「杜萊瓦榮」（*dulaiwarrung*），現今通稱是鴨嘴獸（platypus）。*Platypus* 意為「扁平足」，這命名令人費解，畢竟腳掌可說是牠最不起眼的特徵。

自漢堡多頭蛇的標本以來，從未有物種如此明顯地橫跨林奈分類的多個類別。但與漢堡多頭蛇不同的是，鴨嘴獸是真實存在的生物——儘管牠怪異到需要更多的標本，才能說服歐洲學者相信這東西是真的。這終於成為林奈那個「異形綱」的活體例證，也印證了布豐的斷言：分類學永遠無法捕捉「以難以察覺的細微差異演變的大自然，因此不可能用僵化的綱、屬、種來準確描述」。

但這時要推翻林奈的層級分類系統已經不

鴨嘴獸（學名 *Ornithorhynchus anatinus*）

可能了。鴨嘴獸再怎麼怪異，也得塞進現有的標準分類系統中。當更多的標本證實這種生物不是騙局後，接手把鴨嘴獸融入系統的人竟然是拉馬克。他設立了一個全新的目：「原獸目」（*Prototheria*，意為「第一獸」），並建立獨特的屬「單孔屬」（*Monotremata*）。至今兩百年來，這個分類中只增加了另一種動物：針鼴。這個目和屬都歸入哺乳綱，這個妥協遭到若弗魯瓦的強烈反對，他指出，鴨嘴獸產卵，雖然牠用一種乳汁哺育幼崽，但它沒有乳頭，乳汁是透過皮膚分泌出來的。這樣的生物怎麼能算是哺乳動物呢？

更多的爭議接踵而來。一七九九年，英國醫生喬治．蕭在《博物學家文集》上發表報告，描述他檢視的乾燥標本。他仍不確定這是否為騙局，因此警告「這個異形的四足動物，必須留待進一步的調查」[18]，但他還是把牠命名為*Platypus anatinus*，這是笨拙地混搭希臘語（*platypus*意為「扁平腳」）和拉丁語（*anatinus*意為「似鴨」）。德國教授布盧門巴赫（就是創造「高加索人」一詞的那個人）沒注意到這篇論文，隔年他在他的自然史期刊《自然史圖鑑》上，發表他對另一組標本（含皮毛、嘴、骨骼）的研究。他自認「有必要為其命名」[19]，所以自創「*Ornithorhynchus paradoxus*」，這個名稱同樣拗口（意為「鳥嘴異形」），但至少都是使用希臘文。蕭的命名雖有優先權，卻因當初對標本的真實性存疑而埋下爭議。

既然蕭對這種生物的存在心存疑慮，他真的擁有命名權嗎？在缺乏仲裁機制下，科學界繼續使用這兩個名稱多年，其間platypus反倒成了歐洲人的通俗稱呼（澳洲原住民的稱法則完全遭到忽視）。後來有人發現platypus早在一七九三年就用來命名一個甲蟲屬，這導致蕭的術語無效：因為根據林奈的命名法則，屬名不得重複使用，無論相關生物有多麼不同。所以，鴨嘴獸不能叫platypus。

於是，*Ornithorhynchus paradoxus*派和*Platypus anatinus*派最終各退一步。鴨嘴獸的學名既不叫「似鴨

的扁平足」，也不叫「鳥嘴異形」，而是折衷為*Ornithorhynchus anatinus*。這名稱毫無描述價值（意為「似鴨的鳥嘴」），但總算安撫了兩派陣營。

鴨嘴獸的怪異本質，隨著進一步的研究，變得更加明顯：牠沒有胃，雄性帶毒刺，近半體脂肪儲存於尾部，作為行動的能量庫。牠甚至能產生電場，用來感知環境。然而，鴨嘴獸沒有讓林奈分類法顯得荒謬，反而讓鴨嘴獸本身顯得荒謬。誠如詩人奧利弗・赫德福德所寫：

吾兒啊，這鴨嘴獸
簡直是反面教材：
性格猶豫不決
終將惹人訕笑。
你看，這三心二意的傢伙，
拿不定主意要當魚、走獸、還是飛禽，
最終三者全包，不倫不類。[20]

隨著科學期刊的激增、保存技術的進步，以及新標本不斷湧入，類似的分類衝突只增不減。到了一八五〇年，*Argus*這個屬名被誤用在十個不同的屬上，包括兩種軟體動物、兩種蝴蝶與一種蜘蛛。植物學家於一八六七年邁向標準化，起草並通過《巴黎法規》。這份植物命名的國際協議，後來演變成《國際植物命名法規》（ICBN）。由於其詞彙需要一個起源點，該法規正式將林奈一七五三年出版的《植物種誌》（《自然系統》的首部植物學分冊）確立為植物命名的官方起點。一八九五年，第二個代表團成立了「國際動物命名法委員會」（ICZN），成為動物學名的中央權威機構。他們選擇以林奈一七五八年出版的《自然系統》第十版為基準，因為該版首度完整應用二名法。除非經林奈本人採用，否則在這兩部基準之前發表的物種名稱皆視為無效。就這樣，在兩大國際組織的立法下，現代的植物學與動物學都正式奉林奈為開端。

這兩大管理組織雖各自獨立，但他們仍制定了共同的規範。其中一項決議規定：在同一界內，不得重複使用一個屬名。這項規則直接廢除了九個*Argus*屬名（僅保留一七六一年最早用於腹足綱軟體動物的版本）。不過，同名可跨動物界與植物界使用：因此*Iris*既是一種花（鳶尾屬），也是一種螳螂（虹螳屬）；*Darwiniella*既是一種蘭花（毛頂蘭屬），也是一種藤壺（達爾文藤壺）；*Cannabis*既是一種大麻（大麻屬），也是一種鳥類（麻鷺屬）。然而，某些規則與其說是提升清晰度，不如說是強化僵化性。例如，明令禁止更改已經確立的二名，無論是什麼情況。以紫藤（*Wisteria*）為例，原本該命名為*Wistaria*，因其發現者想以殖民地醫師兼作家卡斯帕．威斯塔的名字命名，卻拼寫錯誤，變成*Wisteria*。根據命名法規，即使明知是筆誤，也永不得更正，所以從此將錯就錯。海鷗的學名*Haliaeetus savigny*裡多了一個無意義的字母e，也因法規限制而永遠留存。就連充滿爭議的致敬也無法抹除：一九三七年在斯洛維尼亞發現的無眼穴居甲蟲，因發現者是納粹昆蟲學家，而被命名為*Anophtalmus hitleri*（意思是「無眼希特勒」）。儘管多次要求更名，但國際動物命名法委員會的主席二〇二二年表示：「當初命名時沒有冒犯性，百年後或許亦然。」[21]

❖ ❖ ❖

這種如今主導學界的系統分類觀，還造成一個自我設限的盲點。由於林奈把生命簡單二分為動物界與植物界，這條界線隨著時間經過，逐漸穩固成一道高牆。不僅阻礙動物學家與植物學家的交流，更排除了某些生命不屬於任一界的可能性。

這種僵化思維在微生物的研究上特別嚴重。一八三〇年代，隨著顯微鏡技術的突飛猛進，生物學家眼前展現出驚人的微生物多樣性。當博物學者試圖為「混沌混沌」（*Chaos chaos*）這個大雜燴的物種細分變種時，他們不禁懷疑，布豐或許是對的：有些可能是動物，有些可能是植物，有些可能不屬於任一界。居維葉試圖把這個包羅萬象的物種改名為「動物混沌」（*Chaos animalia*）以便一勞永逸解決這個問題。結果徒勞無功，反倒加深了植物學和動物學之間日益擴大的鴻溝。被迫從植物學轉攻動物學的拉馬克，雖創造「生物學」一詞來涵蓋一門新科學，以統合各種生命的研究。但實務上，這些學科大致上仍是壁壘分明的，雙方都認為沒什麼可彼此分享或互相學習的內容。

一八三八年，德國一場晚宴上兩位客人的偶然對話，就是這種情況的鮮明例子。三十四歲的耶拿大學植物學家馬蒂亞斯．許萊登，與二十八歲的柏林大學解剖學和動物學博物館的助理特奧多爾．許旺素不相識，他們喝咖啡時聊了起來。許旺提到他的研究中有一項有趣的新發現：他的高倍顯微鏡不僅能觀察單一細胞，還能看清細胞內的結構。他發現，植物不同部位的細胞形狀雖不同，但內部構造出奇相似：它們都有一個很密集的核心區，或稱細胞核（nucleus，源自拉丁文，原意是「種子」），大致位於細胞的中央。

許萊登對這個巧合大為震驚，他也正在使用改良的顯微鏡觀察組織樣本，也注意到相同的現象。兩人隨即放下咖啡杯，一起走到許旺的實驗室去看切片及交流心得。

當年稍晚，植物學家許萊登發表理論，主張植物完全是由細胞及其衍生物構成的。雖然成熟細胞可能形態各異，但其基本構造指向共同起源：這個理論可以充分解釋為何大樹能從小種子成長，甚至單個細胞也有生命。隔年，動物學家許旺發表他的理論：「無論差異多大，生物基本單元的發育都遵循同一普遍原則，而這個原則就是細胞的形成。」[22]

然而，兩人在各自發表的論文中，皆未提及對方。雖然許萊登和許旺在後續的職涯中始終保持友好，但他們都固守在自己的專業領域裡。無論是他們本人或是同行，似乎都沒有想過要真正合作：跨越動植物之間的藩籬，進一步探索兩者的共通性。當動物學家與植物學家沿著平行卻分離的路徑研究「細胞理論」時，他們的焦點始終放在複雜生物體上。至於單細胞生物，即便有愈來愈多的證據顯示其數量龐大，卻仍受到學界普遍的忽視。

到了這個時期，布豐提出的「活的有機微粒」理論（「這些微粒的集合構成了一個動物或植物」[23]）已被世人遺忘。他針對介於動植物之間的「中間物種」所提出的假說，曾在一八六六年因德國博物學家恩斯特・海克爾建議分類學改革而短暫復興。當時，連業餘的顯微鏡愛好者也能辨識出許多不同種類的單細胞生物，例如黴菌、藻類、草履蟲、細菌等。海克爾已經確信蘑菇等真菌不該歸入植物界，因為它們不含光合作用所需的葉綠素。因此他提出第三界：「原生生物界」（*Protista*），將真菌與單細胞生物納入其中。

這個提議並未獲得學界認可。事實上，海克爾的另一項建議也同樣得不到支持：他建議博物學家發展一門他稱之為「生態學」（ecology）的學科，研究整體環境，而不是專注於個別物種。面對日益增多的微生物種類，動物學家和植物學家非正式地將其劃分到各自的領域。他們達成以下共識[24]：把原生動物（*protozoa*）歸入動物界，把藻類、細菌、真菌歸為植物界。當時學術界仍以分類研究和專業分工為主流。

湯瑪斯・亨利・赫胥黎

CHAPTER 26

像極了我

Laughably Like Mine

湯瑪斯・亨利・赫胥黎與查爾斯・羅伯特・達爾文成為好朋並非偶然。兩人的人生軌跡有許多相似之處：兩人最初都是在英國軍艦上擔任隨艦博物學家，就此展開科學生涯。達爾文是隨《小獵犬號》遠航，赫胥黎是在《響尾蛇號》上工作；他們最初都是以研究海洋無脊椎生物的論文嶄露頭角。赫胥黎雖比達爾文小十六歲，但達爾文的研究進度緩慢，兩人的專業軌跡逐漸交會。一八五三年達爾文因藤壺研究而獲頒皇家學會的獎章時，收到赫胥黎的祝賀。赫胥黎不僅早他兩年獲此殊榮，更已躋身學會的領導階層。

達爾文的研究進度緩慢，一方面是因為體弱多病，稍有壓力就心悸胃痛；另一方面也確實有從容研究的本錢。他的父親是富有的金融家，母親是瑋緻活陶瓷帝國的繼承人。赫胥黎的急迫抱負是因現實所迫，他出身西倫敦的貧困家庭，在八個孩子中排行第二，因家境拮据，十歲後便無力繼續升學。十三歲起，他接連跟著幾位半吊子的醫生當學徒，後來勉強進入一所名不見經傳的解剖學校，又輾轉就讀查令十字醫院與倫敦大學，期間更以優異成績獲得解剖學與生理學的獎章。他天資過人，但仍有沉重的經濟壓力，二十歲時不得不輟學，加入皇家海軍擔任軍醫的助手。與達爾文在《小獵犬號》上悠閒地記錄考察筆記五年不同，赫胥黎在《響尾蛇號》服役期間就發表了多篇科學論文。一八五〇年返英後，赫胥黎迅速當選皇家學會的院士；一八五四年更獲聘為倫敦皇家礦業學院的自然史教授，此後三十一年一直擔任此職。赫胥黎躋身英國科學界的核心後，仍經常鼓勵那位慢條斯理的同行。他在信中寫道：「達爾文若不是健康欠佳，成就肯定無可限量。」[1]言語間透露出他對達爾文正在進行的研究既熱切關注，又略顯心急的矛盾心情。

達爾文清楚記得一八四四年一月他突然頓悟的瞬間。「我還記得當時馬車行經的確切位置，解答突然在我腦中浮現，令我欣喜若狂。」[2]他原本堅信物種恆定不變，但事後激動寫道：

> 我幾乎確信（這與我最初的觀點完全相反）物種並非一成不變（這簡直像在招認謀殺）……我想我已經發現（好狂妄啊！）物種如何巧妙適應各種目的的簡單機制了。[3]

達爾文提出的概念（他後來稱之為「自然選擇」〔natural selection〕或譯「天擇」）與拉馬克的理論不同，關鍵差異在於：促使物種演變的機制不同。拉馬克認為，演變是生物直接適應新環境的直接結果；達爾文認為，演化變異可能隨機產生，源於生殖系統的內在基質偶然出錯。雖然有些變異可能有害，但其他變異可能有適應性，讓個體在環境中更有生存（和繁殖）的優勢。

達爾文認為，這套理論比拉馬克的轉變論更可信。他曾形容拉馬克的理論「巧妙但荒謬」[4]。不過，在隨後長達十五年的理論精進過程中，他從未把自己的理論視為對拉馬克的駁斥，因為兩種過程完全可能並存。若不是得知博物學家阿爾弗雷德·羅素·華萊士也在進行類似的研究，達爾文那十五年的理論開發期恐怕會延續一輩子。赫胥黎在一八五八年寫道：「華萊士的出現，似乎讓達爾文真的認真動起來了。終於能看到他的完整理論，實在令人欣喜。我預期這將引發一場重大革命。」[5]

一八五九年十一月二十四日，《物種起源》（全名是《由自然選擇或在生存競爭中保留下來的有利種族論物種之起源》）倉促問世。達爾文忐忑不安地等待迴響，他坦言：「只要能說服赫胥黎，我就心滿意足了。」[6]這部著作的首章，幾乎是對拉馬克的致敬：

> 習性確實會產生顯著的影響……在經常擠奶的地區，牛羊的乳房會出現顯著且可遺傳的發育現象；相較於其他地區同類器官的狀態，這正是「用進廢退」的典型例證。世界上各種家畜，都有耳朵下垂的品種。有學者認為，這是因為這些動物在安全環境中不太受到驚嚇，導致耳部肌肉缺乏使用而退化。這個解釋看來頗有道理。[7]

「顯著且可遺傳的發育」這個概念，本質上就是拉馬克學說的核心。在《物種起源》中，達爾文並未試圖否定拉馬克的「物種轉變論」的正確性，他只是提出另一種並行的機制。只有在一處論述中，達爾文提出自然選擇能做到「轉變論」所無法解釋的事：那就是「無生殖力昆蟲」（如工蟻）的特徵遺傳問題。既然牠們無法交配，無法繁衍，這些特徵是如何代代相傳的？

「在群體中，那些完全不育的成員，無論經過多少鍛鍊、習性的養成或意志作用，都不可能影響到有生育力成員的結構或本能。唯有這些能生育的個體才能留下後代。」他寫道：「令我驚訝的是，竟然沒有人用這種不育昆蟲的實證案例，來反駁廣為人知的拉馬克學說。」

這說法並非否定拉馬克的理論，而是加以補充。事實上，達爾文的學說與拉馬克的觀點幾乎沒有衝突，以致於一八六三年蘇格蘭的地質學家查爾斯．立爾稱達爾文的理論是「拉馬克發展與演進學說的改良版」[8]。

然而，拉馬克已逝。隨著演化論引發的爭議愈演愈烈，在世學者中唯一承受這股怒火的只剩達爾文，而他卻無意為自己辯護。面對排山倒海而來的質疑，他反而更加埋首研究，把公開辯護的重任交給赫胥黎（後來因此獲得「達爾文的鬥牛犬」稱號）。在《物種起源》出版七個月後於牛津舉行的那場著名辯論會上，塞繆爾．威伯福斯主教質問赫胥黎：「他聲稱自己是猴子的後代，那請問他的祖父母中，哪一位是猴子？」赫胥黎當即反擊：「與其像主教這般巧言令色地扭曲真理，他倒寧願認猴子當祖先還比較自豪。」

赫胥黎雖然樂於公開為達爾文辯護，但私下坦言，他並不完全相信達爾文的演化論，對拉馬克的物種轉變論也抱持保留的態度。他認為，演化論「可能」成立（而且達爾文的理論比拉馬克的更有可能），但僅止於此。在宗教與科學問題上，赫胥黎都是「不可知論者」（agnostic）。這是他自創的詞，在希臘語中意指「不知道的人」。他的世界觀只接受可證實的事實，而非需要豁出去相信的觀念與教條。即使演化確實存在，其運作的時間尺度也遠超過人類的壽命。後人或許能證實它，但也可能推翻它。在那之前，赫胥黎認為這兩種演化理論終究只是「理論」而已。

❖ ❖ ❖

隨著研究的深入，達爾文把目光轉向《物種起源》引發的關鍵問題：如果演化是生物特徵逐漸改變的過程，那麼這些特徵究竟是以什麼方式傳遞的？他繼續倚重赫胥黎的見解，並於一八六五年提出名為「泛生論」（pangenesis）的初步理論，交由赫胥黎審閱。

赫胥黎的回覆充滿了困惑，難道達爾文沒發現，這個理論幾乎是照搬布豐的「內在模版」學說，近乎抄襲嗎？後來才發現，達爾文雖然很熟悉拉馬克的理論，卻對布豐的理論一無所知。雖然他隱約聽過布豐的名字，但從未研讀過布豐的著作。

赫胥黎對此大感意外。當年他在海軍擔任博物學家時，船員都戲稱他採集的標本為「布豐」，因為他隨身攜帶的《自然通史》上清楚印著這位作者的大名。達爾文回信道：「衷心感謝你如此仔細審閱我的手稿。若在不知情下重複發表布豐的觀點，我肯定會非常懊惱。我確實從未聽過這些理論，但我會立刻找這本書來研讀。」[9]

達爾文很快就找到《自然通史》，不久後又回信。

「親愛的赫胥黎，我已讀完布豐的著作。整頁內容像極了我寫的，真是令人啼笑皆非。看到別人筆下寫著自己的觀點，反而讓人異常清醒。整件事真是令我汗顏……你的敏銳眼力幫了我一個大忙。」[10]

在隔年出版的《物種起源》第四版中，達爾文新增了一篇附錄，標題是〈物種起源觀點的歷史進程概述〉。他在文中坦承：「布豐是近代首位以科學精神探討物種起源的學者。但由於他的觀點在不同時期波動甚大，而且未深入探討物種演變的成因或機制，在此我就不贅述了。」[11]

達爾文也承認：「拉馬克是論述率先引起廣泛關注的學者……他主張，物種（包括人類）都是由其他物種演變而來。他的重大貢獻在於喚起世人認知：無論有機或無機世界的變化，都可能是自然法則的結果，而非奇蹟般的干預。」

然而，達爾文此時正刻意與拉馬克保持距離。他寫道：「關於物種演化的機制，拉馬克把部分歸因於生活環境的直接影響，部分歸因於現存物種的雜交，但最主要還是歸因於用進廢退，也就是習性的影響。他似乎將自然界中所有美妙的適應性特徵（比如長頸鹿為啃食樹葉而進化的長脖子），都歸因於最後這種機制。」

可憐的拉馬克和他的長頸鹿理論。以下是拉馬克關於長頸鹿論述的一個通行英譯版本：

> 這種動物……生活在非洲內陸幾乎終年乾旱貧瘠的地區，因此不得不以樹葉為食，終日不斷伸長頸部以啃食高處的枝葉。由於整個種族長期維持這種習性，經年累月下來，導致前腳比後腳長，脖子也愈來愈長，最後即使不抬起前腿，也能觸及六米高的樹梢。[12]

此處關鍵在於「長期維持這種習性」這段文字，法文原句為「*Il est résulté de cette habitude, soutenue depuis long- temps*」。雖然「*habitude*」可指單純的重複動作，但也暗含「特徵習性」。這與達爾文的自然選擇理論毫不衝突：對於以樹葉為食的物種而言，有廣泛攝取多種樹葉習性的個體，確實可能比飲食範圍有限的同類活得更久，因此擁有更多的繁殖機會。

事實上，長頸鹿正是「性擇」（sexual selection）的絕佳範例。雄性長頸鹿會用脖子和頭部互相攻擊來確立主導地位，這種爭鬥行為與公鹿、公羊如出一轍。牠們頭頂那些堅硬的突起（不是角，而是稱為「皮骨角」（ossicones）的軟骨突起）配合長頸甩動的鞭打力道，甚至足以殺死另一隻長頸鹿。勝出者的交配優勢，促使這個物種演化出更厚的頭骨、更堅硬的皮骨角，以及更強壯的頸部肌肉，而強健的頸部肌肉正是支撐超長脖子的關鍵。牠們完美詮釋了那句廣為人知（雖不盡準確）的達爾文理論精髓：「適者生存」。

❖ ❖ ❖

《物種起源》堪稱該世紀爭議性最大的著作。許多反對者是基於宗教立場，全盤否定演化論。但也有人覺得，拉馬克的遺傳說法至少比達爾文的自然選擇更符合神學觀點。物種靠自身努力而改變的能力，或許可以視為仁慈造物主的恩賜。無論如何，這總比達爾文描述的冷酷隨機演化更容易讓人接受。隨著爭議愈演愈烈，關於演化可能包含兩種獨立過程的細膩討論，終究被淹沒在猛烈的抨擊聲中。某些科學家為了捍衛達爾文，甚至覺得有必要攻擊拉馬克。

達爾文主義者見達爾文本人對拉馬克理論的態度模稜兩可，便趁機大做文章，拿史前的短頸鹿圖像來嘲諷，說難不成這些短頸鹿是拚命伸長脖子吃樹葉，直到脖子奇蹟般變長？這種說法很荒謬，但硬說拉馬克當初表達的就是這個意思也一樣荒謬。諷刺的是，當時反對達爾文的最主流論點，也是建立在同樣荒謬的過度簡化上：說達爾文主張人類是從猴子演變而來，除非他能提供人類與猿類之間的「缺失環節」（這讓人聯想到「存在巨鏈」理論），否則他的理論必然是錯的。

那些宣稱「駁斥」拉馬克轉變論的實驗報告，其實也反映了這種誤解。德國的生物學家奧古斯特・魏斯曼對數百隻老鼠做斷尾實驗，連續二十二代重複這項手術。直到二十世紀，生物學教科書仍記載：「若按拉馬克的假說，這些老鼠最終應該會生出尾巴較短、甚至沒有尾巴的後代。然而，魏斯曼實驗中的老鼠，世世代代都依然生出尾巴正常的小鼠。魏斯曼因此得出結論：個體後天獲得的特徵，不會影響生殖細胞或後代。」[13]另一本教科書刊登了一張大狗與小狗的對比照片，圖說寫道：

後天特徵並不會像拉馬克所想的那樣遺傳給後代。即使這隻成年杜賓犬的耳朵和尾巴經過修剪，你可以看到牠的幼犬出生時，耳朵和尾巴依然很長。[14]

與此同時，赫胥黎雖有「達爾文的鬥牛犬」稱號，但他從未成為達爾文主義者，而是複雜主義者。他始終認為這兩種理論各有所長，都該放在恰當的歷史脈絡中了解。一八八二年（達爾文逝世當年），他在信中寫道：「我絕不會低估達爾文在科學史上的地位，但必須說，布豐與拉馬克無論在天才創見或思想豐沛度上，都足以與他比肩。這兩人的視野廣度與學識淵博程度堪稱巨人，只是我們往往遺忘了他們的貢獻。」[15]

但赫胥黎這種觀點實屬罕見。當時，拉馬克的學說已被視為生物學發展史上令人遺憾的謬誤（前面提過，「生物學」這個學科名稱正是拉馬克所創）。布豐的理論同樣遭到邊緣化。儘管達爾文私下曾坦言布豐的觀點「像極了我寫的」，但他在公開場合對布豐的認可卻總是語帶保留（「但由於他的觀點在不同時期波動甚大」），始終不願明確將布豐視為先驅。這種態度，再加上大家都知道布豐與林奈的對立關係，導致英國作家塞繆爾·巴特勒所描述的「世人對布豐的普遍誤解，也就是說，大家認為他不過是個玩弄科學的風雅之士，比較在意如何用華麗的辭藻來包裝觀點，而非觀點本身，而且不會長期堅持相同的觀點」[16]。

巴特勒是小說家，以烏托邦諷刺作品《埃瑞璜》最為人知。但一八七九年，他暫停小說創作，寫下《新舊演化論》一書，試圖以整本著作糾正上述誤解。他強調，當代讀者未能領會的是：布豐那些看似矛盾的論述，其實是修辭上的防護措施：為了安撫索邦大學等當年的審查機構，而刻意添加的表面文章。

巴特勒解釋，布豐的論述「在危險的邊緣遊走」[17]。他引用《自然通史》中的一段話，呈現出布豐某個爭議性較大的觀點：動物不僅擁有智慧，在某些重要方面，甚至展現出超越人類的智慧。布豐寫道：「為何田鼠洞中儲存的橡果，足以讓牠活到來年夏天？為何蜂巢裡存有如此豐富的蜂蜜和蜂蠟？為何螞蟻懂得儲藏食物？鳥兒若不知將來需要，又何必築巢？」

即便我們承認……動物有預感、先見之明，甚至對未來的確定性，這是否必然源於智慧？若是如此，牠們的智慧無疑遠勝於人類。因為我們的預見僅止於猜測；我們引以為傲的理性之光，充其量只能顯示些許的可能性；而動物的遠見卻從不出錯，那必定是源自某種遠超我們自身經驗的更高法則。

布豐深知，主張動物有智慧極具爭議性。他先前就因暗示動物有靈魂而遭到譴責。為緩和這段文字的衝擊力，他緊接著反問：

這樣的推論，難道不是既違背宗教又悖逆常理嗎？

巴特勒指出：「這正是布豐的典型手法，每當他清楚表示我們該如何思考後，就會突然以宗教理由打住立場。」當然，布豐在物種演變問題上也做了同樣的事情：先是大膽宣稱（「從一個原始形態，逐步發展出所有的生命形態」），隨即又在下一段矢口否認（「絕非如此！《聖經》明載……」）。《自然通史》中充斥著這類防衛性的文字，在當時是必要之舉，卻讓後世的讀者感到多餘，甚至困惑。

《新舊演化論》是出自一位專門寫諷刺文學的小說家，因此對挽救布豐的聲譽幫助不大。但布豐並未因此淡出歷史舞台，事實恰恰相反，雖然學界不再認真將他視為博物學家，但他始終活在大眾的想像中。那些美化林奈生平的人最喜歡拿布豐當陪襯，把他描繪成蒙昧的反派角色，說他反對「造物主的登錄官」並非出於學術分歧，而是出於卑劣動機。布豐為何質疑林奈？眾說紛紜。有位林奈的傳記作者將其歸因於純粹的無知（「他既不懂林奈分類系統，也不願意花心思了解」），還補上一句：「這位大人物之所以激烈攻訐，主要是被嫉妒沖昏了頭。」[18]另一位較寬厚的作家，把布豐「評判林奈時的不精確與疏漏」[19]歸咎於其自負的性格：「他天生格局宏大，難俯身思考細枝末節。」不過，這位作家最後仍總結：布豐終究大錯特錯，他對自然的了解「與當代認知格格不入」。

其他學術著作的評價更是糟糕。德國博物學家羅伯特・哈特曼在《類人猿》一書中，主要把布豐描述為動物訓練師，還把蒙巴爾動物園裡一隻猿猴的虛構軼事當成事實發表。他寫道：「布豐飼養的黑猩猩會像人類一樣坐在餐桌前，攤開餐巾擦拭嘴唇，使用湯匙和叉子，倒酒碰杯，取來杯碟加糖，沖泡茶水，還會等茶涼了再喝。牠對某位女士特別迷戀，每當其他人靠近她時，牠就會抓起棍子揮舞，直到布豐露出不悅之色，牠才罷休。」[20]

值得注意的是，身為柏林大學知名解剖學教授的哈特曼，竟懶得查證原始文獻。布豐在《自然通史》第十四卷中僅簡短提及，他曾在巴黎看過一隻體弱多病的紅毛猩猩，咳嗽不止卻嗜吃甜食。然而，哈特曼這個嚴重加油添醋的版本卻深植人心，恰好與當時布豐流傳的主流形象（頂多只是個怪人）不謀而合。法國一家糖果業者甚至開始在廣告中使用布豐的形象，畫面中他正欣然接受一隻滑稽可笑的馴化猿猴侍候。

然而，布豐的著作仍以某種形式持續暢銷。一七九四年，布豐之子命喪斷頭台後，他失去了直系繼承人，家族財產也大多充公歸入革命金庫。那些剩餘的遺產，拖了很久才由遠親繼承。布豐的姪孫亨利・諾多・德・布豐為紀念先人，出版了其書信選集（從布豐焚燬習慣中倖存的少量文件整理而成），但包括他在內的後代都未主張過《自然通史》的版權。這使得這部巨著及其精心編纂的插圖淪為出版商隨意翻印、改寫的對象。當時常見的做法是：以布豐的原著作為自然雜談的基礎，再借他的大名行銷。例如，一八五七年紐約利維特與艾倫公司出版的《布豐的人類、地球與四足動物的自然史》，其序言承諾提供「精心挑選、令人驚歎的事實，或許還能喚起更崇高的情感，也提供寓教於樂的珍貴知識」[21]。

布豐和猿猴僕人，木薯粉廣告

> 這些書卷的素材皆取自著名的博物學家，其中布豐的文筆最為優美動人，此外還有居維葉、拉塞佩德等大家，在此就不一一列舉。此外，書中亦收錄了現代航海家與旅人記述的諸多趣聞軼事。

布豐生前將畢生心血託付給拉塞佩德，但他要是看到《自然通史》後來的合著者陣容，恐怕會大吃一驚。一八五七年的版本雖保留了他對人類多樣性的考察，以及對種族分類的告誡（「差異僅止於外表，自然的改變只是表面」），編者卻硬是加了一段免責聲明：「以上是布豐對人類種族變異的分類方式。然而，其他的博物學家見解迥異，提出的分類系統不勝枚舉。按林奈的分法……」[22]

接下來直接引用了《自然系統》中劃分的四個種族類別，隨後又摘錄了一段較新的定義，稱白人種族「有勻稱的體態，符合我們對美的認知」。章節末尾還記述了一對連體雙胞胎的案例，並注明「目前正在英國首都公開展示」。

數十年間，這類改編版本暢銷不墜。但將《自然通史》雜湊成各種資料的大雜燴，只是勉強維持其影響力的嘗試，難以長久。後來，出版商乾脆捨棄拼湊手法，改推簡化版本，不僅大幅刪節內容，更強調插圖及精簡文字。因此，在大眾心中，布豐逐漸變成科普作家，甚至被當成兒童讀物的作者。有個未經授權的版本《布豐幼兒繪本》，就把幾十個條目濃縮成啟蒙讀物。（「松鼠性情溫順，雖然偶爾也會抓附近的小鳥。」）蕭伯納回憶道：

一八六〇年代初的某日，那時我年紀還小，正和保姆在都柏林卡姆登街的一家書報文具小店購物。忽然有位神情肅穆的長者走入店內，到櫃台煞有介事地問道：「你們有那位鼎鼎大名的『布昏』的作品嗎？」[23]

這樁趣事讓蕭伯納覺得很逗趣，畢竟連孩童都知道，那位「鼎鼎大名的布昏」不是幽默作家，而是赫赫有名的博物學家布豐。當時所有識字的孩子對布豐《自然通史》的熟悉程度，不亞於《伊索寓言》。然而，在那個年代，還沒有一個孩子聽過後來徹底取代布豐盛名的那個名字：達爾文。

蕭伯納接著寫道：「短短十年光景，這位『鼎鼎大名的布昏』就被世人遺忘了。」

CHAPTER

27

宇宙的韻律
The Rhymes of the Universe

路易・阿加西（左）與格里高利・孟德爾（右）

一八五七年五月，在麻州劍橋市的一間宴會廳裡，美國最負盛名的詩人亨利・華茲華斯・朗費羅起身，朗誦一首為摯友阿加西（美國首屈一指的科學家）創作的祝壽詩。《阿加西五十誕辰頌》的名氣雖不及兩年前朗費羅發表的《海華沙之歌》，但其中幾節詩句仍值得玩味：

他與自然結伴遠遊
如母相伴不離不休
日夜為他輕輕吟唱
宇宙悠長韻律篇章

每當路途遙遙
或勇氣漸消
她便吟唱更美歌謠
或輕訴更多奧妙[1]

朗費羅詩中的主角——那位端坐在榮譽席上的壽星——此刻正含笑頷首，對詩中的意境深表認同。宇宙確實有其韻律，遵循著清晰有序的法則。他始終堅信他有能力看出其中的規律，而這份信念不只帶他遠渡重洋，也讓他在專業領域登上了巔峰。

一八〇七年五月二十八日，讓．路易．魯道夫．阿加西出生在瑞士的莫蒂埃村，父親是新教的牧師。早期的阿加西只是個稱職但平凡無奇的學者，最大的志向是當執業醫師，別無雄心。這一切在一八二六年改變了，他在慕尼克攻讀醫學時，引起了植物學教授卡爾．馮．馬蒂烏斯的注意，人生軌跡就此徹底改變。馬蒂烏斯教授年輕時是冒險家，曾與動物學家約翰．巴普蒂斯特．馮．徐畢克斯結伴去巴西考察。那時徐畢克斯剛過世不久，留下了大量未分類的巴西魚類標本。身為植物學家的馬蒂烏斯忙著處理自己的標本，無暇顧及友人未竟的工作。於是，他把這項任務交給了年僅十九歲的學生。

阿加西對魚類或動物學都沒有特別的興趣，但既然任務落在他頭上，他不想逃避。在以學術拉丁文完成《徐畢克斯博士收集與繪製的魚類精選屬種》後，他把握了這次出版帶來的一個小小機會。當時巴黎的居維葉大師宣布他正在進行「一部關於所有已知魚類的完整著作」，並公開徵集魚類標本。阿加西得知消息，便把徐畢克斯的這本圖鑑題獻給居維葉，並寄了一份到巴黎植物園。此後他便繼續攻讀醫學，幾乎忘了這件事，直到五年後赴巴黎深造，這段機緣才重新浮上心頭。

阿加西搬到巴黎，原本是為了鑽研當時肆虐西歐的霍亂治療。這種神祕的疾病，光是在接下來那一年，就奪走巴黎一萬九千多條人命。對阿加西而言，這比較像是一次學習機會而非風險，因為當時還沒有人完全了解這種傳染病的特性與傳播途徑。他在御花園旅館安頓下來，那裡離醫學院不過十分鐘的腳程。他也意外發現，那裡「離植物園不到兩百步」[2]，便決定遞張名片給居維葉男爵。

當晚，阿加西就收到居維葉的晚宴邀請。居維葉始終記得那本書的題獻。阿加西後來回憶道：「他待我極為客氣，[3]沒想到我非但不是生客，反倒像是舊識。」居維葉誤以為阿加西仍對魚類研究感興趣，便邀請他每週六晚上固定來用餐。受寵若驚的阿加西不敢怠慢，立刻重拾魚類學的鑽研。

不久，阿加西就過起了醫學院與植物園兩頭跑的生活。居維葉不僅從多間實驗室中騰出一間給他使用，還經常親自來鼓勵他。三個月後，在某場週六的晚宴上，居維葉將阿加西拉到一旁，告訴他關於魚類研究的事情：「你在魚類研究上如此專注，成果又如此出色，我決定放棄自己的計畫，把我收集的所有標本和筆記資料都交給你處理。」[4]

就這樣，阿加西突然成了居維葉男爵的門生，更一躍成為國際魚類學的權威。面對如此殊榮，他實在難以推辭。雖然當時他極度貧困，根本負擔不起這份沒有酬勞的工作，而且連大海都沒親眼見過，但他依然咬牙堅持了三個月，直接在居維葉的書房裡與他共事，直到一八三二年五月十二日下午五點。次日，居維葉走進法國議會時，突然倒地。他很快就全身癱瘓，當晚就過世了。奪走他性命的，正是阿加西當初想要研究的那場霍亂疫情。

失去居維葉的提攜，阿加西覺得在植物園看不到前景。他回到瑞士老家，在紐沙特中學謀得教職。這份工作的薪資微薄，而此後的十年間，他發表的魚類與軟體動物化石研究也未能引起學界的重視。一八四二年，阿加西大膽出版《動物學命名法則》，試圖繼承林奈的衣缽，為動物學界提供一套如《植物哲學誌》般的命名規範。他在書中致敬：「在林奈的不朽著作問世以前，生物命名毫無章法可循。林奈首開先河，創立了這套命名法則，後世學者大多奉為圭臬。」[5]可惜那部著作未能如願產生影響力，後來至少還有兩位學者各自出版了同名的《動物學命名法則》。

一八四六年秋天，四十歲的阿加西應哈佛學院的院士兼林奈學會的會員約翰・艾默里・羅威爾之邀，前往美國波士頓舉辦系列講座。他一去就被挽留下來了。當時哈佛正好收到美國教育機構有史以來最大的一筆捐款，但這筆捐款有一個附帶條件。在此之前，哈佛一直是一所純文科學院，只授予文學士的學位。實業家雅培・勞倫斯捐贈的五萬美元，明確要求是用於培養「能將學識應用於實務目的的科學人才」[6]。簡言之，就是要增設理學士學位。就這樣，一八四七年哈佛大學勞倫斯理學院正式成立，由阿加西出任首任的院長。

阿加西把握了這個主導美國科學界的機會。一八四九年八月，在美國科學促進會為期五天的會議上，他一口氣發表了二十七篇學術論文，主題橫跨植物學、昆蟲學、地質學、海洋生物學、比較胚胎學等多個領域。隨著全美各地專業和業餘博物學家捐贈的數千件標本源源不斷湧入哈佛，阿加西毫不猶豫地將它們納入林奈分類系統，並一一賦予學名。他不僅在《大西洋月刊》、《基督教紀事報》等大眾刊物上頻繁發表科普文章，並開始與劍橋、波士頓的菁英知識分子密切往來。到了一八五七年，也就是朗費羅寫詩讚頌他的那年，阿加西已成為美國最具影響力且最受推崇的學者之一。同年稍晚，巴黎自然史博物館邀請他接替居維葉當年的職位，但他婉拒了。

然而在思想與理念上，阿加西始終是居維葉的忠實信徒。當達爾文進化論引發的爭議蔓延至美國時，他欣然重提「聖鸓論戰」。他就像已故的恩師那樣，堅信物種恆久不變。他為美國讀者撰文寫道：「埃及古跡幸運地保存了數千年前的動物骨骸。研究發現，這些遠古生物與現存的同類完全一致，就如同現今同種個體之間的相似度。居維葉在化石研究中已充分證實這點，我們由此獲得確鑿證據，證明時間不會改變生命形態。」[7]

❖ ❖ ❖

一八六二年八月十四日，林肯總統在白宮接待了五位衣著體面的男士。這幾位來自北方各州的教育家、企業家與牧師，是幾天前才被緊急召來為林肯提供機密諮詢的社群領袖。他們風塵僕僕地趕到華盛頓，知道他們正在參與歷史。這五人全都是前奴隸或奴隸的後代，這是美國黑人首次受邀到白宮參與國策諮詢。這個倉促組成的代表團，懷著莊重的心情與殷切的期待就座。然而，林肯開始發言後，他們的希望就破滅了。

林肯直言：「你們與我們是不同的種族，彼此間的差異幾乎大於世上的任兩個種族。我不討論這種差異對錯與否，但這種身體差異對我們雙方都不利；你們種族因與我們共處而飽受苦難，我們種族也因你們在場而備受困擾。簡言之，這是一種雙向的折磨。若承認這點，這至少為我們應該『分離』提供了理由。在座各位應該都是自由人吧？」[8]

這個突兀的問題令他們錯愕，他們當然是自由人，內政部的公文中明確稱他們是「自由黑人代表團」。成員中有共濟會的高層，也有從歐柏林學院畢業的教師。片刻沉默後，終於有人回答：「是的，閣下。」

林肯繼續說道：「在這片廣袤大陸上，你們種族至今無人能與我們平起平坐。這不是我要討論的問題，而是我們必須面對的事實。由於兩個種族共處於這片大陸上，我們才必須正視當前的處境。」

真相大白，原來總統召見他們，是為了提出一項移民計畫。當時林肯迫切想要結束內戰，他打算藉由消除南方邦聯最反感的因素（也就是像他們這樣追求平等、努力奮鬥的自由黑人），來誘使分裂各州重回聯邦。林肯問道：你們建立自己的國家不是更好嗎？他信誓旦旦地表示，在中美洲的某個區域（約當今巴拿馬的大部分地區），只要獲得美國的軍事支持，就能輕易占領。有了資金和後續援助，他們就能開墾定居、發展基礎建設，徹底擺脫林肯認為無法根除的偏見負擔[9]。這肯定比目前的狀況更好，不是嗎？

總統的提議令在場人士震驚地說不出話來。代表團的成員原以為，這次會面是對美國黑人地位的一種認可：承認他們有權參與塑造及引領這個聯邦。沒想到，對方竟要求他們自願放棄公民身分，默默離開。廢奴運動的領袖弗雷德里克・道格拉斯雖不是代表團成員，但很快就得知消息，並對此提出嚴詞譴責。他在自己的雜誌《道格拉斯月刊》上寫道：「這位美國總統似乎愈來愈熱中於讓自己顯得愚蠢可笑，說得難聽只怕更不堪。」[10]

眼見無法讓自由黑人消失，林肯只好轉而處理這個在他看來極其棘手的難題：他們的持續存在。就在簽署《解放奴隸宣言》三個月後（當年三月），他要求國會成立「自由人調查委員會」，專門評估長期自由的黑人及新獲解放的黑奴的「狀況與能力」。

調查委員遠赴加拿大，走訪逃亡黑奴的家庭。這些家庭大多已歷經數代的同化。調查委員也與曾經統領黑人部隊的軍官書信往來，評估這些黑人士兵的勇氣與服役意願。此外，他們更諮詢了美國首屈一指的自然史學家：哈佛大學的阿加西教授。

阿加西是毫不掩飾的極端種族主義者。雖然早年追隨恩師居維葉時，他也認同人類同源，但來到美國後，他徹底轉向「多源論」，鼓吹不同種族是造物主多次創造出來的。早在一八五〇年，他就撰文聲稱「〈創世紀〉記載的主要是白人歷史」[11]，更強調科學界有責任「確立各人種的相對等級」。他描述黑人「順從，奉承，愛模仿」；蒙古人「狡詐，陰險，膽小」；北美原住民「桀驁不馴、勇猛，自豪……與黑人或蒙古人形成鮮明對比」。他描述非洲大陸是「種族本質上不同的最有力證明」，因為「這片土地從未發展出適合黑人種族的規範社會，這不正說明了他們天生麻木，對文明社會的優勢無動於中嗎？」

「自由人調查委員會」請阿加西預測：若聯邦贏得戰爭，賦予數百萬黑人公民身分後，會發生什麼？這問題很重要，因委員會的任務正是為戰後政府提出政策建議。該如何撥款以協助解放的黑人？何時撥款？用在哪裡？該不該為前奴隸提供教育？是否要資助他們從南方遷往北方？是否需要立法保障他們融入社會？

阿加西篤定地說，沒必要為黑人制定教育計畫，因為「他們不過是頂著成人軀殼的孩童，心智永遠幼稚」。至於遷移計畫也沒必要，他預言移民會朝相反方向進行，黑人會自發地逃離北方寒帶，回歸南方故土，畢竟南方的氣候「特別適合黑人種族的繁衍生存」[12]。而且，從科學角度來看，長期融合是不可能的，因為種族混合會產生「虛弱且膚色較淺」的混血後代，既不容於白人社會，也不容於黑人群體。這些混血終將消亡，留下兩個純化的種族追求各自的命運。

委員會聽取了這些建議。同年六月，他們發布初步報告，建議聯邦政府無需費心教育解放的黑奴，因為「他們自會找到並維持適合的社會地位」[13]；也不必協助遷移，因為「黑人根本無意北上，南方氣候遠比北方適合他們生存」。報告最終的結論是：種族隔離而非融合是無可避免的。「他們愈早學會獨立自主，不依靠外援前進，對我們的種族和他們的種族都愈有利。」

❖ ❖ ❖

當阿加西在哈佛的學術殿堂散播偏見之際，在遙遠的奧地利，有一位與校園毫無關係的平凡人，正以截然不同的方式，靜靜地探索科學。他是位修道士，研究科學只是業餘愛好。

約翰·孟德爾生於一八二二年，是農夫之子，從小聰穎過人，立志成為教師。家人鼓勵他追求抱負，送他到寄宿學校就讀，即使為此扛起沉重的經濟重擔也在所不惜。十六歲那年，父親清理田地時，被滾落的樹幹壓傷胸部，原本已經經營困難的四十三英畝農場，從此也無力經營了。父親賣掉了農場，盡可能把資金用於兒子的教育，但最終錢還是用光了。孟德爾別無選擇，只得輟學，準備投身神職。一八四三年十月，他以見習修士的身分進入布爾諾的奧古斯丁皇家修道院，選擇以格里高利作為他的教名。

格里高利修士在修道院中度過了餘生。他的生活並非完全與世隔絕，他可以自由地漫步在布爾諾的街道上，並在皇家修道院附屬的學校裡擔任低年級的教師。閒暇時，他喜歡記錄氣象觀測。當這項嗜好無法滿足其求知欲時，一八五六年，他徵求院長的許可，在修道院的圖書館後方開闢了一小塊長方形的土地，寬六公尺、長三十六公尺。他在這塊園地裡，種下尋常的豌豆（*Pisum sativum*），觀察它們發芽、生長、死亡的過程。

為何選擇豌豆呢？這種植物的生長週期短，十到十二週即可成熟，而且適合種植的季節很長，從二月到六月都能栽種。只要細心照料，孟德爾一季就能培育出新世代。另一個關鍵原因在於豌豆的開花特性：豌豆花的花瓣只有在完成自花授粉後才會完全綻放。這種獨特的機制，能確保花粉不會隨風飄散，在不同植株之間造成混雜授粉。

孟德爾所做的是干預這種自花授粉的過程。首先，他根據十四項標準來辨識植物：花的顏色（白色或紫色）和位置（莖的中間或末端），豆莢的顏色（綠色或黃色）和形狀（平滑／皺褶），豌豆本身的顏色（綠色或黃色）和形狀（圓滑／皺縮），以及莖的長度（短或長）。然後，他輕輕扳開新生的花蕾，手動交換不同品種之間的花粉，並記錄結果。

換句話說，孟德爾試圖觀察那些看不見的規律。在嚴格控制的條件下，他以畢生的時間，單純記錄自然運作的本質：這相當於打造一個微型版的布豐私人花園。孟德爾是否了解布豐的繁衍「內在基質」理論已無從考證(他的私人筆記全已散佚),但如果有人想設計一個實驗來驗證這個理論,恐怕很難找到比孟德爾的豌豆田更完美的方案了。雖然他的文件已佚失,但他個人圖書館的一些書籍倖存下來了。在他珍藏的達爾文著作德譯本《動物和植物在家養下的變異》中,他用粗黑鉛筆在一段意味深長的文字旁做了標記:「倘若布豐認為他的有機微粒是由全身各個獨立單位形成的,那麼他的觀點就與我的發現不謀而合了。」[14]

經過七年日復一日的觀察,孟德爾注意到某些特徵以有趣的方式出現和消失。例如,黃色豌豆與綠色豌豆雜交時,子代植株總是呈黃色。然而,到了下一代,約三分之一的植株卻又會結出綠色豆粒。他因此推論黃色是「顯性」特徵,綠色是「隱性」。在培育並詳細記錄近兩萬八千株豌豆的遺傳表現後,他進一步推導出更多的遺傳特徵規律。由於決定一種特徵出現的規則不一定適用於另一種特徵,他因此推斷遺傳是由多種力量共同控制的,這些力量在發芽和生長過程中一起運作。孟德爾雖不知道這些力量是什麼(他只稱之為「因子」),但這些肉眼看不可見的力量確實存在。那個塑造生命的內在基質確實存在。

雖然孟德爾未能親眼見證其研究的深遠影響,但他一絲不苟的觀察與分析,卻為現代的遺傳學奠定了基礎。人們常將他的成就歸因於個人的超凡天賦,認為他突破了業餘研究者的侷限。但事實上,正是這種「業餘」身分,促成他的重大發現。實驗期間,孟德爾不斷嘗試引起學界的關注,多次寫信詳述研究進展並尋求建議。但收到的回覆寥寥無幾,即使有人回他,態度也高高在上。唯有一位慕尼克大學的植物學教授稍感興趣,向他索取豌豆種子試種。這位教授種了一些種子後,就沒有費心研究長出來的植物了。那段期間,他已經認定這個課題不值得研究。

這個實驗本身極其簡單,但在當時的學術圈,願意以這種思維做研究的人少之又少。

孟德爾在本地得到的迴響也只是稍好一些。一八六五年二月和三月的兩個晚上，布爾諾自然史研究學會邀他去宣讀論文〈植物雜交實驗〉，台下聽眾反應冷淡。學會後來將論文刊登在期刊上（發行量僅一百二十份），不出所料，也乏人問津。「進行如此深遠的研究需要勇氣，」[15]孟德爾在論文中寫道，「但關於有機形態的演變，這似乎是讓我們最終找到解答的唯一正確方法。」

孟德爾的實驗又持續了兩年，直到一樁平凡的稅務問題迫使他中止實驗。一八六七年，修道院的院長過世後，修道院被徵收了一筆巨額的遺產稅。修道院想推舉一位比較年輕的繼任者，以免短期內又繳一次重稅。他們跳過幾位資深修士，將職務強加給時年四十五歲、預期壽命較長的孟德爾。新任修道院長在行政事務纏身下，無暇照料豌豆園而導致園地荒蕪，最終犁平翻土。孟德爾後來轉而投入比較不費時的興趣：養蜂、觀察太陽黑子、記錄修道院的水井水位，以及延續他長期堅持的氣象觀測。就這樣，這位自學成才的複雜主義生物學家，悄然結束了他的研究生涯。

❖ ❖ ❖

與此同時，阿加西仍向大眾堅稱，演化並不存在。即使愈來愈多的學界同行開始承認物種會演變的事實，他仍固執地捍衛「物種恆定論」。一八七三年，他在《大西洋月刊》上撰文寫道：「世界總歸是以某種方式形成的。達爾文的理論，就像其他所有試圖解釋生命起源的嘗試一樣，至今仍只是臆測。我認為，以當前的科學認知而言，他連最合理的猜測都算不上。」[16]

這成了他最後的公開言論。一八七三年十二月十四日，該篇稿件在印刷廠付梓的同時，六十六歲的阿加西因腦溢血猝逝。詩人羅威爾寫下悼詞：「先賢含笑迎故人，居維葉終得愛徒歸。」[17]

一八八四年一月四日，奧地利布爾諾的皇家修道院裡，孟德爾最後一次記錄了溫度計、氣壓計、雨量計的讀數。兩天後，這位六十一歲的修士與世長辭。葬禮上，大家頌揚他作為神父、教師、行政主管、業餘氣象學家的貢獻，卻隻字未提他的自然史家身分。那段實驗豌豆園的歲月，早已被世人遺忘。繼任的修道院院長依照慣例，把孟德爾的手稿都投入爐火中焚燬。

CHAPTER

28

最標準的人類 Most Human of Humans

朱利安．赫胥黎，站在他祖父的肖像前

朱利安．赫胥黎早在孩提時期，就注定要繼承祖父湯瑪斯．赫胥黎的衣缽。一八八七年出生的他，幼年常在祖父的身邊度過。有「達爾文的鬥牛犬」之稱的湯瑪斯樂於向孫子親授自然史課程，也鼓勵他保有求知的精神。老赫胥黎曾寫信給五歲的孫子：「一些人能從尋常事物中看出非凡道理，一些人卻視而不見。我敢說，你長大後必定是見微知著的人。」[1]牢記祖父的教誨，一九〇六年小赫胥黎進入牛津攻讀生物學，正好趕上了一門新興學科定名之際：遺傳學，他全心全意投入其中。

這門學科的誕生曾涉及一樁醜聞。在世紀之交，阿姆斯特丹大學的植物學教授胡戈．德弗里斯發表了一篇震驚學界的論文，許多同行視之為原創傑作。他在文中提出所謂的「突變」理論，意指植物特徵透過他所謂的「泛基因」(pangene，後簡稱為基因〔gene〕)的遺傳機制傳遞。德弗里斯不僅列出了這些傳遞機制的規則，把特徵分為「顯性」與「隱性」，還以驚人的準確度預測了它們的相互作用。

原來，德弗里斯是對一叢生長在廢棄馬鈴薯田的月見草產生了濃厚的興趣，才開始研究植物遺傳。他在查閱科學文獻以尋找理論依據時，偶然發現布爾諾自然史研究學會出版的那一百二十本會刊中的一本，上面刊登著奧地利皇家修道院已故院長孟德爾的研究成果。德弗里斯看了，震驚不已。孟德爾不僅比他早一個世代就展開研究，更把生物遺傳原理探索得如此深入透徹。相較之下，他的研究成果簡直相形見絀。令人驚訝的是，如此重大的發現竟然遭到埋沒。

這樣的發現，卻成了難以抗拒的誘惑。德弗里斯發表論文時，大量借用孟德爾的理論與術語，卻隻字未提這位已故修士的名字。他賭定沒有人會注意到一位已故修士的業餘研究，所以就此挪用孟德爾的研究成果。

這場學術剽竊之所以曝光，是源於一段模糊的往事。有一位植物學家想起學生時代，某位教授曾與一位修士科學家書信往來。那位修士提出類似的理論，但遭到教授的漠視，教授甚至勸他別再繼續實驗了。這段塵封的記憶曝光後，指引更多人了解孟德爾的研究，也讓德弗里斯尷尬補上了遲來的致謝。英國的生物學家威廉・貝特森寫道：「演化研究幾乎停滯不前，多數人只想安逸地躺在達爾文開拓的空地上。」[2]

兩年前，世人突然發現孟德爾這號人物時，科學界正處於這般境地。就在達爾文埋頭研究的同時，這位默默無聞的修士獨自開闢了一條新路。這絕非比喻，而是事實。如今我們審視各自的研究領域，都能看見孟德爾留下的線索貫穿其中，而這些線索將引領至何方，沒有人敢妄加揣測。

小赫胥黎熱切關注著貝特森等人的研究，他們正把孟德爾那篇不起眼的論文，迅速發展成一門完整的科學。但他並不打算投身這個走在時代尖端的學科，更無意像祖父那樣成為舉足輕重的科學家。他鍾情於海洋鳥類學，尤其對水鳥的求偶行為特別癡迷。取得博士學位後，他從英格蘭遠赴德州的偏遠角落，投入後來他稱為「觀察與實驗的新領域：生態學，亦即觀察自然環境中的動物」[3]。赫胥黎對單純的分類學興趣缺缺，也不在乎能否以自己名字來命名物種，他著迷的是當時依然比較新穎的野外觀察法：那種需要靜心等待的實地考察。「如今智者帶著相機走進森林、叢林與草原，搭建觀測站。」他寫道，「以前他們只帶著獵槍、捕獸器、毒瓶。」

第一次世界大戰的爆發，徹底扭轉了他的學術軌跡。赫胥黎在英國陸軍情報團服役期間倖存了下來，但許多同僚就沒那麼幸運了，包括他在牛津大學擔任動物學教授的好友傑佛瑞·史密斯，這位學者不幸在索姆河戰役中喪生。當牛津大學邀赫胥黎遞補這個教職空缺時，他實在難以拒絕。一九二七年，小說家H·G·威爾斯找上這位年輕教授。以《世界大戰》、《時間機器》等作品風靡全球的威爾斯，在成為暢銷作家以前，其實是老赫胥黎的門生，受過正統的生物學訓練。他打算寫一本鎖定一般大眾的生物學著作，但知道他的專業知識已過時，於是找上老教授的孫子並提議合作。

他們合作完成的《生命的科學》[4]三部曲轟動全球，也讓赫胥黎因此聲名大噪，這套書的暢銷適逢新媒體廣播的興起，新成立的英國廣播公司（BBC）開始頻繁邀請赫胥黎上節目解釋遺傳學和其他的創新。到了一九三〇年，他在一項民調中被評為英國頂尖思想家，名聲明顯超過了以小說《美麗新世界》聞名的弟弟阿道斯·赫胥黎。他是如今大家熟悉的一種媒體人物的先驅：科普大師，既有學術資歷，又擅長以通俗易懂的語言詮釋概念。

然而，赫胥黎的名聲逐漸引發爭議。他堅信我們對生物學的新了解能改善世界，矢志以科學對抗偏見。當他和威爾斯指出「美國某些落後地區正掀起一場運動，企圖禁止任何違背《聖經》的生物學教學」[5]，南方的保守派對他恨之入骨。他有關避孕的言論，引發更大的爭議。他說避孕的好處在於將性與生育分開，讓大家「和所愛的人享受魚水之歡，並與他們基於完全不同理由所欣賞的對象繁衍後代」[6]。但真正引發軒然大波的，是他試圖拆穿種族的偽科學。

一九三四年，希特勒乘著猖獗的反猶主義和種族神話的浪潮，在德國取得絕對的權力時，赫胥黎感到震驚與憂慮[7]。次年，當納粹德國通過法律，賦予「雅利安人」（Aryan）特權，並開始將少數族群關進集中營時，他與人類學家A．C．哈登合著《我們歐洲人》，嚴厲抨擊了種族優越主義思想。他們在書中寫道：「在這個崇尚科學的時代，偏見與私欲總愛披著科學的外衣。所謂『種族生物學』這套龐大的偽科學，不過是為政治野心、經濟利益、社會怨懟、階級歧視找藉口罷了。」[8]赫胥黎堅稱，種族在生物學上根本不存在，頂多只能談論族群。而即便是族群，除了外表差異以外，本質上也沒有區別。」

對赫胥黎而言，這些都是顯而易見的事實。但在張伯倫主政的英國綏靖時期，若有人（像赫胥黎那樣）指出一個「和希特勒一樣金髮，和戈培爾一樣高大，和戈林一樣苗條」[9]的德國人根本不符合納粹的雅利安標準，只會被視為無謂的挑釁。戰爭爆發後，赫胥黎的見解又因另一個原因而遭到冷落：盟國的徵兵和物資配給靠的是煽動情緒，而非科學依據。更何況盟國內部充斥著頑固的偏見分子，這些人怎麼可能為反對自己的偏見而戰？當時的宣傳海報只高呼對抗「希特勒主義」，卻對種族問題避而不談。

因這種現實考量而受挫的，不只赫胥黎一人。一九四三年，以安排鮑伯・霍伯、瑪琳・黛德麗等明星去勞軍而聞名的美國聯合服務組織（USO），決定在表演的同時發放小冊子，提醒士兵是為何而戰。他們邀請哥倫比亞大學的兩位教授露絲・潘乃德與吉恩・韋爾特菲什執筆。這份標題為《人類的種族》的冊子，用淺白文字來闡述他們認為無可爭辯的真理：對抗希特勒，就是對抗種族偏見的愚行。

> 人類在地球表面的遷徙，必然會造成種族融合，自史前時代以來就是如此。沒有人能證明這有何不妥……種族偏見本質上是打壓他人的手段，濫用「劣等」標籤合理化不公不義。

這本小冊子不僅送到了在戰壕中奮戰的士兵手中，也落入肯塔基州眾議員安德魯・傑克森・梅的手中，他是眾議院軍事事務委員會的領導者，權勢很大。當他發現這本小冊子把亞當和夏娃描繪成深膚色的人種，還有其他「大逆不道」的內容，頓時火冒三丈，立刻號召一群政客發表聲明。他們不僅

地球居民本一家
出自《人類的種族》（一九四三）

要求撤回那本小冊子，還直接扣上「顛覆思想」的帽子。這項要求最終得逞，兩位作者也因此斷送了學術生涯[10]。

二戰時，赫胥黎因罹患肝炎而沉寂，康復後便積極參與一九四五年聯合國的成立，隨後獲邀擔任聯合國一個關鍵下屬機構的首任總幹事：聯合國教科文組織（UNESCO）。該組織的目標，是透過國際教育與知識合作促進世界和平。赫胥黎非常重視這個使命，他的首要任務之一，仍是澄清科學事實：從生物學的角度來看，種族根本不存在。

一九五〇年，赫胥黎傾盡聯合國教科文組織之力，親自參與撰寫《種族問題》這份官方文件，試圖把種族概念從嚴肅的科學討論中剔除。文中明確指出，「種族的生物學事實與『種族』的迷思應當區分開來」[11]。

> 就所有實際的社會目的而言，與其說種族是一種生物現象，不如說是一種社會迷思。「種族」創造出來的迷思，已造成無數的人道災難與社會創傷。近年來，更奪走大量生命，帶來難以言喻的苦難。至今仍有數百萬人因這個迷思而無法正常發展，文明更因此喪失眾多優秀人才有效合作的機會。從社會接納與社會行動的角度來看，族群間的生物差異根本不值一提。

在隨後引發的騷動中，主流輿論認為赫胥黎做得太過火。美國政客再次帶頭抨擊，不僅譴責這份聲明，更要求聯合國教科文組織撤換赫胥黎。聲明雖未撤回，但赫胥黎的任期突然從六年縮短為兩年。不久後，赫胥黎便離開了那個職位。

❖ ❖ ❖

一九五九年，植物學家威廉．斯特恩在《系統動物學》期刊上發表論文，提議設立一項特殊的新榮譽以紀念林奈。他指出，林奈的《自然系統》

表面看來不過是一本枯燥而正式的參考書，似乎只有在查詢名稱的拼寫和分類標準時，才會從書架上拿下來，很難完全領會它真正的重要性：這竟是憑一人之力，試圖簡潔掌握並記錄地球表面和水域中所有動植物的屬種特徵。想想如今即使是一群分類學家，也無法完成這樣的工作，光是想這樣做就令人震撼。[12]

然而，斯特恩指出，這部巨著有一個明顯的遺漏。

前面提過，「模式標本」(type specimen)的概念是林奈分類法的核心。由於物種需以形態特徵來定義，這項描述工作必然要參照實體物件(無論是保存的標本或詳細的插圖)。該物件即成為「模式」。它是固定的標準，日後所有的標本都需要與之比對，才能判斷是否為該物種的「典型」。

二十世紀初，這套方法稍微放寬了。部分科學家改用「合模」(syntype)，亦即列出同一物種的幾個例子，這些例子之間沒有優先順序。但斯特恩的論文是針對最近的一次嚴格規範。國際植物命名法規(ICBN)的維護者宣布回歸林奈的正統方式：所有的新物種必須重新以單一標本為定義標準，依選定時機分為「正模」(holotype，這是由物種的首位描述者選定)或「選模」(lectotype，後期選定)。林奈的標本在他用於編纂《自然系統》時就成為正模，這也解釋了一七八三年史密斯為何急於收購這批收藏，因為那些標本可說是各物種的權威代表，甚至可說是物種的具體化身。

然而，林奈漏收了一個重要物種的模式標本：他從未為「智人」提供正模，甚至只用拉丁文「認識你自己」(*nosce te ipsum*)這句格言來定義。斯特恩提出一個妙招彌補這個缺憾：既然「作者研究最透徹的標本可視為模式」，那麼合適的選模標本顯而易見。畢竟，林奈數十年來最常觀察的，恐怕就是刮鬍子時鏡中的自己。

斯特恩最後總結：「顯然，林奈本人就是智人的模式標本！」

這個提議雖以玩笑口吻提出(《系統動物學》期刊的論文鮮少使用驚歎號)，但仍被認真看待了。在七年後的一次會議上，國際動物命名法委員會宣布，林奈的遺骸(仍安葬於烏普薩拉大教堂)被認定為智人的選模。官方確認，林奈是「最標準的人類」，是衡量所有人的基準。

這樣做的本意，是為了紀念林奈分類法的創立者，把他置於自創系統中的顯著位置。但這也

人類的「官方」模式標本，林奈本人

意外凸顯出林奈分類法的侷限與扭曲。「模式標本」的概念本質上是從單一實例，提取理想化、普遍的特質，這正是布豐當年極力反對的，他堅持「自然界中，只有個體存在」。

同樣有問題的是，把任一樣本置於同類之上，這是宣告它為基準時必然會導致的偏見。最令人難以接受的是，一九五九年，在二戰結束僅十四年後，國際動物命名法委員會竟然將北歐人定為「典型人類」，完全不顧這種決定的潛在影響。雪上加霜的是，委員會還忘了指定一個「異性模式標本」（allotype，亦即不同性別的對照樣本），於是，人類的官方原型就此被定為瑞典白人男性[13]。

❖ ❖ ❖

赫胥黎看出這種思維已走入死胡同。他與威爾斯在《生命的科學》中寫道：「傳統生物學研究只重採集、分類與解剖，若不與更現代的研究分支合作，恐難再有突破。」[14]赫胥黎像祖父當年一樣，試圖調和達爾文的演化論與林奈的分類系統；但他也跟祖父一樣，發現兩者實在難以相容。

問題出在過去，更確切說，是日益豐富的化石記錄。現存物種尚可依外表差異來分類：只需比對相似性。但是，要將滅絕物種納入分類系統，卻只能憑骨骼結構判斷，而界線往往模糊不清。哪些相似性算是演化關聯？哪些不算？某些遠古標本可能在物種層級上與現代生物類似，卻又與完全不同的屬、目或綱共有其他的特徵。

以五千多萬年前生活在亞洲的陸生屬「印多霍斯獸屬」（*Indohyus*）為例，牠的頭骨最像浣熊。後來一位古生物學家意外摔碎印多霍斯獸的頭骨，大家才注意到牠內耳的特殊結構，發現牠其實屬於完全不同的演化譜系。這種生物活著的時候或許酷似浣熊，但如今我們知道牠是鯨下目（*Cetacea*）已知成員中最古老的。這個目裡面包含海豚與藍鯨，印多霍斯獸是這些水生物種的小型陸生祖先。這裡再次套用哲學家塞內卡的話：「*Fallaces sunt rerum species*」（表象欺人）外表最會騙人了。

日益豐富的化石記錄也帶來另一個難題：分類界限究竟該劃在哪裡？這個問題名為「邊界悖論」，它凸顯出演化論與傳統分類法的根本矛盾。林奈的層層嵌套結構在「物種恆定」的角度下看似合理，但若從深層歷史與持續演化的角度來看，這些界限變得模糊不清。例如，一般認為人屬（*Homo*）是從南方古猿屬（*Australopithecus*）演化而來。但這表示，在演化過程中，至少有一個世代同時具備這兩屬的特徵，亦即同時是南方古猿屬與人屬。這與其他人為劃分的概念不同（例如美國的五十個州），在生物分類上宣告明確的界限極為困難。

一九五七年，就在提議把林奈設為模式標本的前一年，赫胥黎提出全新的分類法，試圖破解這些難題。何不完全拋棄層層嵌套的結構，建立一個僅由演化決定的系統呢？源自共同祖先的生物可以形成群體，他稱之為「演化支」（clade），而演化分異點則稱為「支序發生」（cladogenesis），這門學科就叫「支序分類學」（cladistics）。

這是一個引人入勝的構想，但當時看來太天馬行空。要使支序分類學發揮作用，需要一門新科學的支撐，赫胥黎或許樂觀地認為它即將出現，但當時還不存在。追隨孟德爾腳步的遺傳學家，在日益精密的顯微鏡協助下，發現細胞內有一種絲狀結構，並將其命名為「染色體」（因為這些結構在細胞染色後最清晰可見）。這些會是傳遞遺傳資訊的機制嗎？科學界直到一九五三年才突破認知極限：研究者發現染色體本身是由去氧核糖核酸（DNA）構成，排列成緊密的雙螺旋結構。

這項發現被譽為二十世紀最著名的科學突破之一。三位功臣詹姆斯．華生、法蘭西斯．克立克、莫里斯．威爾金斯因此同獲諾貝爾醫學獎（第四位貢獻者羅莎琳．富蘭克林在獲獎前過世而未獲殊榮）。但知道結構不等於了解其運作機制：DNA是如何傳遞遺傳資訊的？要讓支序分類學這種分類法變得可行，我們需要了解一種化學語言：那種讓DNA能世代相傳的遺傳密碼。

❖❖❖

生物學與化學的融合，是在孟德爾的研究重新被發現後不久才開始的。當時首批「生物化學家」開始從遺傳角度研究已知的化學物質，但這門學科其實可追溯至一八六九年，當時瑞士醫生弗里德里希·米舍爾將醫院病人的繃帶置於顯微鏡下觀察，結果在白血球的細胞核中發現了一種物質，他稱之為「核素」（nuclein）。一八七八年，研究者分離出該物質的獨特化學成分，把它命名為「核酸」（nucleic acid）。到了一九二九年，學界已發現兩種核酸：一種在植物的酵母裡，另一種在動物的胸腺裡。由於植物學與動物學的分野，兩者長期以來被分開研究，直到一九三三年一位海洋生物學家才在海膽卵中同時發現它們。此外，他也注意到這兩種核酸在細胞內的位置截然不同：動物型核酸集中在細胞核內，另一種則是在細胞質中，亦即細胞膜包圍的外部區域。

後續的實驗證實，這兩種物質其實同時存在於動物與植物體內。學界根據其化學結構中的糖類成分加以重新命名：含核糖的「酵母核酸」改稱「核醣核酸」（ribonucleic acid, RNA）；含去氧核糖的「胸腺核酸」則稱「去氧核糖核酸」（DNA）。

原本平行發展的遺傳學與微生物學，在一九六一年開始交匯。雙螺旋結構的發現者之一克立克，聯合西德尼·布瑞納、萊斯利·巴內特、R·J·瓦特—托賓等三位科學家，對一種名叫「噬菌體」的病毒株進行實驗，噬菌體因其結構比較簡單（不到二百個基因）而獲選為研究對象。他們運用化學物質，成功消除並重建「鹼基對」（base pairs，雙螺旋鏈間的分子鍵）之間的連接。實驗揭露了關鍵規律：如果只有一兩個鹼基對改變，它們對應的基因仍能運作，只是通常會以不同或變異的方式發揮功能；

但是如果三個鹼基對都變了，基因就會完全停擺。

三個鹼基對——這就是遺傳層面上的變化單位。克立克團隊將它命名為「密碼子」（codon），並正確推斷它構成了遺傳密碼的基礎。對那些仍深入了解《自然通史》的學者來說，雙螺旋結構與密碼子，與布豐的「內在模版」理論所描述的內在基質和編碼特徵很相似。說布豐預見了DNA與RNA或許太牽強（他的顯微鏡連單細胞生物都很難看清，而且生物的複製機制遠比他粗略描述的「生殖原理」複雜千萬倍），但兩百年前僅憑耐心觀察，以及對不可見事物的關注，就能勾勒出這樣的粗略草圖，已是非凡成就。

一九七〇年，初代的密碼子解讀機（又稱DNA測序儀）開始運作。最初運行緩慢且效率低下，需要數週才能分析染色體的一小部分。但隨著技術進步，速度逐漸提升。赫胥黎於一九七五年辭世時，已經知道他提出的基因分類學願景正逐步實現。一九七七年，第一個基因組（即生物體全部密碼子的圖譜）完成測序。我們看待世界的方式，以及世界本身，開始迅速地改變。

布豐的榮耀亭，植物園

CHAPTER

29

繁複如網，不如說是網絡
A Large Web or Rather a Network

楊・米斯博士閒暇時，會化身為科學幽靈的驅魔師。他的正職是海洋生物學家，在比利時奧斯坦德的法蘭德斯海洋研究所擔任所長，但他的副業是領導一個由志願的科學家所組成的國際團隊，一起建立「世界海洋物種目錄」。這套完整的資料庫專門審核水生生物學名的正確性。這項任務一開始就充滿挑戰，但令米斯和同仁感到意外的是，他們的工作重點並非新增物種，而是刪除重複或無效的學名記錄。這些「科學幽靈」，正是米斯博士需要逐一驅除的對象。

在分析了四十一萬八千八百五十個物種後，這項計畫剔除了十九萬零四百個重複的物種名稱，比例超過四五％。例如，*felis*和*Triakis semifasciata*種其實都是指半帶皺唇鯊（或譯作「豹紋鯊」）。而一九四一年以羅斯福總統命名的「羅斯福氏章魚」（*Octopus rooseveltii*），早在一九〇九年就以「眼斑章魚」（*Octopus oculifer*）的名稱列入記載了。沒有人知道以前有多少海洋生物學家窮盡畢生心力研究某個物種，卻渾然不知同行正在研究不同名稱的同一物種。

他們發現，阿加西是最會濫分類的學者之一。他常憑著少量證據就急於宣布他發現北美新物種，甚至連基本的科學嚴謹性都談不上。例如，他只看到一組化石牙齒的樣本，就斷定這不僅代表三個不同物種，更是三個全新的魚屬。但後來證實，這些牙齒其實都來自同一條魚的化石。他憑空想像的整個分類分支就此崩解。如今，阿加西命名的數百個物種，都因類似的問題遭到廢除。

目前最經典的生物分類烏龍案例，是俗稱「粗紋玉黍螺」（rough periwinkle）的潮間帶海螺「岩石玉黍螺」（學名是*Littorina saxatilis*）。這種在北大西洋兩岸隨處可見的小生物，早已演化出透過改變螺殼大小、顏色、甚至形狀來融入海洋環境的能力。雖然殼內的軟體動物始終是同一個物種，但過去兩百年來，分類學家只盯著外殼形態的差異，甚至把空殼當作鑑定標準，這導致這種小海螺被米斯博士戲稱為「重複命名之王」[1]。自一七九二年首次命名以來，它被當成新物種或亞種而重新記載了至少一百一十二次。如今世界海洋物種目錄已默默刪除這些重複記錄，將所有文獻都統一回溯至最初的命名，然後繼續處理其他物種。

為什麼會出現這麼多重複命名的情況？這些多半要歸咎於林奈分類法過度重視外觀特徵，導致些微的形體差異就被誤判為新物種。有些確實是獨立發現，但在數位化及資料庫搜尋出現以前，難以全面查閱所有的印刷科學文獻，因此出現重複。不過，更常見的情況是源於過度熱情的想像力，研究者太熱中於發現新物種，為了在學術界留名，而把根本不存在的物種也納入分類系統中。為了估計有多少正式命名的物種是錯誤或重複的（包括陸地和海洋生物），澳洲雪梨麥覺理大學的古生物學家約翰·阿羅伊開發出一套「變動率」（flux ratio）指標。這項預測模型是根據已修正的分類資料來推算。阿羅伊教授的變動率預測，目前所有的物種名稱中，最終可能會有二四%至三一%因重複而遭廢除。

隨著研究的深入，我們也發現，有些物種擁有多個學名，而有些被命名的物種根本不存在。林奈在《自然系統》第十版的「蠕形綱」中收錄了「射蟲」，或稱「煉獄狂蟲」（*Furia infernalis*），他深信一七二八年求學時期這種蟲差點害死他。他描述那是一種細如髮絲的飛蟲，

能迅速鑽入皮膚，在侵入處留下黑點。緊接著，傷處會開始劇烈疼痛，隨後發炎潰爛，患者很快就會昏迷死亡。整個過程只需一兩天，有時甚至幾小時內就會致命。除非立即用凝乳或奶酪製成的藥膏小心敷貼，將蟲體引出；或是精準剖開侵入處的肌肉組織將其取出，否則性命難保。[2]

林奈為這種生物確立了科學地位，此後關於煉獄狂蟲襲擊的報導開始陸續出現。一位拉普蘭的牧師信誓旦旦說，這種生物曾落在他的餐盤上，他差點被咬。一名年輕女僕就沒有那麼幸運了，她被煉獄狂蟲咬傷手指，若不是旁人當機立斷砍掉她遭到感染的手指，她必死無疑。一八二三年，有報導說拉普蘭地區約五千頭馴鹿死於煉獄狂蟲的襲擊，芬蘭政府因此禁止該地區的毛皮貿易，試圖阻止其蔓延。然而，始終沒有人能拿出一個實體標本[3]。如今學界普遍認為，當年咬傷林奈的很可能是馬蠅。

我們也陷入了另一種錯覺：把多個物種誤認為單一物種。基因組分析最令人驚訝的發現之一，是二〇二一年證實長頸鹿其實有四個不同物種。自一七五八年林奈將長頸鹿命名為*Giraffa camelopardelis*以來，大家一直以為長頸鹿是單一物種，但基因分析顯示這四個物種至少已分化一百萬年。這個發現讓動物學家大為震驚，對於這個看似熟悉的動物，他們正急著重新評估關於牠的所有認知。哥德大學的遺傳學家阿克塞爾・詹克博士表示：「打個比方，不同長頸鹿物種之間的基因差異，相當於北極熊和棕熊之間的差異。顯然，我們完全誤解了長頸鹿的本質。」[4]

這項發現也激發了保育人士的行動。過去長頸鹿被視為單一物種時，已在國際自然保護聯盟（IUCN）的瀕危物種名錄中列為「易危」。如今確認長頸鹿是四個獨立物種後，其中至少三個族群的數量，都符合升級為「瀕危」或「極危」的標準。「長期以來，大家以為所有的長頸鹿都有相似的生態需求，但其實根本沒有人真正了解。」[5]長頸鹿保育基金會的主任朱利安．芬尼斯博士指出，「忽視這項新發現，就太不負責了。」

❖ ❖ ❖

倫敦的伯林頓府以其莊嚴的帕拉底歐式建築與中央庭院，優雅扮演著學術殿堂的角色。這座有三百年歷史的宏偉建築，原為伯林頓伯爵的宅邸，如今在皇室贊助下，匯聚了皇家藝術學院、皇家天文學會、皇家化學學會、倫敦地質學會等十幾個學術機構。而在某個不起眼的柱廊角落，是林奈學會的所在地。

這個學會雖保留原始名稱，但早已超越創始人史密斯當初為尊崇林奈世界觀而創立的宗旨。如今它已是當代生物研究的全球頂尖出版中心，會員資格更是各國生物學家夢寐以求的殊榮。該學會坦然面對歷史，公開承認並摒棄過往的不良傳統。其官網明確指出：「林奈對人類的分類研究，是十八世紀現代科學種族主義的根源之一。林奈學會決意正視科學種族主義所造成的影響。」[6]

不過，這個學會仍保留著林奈留下的實體文物。伯林頓府內精心保存著林奈私人收藏的標本，那些未被創始人史密斯拍賣、贈送或丟棄的倖存部分。這些收藏品（包括史密斯當年一併獲得的林奈原始手稿）的參觀權限受到嚴格的控管，僅限少數人查閱。獲准進入的訪客會搭乘電梯前往地下設施，最終抵達「保險庫」（Strong Room）展示區。這個兼具金庫功能的多重保障恆控環境，即使遭遇倫敦空襲（如二戰時期的閃電戰），其加固結構也能確保溫濕度的波動不超過一度。在特製櫥櫃的玻璃抽屜裡，靜靜躺著林奈原始收藏的殘存物。一八八八年曾有訪客感嘆：「所有用酒類保存的自然標本都不見了，哺乳動物、鳥類、魚類都沒了，恐怕是多次搬遷所致。」但可可、葉子纖細的布豐草、北極林奈花仍安然無恙。端詳這些精心保存的植物或昆蟲時，想到林奈曾親手觸碰過它們，是一種獨特的體驗。更令人深思的是，依照傳統分類學法則，這些植物或昆蟲代表其物種的原始典型，就像林奈本人成了智人的標準範本一樣。

儘管林奈學會將這些標本作為歷史文物保存，但他們已準備好超越這些收藏品所代表的侷限。世間萬物無法永遠被壓在玻璃下或釘在展示盒中。生命不斷適應、分化，抗拒人類為其貼上的固定標籤。在林奈三百週年誕辰的紀念特刊中，學會如此總結：「物種學名並非永恆不變。我們以林奈的二名法為物種命名，只是為了便於討論這些生命體。」[7]

切記，林奈是偉大的創新者，但他的概念並非全部可行，也沒有全部沿用至今。當我們試圖因應人類，以及與我們共用地球的其他物種所面臨的挑戰時，值得深思這種創新的重要性，以及隨著新挑戰的出現，不斷調整視野、與時俱進的必要。

如今我們終於明白，這些「與我們共用地球的其他物種」數量之龐大，遠遠超乎人類的想像。即便剔除重複記載與虛構的物種，我們仍不得不面對一個事實：對於生命多樣性的探索，人類才剛剛起步。基因技術的進步更揭露了一個驚人的事實：以基因上有別的繁殖群體來定義時，現存物種的數量遠遠超出以前的想像。

究竟超出多少？這個數字仍不斷刷新。二〇一一年，史上最全面的生物多樣性調查顯示，地球物種的總數約為八百七十萬種，目前僅記錄了一百二十萬種。這表示，當時仍有八六%的陸地物種和九一%的水生物種尚未被發現。然而，五年後，美國國家科學基金會（NSF）的初步報告讓這些數字相形見絀。NSF推動的「生物多樣性的維度」計畫（Dimensions of Biodiversity），運用基因定序技術來辨識物種，並把辨識的精密度提升至微生物的層級。雖然完整結果仍需數年才能出爐，但該計畫的成員已預估，地球物種的總數比傳統認知高出二十個數量級（比原來多了10^{20}倍）。印第安那大學的博士後研究員兼該計畫的研究員肯尼斯・洛西博士指出：「過去我們無法確定，生物多樣性是否與生物數量這樣簡單的指標有關。但事實證明，這種關聯不僅簡單直接，也極其顯著。最新估算顯示，地球物種可能超過一兆種。」[8]

一兆個物種！這表示，在生命的百科全書中，人類至今僅記錄了總數的十萬分之一。

❖ ❖ ❖

這個數字已經難以想像，但更難以想像的是：如此眾多的物種，該如何塞進林奈的分類系統？這個系統光是容納目前已發現的一百二十萬種生物，就已經搖搖欲墜。原分類系統早已大幅修改：林奈最初提出的三大界（動物界、植物界、礦物界）如今已擴充為八界，新增了真菌界、色藻界、原生動物界、古菌界、細菌界。他原本認為完美無缺的五級套嵌分類（界、綱、目、屬、種），現在常擴展為七級，新增了門（phylum，介於界和綱之間）和科（family，介於目和屬之間）。但這還只是簡化版，實際上，生物學家被迫將分類層級膨脹到至少二十一個不同類別。

有些分類學家在「界」這個層級之上，又設置了第二十二級個分類階層，只是名稱尚未統一，例如稱為領（dominion）、總界（superkingdom）、區（realm）、界上界（empire）、域（domain）等等，目的在於容納人類對單細胞生物多樣性的新認知。舉例來說，一類名為「半鞭毛蟲」（hemimastigotes）的微生物，與其他微生物的差異程度，就像雞油菌（chanterelle mushroom）與黑猩猩的差別那麼大。為了呈現如此巨大的演化距離，分類系統必須在原本的根基之上繼續擴展。

林奈分類法即使經過這些擴展，仍未能涵蓋「栽培品種」（cultivar）。這個一九二三年創造出來的概念，是指保有原物種基因組、但有獨特差異的植物品種。例如南瓜、櫛瓜、夏南瓜其實都是「美洲南瓜」（*Cucurbita pepo*）這個物種的栽培品種。青花菜、高麗菜、抱子甘藍、花椰菜、苤藍、羽衣甘藍這六種在超市蔬果區常見的蔬菜，在分類學上都是同一物種「甘藍」（*Brassica oleracea*）的不同栽培品種。一九五三年起，這些品種都在《國際栽培植物命名法規》下單獨記錄，該法規也記錄了「雜交群」（grexes），這是

亞種 Subspecies
種 Species
亞屬 Subgenus
屬 Genus
亞族 Subtribe
族 Tribe
亞科 Subfamily
科 Family
總科 Superfamily
下目 Infraorder
亞目 Suborder
目 Order
總目 Superorder
群 Cohort
下綱 Infraclass
亞綱 Subclass
綱 Class
總綱 Superclass
亞門 Subphylum
門 Phylum
界 Kingdom

粗體字標示林奈原始的五個分類層級，其餘為後來增添的層級

蘭花雜交種的專用分類術語。

另外，還有病毒，國際病毒分類委員會（ICTV）為它們單獨建立了一套分類系統，但科學界至今尚未達成共識，不確定該不該把病毒納入現有的生命分類系統，如果要納入，又要放在哪裡？有些生物學家認為，病毒嚴格來說不算生物，因為它們既沒有代謝功能，也無法獨立繁殖，必須依賴宿主的細胞。但另一派學者指出，近年發現的「巨型病毒」（megaviruses）在體積和基因複雜度上都能與細菌匹敵，這顯示病毒至少處在生命與非生命之間的灰色地帶。

硬要在生命之樹上添加更多的分類層級，或是為生物界增添新分支，已經逐漸失去意義。誠如哲學家馬克．艾瑞薛夫斯基在《林奈分類階層的貧乏》一書中所說：「林奈為物種賦予二名的初衷早已過時。就連他提出的性分類系統和邏輯分類法也已被淘汰……林奈原始系統中，如今只剩分類階層的架構，以及二名法的命名形式。」[9]

事實上，繼續稱之為「林奈分類系統」已經有些名不符實。現行的分類架構（包括從阿丹森那裡借用的「科」這級）其實反映了植物學界對小朱西厄的《植物屬誌》分類系統的逐步接納。小朱西厄的系統在十八世紀鮮為人知，在十九世紀也幾乎被忽視，但二十世紀卻逐漸受到接納。一九八一年，標準分類系統已採納了小朱西厄提出的七十六個植物屬，而林奈的分類僅保留了十一個。二〇〇五年，國際植物學大會正式棄用林奈的性分類系統，並把屬名認可的起點從林奈一七五三年出版的《植物種誌》（《自然系統》的第一本植物學分冊）改為一七八九年八月四日朱西厄出版《植物屬誌》的日期。目前我們使用的植物分類系統是一種混合體，更準確地說，應該稱為「林奈—朱西厄—阿丹森系統」。

但現在，大家已不再擔心如何為現有的分類系統貼上標籤了，生物學界正熱烈討論著一套全新分類系統的藍圖，準備取代林奈系統。

❖ ❖ ❖

我們能否建立一個毫無偏見的分類系統？

小赫胥黎提出的「支序分類學」概念，是以基因分化為分類的依據，看似符合這個理想。但實際操作時卻面臨諸多難題：支序發生（意指一個物種群體變得無法與其原始物種繁殖時）的界線難以界定，尤其在化石記錄中：目前仍無法確定遺傳漂變（genetic drift）的哪些關鍵因素一定會影響生殖能力。而且繁殖本身也證明是一個愈來愈流動的界限。研究發現，許多物種已演化出不依賴傳統受精的繁殖方式，例如某些蠑螈和蛙類全為單一性別（只有雌性），卻能透過孤雌生殖（parthenogenic，卵子不需受精即可發育）來延續後代。有些生物透過「竊精生殖」（kleptogenesis）存活，從其他物種的雄性那裡「竊取」精子來讓卵子受精，但不融合雄性的基因。最令人驚歎的是鈍口螈屬（*Ambystomia*）中的五個物種：牠們都是單一性別，卻組成一個奇特的繁殖複合體，互相借用基因來啟動繁殖，同時又保持物種的獨立性。

然而，生命的存在比我們所想的更靈活多變。我們逐漸了解，有些物種並非單一生物體，而是多種生物互動的結果。以地衣為例，它同時橫跨了兩個生物界。林奈把地衣歸入植物界，稱之為 *rustici pauperini*（鄉野賤民）。但是在十八世紀，生物學家發現多數地衣並非單一物種，而是真菌界的子囊菌門（*ungus ascoycota*）與植物界的藻類共生的群體。最新研究更證實，某些地衣還包含第三種生物：擔子菌門（*basidiomycete*），那是一種酵母。地衣並非「鄉野賤民」，它充分展現了目前已知最複雜的生物互動模式。

生物認知的其他邊界也開始被破除。長久以來，大家一直認為藍鯨是地球最大的生物，但牠的地位已經被「潘多」（Pando）取代。潘多重達一千三百萬磅，至少自上一個冰河時期以來就居住在猶他州中部，占地達一百零八英畝，卻直到一九七六年才被科羅拉多大學的研究團隊發現。它看似一片普通的白楊樹林，但實際上是四萬株相同的樹木，透過地下根系相連成單一生命體。

「潘多」確實是單一生命體，因為這些殖株不是透過種子繁殖。當其中一棵樹開始枯萎時，它會透過根系傳遞訊號來自我更新，於是新的殖株就會萌發。生物學家對於發現潘多，感到既興奮又懊惱。懊惱的是，我們未能更早辨識出來。人類侵入它的領域，可能已經阻止了它的更新能力，導致它緩慢衰退並最終死亡。雖然潘多可能是現存最古老的生物，但「最大生物」的頭銜已數度易主。二〇一五年以前，潘多確實保持這個紀錄，後來科學家在俄勒岡州的馬盧爾國家森林發現占地二千三百八十五英畝的「奧氏蜜環菌」（*Armillaria ostoyoe*）。這株被暱稱為「巨無霸真菌」[10]的生物，之後又讓出了最大生物體的頭銜給更近期發現的生物。二〇二二年，生物學家發現一片澳洲海神草（*Posidonia australis*）竟是單一植株，是四千五百年前從一粒種子萌發出來的，如今已蔓延超過四萬九千英畝，比舊金山市還大六四%。只要不像潘多那樣受到人為干擾，它應該能繼續茁壯成長。

人類對自我認知的邊界也不斷地拓展。二〇一〇年，尼安德塔人（*Homo neanderthalensis*）的基因組定序完成，科學家驚訝發現，現今人口中許多人的體內都有尼安德塔人的基因。最新資料顯示，歐洲血統為主的現代人，平均有一・七%的尼安德塔人基因；東亞人群有一・八三%。更令人意外的是，那些主要非洲血統的人也檢測出平均有〇・五%的尼安德塔基因。這徹底顛覆了傳統認知，因為一般認為尼安德塔人是源於非洲之外。由此可見，人類的遷徙史並非只是智人從非洲向外擴散，而是有相當數量的人類祖先在與尼安德塔人混血後，又回到非洲。

還有另一個物種：丹尼索瓦人（*Homo denisova*），也對現代人類的基因庫有所貢獻。雖然目前只在西伯利亞和西藏發現這個物種的化石證據，但澳洲原住民的基因組中也帶有三%至五%的丹尼索瓦人的DNA；巴布亞新幾內亞原住民的比例更高達七%至八%。整體來看，現代人類不僅是不同物種混血的結果，更是多次遷徙路線交織的產物。紐約州立大學水牛城分校的遺傳學家奧默·戈庫門指出，我們的祖先系譜「更像是一張互動的蜘蛛網，而非枝幹分明的演化樹」[11]。

更複雜的是，連「演化」本身也在演化。雖然基因分析已經充分證實了達爾文的「天擇說」（隨機突變導致生物改變），但同樣的分析技術也促成拉馬克的「定向變異」理論意外復活。目前看來，生物體確實不會直接因應環境而改變（例如長頸鹿無法靠意志讓脖子變長）。但二〇〇三年的研究發現，環境因素雖不會改變基因本身，卻能改變基因的**表現**（expression），也就是說，有些基因會被啟動，有些會被關閉。此外，至少有部分的表現模式——如今稱為表觀遺傳學（epigenetics）——似乎能夠傳遞給後代。這使得拉馬克和達爾文的理論最終可以共存。

總之，生命似乎樂於模糊我們為它劃定的界線。兩百五十年前布豐的說法，如今看來比以往任何時候都更有先見之明：

> 萬物連綿不絕，緊密交織，相似到難以區分。這絕非簡單的線性鏈條，而是一張大網，或說是一個縱橫交錯的網絡，不時橫生枝節，以便與另一套網絡相連。[12]

連赫胥黎提出的支序分類學，也難以完整涵蓋所有生命。雖然基因定序的技術逐年變得更快、更便宜，但它產生的支序連接讓我們更難掌握生命的全貌。按照傳統分類法，鳥類至今仍屬於林奈最初設定的「鳥綱」。在林奈的另一個爬行綱中，短吻鱷和鱷魚屬於鱷目（*Crocodylia*），蜥蜴和蛇則歸為有鱗目（*Squamata*）。若單從形態學來看，這樣分類合情合理：鱷魚、蜥蜴、蛇的相似度，遠高於牠們與鳥類的相似度。但支序分類學是追蹤「單系演化」（monophyletic evolution），也就是擁有共同祖先的演化路徑。儘管外表迥異，鱷目其實是鳥綱現存最近的親戚，兩者都源自約兩億五千年前的偽鱷類（*Pseudosuchia*）支序群。短吻鱷與孔雀的親緣關係，比短吻鱷與科摩多巨蜥（Komodo dragon）更近；而科摩多巨蜥其實與你的關係更近。

支序分類學還有更多令人驚訝的發現：蓮花與睡蓮的關係，比蓮花與懸鈴木的關係還要疏遠；玫瑰和無花果是近親；木瓜最親的「親戚」，是前面提過那個有很多栽培品種的「甘藍」（能變身為高麗菜、花椰菜、青花菜、抱子甘藍、羽衣甘藍）。

支序分類學最令人困惑的一些發現是來自海洋生物。所謂的「蟹屬」（*Cancer*）現在證實是一群基因差異極大的物種，換句話說，根本不能算是同一個屬。由於發展出蟹狀結構的好處很多，多條單系演化線（亦即來自共同祖先的生物）雖有極其不同的起源，卻演化出相似的身體形態。林奈當年雖然修改了「魚綱」以排除鯨魚和其他鯨類，但由於太多演化路徑適應了自由游泳的水中生活，如今「魚綱」這個分類已完全廢除。我們日常所說的「魚」，其實涵蓋十多條不同的單系演化線，牠們的基因差異之大，讓生物學家常開玩笑說：「魚」根本不存在。如果要畫一個包含所有魚類的支序圈，連人類也會圈在裡面。

❖　❖　❖

然而，人類需要「魚」，或類似「魚」的概念，來了解世界。字詞不只是語言單位，更是思維單位。我們對世界的分類方式一旦建立，往往就視之為理所當然，但這些分類其實都深植於語言之中。

以顏色為例，英語使用者會將「粉紅色」（pink）與「紅色」（red）區分為兩種顏色。但馬來語中沒有「粉紅」這個概念，只有「紅色」（merah）。雖然你可以用「淺紅色」來勉強描述粉紅色，但這樣仍不夠精確。日常最接近的說法是「merah muda」（字面意思是「年輕的紅」），但這個詞既能指亮紅色，也能指淡紅色。若想表達粉紅色，你可能得借用粉紅色的物體來形容，比如蓮霧，或是形容「像番石榴那樣的紅」。但問題是，你現在描述的不是一系列色調，而是一種特定的色調：番石榴的粉紅色。當然，說馬來語的人並非色盲，但對英語使用者來說，這種模糊的說法可能顯得笨拙又不精確。為什麼不乾脆創造一個代表「粉紅色」的單字呢？

但英語其實也有同樣的問題。在藍色系中，我們也沒有像「粉紅」這樣明確的淺色專用詞。如果你不喜歡「淺藍」（light blue）的模糊概念，就只能用非常具體的說法，比如「知更鳥蛋藍」（robin's-egg blue）。換句話說，英語中的色域缺口，和馬來語一樣大，只是英語母語者大多沒注意到這點。相反的，學習英語的俄語人士會立即注意到這點，他們的語言把「藍色」分為兩種顏色：較淺的goluboy和較深的siniy。最有趣的是，這種語言差異不只停留在語言層面，也深植於大腦的感知方式。神經科學家發現，俄語母語者在區分深淺藍色時，反應速度明顯比英語母語者快。這可能是因為在他們的認知中，goluboy和siniy本來就是截然不同的兩種顏色。

身為依賴語言思考的人類，在試圖了解生命複雜性時，我們依然需要這些約定俗成的語意標籤。生物學家法蘭辛．普萊傑爾和喬治．勞斯提議用「最小分類單元」（least-inclusive taxonomic unit, LITU）來完全取代「物種」的概念。這些單元只是暫時的標記，他們形容這是「對當前認知狀態（或認知不足）的敘述」[13]，是快照而非靜態點，記錄時已預期未來可能隨基因資訊的取得而改變。換句話說，LITU與布豐最初的物種概念極其相似：都是理性建構的產物，而非具體存在的客觀實體。（值得一提的是，普萊傑爾博士目前就在巴黎植物園從事研究。）

普萊傑爾和勞斯極力主張，這種做法能讓我們擺脫「模式標本」的束縛，包括選模、異性模式標本和其他類型標本。他們指出：「要求分類學家以少數死亡標本來代表整個物種，根本是一種毫無科學根據的過度推論。」現行的命名法規迫使科學家「必須將生物描述為物種，但實際上他們對自然界的真實情況往往一無所知」。

❖ ❖ ❖

二〇〇〇年，在墨西哥的一場大會上，化學家保羅・克魯岑提議命名一個地質新紀元。按照現行標準的地質年表，我們正處於全新世（Holocene epoch），這是約一萬二千年前接續在更新世（Pleistocene）之後的地質時期。但這位因研究地球大氣層而榮獲諾貝爾獎的科學家指出，人類對地球產生了深遠的改變，甚至足以開啟一個全新的地質時期。在會後發表的聯合聲明中，他寫道：「由於人類活動對地球和大氣層的影響很大且持續加劇，我們認為使用『人類世』（Anthropocene）來命名當前的地質時期，最能突顯人類在地質與生態中的核心作用。」[14]

「*Anthropocene*」這個字，意指「人類的紀元」。二〇〇九年克魯岑的演說促成了「人類世工作團」的成立，這個跨學科的團隊肩負著推動這個新地質年代獲得正式認可的任務。在他們的調查過程中，身為成員之一的認識論學者兼歷史學家雅克・格林瓦爾德提出一點引起了他們的注意：其實「人類的紀元」這個概念早就有人提過了。

在《自然的紀元》（一七七四年）這篇同時收錄於《自然通史》又獨立發表的論文中，布豐早已指出：人類活動對環境的改變，已達到足以稱之為「第七紀元也是最後紀元，這時人類的力量開始輔助自然的力量」。但他也指出，這種力量未必都是正面的。「人類最可悲的狀態並非野蠻未開化，」[15]布豐寫道：

而是那些半開化的民族，他們始終是人性的真正詛咒，連文明的民族至今仍難以約束他們。正如我們所說的，他們摧殘了最初的樂土，剝奪了幸福的種子……翻閱所有民族的歷史，你會發現，兩千年的悲情中，僅有寥寥數年的和平與安寧。

布豐沒有預見現代的全球暖化現象。在一七七四年，這種規模的污染根本難以想像。但他確實認為，人類的居住活動已經永久地改變了氣候，而且地球資源並非取之不盡。歐洲國家對其他大陸的快速殖民與剝削，尤其令他憂心。「英國人難道不是犯了大錯，把殖民地擴張得太過頭了嗎？我覺得古人對這些事情的想法更明智。他們只有在人口過剩、土地和貿易無法滿足需求時，才會計畫遷徙。」

這些相似之處促使人類世工作團決定找人翻譯《自然的紀元》的英文版並重新出版。為什麼一群要定義當代的科學家，會急切地關注一位活在兩百五十年前的人所寫的文字呢？他們在序言中寫道：「這確實是一本非凡的著作，科學發展在某種程度上又回到了原點。」[16]

我們日益明白，不僅需要了解整體的每個局部細節，更要掌握「整體」本身的概念……而這個整體最重要的體現就是地球，我們的存在仍完全依賴這個星球。布豐對地球的洞見，尤其是他形成這些觀點的方法，至今仍值得我們借鑒。

這只是近年來學界重新發現布豐價值的其中一例，同時也反映了複雜主義生物學正迅速萌發的復興浪潮。早在一九五九年，人類學家洛倫．艾斯利在紀念《物種起源》出版百週年時，就提到達爾文受惠於布豐的啟發。艾斯利形容布豐的物種變化理論「不過是演化論的粗略草圖」[17]，但他也強調：「布豐雖然論述零散，**但至少提到了一八五九年達爾文偉大綜論中的所有關鍵要素**（艾斯利的原文粗體強調）。很可惜，布豐的想法散落在他那套龐大《自然通史》中各別動物的記述裡。他繼續說：

這種隱藏敘述不僅難以解讀，也削弱了其演化思想的影響力……然而，自然選擇理論所需的幾乎所有要素，都可以在布豐的著作中找到，只需要後人將這些分散的線索整合，並去除他那個時代不得不採用的宗教保護文字。

後來，學界對布豐的評價也持續更新。一九七〇年，歷史學家奧蒂斯．費洛斯寫道：「布豐幾乎提出了後世科學試圖解答的所有問題。」[18]

仔細研讀過布豐著作的人都認同，他的偉大之處在於為後繼者奠定的基礎：關於生命起源的共同特徵、地理分布的規律、地球演化的地質記錄、舊物種的滅絕、新物種的相繼出現，以及人種同源等開創性的大膽見解。[19]

植物學家弗朗斯．斯塔弗魯是最受敬重的林奈傳記作家之一，一九七一年他坦言布豐的視野確實超越了他的對手。斯塔弗魯寫道：「林奈提到了物種繁衍的法則，解釋了為何生物形態能保持不變，但他的理論始終未觸及時間帶來的演變。」[20]

然而，在布豐身上，我們看到一位極具洞見的生物學家。他幾乎擺脫了傳統思維與宗教束縛，擁有高度智慧（雖略帶臆測色彩），思想極其原創，而且在許多方面都遠遠超前他所處的時代……布豐引入的歷史觀點，對於生物學發展成一門獨立的科學極為重要。

❖ ❖ ❖

巴黎植物園仍在巴黎蓬勃發展，現為法國國家自然史博物館的總部（該博物館在法國各地設有十四個分部）。這座由布豐在啟蒙時代的爭議中精心經營、拉馬克在法國大革命期間極力守護、若弗魯瓦堅決捍衛的機構，如今既是備受尊崇的研究中心，也是每年吸引近兩百萬遊客的熱門景點。幾個世紀以來，巴黎地圖歷經多次改版，但植物園現今的地址卻巧妙地呼應了其歷史淵源：東側以布豐路為界，北邊是居維葉路，西側邊界是一條會改變名稱的街道——在與居維葉路交會以前稱為林奈路，一碰到植物園就改名為若弗魯瓦路。這樣的設計恰好避免了林奈路與布豐路的交叉。

布豐的雄偉雕像依然矗立，如今遷至新的榮耀位置，鎮守著「演化廳」。這個展廳展示著物種隨著時間經過的成長與變化，向世人呈現出布豐最重要的學術成就：他打破了物種恆定不變的傳統觀念。不過，多數遊客並不知道，這座雕像現在既是紀念碑，也是聖物箱*。布豐死後，大腦被取出來衡量，後來放入水晶骨灰甕中保存。一八七〇年，那個水晶骨灰甕被安放在雕像的基座中。至於他在革命期間散落的其他遺骸，則在一九七一年重新收殮，安葬於蒙巴爾。

* 聖物箱是存放與逝去聖人相關物品的容器。

布豐最個人化的紀念建築「榮耀亭」至今保存完好，最近剛完成修復。沿著蜿蜒小徑，走上位於植物園內唯一小山丘頂端的榮耀亭，就能欣賞到修剪整齊的綠地、塞納河與巴黎市景。右手邊可見博物館的研究大樓，這裡是由布豐當年的「皇家陳列室」直接演變而來。博物館收藏的標本超過六千二百萬件，而這些研究大樓裡僅存放其中一小部分。博物館的植物標本館仍保存著杜納福爾、康默森、拉馬克採集的標本，並發行以阿丹森命名的植物學期刊《Adansonia》*。

視線稍微往左移的中景處，是若弗魯瓦於一七九三年創立的動物園。目前博物館旗下有四座動物園，若弗魯瓦當初設立的場地只占現今動物園總面積的一小部分。其中，位於文森森林、距此約六公里的巴黎動物園正展示著一種奇特的生物：多頭絨泡菌（*Physarum polycephalum*），這種亮黃色的生物狀似樹黏液，看起來平凡無奇。

多頭絨泡菌徹底顛覆了林奈分類學的基礎認知。這是一種普通的樹黏液，在歐洲和北美森林很常見，自一八二二年被分類命名後，一直無人問津。一九七〇年，愛荷華州立大學一位助教發現其驚人的特性：這種黏液不僅

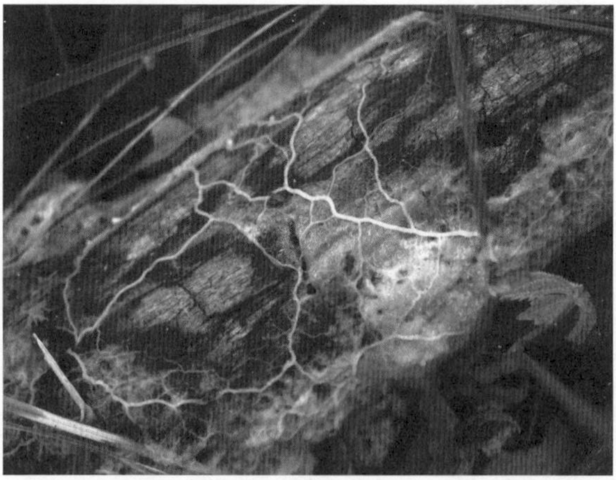

多頭絨泡菌

有免疫系統，而且免疫系統是外部運作，而非內部運作。研究人員從腐爛的榆木取得的樣本，能分泌一種強效的抗病毒物質，可有效阻隔感染。把這種物質噴灑在農作物上，可以完全消除菸草鑲嵌病毒（tobacco mosaic），這種病毒不僅會危害煙草，也會危害番茄、甜椒、小黃瓜等作物。

過去五十年來，科學家逐漸揭開這種生物的非凡特質。如今我們知道，它既非動物、植物，也非真菌。它能一次休眠數年，沒有肌肉組織，卻能以每小時四公分的速度移動。某種程度上，它是單細胞生物，《金氏世界紀錄》認證它是地球上最大的細胞。若將它分割，各片段能獨立運作，之後再重新整合。它們甚至能與來自不同地區的同類無縫融合，看來「個體存在」只是一個選項。

這種看似簡單的生物，卻有極其複雜的性生活。多頭絨泡菌沒有雌雄兩性之分，而是有七百二十種不同的交配型態。這些促進基因多樣性的方式，功能上就相當於性別。我們逐漸明白，生物的性與繁殖，其實存在著無數種主題和變化。

多頭絨泡菌也有學習能力。為了最有效率地尋找食物，它會以一種既能擴張又能自我修正的方式擴展開來，直到用最少的資源覆蓋最大的範圍。從這個角度來看，它是有智慧的：它創造的高效率網絡，能找到走出迷宮的最快路徑，或是連接多個地點的最短路線。在一項實驗中，研究人員模擬東京及周邊三十六個城鎮的地理位置來擺放多個食物源（這個例子中是燕麥片），結果多頭絨泡菌延伸出來的覓食路徑，竟與連接這些位置的日本鐵路系統幾乎一樣，而日本鐵路是人類為了追求最高效率而精心設計的系統。

多頭絨泡菌雖然沒有中樞神經系統，更別說大腦了，但它卻有記憶。不知怎的，它能記住所學知識。相隔數週後，把它放在同一迷宮中，它會認得迷宮，並重建以前的逃生路線，即使只用原始樣本

* Adansonia 也是猢猻木屬。

的一小部分也可以做到。

我們還不完全了解多頭絨泡菌的智慧，但這並不妨礙人類與它的合作。事實上，科學家最近請它協助探索宇宙奧祕。目前的天體物理學理論認為，大霹靂（Big Bang）之後，所有物質以特定的模式分散，在相鄰星系間形成絲狀結構。這種分散的物理證據難以發現，因為這些絲狀結構是由稀薄、擴散的氫氣流組成的。天文儀器必須直接對準這些絲狀結構，才能偵測到它們。

如何讓儀器對準正確方向？關鍵在於預測這些氫氣流的位置。為此，天體物理學家找上了多頭絨泡菌，利用它破解迷宮、重現東京鐵路網的高效率特性。他們開發了一套ＡＩ程式，盡可能模擬多頭絨泡菌的行為模式。他們把星系地圖輸入ＡＩ程式中，讓它預測連結路徑。這項專案的首席研究員約瑟夫．伯切特博士解釋：「黏菌會建立最佳化的運輸網絡，找出連接食物源的最有效率路徑。在宇宙網中，結構的成長也產生了某種意義上的最佳網絡。雖然根本的流程不同，但它們產生的數學結構是類似的。」[21]

目前為止，這個計畫已成功描繪出三萬七千多個星系之間的連結。雖然才剛起步，卻已展現出改變生命認知的力量。它讓我們知道，自然不是一堆需要清點的靜態物件，而是一個動態互聯的更大整體。

存在，即是共存。生存，就是對話。

正如布豐所言：「自然並非單一實體，而是包羅萬象的整體。」[22]

> 大自然並非神靈，因為那個神靈是上帝；但我們可以將自然視為一股浩瀚的生命力量，包羅萬象，滋養眾生。她本身就是一件永恆鮮活的完成品，是永不停歇的巧匠，懂得物盡其用。即便反覆運用同樣的資源，也不會耗盡它們，反而能讓它們生生不息。

致謝
Acknowledgments

編寫和探索這本書中的故事歷時數年，絕非靠我一人的耐心所能完成。我衷心感謝經紀人Michael Carlisle與編輯Andy Ward，他們不僅支持這個計畫，更陪伴我經歷無數次修改與調整。此外，也要特別感謝以下諸位：Michael Mungiello、Lyndsey Blessing、Greg Mollica、Ella Laytham、Carrie Neill、Azraf Khan、Kaeli Subberwal、Stuart Calderwood、Mark Birkey、Simon Sullivan、Mark Maguire、Armando Veve、Bill Hamilton、Kristin Cochrane、Tim Rostron、Moritz Volk、Sebastian Ritscher、Jon Riley。

我要特別感謝我的伴侶Julia Scott，她不僅始終給予我堅定的支援，無比的包容，還為這本書提供了法語翻譯和編輯方面的專業協助。同樣要感謝我們大家庭的成員：Patricia Roberts、Eden Roberts、Jesse Roberts、Gloria Roberts、Moana Roberts、Phil Schacht、Michael Scott、Laura Scott。我要特別感謝以下夥伴的寶貴建議與鼓勵：Tom Barbash、Peter Orner、Cathryn Ramin、Oscar Villalon、Julia Flynn Siler、Elizabeth Stix、Geoff Shandler、Louis B. Jones、Brett Hall Jones、Lisa Alvarez、Andrew Tonkovich。同時，我也衷心感謝David Clark、Drew Pearce、Bruce Grossan、Christopher Michel、Bari Levinson、David Rosane、Austin Hughes、Nicole Laby、Revi Airborne-Williams、Mark Fassett。我要特別感謝Jeremy Cline、Michael Levinson、Scott Lucas、Erik Peterson、Gary Rudman、Aaron Stern，這群偽裝成撲克牌牌友的長期心靈支持夥伴。你們那位老是打牌心不在焉的「教授」，可是非常珍惜這個牌桌席位呢。

探索指南
For Your Exploration

法國

巴黎植物園全年免費對外開放。園內的動物園門票、以及法國國家自然史博物館的特展與活動門票，均可線上購買。若想參觀修復後的布豐鍛鐵涼亭「榮耀亭」，只需沿著博物館大講堂（Grand Amphithéâtre du Muséum）後方的螺旋步道而上即可到達。

網址：www.jardindesplantesdeparis.fr/enwww.mnhn.fr/en

地址：57 Rue Cuvier, 75005 Paris

電話：+33 1 40 79 56 01

位於勃艮第蒙巴爾的布豐博物館與公園（Musée & Parc Buffon de Montbard），就建在布豐故居的原址上。園區和博物館都免費開放。每年四月至九月期間，遊客可以購買導覽票，參觀布豐當年的書房和塔樓工作室。

網址：www.musee-parc-buffon.fr

電郵：museeparcbuffon@montbard.com

地址：Rue du Parc 21500, Montbard, France

電話：+03 80 92 50 42 / 50 57

瑞典

林奈植物園與故居經過修復後，現已於烏普薩拉市中心斯瓦特巴克斯加坦區（Svartbäcksgatan district）的原址重新開放。每年五月初至九月底期間，開放參觀並舉辦活動。其餘時間，故居（現為博物館）僅接受團體預約參觀。遊客可選擇導覽或自由參觀。

網址：www.botan.uu.se/our-gardens/the-linnaeus-garden/visit-the-garden

電郵：bokning@botan.uu.se

地址：Villavagen 8, S-752 36 Uppsala, Sweden

電話：+46 18 471 28 38

林奈故居哈馬比莊園位於烏普薩拉東南方十五公里處，保存狀態極佳，至今仍保留著林奈當年的原始家具與裝潢。這處莊園由同一機構管理，同樣於每年五月至九月開放參觀。莊園周邊的園區現已列為文化遺產保護區，全年開放。

網址：www.botan.uu.se/our-gardens/linnaeus-hammarby

電郵：bokning@botan.uu.se

電話：+46 18 471 28 38

英國

倫敦林奈學會的圖書館與檔案室開放預約參觀，時間為每週二至週五上午十點至下午五點。若要查閱林奈原始收藏，需至少提前兩週申請，而且開放查閱的資料有限。

網址：www.linnean.org/research-collections

電郵：library@linnean.org

地址：Burlington House, Piccadilly, London, UK W1J 0BF

電話：020 7434 4479

沃洛夫語 Wolof
亞利坎提葡萄酒 Alicante wine
卓寧霍姆宮 Drottningholm Palace
帕拉底歐式建築 Palladian architecture
拉德克利夫學人 Radcliffe fellowship
武裝稅吏 gabelous
法袍貴族 noblesse de robe
法屬殖民地戰爭 French-Canadian War
哈特營莊園 Hartekamp
哈馬比農場 Hammarby
革命法庭 Revolutionary Tribunal
恐怖統治 Reign of Terror
索姆河戰役 battle of the Somme
馬爾堡咖啡館 Marlborough Coffee House
馬盧爾國家森林 Malheur National Forest
御花園旅館 Hotel du Jardin du Roi
敘拉古城 Syracuse
符騰堡公國 Wurttemberg
荷蘭東印度公司 Dutch East India Company
博物巡禮 herbaciones
雅利安人 Aryan
愛斯基摩人 Esquimaux
楓丹白露 Fontainebleau
瑋緻活 Wedgwood
瑞典東印度公司 Swedish East India Company
榮耀亭 Gloriette
演化廳 Hall of Evolution
蒙帕納斯公墓 Montparnasse cemetery
緘默法則 Omertà
蘇豪廣場 Soho Square

法蘭西學術院 Académie Française
阿加西應哈佛學院 Harvard College
非美活動調查委員會 House Un- American Activities Committee
俄羅斯科學院 Russian Academy of Sciences
哈德維克大學 University of Harderwijk
帝國學院 Collège impérial
查令十字醫院 Charing Cross Hospital
皇家化學學會 Royal Society of Chemistry
皇家天文學會 Royal Astronomical Society
皇家陳列室 Cabinet du Roi
皇家植物園 Jardin du Roi
皇家農業學會 Royal Agricultural Society
皇家學會 Royal Society
皇家藝術學院 Royal Academy of Arts
皇家藥用植物園 Jardin Royal des Plantes Médicinales
美國科學促進會 American Academy for the Advancement of Science
美國國家科學基金會 National Science Foundation, NSF
美國聯合服務組織 American United Services Organization, USO
耶穌會學院 Jesuit academy
英格蘭皇家實用知識推廣學會 Royal Society for the Propagation of Useful Knowledge
英格蘭皇家學會 British Royal Society
韋克舍三藝學校 Trivial School of VÄXJÖ
倫敦地質學會 Geological Society of London
倫敦林奈學會 Linnean Society of London
倫敦皇家自然知識促進學會 British Royal Society for Improving Natural Knowledge
倫敦皇家礦業學院 Royal School of Mines
烏普薩拉大學 Uppsala University
紐沙特中學 Neufchatel Lyceum
索邦大學 Sorbonne
國民公會 National Convention
國民議會 National Assembly
國家自然史博物館暨植物園 Museum National d'Histoire Naturelle, avec les Jardin des Plantes
國家礦務委員會 Council of Mines
國際病毒分類委員會 International Committee on the Taxonomy of Viruses, CTV
國際動物命名法委員會 International Commission on Zoological Nomenclature, ICZN
國際植物學大會 International Botanical Congress
雪梨麥覺理大學 Maquarrie University
勞倫斯理學院 Lawrence Scientific School
奧古斯丁皇家修道院 Königskloster Augustan Monastery
萊登大學 University of Leyden
隆德大學 University of Lund
塞拉菲姆醫院 Seraphimer Hospital
瑞典科學院 Swedish Academy of Sciences
聖彼德堡植物園 St. Petersburg botanical garden
聖菲爾曼監獄 Saint Firmin prison
蒙彼利埃醫學院 Montpellier medical school
歐柏林學院 Oberlin College
蘭德斯海洋研究所 Flanders Marine Institute

其他

九月屠殺 September Massacres
九年戰爭 Nine Years' War
切羅基人 Cherokee
文森森林 Bois de Vincennes
世界海洋物種目錄 World Register of Marine Species
加貝爾稅 gabelle
布匿戰爭 Second Punic War
布豐公園 Parc Buffon
布豐投針 Buffon's Needle
伊莉莎白林奈現象 Elizabeth Linnaeus Phenomenon
印度公司 Compagnie des Indes
米埃特堡 Chateau de la Muette
西班牙王位繼承戰爭 War of the Spanish Succession
伯林頓府 Burlington House
利維特與艾倫公司 Leavitt & Allen
杜樂麗宮 Tuileries Palace

《植物人》（德拉美特利）*L'Homme Plante*
《植物土地論》（布豐）*De la Terre Vgetale*
《植物分類法》（約翰・雷）*Methodus Plantarum*
《植物史》（泰奧弗拉斯托斯）*Historia Plantarum*
《植物科誌》（阿丹森）*Familles des Plantes*
《植物哲學誌》（林奈）*Philosophia Botanica*
《植物婚配前奏》（林奈）*Praeludia Sponsaliorum Plantarum*
《植物種誌》（林奈）*Species Plantarum*
《植物學基礎：辨識植物的方法》（杜納福爾）*Elements of Botany, or A Method for Recognizing Plants*
《植物學基礎》（林奈）*Fundamenta Botanica*
《植物學評論》（林奈）*Critica Botanica*
《植物屬誌》（朱西厄）*Genera Plantarum*
《植物屬誌》（林奈）*Genera Plantarum*
《無窮小分析》*Analysis of the Infinitely Small*
《稀有昆蟲百種》（林奈）*Centuria Insectorum Rariorum*
《塞內加爾自然史》（阿丹森）*Histoire Naturelle du Senegal*
《愛經》*Kama Sutra*
《新舊演化論》（巴特勒）*Evolution, Old and New*
《聖經植物志》*Hierobotanicum*
《補編》（小林奈）*Supplementum*
《解放奴隸宣言》*Emancipation Proclamation*
《詩篇》*Psalms*
《遊記》（馬可・波羅）*Travels*
《道格拉斯月刊》*Douglass' Monthly*
《對著名林奈植物性分類系統的批判分析》（西格斯貝克）*A Critical Analysis of the Well- Known Linnaeus Sexual System of Plants*
《漢堡通訊》*Hamburgische Beriche*
《種族問題》*The Race Question*
《維吉尼亞州隨筆》*Notes on the State of Virginia*
《數學原理》（牛頓）*Principia Mathematica*
《論無雄》（林奈）*De Anandria*
《論農業》（瓦羅）*Res Rustica*
《學者期刊》*Journal of Savants*
《學術報刊》*Larda Tidningar*
《戰利品》（林奈）*Spolia Bellum*
《錢伯斯百科全書：藝術與科學通用辭典》*Ephraim Chamber's Cyclopaedia, or a Universal Dictionary of Arts and Science*
《醫學雙鑰》（林奈）*Clavis Medicinae Duplex*
《羅馬帝國衰亡史》（吉朋）*The Decline and Fall of the Roman Empire*
《類人猿》（哈特曼）*Anthropoid Apes*

船艦名

星辰號 *Etoile*
布德茲號 *Boudeuse*
海豚號 HMS *Dolphin*
顯現號 *Appearance*
小獵犬號 HMS *Beagle*
響尾蛇號 HMS *Rattlesnake*
東方號 *l'Orient*
卡瑪號 *Calmar*
尼日號 HMS *Niger*
奮進號 HMS *Endeavour*

組織機構名

人類世工作團 Anthropocene Working Group
大地測量團 Geodesic Mission
巴黎林奈學會 Société de Linné de Paris, SLP
布爾諾自然史研究學會 Brunn Society for the Study of Natural History
伊頓公學 Eton School
自由人調查委員會 Freedmen's Inquiry Commission
自然史博物館 Musée d'Histoire Naturelle
自然史學會 Societe d'Histoire Naturelle
克拉克遠征隊 Lewis and Clark Expedition
昂熱大學 University of Angers
林奈館 Linneanum
法國科學院 Académie des Sciences
法蘭西公學院 Collège de France
法蘭西近衛團 Gardes Françaises

《文學通訊》*Literary Correspondence*
《牙買加自然史》（史隆）*Natural History of Jamaica*
《世界大戰》*War of the Worlds*
《出埃及記》*Exodus*
《布豐幼兒繪本》*Buffon for Little Children, with Pictures*
《布豐傳》*Buffon*
《民數記》*Numbers*
《生命的科學》*The Science of Life*
《生物體組織研究》（拉馬克）*Organization of Living Bodies*
《伊里亞德》*Iliad*
《共和曆》*calendrier républicain français*
《自然通史》（布豐）*Histoire Naturelle, Générale et Particuliére*
《自然史的新精確系統》（布魯克斯）*A New and Accurate System of Natural History*
《自然史通論與專論・附王室藏品圖錄》（布豐）*Histoire naturelle générale et particulière : avec la description du Cabinet du Roy*
《自然史陳列室備忘錄・植物園專題》（拉馬克）*Memoir on the Cabinet of Natural History, and Particularly on the Jardin des Plantes*
《自然史圖鑑》*Abbildungen*
《自然之系統》（拉馬克）*Systeme de la Nature*
《自然系統》（林奈）*Systema Naturae*
《自然的紀元》（布豐）*The Epochs of Nature*
《克利福德的芭蕉》（林奈）*Musa Cliffortiana*
《克利福德植物園》（林奈）*Hortus Cliffortiana*
《利未記》*Leviticus*
《希波克拉底格言集》*Aphorisms*
《我們歐洲人》*We Europeans*
《系統動物學》（斯特恩）*Systematic Zoology*
《亞當前的人類》（拉佩雷爾）*Men Before Adam*
《林奈分類階層的貧乏》（艾瑞薛夫斯基）*The Poverty of the Linnaean Hierarchy*
《法國植物誌》（拉馬克）*Flore française*
《物種起源》（達爾文）全名是《由自然選擇或在生存競爭中保留下來的有利種族論物種之起源》*On the Origin of Species by Means of Natural Selection, or the Preservation of Favoured Races in the Struggle for Life*
《花之神殿》（史密斯）*The Temple of Flora*
《阿加西五十誕辰頌》*The Fiftieth Birthday of Agassiz*
《保羅與維珍妮》*Paul et Virginie*
《施巴自然百科》*Thesaurus*
《流數法》（牛頓）*Method of Fluxions*
《埃瑞璜》*Erewhon*
《徐畢克斯博士收集與繪製的魚類精選屬種》（阿加西）*Selecta Genera et Species Piscium Quos Collegit et Pingendos Curavit Dr. J.W. de Spix*
《時間機器》*The Time Machine*
《海華沙之歌》*Song of Hiawatha*
《特萊武期刊》*Journal of Trévoux*
《疾病屬誌》（林奈）*Genera Morborum*
《神譴錄》（林奈）*Nemesis Divina*
《草藥圖鑑》（傑勒德）*Herball*
《乾燥花園》*Hortus Siccus*
《動物生殖研究》（哈維）*Exercitationes de Generatione Animalium*
《動物志》（亞里斯多德）*History of Animals*
《動物和植物在家養下的變異》（達爾文）*The Variation of Animals and Plants Under Domestication*
《動物的生殖》（亞里斯多德）*The Generation of Animals*
《動物哲學》（拉馬克）*Philosophie Zoologique*
《動物學命名法則》（阿加西）*Nomenclator Zoologicus*
《國際栽培植物命名法規》*International Code of Nomenclature for Cultivated Plants*
《國際植物命名法規》*International Code of Botanical Nomenclature, ICBN*
《基督教紀事報》*The Christian Record*
《基督教修辭學》*Rhetorica Christiana*
《教會新聞》*Ecclesiastical News*
《異國蝶類圖鑑》（卡斯珀・斯托爾）*De Uitlandsche Kapellen*
《紳士雜誌》*Gentleman's Magazine*
《博物學家文集》（喬治・蕭）*Naturalist's Miscellany*

哈德維克 Harderwijk
哈德遜灣 Hudson Bay
柏納丁街 Rue des Bernardins
洛斯群島 Iles de Los
耶斯特里克省 Gestrikland
迪戎 Dijon
香蕉群島 Banana Islands
朗布依埃 Rambouillet
泰恩河畔新堡 Newcastle-upon-Tyne
泰瑟爾港 Texel
烏普薩拉城 Uppsala
珠峰 Everest
翁厄曼蘭省 Ångermanland
馬拉巴 Malabar
馬爾他 Malta
勒維爾 Leuville
崑崙島 Pulo-Condore
康瓦爾 Cornwall
莫克拉納斯草地 Moklanas
莫克倫湖 Lake Mockeln
莫蒂埃村 Motier
喀山 Kazan
堪察加半島 Kamchatka
斯莫蘭省 Småland
斯滕布羅胡爾特 Stenbrohult
登凱圖拜山 Mount Caitumbyn
菲里斯河 Fyris
萊貝爾日 Les Berges
萊阿朗 Les Harans
奧勒岡領地 Oregon Country
奧斯坦德 Ostend
新巴塞隆納 Nueva Barcelona
新法蘭西領地 territory of New France
新英格蘭自治領 Dominion of New England
新基西拉島 New Cytheria
聖日耳曼昂萊村 Saint-Germain-en-Laye
聖路易港 Port Saint Louis
聖維克多郊區 Faubourg Saint-Victor
達卡利亞省 Darcarlia
福克蘭群島 Falkland Islands
維塔里茲 Hvittaryds
蒙巴爾 Montbard
蒙巴爾村 Montbard
蒙貝利亞爾 Montbéliard
蒙彼利埃 Montpellier
摩洛哥達拉省 Dara
模里西斯島 Mauritius
模里西斯島 Mauritius
諾里奇 Norwich
羅什福爾 Rochefort
羅亞爾河 Loire River
蘇利南 Surinam
鐘斯博達 Jonsboda
麵包師街 Rue des Boulangers

書名

〈自然的紀元〉（布豐）The Epochs of Nature
〈馬賽曲〉La Marseillaise
〈啟示錄〉Revelation
〈萬物光明美好〉All Things Bright and Beautiful
〈論動物本性〉（布豐）Discours sur la Nature des Animaux
《一報還一報》*Measure for Measure*
《二十條醫學論綱》（瓦萊里烏斯）*Twice Ten Medical Theses*
《人類自然變種論》（布盧門巴赫）*De Generis Humani Varietate Nativa*
《人類的種族》*The Races of Mankind*
《人類階序論》（查爾斯・懷特）*Account of the Regular Gradations in Man*
《人類實證知識分析系統》（拉馬克）*Analytic System of Positive Knowledge About Man*
《大西洋月刊》*The Atlantic*
《大英百科全書》*Encyclopedia Britannica,* 1786
《巴黎法規》*Paris Code*
《巴黎信使報》*Paris Mercury*

賈克・尼克 Jacques Necker
賈克—亨利・貝爾納丹・德・聖皮埃爾 Jacques-Henri Bernardin de Saint-Pierre
路易・多邦東 Louis Daubenton
路易・安托萬・德・布干維爾 Louis Antoine de Bougainville
達爾文 Charles Darwin
雷內—理查德・路易・卡斯特爾 René-Richard Louis Castel
圖納艾戈貝爾 Tuna el-Gebel
漢斯・斯隆爵士 Hans Sloane
瑪琳・黛德麗 Marlene Dietrich
瑪德琳・弗朗索瓦絲・巴斯波特 Madeleine Franqoise Basseporte
瑪麗・安東妮王后 Queen Marie Antoinette
瑪麗—弗朗索瓦絲・德・聖伯蘭—馬蘭 Marie-Francoise de Saint-Belin-Malain
維托里奧・阿梅迪奧二世 Victor Amadeus II
維納斯 Venus
蒙塔古夫人 Lady Montagu
蓋哈德・范・斯維頓醫生 Gerhard van Swieten
蓋倫 Galen
赫洛 Hellot
赫曼・布爾哈夫 Hermann Boerhaave
德尼・狄德羅 Denis Diderot
歐洛夫・攝爾修斯 Olof Celsius
魯日蒙侯爵 Marquis de Rougemont
黎希留樞機主教 Cardinal Richelieu
盧卡斯先生 Monsieur Lucas
蕭伯納 George Bernard Shaw
諾查丹瑪斯 Nostradamus
霍勒斯・沃波爾 Horace Walpole
鮑伯・霍伯 Bob Hope
薩伏依公爵 Duke of Savoy
薩繆爾・杜瑟 Samuel Duse
羅伯特・戈登・萊瑟姆 Robert Gordon Latham
羅伯特・虎克 Robert Hooke
羅伯特・哈特曼 Robert Hartmann
羅伯特・詹姆森 Robert Jameson
羅伯斯庇爾 Robespierre
羅莎莉・德拉波特 Rosalie Delaporte
羅莎琳・富蘭克林 Rosalind Franklin
龐巴度夫人 Madame Pompadour
蘇珊・屈爾紹・尼克 Suzanne Curchod Necker
露絲・潘乃德 Ruth Benedict
讓・路易・魯道夫・阿加西 Jean Louis Rodolphe Agassiz
讓—弗雷德里克・菲利波 Jean-Frédéric Phélypeaux

地名

士麥那 Smyrna
切爾西 Chelsea
巴巴里山區 Barbary mountains
加斯科尼 Gascony
卡姆登街 Camden Street
史特拉斯堡 Strasbourg
尼加拉大瀑布 Niagara
布爾諾 Brünn
布豐村 Buffon
司徒加特 Stuttgart
皮卡第地區 Picardy
皮埃蒙特 Piedmont
佛蒙特共和國 Vermont Republic
佛蒙特州 Vermont
利哈佛港 Le Havre-de-Grace
杜林市 Turin
亞歷山卓 Alexandria
拉梅里 La Mairie
拉普蘭 Lapland
法格松沼 Fagelsong
法蘭德斯 Flanders
社會群島 Society Islands
阿比西尼亞 Abyssinia
阿貝納基族的祖靈之地 Abenaki ancestral land
阿留申群島 Aleutian Islands
勃艮第 Burgundy

索爾 Thor
馬可・波羅 Marco Polo
馬克・艾瑞薛夫斯基 Marc Ereshefsky
馬庫斯・特倫提烏斯・瓦羅 Marcus Terentiaus Varro
馬基維利 Machiavelli
馬蒂亞斯・許萊登 Matthias Schleiden
馬頓・卡勒 Marten Kahler
勒內・德・列奧米爾 René de Réaumur
勒內・德方丹 René Desfontaines
基利安・斯托貝歐斯醫生 Killian Stobaeus
理查・布魯克斯 Richard Brookes
莎拉・克莉絲蒂娜 Sara Christina
莎拉—麗莎・莫拉烏斯 Sara-Lisa Moraeus
莫里斯・威爾金斯 Maurice Wilkins
莫爾帕伯爵 Count of Maurepas
傑西・伊萊 Jesse Eli
傑佛瑞・史密斯 Geoffrey Smith
凱姆斯勳爵 Lord Kames
喬治・布萊索 Georges Blaisot
喬治・克利福德 George Clifford
喬治・居維葉 Georges Cuvier
喬治・勞斯 George Rouse
喬治・奧古斯都 Prince Regent
喬治・蕭 George Shaw
喬治—路易・勒克萊爾 Georges-Louis Leclerc
喬治—路易・勒克萊爾・德・布豐 Georges-Louis Leclerc de Buffon
喬治—路易—瑪麗・布豐 Georges-Louie-Marie Buffon
喬叟 Chaucer
揚・斯瓦默丹 Jan Swammerdam
揚・德・霍特教授 Jan de Gorter
斐迪南六世 Fernando VI
斯賓諾莎 Spinoza
湯瑪斯・亨利・赫胥黎 Thomas Henry Huxley
湯瑪斯・傑佛遜 Thomas Jefferson
焦爾達諾・布魯諾 Giordano Bruno
腓特烈大帝 Frederick the Great
華特・雷利 Walter Raleigh
菲利伯・康默森 Philibert Commerson
萊布尼茲 Leibniz
萊斯利・巴內特 Leslie Barnett
費利克斯・維克—達齊爾 Felix Vicq- d'Azyr
賀拉斯 Horace
鄂多立克 Odoric
雅各・瓦倫堡 Jacob Wallenberg
雅克・格林瓦爾德 Jacques Grinevald
雅克・羅傑 Jacques Roger
雅培・勞倫斯 Abbott Lawrence
馮・林奈 von Linné
塞內卡 Seneca
塞巴斯蒂安・瓦揚 Sebastian Vaillant
塞繆爾・巴特勒 Samuel Butler
塞繆爾・威伯福斯主教 Samuel Wilberforce
奧古斯丁・帕如 Augustin Pajou
奧古斯特・布魯索內 Auguste Broussonet
奧古斯特・魏斯曼 August Weismann
奧古斯都皇帝 Emperor Augustus
奧多爾・許旺 Theodor Schwann
奧利弗・赫德福德 Oliver Herford
奧洛夫・魯德貝克 Olof Rudbeck
奧蒂斯・費洛斯 Otis E. Fellows
奧圖魯 Autourou
奧爾良公爵 Duke of Orleans
奧默・戈庫門 Omer Gokumen
愛德華・吉朋 Edward Gibbon
愛德華・德林克・柯普 Edward Drinker Cope
楊・米斯 Jan Mees
瑟普瓦侯爵夫人 Marquise de Cepoy
瑟隆尼斯・孟克 Thelonious Monk
聖伯夫 Sainte-Beuve
詹姆斯・庫克中尉 James Cook
詹姆斯・華生 James Watson
詹姆斯・愛德華・史密斯 James Edward Smith
詹姆斯・德拉蒙德 James Drummond
賈克 Jacques

威廉・丹皮爾 William Dampier
威廉・貝特森 William Bateson
威廉・哈維 William Harvey
威廉・查爾頓 William Charlton
威廉・洛西 William Locy
威廉・斯特恩 William Stearn
施奈爾 Schnell
查理斯・達爾文 Charles Darwin
查爾斯・立爾 Charles Lyell
查爾斯・邦納 Charles Bonnet
查爾斯・德・西斯特奈・杜菲 Charles de Cisternay Du Fay
查爾斯・德・萊克呂茲 Charles de L'Ecluse，1526-1609
查爾斯・懷特 Charles White
查爾斯・羅伯特・達爾文 Charles Robert Darwin
洛倫・艾斯利 Loren Eisley
洛維莎 Lovisa
珍・巴雷 Jeanne Baret
科利努先生 Monsieur Coliunou
紀堯姆・德・馬勒澤布 Guillaume de Malesherbes
約瑟夫 Joseph
約瑟夫・皮頓・德・杜納福爾 Joseph Pitton de Tournefort
約瑟夫・伯切特博士 Joseph Burchett
約瑟夫・班克斯爵士 Joseph Banks
約翰・巴普蒂斯特・馮・徐畢克斯 Johann Baptist von Spix
約翰・古斯塔夫・阿克雷爾 Johan Gustav Acrel
約翰・尼達姆 John Needham
約翰・弗里德里希・布盧門巴赫 Johann Friedrich Blumenbach
約翰・安德森 Johann Anderson
約翰・艾默里・羅威爾 John Amory Lowell
約翰・孟德爾 Johann Mendel
約翰・彼得・法爾克 Johan Peter Falck
約翰・阿蒙 John Ammon
約翰・阿羅伊 John Alroy
約翰・格奧爾格・西格斯貝克 Johann Georg Siegesbeck
約翰・希爾爵士 John Hill
約翰・桑頓 John Thornton
約翰・傑勒德 John Gerard
約翰・馮・多貝爾教授 Johan von Dobeln
約翰・雷 John Ray
約翰・霍普博士 John Hope
約翰・繆爾 John Muir
約翰・羅斯曼 Johann Rothman
約翰・羅瑟蘭 John Rotheram
約翰・蘇利文 John Sullivan
約翰納斯・伯曼 Johannes Burman
耶尼施 Jaenisch
胡戈・德弗里斯 Hugo de Vries
胡安・岡薩雷斯・德・門多薩 Juan Gonzalez de Mendoza
英王查理二世 Charles II
英格瑪森 Ingemarsson
哥特弗利德・威廉・萊布尼茲 Gottfried Wilhelm Leibniz
庫拉斯 Koulas
恩斯特・海克爾 Ernest Haeckel
拿破崙・波拿巴准將 Napoleon Bonaparte
格里高利 Gregor
格朗梅松 Grandmaison
格魯克 Gluck
格羅諾維烏斯 Gronovius
泰奧弗拉斯托斯 Theophrastus
烏爾麗卡・埃莉諾拉 Queen Ulrika Elenora
班傑明・史汀弗利 Benjamin Stillingfleet
班傑明・富蘭克林 Benjamin Franklin
班傑明—弗朗索瓦・勒克萊爾 Benjamin- Francois Leclerc
納森・希克曼 Nathan Hickman
納爾遜 Nelson
紐瓦克子爵 Viscount Newark
索菲亞 Sophia

安德斯・攝爾修斯 Anders Celsiusv
安德魯・傑克森・梅 Andrew Jackson May
托梅・皮雷斯 Tomé Pires
朱利安・芬尼斯博士 Julian Fennessey
朱利安・奧弗雷・德拉美特利 Julien Offray de la Mettrie
朱利安・赫胥黎 Julian Huxley
米歇爾・阿丹森 Michel Adanson
米歇爾・德・諾特雷達姆 Michel de Nostredame
老普林尼 Pliny
艾斯庫拉皮斯 Esculapius
艾蒂安・若弗魯瓦・聖伊萊爾 Étienne Geoffroy Saint-Hilaire
艾爾伯特・施巴 Albert Seba
艾適可 Escalus
西格斯貝克 Siegesbeck
西德尼・布瑞納 Sydney Brenner
亨利・華茲華斯・朗費羅 Henry Wadsworth Longfellow
亨利・諾多・德・布豐 Henri Naudault de Buffon
亨利—亞歷山大・泰西耶 Henri-Alexandre Tessier
伯林頓伯爵 Earl of Burlington
伯納德・德・朱西厄 Bernard de Jussieu
克里斯多夫・泰恩史壯 Christopher Tarnstrom
克莉絲汀・馬林・勒克萊爾 Christine Marlin Leclerc
克莉絲蒂娜・布羅德索尼亞 Christina Brodersonia
克莉絲蒂娜・林奈婭 Christina Linnea
克勞狄烏斯・馬塞勒斯 Claudius Marcellus
克萊孟十三世 Clement XIII
坎西子爵 Vicompte de Quincy
希羅多德 Herodotus
貝根主教 Bishop of Bergen
貝爾納・德・豐特奈爾 Bernard de Fontenelle
貝爾納—熱爾曼—艾蒂安・拉維爾敘里隆 Bernard-Germain-Etienne de La Ville-sur-Illon
亞里斯多德 Aristotle
亞當・阿茲菲利斯 Adam Azfelius
亞歷山大・加登 Alexander Garden
京士頓公爵 頭銜 Duke of Kingston
依諾增爵三世 Innocent III
坦姆拉比 Rabbeinu Tam
孟德斯鳩 Montesquieu
尚・巴雷 Jean Baret
尚—巴蒂斯特・皮耶・安東尼・德・莫內 Jean-Baptiste Pierre Antoine de Monet
尚—皮埃爾 Jean-Pierre
居怡・德拉・布霍斯 Guy de la Brosse
帕拉塞爾蘇斯 Paracelsus
彼得・卡姆 Pehr (Peter) Kalm
彼得・卡姆 Pehr Kalm
彼得・阿特迪 Peter Artedi
彼得・柯林森 Peter Collinson
彼得・洛夫林 Peter Lofling
拉馬克騎士 Chevalier de Lamarck
拉塞佩德伯爵 Comte de Lacépède
拉爾斯・羅伯格 Lars Roberg
昂維利耶伯爵 Count d'Angvillier
法布爾・代格朗蒂納 Fabre d'Églantine
法蘭西斯・克立克 Francis Crick
法蘭辛・普萊傑爾 Francine Pleijel
波愛修斯 Boethius
肯尼斯・洛西博士 Kenneth J. Locey
芙蕾雅 Freyja
芙蘿拉 Flora
門多薩 Mendoza
阿佛烈・丁尼生勳爵 Lord Alfred Tennyson
阿克塞爾・詹克 Axel Janke
阿基米德 Archimedes
阿道夫・寇治 Adolph Koelsch
阿道夫・腓特烈 Adolf Frederick
阿道斯・赫胥黎 Aldous Huxley
阿爾弗雷德・羅素・華萊士 Alfred Russel Wallace
阿爾佈雷希特・馮・哈勒 Albrecht von Haller
保羅・克魯岑 Paul Crutzen
勃艮第公爵 duke of Burgundy
哈特謝普蘇特 Queen Hatshepsut

名詞對照表

人名

A.C.・哈登 A. C. Haddon
F.A.W.・湯瑪斯 F.A.W. Thomas
H. G.・威爾斯 H. G. Wells
R. J.・瓦特—托賓 R. J. Watts-Tobin
小布豐 Buffonet
丹尼爾・韋伯斯特 Daniel Webster
丹尼爾・索蘭德 Daniel Solander
丹尼爾・羅蘭德 Daniel Rolander
公民路易・卡佩 Citoyen Louis Capet
巴泰勒米・福雅・德・聖豐 Barthelemy Faujas de Saint-Fond
戈林 Goering
戈培爾 Goebbels
文慎修公爵 Duke Vincentio
比拉德里侯爵 Marquis de la Billaderie
卡斯帕・威斯塔 Caspar Wistar
卡斯珀・斯托爾 Caspar Stoll
卡爾・古斯塔夫・泰辛元帥 Carl Gustaf Tessin
卡爾・弗雷德里克・伯根克蘭茲 Carl Fredrik Bergencrantz
卡爾・弗雷德里克・阿德勒 Carl Fredrik Adler
卡爾・彼得・通貝里 Carl Peter Thunberg
卡爾・林奈 Carl Linnaeus
卡爾・馮・馬蒂烏斯 Carl von Martius
卡羅盧斯・克盧修斯 Carolus Clusius
古斯塔夫三世 Gustav III
史隆 Sloane
史蒂芬・米利肯 Stephen Milliken
史蒂芬・黑爾斯 Stephen Hales
尼古拉・哥白尼 Nikolaj Kopernik
尼古拉・德・孔多塞 Nicholas de Condorcet
尼古拉斯・哈特索克 Nicolaas Hartsoeker
尼爾斯 Nils
尼爾斯・羅森 Nils Rosén
布里姬塔 Brigitta
弗里德里希・米舍爾 Friedrich Miescher
弗朗索瓦・勒加 François Leguat
弗朗斯・斯塔弗魯 Frans Stafleu
弗雷德里克 Frederick
弗雷德里克・居維葉 Frederick Cuvier
弗雷德里克・哈賽爾奎斯特 Fredrik Hasselqvist
弗雷德里克・道格拉斯 Frederick Douglass
弗雷德里克一世 Frederick I
瓦揚 Valliant
瓦萊里烏斯 Wallerius
皮爾龐特男爵 Baron Pierrepont
伊夫林・皮爾龐特 Evelyn Pierrepont
伊比鳩魯 Epicurus
伊西多爾 Isidore
伊格納修 Ignatius
伊莉莎白・克莉絲蒂娜 Elisabeth Christina
伊薩克・拉佩雷爾 Isaac de la Peyrere
伏爾泰 Voltaire
列奧米爾 Réaumur
吉恩・韋爾特菲什 Gene Weltfish
吉爾—弗朗索瓦・布爾杜克 Gilles-François Boulduc
多切斯特侯爵 頭銜 Marquis of Dorchester
安托萬—洛朗・德・朱西厄 Antoine-Laurent de Jussieu
安東尼・范・雷文霍克 Antonie van Leeuwenhoek
安東尼烏斯・穆薩 Antonius Musa
安德列亞斯・柏林 Andreas Berlin
安德烈・圖安 André Thouin
安德烈亞・切薩爾皮諾 Andrea Cesalpino
安德斯・斯帕曼 Anders Sparrman

Schiebinger, Londa. *Nature's Body: Gender in the Making of Modern Science*. New Brunswick, N.J.: Rutgers University Press, 2004a.

———. *Plants and Empire: Colonial Bioprospecting in the Atlantic World*. Cambridge, Mass.: Harvard University Press, 2004b.

Schwann, Theodor. *Microscopical Researches into the Accordance in the Structure and Growth of Animals and Plants*. London: Sydenham Society, 1847.

Scott, John. "On the Burning Mirrors of Archimedes, and on the Concentration of Light Produced by Reflectors." *Proceedings of the Royal Society of Edinburgh* 6 (1869).

Shaw, George. *Vivarium Naturae, or the Naturalist's Miscellany*. London: Royal Society of London (1790–1813).

Shaw, George Bernard. *Back to Methuselah: A Metabiological Pentateuch*. New York: Brentano's, 1921.

Sloan, Phillip R. "The Buffon-Linnaeus Controversy." *Isis* 67, no. 3 (1976): 356–75.

Smith, James Edward. *Translation of Linnæus's Dissertation on the Sexes of Plants*. Dublin: Luke White, 1786.

———. *A Selection of the Correspondence of Linnaeus and Other Naturalists, from the Original Manuscripts*. London: Longman, Hurst, Rees, Orme and Brown, 1821.

———. *Memoir and Correspondence*. London: Longman, Rees, Orme, Brown, Green and Longman, 1832.

Smith, Lewis. "Seaside Snail Most Misidentified Creature in the World." *The Guardian*, March 12, 2015. https://www.theguardian.com/environment/2015/mar/12/seaside-snail-most-misidentified-creature-in-the-world.

Society of Gentlemen in Scotland. *Encyclopaedia Britannica*. 1771.

Spaary, E.C. *Utopia's Garden: French Natural History from Old Regime to Revolution*. Chicago: University of Chicago Press, 2000.

Stafleu, Frans A. *Linnaeus and Linnaeans: The Spreading of Their Ideas in Systematic Botany, 1735– 1789*. Utrecht, The Netherlands: A. Oosthoek's Uitgeversmaataschappij, N.V. First edition, 1971.

Stearn, W. T. "The Background of Linnaeus's Contributions to the Nomenclature and Methods of Systematic Biology." *Systematic Zoology* 8, no. 1 (1959): 4–22.

Stephens, Tim. "Astronomers Use Slime Mold Model to Reveal Dark Threads of the Cosmic Web." UC Santa Cruz, March 10, 2020. https://news.ucsc.edu/2020/03/ cosmic-web.html.

Stillingfleet, Benjamin. *Literary Life and Select Works of Benjamin Stillingfleet*. London: Longman, 1811.

Stoever, Dietrich Heinrich. *The Life of Sir Charles Linnaeus*. London: E. Hobson, 1794.

Terall, Mary. *Catching Nature in the Act: Réaumur and the Practice of Natural History in the Eighteenth Century*. Chicago: University of Chicago Press, 2014.

Thiéry, Maurice. *Bougainville: Soldier and Sailor*. London: Grayson & Grayson, 1932.

Thornton, John. *The Temple of Flora*. London: Thornton, 1807.

Thunberg, Carl Peter. *Travels in Europe, Africa, and Asia*. London: F. and C. Rivington, 1796.

Uncredited. "Necrologe des Artistes et des Curieux." *Revue universelle des arts* 13 (1861).

Voltaire. *A Philosophical Dictionary*. London: John and Henry L. Hunt, 1824.

Wells, Herbert George, Julian Huxley, and George Phillip Wells. *The Science of Life*. London: Cassell & Company Ltd., 1934.

White, Charles. *An Account of the Regular Gradation in Man*. London: C. Dilly, 1799.

Wright, John. *The Naming of the Shrew: A Curious History of Latin Names*. London: Bloomsbury, 2014.

Zimmer, Carl. "DNA Analysis Reveals Ancient Secrets." *New York Times*, February 11, 2020.

Lowell, James Russell. *The Poetical Works of James Russell Lowell*. Boston: Houghton, Mifflin and Company, 1890.

Lyon, John, and Phillip R. Sloan. *From Natural History to the History of Nature: Readings from Buffon and His Critics*. Notre Dame, Ind.: University of Notre Dame Press, 1981.

McInerny, Ralph M. *A History of Western Philosophy*. Notre Dame, Ind.: University of Notre Dame Press, 1963.

Meijer, Miriam Claude. "The Collaboration Manqué: Petrus Camper's Son at Montbard, 1785–1787." Accessed March 6, 2023. https://petruscamper.com/buffon/ montbard.htm.

Mettrie, Julien d'Offray de la. *L'Homme Plante*. Potsdam, Germany: Chretien Frederic Voss, 1748.

Milliken, Stephen F. *Buffon and the British*. New York: Columbia University Press, 1965.

Millingen, John Gideon. *The History of Duelling*. London: Samuel Bentley, 1841.

Muir, John. "Linnaeus." In *The World's Best Literature*, edited by John W. Cunliffe and Ashley Thorndike. New York: The Knickerbocker Press, 1917.

Nadault de Buffon, Henri. *Correspondance Inédite de Buffon*. Paris: Hachette, 1860.

Naturalist, The. London: Whittaker and Co., 1838.

Necker, Suzanne Curchod. *Mélanges Extraits des Manuscrits*. Paris: Charles Pougens, 1798.

Ostler, Catherine. *The Duchess Countess*. New York: Atria Books, 2022.

Packard, Alpheus Spring. *Lamarck, the Founder of Evolution*. New York: Longmans, Green, 1901.

Pain, Stephanie. "The Forgotten Apostle." *New Scientist* 195, no. 2615 (2007): 41–45.

Patton, Vince. "Oregon Humongous Fungus Sets Record as Largest Single Living Organism on Earth." OPB, February 12, 2015. https://www.opb.org/television/programs/oregon-field-guide/article/oregon-humongous-fungus/.

Peattie, Donald Culross. *Green Laurels: The Lives and Achievements of the Great Naturalists*. New York: Simon & Schuster, 1936.

Phillips, Paul T. "One World, One Faith: The Quest for Unity in Julian Huxley's Religion of Evolutionary Humanism." *Journal of the History of Ideas* 68, no. 4 (2007): 613+.

Picard, Jacques. "Encyclopédistes Méconnus (3ème Partie): Michel Adanson et Son Projet d'Encyclopédie du Vivant." Accessed March 3, 2023. https://www.dicopathe.com/encyclopedistes-meconnus-3eme-partie-michel-adanson-et-son-projet-dencyclopedie-du-vivant/.

Pinkerton, John. *A General Collection of the Best and Most Interesting Voyages and Travels in All Parts of the World*. Longman, 1814.

Pleijel, Francine, and George Rouse. "Least-Inclusive Taxonomic Unit: A New Taxonomic Concept for Biology." *Proceedings of the Royal Society B* 267, no. 1443 (2000).

Pulteney, Richard. *A General View of the Writings of Linnaeus*. London: J. Mawman, 1805.

Raymond, Henry J. *History of the Administration of President Lincoln*. New York: J. C. Derby & N. C. Miller.

Robbins, Paula. *The Travels of Peter Kalm: Finnish-Swedish Naturalist Through Colonial North America, 1748–1751*. Fleischmanns, N.Y.: Purple Mountain Press, 2007.

Roberts, Andrew. *Napoleon and Wellington*. New York: Simon & Schuster, 2002.

Roger, Jacques. *Buffon: A Life in Natural History*. Ithaca, N.Y.: Cornell University Press, 1997.

Rosen, George. *A History of Public Health*. Baltimore: Johns Hopkins University Press, 1993.

Ross, Michael. *Bougainville*. London: Gordon & Cremonesi, 1978.

Saint-Beuve, Charles Augustin. *Portraits of the Eighteenth Century, Historic and Literary*. New York: G. P. Putnam's Sons, 1905.

———. *Causeries du Lundi*. London: George Routledge & Sons, 1909.

Huxley, Julian, and Others. *The Race Question*. Paris: UNESCO, 1950.

Huxley, Leonard. *Thomas Henry Huxley: A Character Sketch*. London: Watts & Company, 1920.

Huxley, Thomas Henry. *Life and Letters of Thomas Henry Huxley*. London: Macmillan and Co., 1913.

IK Foundation & Company. *The Linnaeus Apostles: Global Science and Adventure*. London: IK Foundation & Company, 2007.

———. *The Linnaeus Apostles: Global Science and Adventure*. London: IK Foundation & Company, 2008.

———. *The Linnaeus Apostles: Global Science and Adventure*. London: IK Foundation & Company, 2010.

Jefferson, Thomas. *Notes on the State of Virginia*. Boston: Wells and Lilly, 1829.

———. *The Writings of Thomas Jefferson: 1816–1826*. New York: G. P. Putnam's Sons, 1899.

Johnson, Alison. *Louis XVI and the French Revolution*. Jefferson, N.C.: McFarland & Company, 2013.

Jonsson, Ann-Mari. "Linnaeus' International Correspondence. The Spread of a Revolution." In *Languages of Science in the Eighteenth Century*, edited by Britt-Louise Gunnarsson. Berlin: De Gruyter Mouton, 2011.

Kalm, Peter. *Travels into North America*. Warrington, U.K.: William Eyres, 1770.

———. *Peter Kalm's Travels in North America*. New York: Wilson-Erickson, 1937.

Keevak, Michael. *Becoming Yellow: A Short History of Racial Thinking*. Princeton, N.J.: Princeton University Press, 2011.

Knapp, Sandra. "Naming Nature: The Future of the Linnaean System." *The Linnean Special Issue* 8 (2008): 175.

Koerner, Lisbet. *Linnaeus: Nature and Nation*. Cambridge, Mass.: Harvard University Press, 2009.

Lacépède, Bernard-Germain-Étienne. *Histoire Naturelle des Quadrupedes Ovipares et des Serpens*. 1788.

Lamarck, Jean Baptiste. *Zoological Philosophy*. Translated by Hugh Elliot. London: Macmillan and Co., 1914.

Larson, James Lee. "Reason and Experience: An Inquiry into Systematic Description in the Work of Carl Von Linné," diss., University of California, 1965.

Latham, Robert Gordon. *The Natural History of the Varieties of Man*. London: John Van Voorst, 1850.

Lee, Sara. *Memoirs of Baron Cuvier*. London: Longman, 1833.

Lewes, George Henry. *Studies in Animal Life*. New York: Harper & Brothers, 1860.

Lindroth, Sten. "The Two Faces of Linnaeus." In *Linnaeus: The Man and His Work*, edited by Tore Frangsmyr. Sagamore Beach, Mass.: Science History Publications/USA, 1994.

Linnaeus, Carl. *Systema Naturae (First Edition)*. Leyden: 1735.

———. *Systema Naturae (Second Edition)*. Stockholm: 1740.

———. *Systema Naturae (Tenth Edition)*. Stockholm: 1758.

———. *Vita Carolia Linnaei*. 1760.

———. *Clavis Medicinae Duplex*. Stockholm: Lars Salvius, 1766.

———. *A General System of Nature, Through the Three Grand Kingdoms*. London: Lackington, Allen and Co., 1806.

———. *Lachesis Lapponica, or, a Tour in Lapland*. London: White and Cochrane, 1811.

———. *Travels*. New York: Charles Scribner's Sons, 1979.

———. *Nemesis Divina*. Translated by Eric Miller. Lanham, Md.: University Press of America, 2002.

———. *Philosophia Botanica*. Oxford: Oxford University Press, 2005.

———. *Musa Cliffortiana*. Vienna: A.R.G. Ganter Verlag K. G., 2007.

———. *Clavis Medicinae Duplex: The Two Keys of Medicine*. London: IK Foundation & Company, 2012.

Locy, William A. *Biology and Its Makers*. New York: Henry Holt and Company, 1908.

Lovejoy, Arthur O. *The Great Chain of Being: A Study of the History of an Idea*. Cambridge, Mass.: Harvard University Press, 1976.

Findlen, Paula. "Inventing Nature: Commerce, Art, and Science in the Early Modern Cabinet of Curiosities." In *Merchants and Marvels: Commerce, Science and Art in Early Modern Europe*, edited by Pamela H. Smith and Paul Findlen. New York: Routledge, 2002.

Fries, Theodor Magnus, and Benjamin Daydon Jackson. *Linnaeus: The Story of His Life*. London: H.F. & G. Witherby, 1923.

Galsworthy, John. "The New Spirit in the Drama." *The Living Age*, 1913.

Gambier-Parry, Mark. *Madame Necker: Her Family and Her Friends*. Edinburgh: William Blackwood and Sons, 1913.

Gascoigne, John. *Biographical Fragments (Fragments Biographiques): Previous Studies on the Life, Works and Doctrines of Buffon*. Paris: F. D. Pillot, 1838.

———. *Joseph Banks and the English Enlightenment: Useful Knowledge and Polite Culture*. Cambridge, U.K.: Cambridge University Press, 2003.

Geoffroy Saint-Hilaire, Isidore. *Histoire Naturelle Générale des Règnes Organiques*. Paris: Libraire de Victor Masson, 1854.

Gerard, John. *The Herbal, or Generall Historie of Plantes*. London: Adam Islip, 1636.

Gerbi, Antonello. *The Dispute of the New World: The History of a Polemic, 1750–1900*. Pittsburgh: University of Pittsburgh Press, 2010.

Ghislen, Michael T. "The Imaginary Lamarck: A Look at Bogus "History" in Schoolbooks." *The Textbook Letter*, September–October 1994.

Gibbon, Edward. *The Miscellaneous Works of Edward Gibbon, Esq*. London: B. Blake, 1837.

Gillispie, Charles Coulston. *Science and Polity in France at the End of the Old Regime*. Princeton, N.J.: Princeton University Press, 1980.

Giraffe Conservation Foundation. "New Genomic Level Analysis Confirms Four Species of Giraffe and a Need to Prioritise Their Conservation." Giraffe Conservation Foundation, May 5, 2021. https://giraffeconservation.org/2021/05/05/4-giraffe-species-confirmed.

Goerke, Heinz. *Linnaeus*. New York: Scribner, 1973.

Gonzalez, Jorge M. "Pehr Löfling: Un Apóstol de Linné en Tierras de Venezuela." *Ciencia y Tecnologia* (2018). https://www.meer.com/es/36201-pehr-lofling.

Gould, Stephen Jay. *The Panda's Thumb: More Reflections in Natural History*. New York: W. W. Norton, 1980.

———. *The Mismeasure of Man*. New York: W. W. Norton, 1996.

———. *The Lying Stones of Marrakesh*. Cambridge, Mass.: Harvard University Press, 2011.

Gourlie, Norah. *The Prince of Botanists: Carl Linnaeus*. London: H.F. & G. Witherby, 1953.

Gribbin, Mary, and John Gribbin. *Flower Hunters*. Oxford: Oxford University Press, 2008.

Gruber, Jacob W. "Does the Platypus Lay Eggs? The History of an Event in Science." *Archives of Natural History* 18, no. 1, 51–123.

Guizot, François Pierre Guillaume. *The Nations of the World: France*. New York: Peter Fenelon Collier, 1898.

Hagberg, Knut. *Carl Linnaeus*. New York: Cape, 1952.

Hartmann, Robert. *Anthropoid Apes*. New York: D. Appleton and Company, 1886.

Herford, Oliver. *The Simple Jography, or How to Know the Earth and Why It Spins*. New York: John W. Luce and Company, 1908.

Herodotus, and George Rawlinson. *The History: A New English Version*. New York: D. Appleton, 1889.

Hertwig, Richard. *General Principles of Zoology*. New York: Henry Holt and Company, 1896.

Huxley, Julian, and A. C. Haddon. *We Europeans*. New York: Harper & Brothers, 1936.

Burkhardt, Richard W. *The Spirit of System: Lamarck and Evolutionary Biology*. Cambridge, Mass.: Harvard University Press, 1977.

Butler, Samuel. *Evolution, Old and New*. London: Hardwicke and Bogue, 1879. Carr, Daniel C. *Linnæus and Jussieu*. West Strand, U.K.: John W. Parker, 1844.

Carteret, Xavier. "Michel Adanson in Senegal (1749–1754): A Great Naturalistic and Anthropological Journey of the Enlightenment." *Revue d'Histoire des Sciences* 65 (2012): 5–25.

Cobb, Matthew. *Generation*. New York: Bloomsbury, 2008.

Cockerell, Theodore Dru Alison. *Zoölogy: A Textbook for Colleges and Universities*. Yonkerson-Hudson, N.Y.: World Book Company, 1920.

Comstock, Anna Botsford. *Handbook of Nature-Study*. Ithaca, N.Y.: Comstock Publishing Co., 1935.

Crane, Eva. *The World History of Beekeeping and Honey Hunting*. New York: Routledge, 1999.

Crutzen, Paul J., and Eugene F. Stoermer. "The Anthropocene." In *The Future of Nature: Documents of Global Change*, edited by Libby Robin, Paul Warde, and Sverker Sorlin. New Haven, Conn.: Yale University Press, 2013.

Curtis, Caitlin, Craig D. Millar, and David M. Lambert. "The Sacred Ibis Debate: The First Test of Evolution." *PLOS Biology* (2018).

Cuvier, George. *The Animal Kingdom, Arranged in Conformity with Its Organization*. London: Wm. S. Orr and Co., 1854.

D'Haussonville, Vicomte. *The Salon of Madame Necker*. Translated by Henry M. Trollope. London: Chapman and Hall, 1882.

Dance, Peter. *Animal Fakes and Frauds*. Berkshire: Sampson Low, 1976.

Darwin, Charles. *On the Origin of Species*. London: John Murrary, 1869.

———. *The Life and Letters of Charles Darwin*. London: John Murray, 1887.

———. *The Life and Letters of Charles Darwin*. New York: Appleton and Company, 1898.

———. *Charles Darwin's Letters: A Selection 1825–1859*. Cambridge, U.K.: Cambridge University Press, 1998.

Douglass, Frederick. *The Portable Frederick Douglass*. New York: Penguin Publishing Group, 2016.

Draper, James David. *Augustin Pajou: Royal Sculptor, 1730–1809*. New York: Metropolitan Museum of Art, 1998.

Drummond, James L. *Observations of Natural Systems of Botany*. London: Longman, Brown, Green, and Longman, 1849.

Dugatkin, Lee Alan. *Mr. Jefferson and the Giant Moose: Natural History in Early America*. Chicago: University of Chicago Press, 2019.

Dunmore, John. *Monsieur Baret: First Woman Around the World, 1766–68*. Auckland: Heritage Press, 2002.

Duris, Pascal. *Linné et la France (1780–1850)*. Geneva: Librairie Droz, 1993.

———. "Linné et le Jardin du Roi." Hypotheses, April 16, 2012. https://objethistoire.hypotheses.org/88.

Economist, The. "On the Troubles of Naming Species." September 21, 2022. www.economist.com/science-and-technolgy/2022/09/21/on-the-troubles-of-naming-species.

Eddy, John Herbert. "Buffon, Organic Change, and the Races of Man," diss., The University of Oklahoma, 1977.

Eisley, Loren. *Darwin's Century: Evolution and the Men Who Discovered It*. New York: Anchor Books, 1961.

Ereshefsky, Marc. *The Poverty of the Linnaean Hierarchy: A Philosophical Study of Biological Taxonomy*. Cambridge, U.K.: Cambridge University Press, 2008.

Fairbanks, D. J. "Mendel and Darwin: Untangling a Persistent Enigma." *Heredity* 124 (2020): 263–73.

Fellows, Otis. *From Voltaire to la Nouvelle Critique: Problems and Personalities*. Geneva: Librairie Droz, 1970.

Fellows, Otis E., and Stephen F. Milliken. *Buffon*. New York: Twayne Publishers, 1972.

參考書目
Bibliography

Adanson I. Pittsburgh: The Hunt Botanical Library, 1963.

Adanson, Michel. *Familles des Plantes.* New York: J. Kramer-Lehre, 1966. Agassiz, Elizabeth Cabot Cary. *Louis Agassiz: His Life and Correspondence*, 1887.

Agassiz, Louis. "The Diversity of Origin of Human Races." *The Christian Examiner and Religious Miscellany* XIV (1850).

———. "Evolution and the Permanence of Type." *The Atlantic Monthly* (1874).

American Freedmen's Inquiry Commission. *Preliminary Report Touching the Condition and Management of Emancipated Refugees.* United States Government Publication, 1863.

Anonymous. "Miscellaneous Intelligence: Arts and Sciences at Harvard." *American Journal of Science and the Arts* IV (1847).

Appel, Toby A. *The Cuvier-Geoffroy Debate: French Biology in the Decades Before Darwin.* Oxford, U.K.: Oxford University Press, 1987.

Bateson, William. *Mendel's Principles of Heredity: A Defence.* Cambridge, U.K.: Cambridge University Press, 1902.

Beckmann, Johan. *Schwedische Reise: 1765–1766.* Uppsala: Almqvist & Wiksells, 1911. Blumenbach, Johan Friedrich. *De Generis Humani Varietate Nativa Liber.* Gottingen: 1775.

———. *The Anthropological Treatises of Johann Friedrich Blumenbach.* London: Longman, Green, 1865.

Blunt, Wilfrid. *Linnaeus: The Compleat Naturalist.* Princeton, N.J.: Princeton University Press, 2001.

Broberg, Gunnar. *Linnaeus: Progress and Prospects in Linnaean Research.* Uppsala: Almqvist & Wiksell International, 1980.

———. *"Brown-Eyed, Nimble, Hasty, Did Everything Promptly": Carl Linnaeus 1708–1778.* Uppsala: Uppsala University, 1990.

Brookes, Richard. *A New and Accurate System of Natural History.* London: J. Newberry, 1763.

Buffon, Georges-Louis Leclerc le Comte de. *Histoire Naturelle.* Paris: L'Imprimerie Royale, 1753.

———. *Histoire Naturelle des Oiseaux.* Paris: 1770.

———. *Supplément* à *l'Histoire Naturelle.* Paris: L'Imprimerie Royale, 1775.

———. *The Natural History of Animals, Vegetables, and Minerals (Histoire Naturelle).* Translated by W. Kenrick and J. Murdoch. London: T. Bell, 1775.

———. *Supplément* à *l'Histoire Naturelle.* Paris: L'Imprimerie Royale, 1776.

———. *Natural History, General and Particular (Histoire Naturelle).* Translated by William Smellie. London: W. Strahan and T. Cadell, 1785.

———. *Histoire Naturelle des Minéraux.* Paris: L'Imprimerie Royale, 1786.

———. *Buffon's Natural History (Barr's Buffon).* Translated by J. S. Barr. London: J. S. Barr, 1792.

———. *The Epochs of Nature.* University of Chicago Press, 2018.

Buffon, Georges-Louis Leclerc le Comte de, and Others. *Buffon's Natural History of Man, the Globe, and of Quadrupeds.* New York: Leavitt & Allen, 1857.

14 Wells, Huxley, and Wells, *The Science of Life*, 22.

chapter 29 —— 繁複如網，不如說是網絡

1 Lewis Smith, "Seaside Snail Most Misidentified Creature in the World," The Guardian, March 12, 2015, https://www.theguardian.com/environment/2015/mar/12/seaside-snail-most-misidentified-creature-in-the-world.

2 Carl Linnaeus, *A General System of Nature, Through the Three Grand Kingdoms* (London: Lackington, Allen and Co., 1806), 57.

3 瑞典皇家科學院甚至懸賞黃金，徵求煉獄狂蟲的標本，但始終無人提供。

4 Giraffe Conservation Foundation, "New Genomic Level Analysis Confirms Four Species of Giraffe and a Need to Prioritise Their Conservation," Giraffe Conservation Foundation, May 5, 2021, https://giraffeconservation.org/2021/05/05/ 4-giraffe-species-confirmed.

5 Ibid.

6 Isabelle Charmantier, "Linnaeus and Race," The Linnean Society, September 3, 2020, www.linnean.org/learning/who-was-linnaeus/linnaeus-and-race.

7 Sandra Knapp, "Naming Nature: The Future of the Linnaean System," *The Linnean Special Issue* 8 (2008), 175.

8 Stephanie Pappas, "There Might Be 1 Trillion Species on Earth," Live Science, May 5, 2016, https:// www.livescience .com/54660-1-trillion-species-on-earth.html.

9 Marc Ereshefsky, *The Poverty of the Linnaean Hierarchy: A Philosophical Study of Biological Taxonomy* (Cambridge, U.K.: Cambridge University Press, 2008), 214.

10 Vince Patton, "Oregon Humongous Fungus Sets Record as Largest Single Living Organism on Earth," OPB, February 12, 2015, https://www.opb.org/television/programs/oregon-field-guide/article/oregon-humongous-fungus/.

11 Carl Zimmer, "DNA Analysis Reveals Ancient Secrets," *New York Times*, February 11, 2020.

12 Georges- Louis Leclerc le Comte de Buffon, *Histoire Naturelle des Oiseaux* (Paris: 1770), 394.

13 Francine Pleijel and George Rouse, "Least-Inclusive Taxonomic Unit: A New Taxonomic Concept for Biology," *Proceedings of the Royal Society* B 267, no. 1443 (2000).

14 Paul J. Crutzen and Eugene F. Stoermer, "The "Anthropocene," in *The Future of Nature: Documents of Global Change*, ed. Libby Robin, Paul Warde, and Sverker Sorlin (New Haven, Conn.: Yale University Press, 2013), 483.

15 Buffon, *The Epochs of Nature*, 125.

16 Ibid., viii.

17 Loren Eisley, *Darwin's Century: Evolution and the Men Who Discovered It* (New York: Anchor Books, 1961), 39.

18 Otis Fellows, *From Voltaire to la Nouvelle Critique: Problems and Personalities* (Geneva: Librairie Droz, 1970), 26.

19 Ibid., 25.

20 Stafleu, *Linnaeus and Linnaeans: The Spreading of Their Ideas in Systematic Botany*, 1735– 1789, 303.

21 Tim Stephens, "Astronomers Use Slime Mold Model to Reveal Dark Threads of the Cosmic Web," UC Santa Cruz, March 10, 2020, https://news.ucsc.edu/2020/03/cosmic-web.html.

22 Roger, *Buffon: A Life in Natural History*, 329.

7 Louis Agassiz, "The Diversity of Origin of Human Races," *The Christian Examiner and Religious Miscellany* XIV (1850), 116.

8 Henry J. Raymond, *History of the Administration of President Lincoln* (New York: J. C. Derby & N. C. Miller), 469.

9 早於一八五八年林肯與道格拉斯的辯論中，他就曾說：「我認為，白人和黑人之間的生理差異，將永遠阻礙這兩個種族在社會和政治平等的前提下共同生活。」

10 Frederick Douglass, *The Portable Frederick Douglass* (New York: Penguin Publishing Group, 2016), 479.

11 Agassiz, "The Diversity of Origin of Human Races," 138.

12 Stephen Jay Gould, *The Panda's Thumb: More Reflections in Natural History* (New York: W. W. Norton, 1980), 174.

13 American Freedmen's Inquiry Commission, *Preliminary Report Touching the Condition and Management of Emancipated Refugees* (United States Government Publication, 1863), 34.

14 Mendel's Annotations in His German Translation of Darwin's (1868) *The Variation of Animals and Plants Under Domestication*, v. 2, supplemental file to D. J. Fairbanks, "Mendel and Darwin: Untangling a Persistent Enigma," *Heredity* 124 (2020).

15 Theodore Dru Alison Cockerell, *Zoölogy: A Textbook for Colleges and Universities* (Yonkers- on- Hudson, N.Y.: World Book Company, 1920), 42.

16 Louis Agassiz, "Evolution and the Permanence of Type," *The Atlantic Monthly* (1874), 101.

17 James Russell Lowell, *The Poetical Works of James Russell Lowell* (Boston: Houghton, Mifflin and Company, 1890), 444.

chapter 28 —— 最標準的人類

1 Leonard Huxley, *Thomas Henry Huxley: A Character Sketch* (London: Watts & Company, 1920), 115.

2 William Bateson, *Mendel's Principles of Heredity: A Defence* (Cambridge, U.K.: Cambridge University Press, 1902), v.

3 Herbert George Wells, Julian Huxley, and George Phillip Wells, *The Science of Life* (London: Cassell & Company Ltd., 1934), 22.

4 威爾斯的兒子喬治也列為共同作者。他後來沒有再發表其他著作，但確實成為動物學家。

5 Ibid.

6 Paul T. Phillips, "One World, One Faith: The Quest for Unity in Julian Huxley's Religion of Evolutionary Humanism," *Journal of the History of Ideas* 68, no. 4 (2007).

7 值得注意的是，年輕時的赫胥黎曾公開支持「優生學」，他當時認為這是運用遺傳知識來改善人類的良善之舉。但隨著納粹將「優生學」迅速升級為全面種族滅絕，這種天真的想法便不復存在了。

8 Julian Huxley and A. C. Haddon, *We Europeans* (New York: Harper & Brothers, 1936), vii.

9 Ibid., 13

10 潘乃德在戰後不久去世，韋爾特菲什因被指控有共產主義傾向，被迫在眾議院非美活動調查委員會作證，最終遭哥倫比亞大學解聘。

11 Julian Huxley and Others, *The Race Question* (Paris: UNESCO, 1950), 8

12 W. T. Stearn, "The Background of Linnaeus's Contributions to the Nomenclature and Methods of Systematic Biology," *Systematic Zoology* 8, 1 (1959).

13 動物學家兼古生物學家愛德華・德林克・柯普（一八四〇－一八九七）偶爾會被誤認為是智人的模式標本。雖然柯普可能確實渴望這份殊榮（他的遺囑明確要求將他的骨骼保存下來供科學展示），但這個願望最終未能實現。

24 Buffon, *Natural History, General and Particular* (*Histoire Naturelle*), 371.
25 這種分類方式一直延續到二十世紀後期。雖然已有充分的證據顯示細菌不是植物，但當時想研究細菌的學術界生物學家，仍必須向大學的植物學系註冊申請。

chapter 26 —— 像極了我

1 Thomas Henry Huxley, *Life and Letters of Thomas Henry Huxley* (London: Macmillan and Co., 1913), 137.
2 Charles Darwin, *The Life and Letters of Charles Darwin* (New York: Appleton and Company, 1898), 69.
3 Charles Darwin, *Charles Darwin's Letters: A Selection 1825– 1859* (Cambridge, U.K.: Cambridge University Press, 1998), 81.
4 Packard, *Lamarck, the Founder of Evolution*, 74.
5 Huxley, *Life and Letters of Thomas Henry Huxley*, 230.
6 Ibid., 179.
7 Charles Darwin, *On the Origin of Species* (London: John Murrary, 1869), 12.
8 Charles Darwin, *The Life and Letters of Charles Darwin* (London: John Murray, 1887), 14.
9 Ibid., 44.
10 Ibid., 45.
11 Darwin, *On the Origin of Species*, xv
12 Jean Baptiste Lamarck, *Zoological Philosophy*, trans. Hugh Elliot (London: Macmillan and Co., 1914), 122.
13 Michael T. Ghislen, "The Imaginary Lamarck: A Look at Bogus "History" in Schoolbooks," *The Textbook Letter*, September– October 1994.
14 Ibid.
15 Packard, *Lamarck, the Founder of Evolution*, 74.
16 Butler, *Evolution, Old and New*, 97.
17 Ibid., 91.
18 Stoever, *The Life of Sir Charles Linnaeus*, 128.
19 Saint-Beuve, *Causeries du Lundi*, 38.
20 Robert Hartmann, *Anthropoid Apes* (New York: D. Appleton and Company, 1886), 267.
21 Georges-Louis Leclerc le Comte de Buffon, and Others, *Buffon's Natural History of Man, the Globe, and of Quadrupeds* (New York: Leavitt & Allen, 1857), iii.
22 Ibid., 135.
23 George Bernard Shaw, *Back to Methuselah: A Metabiological Pentateuch* (New York: Brentano's, 1921), vii.

chapter 27 —— 宇宙的韻律

1 Botsford Comstock, *Handbook of Nature-Study* (Ithaca, N.Y.: Comstock Publishing Co., 1935), 2.
2 Elizabeth Cabot Cary Agassiz, *Louis Agassiz: His Life and Correspondence* (1887), 162.
3 Ibid.
4 Ibid., 167.
5 Agassiz, 1842–6, Nomenclator Zoologicus @preface, unnumbered.
6 Anonymous, "Miscellaneous Intelligence: Arts and Sciences at Harvard," *American Journal of Science and the Arts* IV (1847), 295.

20 Cuvier, T*he Edinburgh New Philosophical Journal*, April– July 182, 177.
21 Gould, *The Lying Stones of Marrakesh*, 117.
22 Packard, *Lamarck, the Founder of Evolution*, 68.
23 Isidore Geoffroy Saint-Hilaire, *Histoire Naturelle Générale des Règnes Organiques* (Paris: Libraire de Victor Masson, 1854), 383.

chapter 25 —— 鴨嘴獸

1 Smith, *A Selection of the Correspondence of Linnaeus and Other Naturalists, from the Original Manuscripts*, 574.
2 Smith, *Memoir and Correspondence*, 324.
3 Ibid., 330.
4 James Edward Smith, *Translation of Linnæus's Dissertation on the Sexes of Plants* (Dublin: Luke White, 1786), xii.
5 Linnaeus, *Travels*, 98.
6 Benjamin Stillingfleet, *Literary Life and Select Works of Benjamin Stillingfleet* (London: Longman, 1811), 186.
7 Smith, *A Selection of the Correspondence of Linnaeus and Other Naturalists, from the Original Manuscripts*, 46.
8 Richard Brookes, *A New and Accurate System of Natural History, Volume VI* (London: J. Newberry, 1763), v.
9 Georges- Louis Leclerc le Comte de Buffon, Natural History, *General and Particular (Histoire Naturelle), trans. William Smellie* (London: W. Strahan and T. Cadell, 1785a), xviii.
10 John Gascoigne, *Joseph Banks and the English Enlightenment: Useful Knowledge and Polite Culture* (Cambridge, U.K.: Cambridge University Press, 2003), 200.
11 Smith, *A Selection of the Correspondence of Linnaeus and Other Naturalists, from the Original Manuscripts*, 578.
12 令人意外的是，儘管史密斯如此推崇林奈，他卻留下遺囑，要求將收藏品賣給出價最高者。林奈學會不願讓這些珍品再次流入私人手中，借款三千一百五十英鎊買下收藏。這筆債務龐大到學會直到一八六一年才還清。
13 John Thornton, *The Temple of Flora* (London: Thornton, 1807), unnumbered.
14 James L. Drummond, *Observations of Natural Systems of Botany* (London: Longman, Brown, Green, and Longman, 1849), 1.
15 Fries and Jackson, *Linnaeus: The Story of His Life*, 370.
16 Carl Peter Thunberg, *Travels in Europe, Africa, and Asia* (London: F. and C. Rivington, 1796), 8
17 IK Foundation & Company, *The Linnaeus Apostles: Global Science and Adventure* (London: IK Foundation & Company, 2007a), 300.
18 George Shaw, *Vivarium Naturae, or the Naturalist's Miscellany* (London: Royal Society of London), unnumbered.
19 Jacob W. Gruber, "Does the Platypus Lay Eggs? The History of an Event in Science," *Archives of Natural History* 18 (1), no. 1.
20 Oliver Herford, *The Simple Jography, or How to Know the Earth and Why It Spins* (New York: John W. Luce and Company, 1908), 95.
21 *The Economist*, "On the Troubles of Naming Species," *The Economist*, September 21, 2022, www.economist.com/science-and-technology/2022/09/21/on-the-troubles-of-naming-species.
22 Theodor Schwann, *Microscopical Researches into the Accordance in the Structure and Growth of Animals and Plants* (London:
23 Sydenham Society, 1847), 165.

9 Gillispie, *Science and Polity in France at the End of the Old Regime*, 161.
10 Butler, *Evolution, Old and New*, 239.
11 Packard, *Lamarck, the Founder of Evolution*, 37.
12 Ibid.
13 Roger, *Buffon: A Life in Natural History*, 377
14 George Henry Lewes, *Studies in Animal Life* (New York: Harper & Brothers, 1860), 140.
15 Sara Lee, *Memoirs of Baron Cuvier* (London: Longman, 1833), 11.
16 Ibid., 14.
17 Ibid.
18 Lewes, *Studies in Animal Life*, 141.
19 Packard, *Lamarck, the Founder of Evolution*, 48.
20 Pascal Duris, "Linné et le Jardin du Roi," Hypotheses, April 16, 2012, https://objethistoire .hypotheses .org/ 88, 14.
21 Stoever, *The Life of Sir Charles Linnaeus*, 251.
22 Andrew Roberts, *Napoleon and Wellington* (New York: Simon & Schuster, 2002), 3.

chapter 24 —— 轉變論與災變論

1 Lewes, *Studies in Animal Life*, 144.
2 Butler, *Evolution, Old and New*, 210.
3 Richard Hertwig, *General Principles of Zoology* (New York: Henry Holt and Company, 1896), 16.
4 Toby A. Appel, *The Cuvier- Geoffroy Debate: French Biology in the Decades Before Darwin* (Oxford, U.K.: Oxford University Press, 1987), 82.
5 Caitlin Curtis, Craig D. Millar, and David M. Lambert, "The Sacred Ibis Debate: The First Test of Evolution," *PLOS Biology* (2018), 5.
6 William A. Locy, B*iology and Its Makers* (New York: Henry Holt and Company, 1908), 415.
7 Johan Friedrich Blumenbach, *De Generis Humani Varietate Nativa Liber* (Gottingen: 1775), 41.
8 Johan Friedrich Blumenbach, *The Anthropological Treatises of Johann Friedrich Blumenbach* (London: Longman, Green, 1865), 264
9 Ibid.
10 Robert Gordon Latham, *The Natural History of the Varieties of Man* (London: John Van Voorst, 1850), 108.
11 Gould, *The Mismeasure of Man*, 69.
12 George Cuvier, *The Animal Kingdom, Arranged in Conformity with Its Organization* (London: Wm. S. Orr and Co., 1854), 49.
13 Charles White, *An Account of the Regular Gradation in Man* (London: C. Dilly, 1799), 52.
14 Voltaire, *Les Lettres d'Amabed* (London, 1769), 53.
15 Lord Kames, *Sketches of the History of Man*, vol.1 (Edinburgh: Creech, 1774), 73.
16 Richard W. Burkhardt, *The Spirit of System: Lamarck and Evolutionary Biology* (Cambridge, Mass.: Harvard University Press, 1977), 10.
17 Gould, *The Lying Stones of Marrakesh*, 140.
18 Burkhardt, *The Spirit of System: Lamarck and Evolutionary Biology*, 202.
19 Gillispie, *Science and Polity in France at the End of the Old Regime*, 160.

42 Ibid.
43 Georges- Louis Leclerc le Comte de Buffon, *Histoire Naturelle des Minéraux* (Paris: L'Imprimerie Royale, 1786), 156
44 Fellows and Milliken, *Buffon*, 166.
45 Ibid., 34.
46 Buffon, *Natural History, General and Particular* (Histoire Naturelle), 414.
47 Nadault de Buffon, *Correspondance Inédite de Buffon*, 636.
48 Fellows and Milliken, *Buffon*, 65.
49 Vicompte D'Haussonville, *The Salon of Madame Necker*, trans. Henry M. Trollope (London: Chapman and Hall, 1882), 285.
50 Ibid., 297.
51 D'Haussonville, *The Salon of Madame Necker*, 285.
52 Ibid.
53 Mark Gambier-Parry, *Madame Necker: Her Family and Her Friends* (Edinburgh: William Blackwood and Sons, 1913), 83
54 Roger, *Buffon: A Life in Natural History*, 425.
55 D'Haussonville, *The Salon of Madame Necker*, 303.
56 Nadault de Buffon, *Correspondance Inédite de Buffon*, 612.
57 Roger, *Buffon: A Life in Natural History*, 425.
58 Bernard-Germain-Étienne Lacépède, *Histoire Naturelle des Quadrupedes Ovipares et des Serpens* (1788).
59 Stephen Jay Gould, *The Lying Stones of Marrakesh* (Cambridge, Mass.: Harvard University Press, 2011), 84.
60 Nadault de Buffon, *Correspondance Inédite de Buffon*, 613
61 Ibid., 614.
62 Gillispie, Science and Polity in France at the End of the Old Regime, 143.
63 Roger, *Buffon: A Life in Natural History*, 433.
64 Cerebellum of Buffon · Draper, *Augustin Pajou: Royal Sculptor, 1730–1809*, 285.
65 Roger, *Buffon: A Life in Natural History*, 434.
66 Suzanne Curchod Necker, *Mélanges Extraits des Menuscrits* (Paris: Charles Pougens, 1798), 327

chapter 23 —— 共和曆

1 Pascal Duris, *Linné et la France* (1780– 1850) (Geneva: Librairie Droz, 1993), 37.
2 Ibid., 135.
3 Stoever, *The Life of Sir Charles Linnaeus*, 252.
4 Étienne Geoffroy Saint- Hilaire, *Biographical Fragments (Fragments Biographiques): Previous Studies on the Life, Works and Doctrines of Buffon* (Paris: F. D. Pillot, 1838), 34.
5 Duris, *Linné et la France* (1780– 1850), 134.
6 Letter of September 21, 1771. Smith, *A Selection of the Correspondence of Linnaeus and Other Naturalists, from the Original Manuscripts*, 552.
7 Alison Johnson, *Louis XVI and the French Revolution* (Jefferson, N.C.: McFarland & Company, 2013), 200.
8 Packard, *Lamarck, the Founder of Evolution*, 30.

6 Buffon, *The Epochs of Nature*, 15
7 Ibid., 51.
8 Ibid., 87.
9 Fellows and Milliken, *Buffon*, 83.
10 Roger, *Buffon: A Life in Natural History*, 423.
11 Nadault de Buffon, Correspondance Inédite de Buffon, 629.
12 Stoever, *The Life of Sir Charles Linnaeus*, 128.
13 Ibid., 406.
14 Fries and Jackson, *Linnaeus: The Story of His Life*, 339.
15 Stoever, *The Life of Sir Charles Linnaeus*, 292.
16 Ibid., 293.
17 布豐晚年也獲得了魯日蒙侯爵、坎西子爵，以及拉梅里、萊阿朗、萊貝爾日領地的領主等頭銜。
18 Fellows and Milliken, *Buffon*, 62.
19 James David Draper, *Augustin Pajou: Royal Sculptor, 1730–1809* (New York: Metropolitan Museum of Art, 1998), 283.
20 Roger, *Buffon: A Life in Natural History*, 201.
21 Draper, *Augustin Pajou: Royal Sculptor, 1730–1809*, 286.
22 Ibid.
23 Ibid., 287.
24 Fries and Jackson, *Linnaeus: The Story of His Life*, 343.
25 Miriam Claude Meijer, "The Collaboration Manqué: Petrus Camper's Son at Montbard, 1785– 1787," accessed March 6, 2023, https://petruscamper.com/buffon/montbard.htm.
26 Nadault de Buffon, *Correspondance Inédite de Buffon*, 594.
27 Jacques Picard, "Encyclopédistes Méconnus (3ème Partie): Michel Adanson et Son Projet d'Encyclopédie du Vivant," Dicopathe, accessed March 3, 2023, https://www.dicopathe.com/encyclopedistes-meconnus-3eme-partie-michel-adanson-et-son-projet-dencyclopedie-du-vivant/.
28 Butler, *Evolution, Old and New*, 76.
29 Georges-Louis Leclerc le Comte de Buffon, *Supplement a l'Histoire Naturelle* (Paris: L'Imprimerie Royale, 1776), 33.
30 Thomas Jefferson, *The Writings of Thomas Jefferson: 1816–1826* (New York: G. P. Putnam's Sons, 1899), 332.
31 Letter on file in the Library of Congress, dated December 21, 1785.
32 Ibid., 331.
33 Thomas Jefferson, *Notes on the State of Virginia* (Boston: Wells and Lilly, 1829), 56.
34 Ibid., 47.
35 Jefferson, *The Writings of Thomas Jefferson: 1816–1826*, 331.
36 Buffon, *The Epochs of Nature*, 103.
37 Jefferson, *The Writings of Thomas Jefferson: 1816–1826*, 331.
38 Dugatkin, *Mr. Jefferson and the Giant Moose: Natural History in Early America*, 96.
39 Ibid., 98.
40 Ibid., 99.
41 Ibid.

2 Buffon, 1749, I, *Histoire Naturelle*, 13.

3 Georges- Louis Leclerc le Comte de Buffon, *Natural History, General and Particular (Histoire Naturelle)*, trans. William Smellie (London: W. Strahan and T. Cadell, 1785c), 18.

4 Koerner, *Linnaeus: Nature and Nation*, 44.

5 James Lee Larson, "Reason and Experience: An Inquiry into Systematic Description in the Work of Carl Von Linné," diss., University of California, 1965, 132.

6 Blunt, *Linnaeus: The Compleat Naturalist*, 182.

7 Knut Hagberg, *Carl Linnaeus* (New York: Cape, 1952), 244.

8 Blunt, *Linnaeus: The Compleat Naturalist*, 23

9 Koerner, *Linnaeus: Nature and Nation*, 137.

10 Ibid., 138.

11 Ibid.

12 Stoever, *The Life of Sir Charles Linnaeus*, 283.

13 Ibid., 284.

14 Carl Linnaeus, *Clavis Medicinae Duplex* (Stockholm: Lars Salvius, 1766), 5.

15 Carl Linnaeus, *Clavis Medicinae Duplex: The Two Keys of Medicine* (London: IK Foundation & Company, 2012), 15.

16 Carl Linnaeus, *Nemesis Divina*, trans. Eric Miller (Lanham, Md.: University Press of America, 2002), 37.

17 Ibid.

18 Koerner, *Linnaeus: Nature and Nation*, 167

19 Ibid., 16.

20 Ibid., 29.

21 Ibid., 28.

22 Charles Augustin Saint- Beuve, *Portraits of the Eighteenth Century, Historic and Literary* (New York: G. P. Putnam's Sons, 1905), 264.

23 Gunnar Broberg, *Linnaeus: Progress and Prospects in Linnaean Research* (Uppsala: Almqvist & Wiksell International, 1980), 110.

24 Fries and Jackson, *Linnaeus: The Story of His Life*, 333

25 Ibid., 335.

26 Ibid., 336.

27 Ibid., 339.

28 Ibid., 340.

29 Linnaeus, *Nemesis Divina*, 36.

chapter 22 —— 時間的價值

1 雖然這項任命是由朱西厄正式安排的，但若沒有布豐的默許，植物園不會採取這樣的行動。

2 Maurice Thiéry, *Bougainville: Soldier and Sailor* (London: Grayson & Grayson, 1932), 214.

3 Michael Ross, *Bougainville* (London: Gordon & Cremonesi, 1978), 118.

4 John Dunmore, *Monsieur Baret: First Woman Around the World, 1766–68* (Auckland: Heritage Press, 2002), 101.

5 Stafleu, *Linnaeus and Linnaeans: The Spreading of Their Ideas in Systematic Botany*, 1735– 1789, 323.

chapter 19 —— 萬物通用原型

1 Gourlie, *The Prince of Botanists: Carl Linnaeus*, 246.
2 Linnaeus, *Systema Naturae* (First Edition).
3 一六七二年，荷蘭學者雷尼爾・德赫拉夫（Regnier de Graaf）在研究兔子的生殖道時，描述了卵巢濾泡（呈圓形結構），但直到一八二七年，大家才真正觀察到哺乳動物的卵子。
4 Matthew Cobb, *Generation* (New York: Bloomsbury, 2008), 205.
5 Lyon and Sloan, *From Natural History to the History of Nature: Readings from Buffon and His Critics*, 227.
6 Fellows and Milliken, *Buffon*, 91.
7 最有可能的解釋是，他們當時觀察到的其實是從濾泡上皮脫落的細胞。
8 Roger, *Buffon: A Life in Natural History*, 297.
9 Georges- Louis Leclerc le Comte de Buffon, The Epochs of Nature (Chicago: University of Chicago Press, 2018), ix.
10 Fellows and Milliken, *Buffon*, 98.
11 Ibid., 160.

chapter 20 —— 打破視角

1 他繼續私下授課，作為額外的收入來源。
2 Fries and Jackson, *Linnaeus: The Story of His Life*, 344.
3 Blunt, *Linnaeus: The Compleat Naturalist*, 177.
4 Stoever, *The Life of Sir Charles Linnaeus*, 279.
5 Blunt, *Linnaeus: The Compleat Naturalist*, 193.
6 Fries and Jackson, *Linnaeus: The Story of His Life*, 301.
7 Blunt, *Linnaeus: The Compleat Naturalist*, 172.
8 Nadault de Buffon, *Correspondance Inédite de Buffon*, 7.
9 James Edward Smith, *A Selection of the Correspondence of Linnaeus and Other Naturalists, from the Original Manuscripts* (London: Longman, Hurst, Rees, Orme and Brown, 1821a), 546.
10 Koerner, *Linnaeus: Nature and Nation*, 45
11 Ibid.
12 Georges- Louis Leclerc le Comte de Buffon, *Buffon's Natural History* (Barr's Buffon), trans. J. S. Barr (London: J. S. Barr, 1792b), 220.
13 Antonello Gerbi, *The Dispute of the New World: The History of a Polemic, 1750–1900* (Pittsburgh: University of Pittsburgh Press, 2010), 16.
14 Ibid., 53.
15 Butler, *Evolution, Old and New*, 88.
16 Ibid., 103.
17 Ibid., 91.
18 Gould, *The Mismeasure of Man*, 407.
19 Packard, *Lamarck, the Founder of Evolution*, 205

chapter 21 —— 人生的寒冬

1 George Rosen, *A History of Public Health* (Baltimore: Johns Hopkins University Press, 1993), 19

7 Robbins, *The Travels of Peter Kalm: Finnish- Swedish Naturalist Through Colonial North America*, 1748– 1751, 152
8 Koerner, *Linnaeus: Nature and Nation*, 152.
9 Nancy Pick, "Linnaeus Canadensis," *The Walrus*, November 12, 2007, https://thewalrus.ca/2007-11-science.
10 Ibid.
11 Fries and Jackson, *Linnaeus: The Story of His Life*, 230.
12 Koerner, *Linnaeus: Nature and Nation*, 147
13 Blunt, *Linnaeus: The Compleat Naturalist*, 191.
14 Jorge M. Gonzalez, "Pehr Löfling: Un Apóstol de Linné en Tierras de Venezuela," Ciencia y Tecnologia (2018), https://www.meer.com/es/36201-pehr-lofling.
15 Blunt, *Linnaeus: The Compleat Naturalist*, 192.
16 IK Foundation & Company, *The Linnaeus Apostles: Global Science and Adventure*, 1518.
17 Stephanie Pain, "The Forgotten Apostle," *New Scientist* 195, no. 2615 (2007).
18 Johan Beckmann, *Schwedische Reise: 1765— 1766* (Uppsala: Almqvist & Wiksells, 1911), 110.
19 Fries and Jackson, *Linnaeus: The Story of His Life*, 285.

chapter 18 —— 假客觀之名，行偏見之實

1 Gourlie, *The Prince of Botanists: Carl Linnaeus*, 238.
2 Gribbin and Gribbin, *Flower Hunters*, 61.
3 Roger, *Buffon: A Life in Natural History*, 324.
4 Londa Schiebinger, *Nature's Body: Gender in the Making of Modern Science* (New Brunswick, N.J.: Rutgers University Press, 2004a), 46.
5 Ibid.
6 Roger, *Buffon: A Life in Natural History*, 240.
7 Carl Linnaeus, *Systema Naturae (Tenth Edition)* (Stockholm: 1758).
8 Koerner, *Cultures of Natural History*, 158.
9 Sten Lindroth, "The Two Faces of Linnaeus," in *Linnaeus: The Man and His Work*, ed. Tore Frangsmyr (Sagamore Beach, Mass.: Science History Publications/USA, 1994), 39.
10 Ibid., 38.
11 Lyon and Sloan, *From Natural History to the History of Nature: Readings from Buffon and His Critics*, 111.
12 Adanson, *Familles des Plantes*, 132.
13 Fellows and Milliken, *Buffon*, 160.
14 Buffon, 1776, III, *Supplément à l'Histoire Naturelle*, 3.
15 Georges- Louis Leclerc le Comte de Buffon, *Natural History, General and Particular* (Histoire Naturelle), trans. William Smellie (London: W. Strahan and T. Cadell, 1785), 394.
16 Buffon, 1749, III, *Histoire Naturelle*, 502.
17 Georges- Louis Leclerc le Comte de Buffon, *Supplément à l'Histoire Naturelle* (Paris: L'Imprimerie Royale, 1775), 564.
18 Stephen Jay Gould, *The Mismeasure of Man* (New York: W. W. Norton, 1996), 71.
19 Buffon, *Buffon's Natural History* (Barr's Buffon), 213.
20 Ibid., 292.

3 Buffon, *Natural History, General and Particular* (Histoire Naturelle), 307.
4 Geoffroy Saint- Hilaire, 1838, *Biographical Fragments (Fragments Biographiques): Previous Studies on the Life, Works and Doctrines of Buffon* (Paris: F. D. Pillot, 1838), 8.
5 Saint-Beuve, *Causeries du Lundi*, 42.
6 Terall, *Catching Nature in the Act*, 194.
7 François Pierre Guillaume Guizot, *The Nations of the World: France* (New York: Peter Fenelon Collier, 1898), 223
8 Ibid.
9 Georges-Louis Leclerc le Comte de Buffon, *Histoire Naturelle* (Paris: L'Imprimerie Royale, 1753), 543.
10 Ibid., 336.

chapter 16 —— 猢猻木的命名

1 Uncredited, 1844, *Linnæus and Jussieu*, 59.
2 *Adanson* I (Pittsburgh: The Hunt Botanical Library, 1963), 14.
3 Ibid., 36.
4 John Pinkerton, *A General Collection of the Best and Most Interesting Voyages and Travels in All Parts of the World* (Longman, 1814), 663.
5 Ibid., 659.
6 Letter of February 20, 1752. Xavier Carteret, "Michel Adanson in Senegal (1749– 1754): A Great Naturalistic and Anthropological Journey of the Enlightenment," *Revue d'Histoire des Sciences* 65 (January– June 2012), xiii.
7 Letter of February 20, 1752. Ibid.
8 Eddy, "Buffon, Organic Change, and the Races of Man," 35.
9 Lyon and Sloan, *From Natural History to the History of Nature: Readings from Buffon and His Critics*, 102.
10 Carteret, "Michel Adanson in Senegal (1749– 1754): A Great Naturalistic and Anthropological Journey of the Enlightenment,"
11 *Adanson* I, 50.
12 Ibid., 39.
13 Michel Adanson, *Familles des Plantes* (New York: J. Kramer- Lehre, 1966), 142.
14 Ibid.
15 *Adanson* I, 50.
16 Ibid., 51.

chapter 17 —— 未知新領域何其多

1 Pehr Kalm, *Travels into North America* (Warrington, U.K.: William Eyres, 1770), 31.
2 Letter from Benjamin Franklin to James Logan, October 20, 1748.
3 Peter Kalm (sic), *Peter Kalm's Travels in North America* (New York: Wilson- Erickson, 1937), 643.
4 Paula Robbins, *The Travels of Peter Kalm: Finnish- Swedish Naturalist Through Colonial North America*, 1748– 1751 (Fleischmanns, N.Y.: Purple Mountain Press, 2007), 119.
5 Ibid., 107.
6 IK Foundation & Company, *The Linnaeus Apostles: Global Science and Adventure* (London: IK Foundation & Company, 2008), 780.

9 Ibid., 306.
10 Lyon and Sloan, *From Natural History to the History of Nature: Readings from Buffon and His Critics*, 217.
11 Ibid., 220.
12 Georges- Louis Leclerc le Comte de Buffon, *Buffon's Natural History (Barr's Buffon)*, trans. J. S. Barr (London: J. S. Barr, 1792), 94.
13 Lyon and Sloan, *From Natural History to the History of Nature: Readings from Buffon and His Critics*, 237
14 Saint-Beuve, *Causeries du Lundi*, 36.
15 Roger, *Buffon: A Life in Natural History*, 187.
16 Fellows and Milliken, *Buffon*, 82.
17 Ibid.
18 Roger, *Buffon: A Life in Natural History*, 188.
19 Ibid., 205.
20 Ibid., 206.

chapter 14 —— 專屬榮譽

1 Carl Linnaeus, *Philosophia Botanica* (Oxford, U.K.: Oxford University Press, 2005), 113.
2 Koerner, *Linnaeus: Nature and Nation*, 43.
3 Linnaeus, *Philosophia Botanica*, 6.
4 Ibid.
5 Ibid., 105.
6 Ibid., 113.
7 Ibid., 115.
8 Ibid., 23.
9 Ibid., 26.
10 Ibid., 169.
11 Ibid., 214.
12 Ibid., 44.
13 Ibid., 172.
14 Ibid., 221.
15 Ibid.
16 Ibid.
17 Ibid., 182.
18 Ibid., 169.
19 Ibid., 172.
20 Ibid., 6.
21 Ibid., 332.

chapter 15 —— 恆久不朽

1 Lyon and Sloan, *From Natural History to the History of Nature: Readings from Buffon and His Critics*, 112.
2 Ibid., 114.

7 Julien d'Offray de la Mettrie, *L'Homme Plante* (Potsdam, Germany: Chretien Frederic Voss, 1748), 16.

8 Letter of Linnaeus to Count Sten Carl Bielke, dated April 24, 1745.

9 Smith, *A Selection of the Correspondence of Linnaeus and Other Naturalists, from the Original Manuscripts*, 381.

10 Ibid., 393.

11 Stoever, *The Life of Sir Charles Linnaeus*, xiii.

12 Ann- Mari Jonsson, "Linnaeus' International Correspondence. The Spread of a Revolution," in *Languages of Science in the Eighteenth Century*, ed. Britt- Louise Gunnarsson (Berlin: De Gruyter Mouton, 2011), 183.

13 IK Foundation & Company, *The Linnaeus Apostles: Global Science and Adventure* (London: IK Foundation & Company, 2010), 164.

14 Ibid., 361.

15 Smith, *A Selection of the Correspondence of Linnaeus and Other Naturalists, from the Original Manuscripts*, 315.

16 Koerner, *Linnaeus: Nature and Nation*, 115.

17 John Scott, "On the Burning Mirrors of Archimedes, and on the Concentration of Light Produced by Reflectors," *Proceedings of the Royal Society of Edinburgh* 6 (1869), 233.

18 Roger, *Buffon: A Life in Natural History*, 52.

19 Fellows and Milliken, *Buffon*, 57.

20 Roger, *Buffon: A Life in Natural History*, 53.

21 Gibbon, *The Miscellaneous Works of Edward Gibbon*, Esq., 243.

22 在改良聚光技術的過程中，布豐設計出一種新型的凹透鏡，其厚度呈逐步變化，能更有效地凝聚光束。雖然他最終沒有實際製作這枚透鏡（因為鏡面反射裝置根本用不上），但他仍將設計手稿公諸於世。一八一九年，當奧古斯丁・菲涅耳（Augustin-Jean Fresnel）推出至今仍沿用於燈塔的改良透鏡時，驚覺布豐早在七十年前就提出相同的構想，因此自嘲「撞開了早已敞開的大門」。

23 Phillip R. Sloan, "The Buffon- Linnaeus Controversy," *Isis* 67, no. 3 (1976).

24 況且，Bufo這個屬名本就是用來指稱「蟾蜍」，這點也讓林奈感到些許寬慰。

25 *The Naturalist* (London: Whittaker and Co., 1838), 394.

chapter 13 —— 披灰蒙塵以示懺悔

1 這篇文字其實是他六年前向法國科學院提交的論文《自然史研究與思考方法》(*On the Manner of Studying and Considering Natural Histor*)的擴充版。

2 Georges- Louis Leclerc le Comte de Buffon, *The Natural History of Animals, Vegetables, and Minerals* (Histoire Naturelle), trans. W. Kenrick and J. Murdoch (London: T. Bell, 1775).

3 Georges- Louis Leclerc le Comte de Buffon, *Buffon's Natural History* (Barr's Buffon), trans. J. S. Barr (London: J. S. Barr, 1792), 256

4 Ibid., 220.

5 Ibid., 232.

6 Georges- Louis Leclerc le Comte de Buffon, *Natural History, General and Particular* (Histoire Naturelle), trans. William Smellie (London: W. Strahan and T. Cadell, 1785), 127.

7 Georges- Louis Leclerc le Comte de Buffon, *Buffon's Natural History (Barr's Buffon)*, trans. J. S. Barr (London: J. S. Barr, 1792), 307.

8 Ibid., 338.

15 Ibid., 27.
16 Ibid., 29.
17 Ibid., 33.
18 Ibid., 32.
19 Goerke, *Linnaeus*, 39.
20 Mary Gribbin and John Gribbin, *Flower Hunters* (Oxford: Oxford University Press, 2008), 49.
21 James Edward Smith, *Memoir and Correspondence* (London: Longman, Rees, Orme, Brown, Green and Longman, 1832), 425.
22 Goerke, *Linnaeus*, 41.
23 Eva Crane, *The World History of Beekeeping and Honey Hunting* (New York: Routledge, 1999), 493.

chapter 11 —— 共相之爭

1 Roger, *Buffon: A Life in Natural History*, 32.
2 Alpheus Spring Packard, *Lamarck, the Founder of Evolution* (New York: Longmans, Green, 1901), 22.
3 據某些記載，巴斯波特其實早已在植物園作畫（雖然當時沒有正式職銜），是布豐後來才把這個職位正式確立下來。
4 Uncredited, "Necrologe des Artistes et des Curieux," *Revue universelle des arts* 13 (1861), 142.
5 Mary Terall, *Catching Nature in the Act: Réaumur and the Practice of Natural History in the Eighteenth Century* (Chicago: University of Chicago Press, 2014), 193.
6 Ralph M. McInerny, *A History of Western Philosophy* (Notre Dame, Ind.: University of Notre Dame Press, 1963), 357.
7 Roger, *Buffon: A Life in Natural History*, 133.
8 Lovejoy, *The Great Chain of Being: A Study of the History of an Idea*, 231.
9 Eddy, "Buffon, Organic Change, and the Races of Man," 30.
10 Lyon and Sloan, *From Natural History to the History of Nature: Readings from Buffon and His Critics*, 98.
11 Roger, *Buffon: A Life in Natural History*, 211.
12 Fellows and Milliken, *Buffon*, 83.
13 Lyon and Sloan, *From Natural History to the History of Nature: Readings from Buffon and His Critics*, 307.
14 Letter of Linnaeus to Jussieu, archived as L1352, Box 510, Linnaean correspondence, Uppsala University Library. Latin trans. by the author.

chapter 12 —— 獻金魚給女王

1 Fries and Jackson, *Linnaeus: The Story of His Life*, 232.
2 林奈為此悲痛落淚，餘生都將修普的畫像放在家中最顯眼的地方。
3 Koerner, *Linnaeus: Nature and Nation*, 49.
4 這些植物採集大軍不只是志願者，他們是付錢給林奈才獲得這份「特權」。對這些收藏家來說，能為自己的私人珍藏添置標本，這筆花費很值得。
5 IK Foundation & Company, *The Linnaeus Apostles: Global Science and Adventure* (London: IK Foundation & Company, 2008), 1013
6 Ibid.

10 那些沒那麼闊綽的人，會按晚租用鳳梨，只為了在晚宴上充場面。
11 Goerke, *Linnaeus*, 29.
12 Blunt, *Linnaeus: The Compleat Naturalist*, 101.
13 Donald Culross Peattie, *Green Laurels: The Lives and Achievements of the Great Naturalists* (New York: Simon & Schuster, 1936), 109.
14 Linnaeus, *Systema Naturae* (First Edition).
15 Linnaeus, *Musa Cliffortiana*, 70.
16 Ibid., 89.
17 這部作品以一首詩開篇：「香蕉啊，你的名字如此美妙，卻不及你本身美麗……後世當永遠銘記，這份榮耀唯林奈一人當之無愧。」
18 Ibid., 109.

chapter 9 —— 世界縮影

1 E. C. Spaary, *Utopia's Garden: French Natural History from Old Regime to Revolution* (Chicago: University of Chicago Press, 2000), 24.
2 Roger, *Buffon: A Life in Natural History*, 51.
3 Stoever, *The Life of Sir Charles Linnaeus*, 132.
4 Blunt, *Linnaeus: The Compleat Naturalist*, 113.
5 Stoever, *The Life of Sir Charles Linnaeus*, 111.
6 Pulteney, *A General View of the Writings of Linnaeus*, 534.
7 Roger, *Buffon: A Life in Natural History*, 32.

chapter 10 —— 可憎的淫穢

1 Blunt, *Linnaeus: The Compleat Naturalist*, 130.
2 Ibid., 121.
3 James Edward Smith, *A Selection of the Correspondence of Linnaeus and Other Naturalists, from the Original Manuscripts* (London: Longman, Hurst, Rees, Orme and Brown, 1821), 320.
4 Ibid., 335.
5 Blunt, *Linnaeus: The Compleat Naturalist*, 131.
6 Smith, *A Selection of the Correspondence of Linnaeus and Other Naturalists, from the Original Manuscripts*, 335.
7 Goerke, *Linnaeus*, 36.
8 Frans A. Stafleu, *Linnaeus and Linnaeans: The Spreading of Their Ideas in Systematic Botany*, 1735– 1789 (Utrecht, The Netherlands: A. Oosthoek's Uitgeversmaataschappij, N.V. First edition, 1971), 17.
9 Roger, *Buffon: A Life in Natural History*, 46.
10 Ibid., 45.
11 Stoever, *The Life of Sir Charles Linnaeus*, 145.
12 Linnaeus, *Musa Cliffortiana*, 27
13 Carl Linnaeus, *Systema Naturae (Second Edition)* (Stockholm: 1740).
14 Michael Keevak, *Becoming Yellow: A Short History of Racial Thinking* (Princeton, N.J.: Princeton University Press, 2011), 24.

雇用勞工的成本為基準來估算，因為這很快就成為布豐最主要的開支項目。

6 Roger, *Buffon: A Life in Natural History*, 24.

7 Lee Alan Dugatkin, *Mr. Jefferson and the Giant Moose: Natural History in Early America* (Chicago: University of Chicago Press, 2019), 15.

8 Roger, *Buffon: A Life in Natural History*, 40.

9 Ibid., 4.

10 Ibid., 30.

11 Stephen F. Milliken, *Buffon and the British* (New York: Columbia University Press, 1965), 56.

12 Voltaire, *A Philosophical Dictionary* (London: John and Henry L. Hunt, 1824), 109.

13 Henri Nadault de Buffon, *Correspondance Inédite de Buffon* (Paris: Hachette, 1860a), 7.

14 Saint-Beuve, *Causeries du Lundi*, 37.

15 Nadault de Buffon, *Correspondance Inédite de Buffon*, 628.

16 Lyon and Sloan, *From Natural History to the History of Nature: Readings from Buffon and His Critics*, 362.

17 Ibid., 371.

chapter 7 —— 歷經盛衰榮辱

1 Blunt, *Linnaeus: The Compleat Naturalist*, 45.

2 Ibid., 41.

3 Daniel C. Carr, *Linnæus and Jussieu* (West Strand, U.K.: John W. Parker, 1844), 87.

4 Carl Linnaeus, *Lachesis Lapponica, or, a Tour in Lapland* (London: White and Cochrane, 1811), 142.

5 Carl Linnaeus, *Travels* (New York: Charles Scrib ner's Sons, 1979), 23.

6 Londa Schiebinger, *Plants and Empire: Colonial Bioprospecting in the Atlantic World* (Cambridge, Mass.: Harvard University Press, 2004b), 202.

7 Society of Gentlemen in Scotland, *Encyclopaedia Britannica* (1771), 425.

8 Linnaeus, *Lachesis Lapponica*, 191.

9 Blunt, Linnaeus: *The Compleat Naturalist*, 67.

10 Fries and Jackson, *Linnaeus: The Story of His Life*, 129.

chapter 8 —— 漢堡的七頭蛇

1 Carl Linnaeus, *Musa Cliffortiana* (Vienna: A.R.G. Ganter Verlag K. G., 2007), 16.

2 Blunt, *Linnaeus: The Compleat Naturalist*, 89.

3 Peter Dance, *Animal Fakes and Frauds* (Berkshire, U.K.: Sampson Low, 1976), 35.

4 Paula Findlen, "Inventing Nature: Commerce, Art, and Science in the Early Modern Cabinet of Curiosities," in *Merchants and Marvels: Commerce, Science and Art in Early Modern Europe*, ed. Pamela H. Smith and Paul Findlen (New York: Routledge, 2002), 319.

5 Norah Gourlie, *The Prince of Botanists: Carl Linnaeus* (London: H.F. & G. Witherby, 1953), 119.

6 Ibid.

7 Blunt, *Linnaeus: The Compleat Naturalist*, 94.

8 Ibid., 96.

9 Ibid., 98.

5 Ibid., 511.
6 Ibid., 514.

chapter 2 —— 飢餓的歷練

1 林奈逐句記錄了這段談話的內容，只是沒有用對話的形式呈現。Ibid., 517.
2 John Muir, "Linnaeus," in *The World's Best Literature*, ed. John W. Cunliffe and Ashley Thorndike (New York: The Knickerbocker Press, 1917), 9078.
3 Heinz Goerke, *Linnaeus* (New York: Scribner, 1973), 17.
4 John Wright, *The Naming of the Shrew: A Curious History of Latin Names* (London: Bloomsbury, 2014), 29.
5 Pulteney, *A General View of the Writings of Linnaeus*, 517.

chapter 3 —— 鹽稅官之子

1 Fellows and Milliken, *Buffon*, 40.
2 Ibid., 46.
3 Saint-Beuve, *Causeries du Lundi*, 32.
4 John Gideon Millingen, *The History of Duelling* (London: Samuel Bentley, 1841), 189.

chapter 4 —— 植物羊與藤雁樹

1 Wilfrid Blunt, *Linnaeus: The Compleat Naturalist* (Princeton, N.J.: Princeton University Press, 2001), 31.
2 Gunnar Broberg, *"Brown- Eyed, Nimble, Hasty, Did Everything Promptly": Carl Linnaeus* 1708– 1778 (Uppsala: Uppsala University, 1990), 9.
3 John Gerard, *The Herbal, or Generall Historie of Plantes* (London: Adam Islip, 1636), 1587.
4 Herodotus and George Rawllinson, *The History: A New English Version* (New York: D. Appleton, 1889), 410.
5 Arthur O. Lovejoy, *The Great Chain of Being: A Study of the History of an Idea* (Cambridge, Mass.: Harvard University Press, 1976), 232.
6 Lisbet Koerner, *Linnaeus: Nature and Nation* (Cambridge, Mass.: Harvard University Press, 2009), 34.
7 可惜的是，泰奧弗拉斯托斯本人無法參與這場討論。身為希臘人，他當時很可能會使用「asvéstis」這個字。
8 Blunt, *Linnaeus: The Compleat Naturalist*, 32.

chapter 5 —— 多夫多妻

1 Ibid.
2 Dietrich Heinrich Stoever, *The Life of Sir Charles Linnaeus* (London: E. Hobson, 1794), 41.

chapter 6 —— 耐心的極致

1 Roger, *Buffon: A Life in Natural History*, 9.
2 Edward Gibbon, *The Miscellaneous Works of Edward Gibbon, Esq.* (London: B. Blake, 1837), 71.
3 Catherine Ostler, *The Duchess Countess* (New York: Atria Books, 2022), 132.
4 Fellows and Milliken, *Buffon*, 43.
5 將歷史金額換算成現代價值向來非常主觀，因為不同物件的價格變化速度各不相同。我選擇以當時

注釋
Notes

前言　博物學者

1 Carl Linnaeus, *Systema Naturae* (First Edition) (Leyden: 1735).

2 Jacques Roger, *Buffon: A Life in Natural History* (Ithaca, N.Y.: Cornell University Press, 1997), 83

序章　面具與面紗

1 Jacques Roger, *Buffon: A Life in Natural History* (Ithaca, N.Y.: Cornell University Press, 1997), 433.

2 Charles Coulston Gillispie, *Science and Polity in France at the End of the Old Regime* (Princeton, N.J.: Princeton University Press, 1980), 144.

3 Henri Nadault de Buffon, *Correspondance Inédite de Buffon* (Paris: Hachette, 1860), 615.

4 Otis E. Fellows and Stephen F. Milliken, *Buffon* (New York: Twayne Publishers, 1972), 16.

5 Charles Augustin Saint- Beuve, *Causeries du Lundi* (London: George Routledge & Sons, 1909), 32.

6 John Herbert Eddy, "Buffon, Organic Change, and the Races of Man," diss., The University of Oklahoma, 1977, 20.

7 Fellows and Milliken, *Buffon*, 65.

8 John Lyon and Phillip R. Sloan, *From Natural History to the History of Nature: Readings from Buffon and His Critics* (Notre Dame, Ind.: University of Notre Dame Press, 1981), 307.

9 John Galsworthy, "The New Spirit in the Drama," *The Living Age*, 1913, 264.

10 歷史學家雅克・羅傑（《布豐傳》，頁一八四）指出，《自然通史》是「十八世紀流傳最廣的著作，其影響力甚至超越伏爾泰與盧梭那些更為人熟知的作品」。學者奧蒂斯・費洛斯的統計顯示，光是法國境內，就發行過五十二種完整的版本，而全球翻譯出版的全譯本或節譯本更超過三百二十五種。十九世紀一項針對法國民間藏書的研究顯示，《自然通史》是私人書架上出現頻率第二高的書籍，僅次於某部法語百科全書。參見 Otis Fellows, *From Voltaire to la Nouvelle Critique: Problems and Personalities* (Geneva: Librairie Droz, 1970), 16.

11 Carl Linnaeus, *Vita Carolia Linnaei* (1760), trans. Ann-Mari Jönsson, 146.

12 Samuel Butler, Evolution, *Old and New* (London: Hardwicke and Bogue, 1879), 138.

13 Georges- Louis Leclerc le Comte de Buffon, *Histoire Naturelle des Oiseaux* (Paris, 1770), vol. 1, trans. Phillip R. Sloan, 394.

chapter 1 —— 椴樹源流考

1 Theodor Magnus Fries and Benjamin Daydon Jackson, *Linnaeus: The Story of His Life* (London: H.F. & G. Witherby, 1923), 7.

2 "Sketch of the Life of Carl von Linne," Edward L. Morris, *The Bicentenary of the Birth of Carolus Linnaeus*, Annals of the New York Academy of Sciences, 47.

3 Richard Pulteney, *A General View of the Writings of Linnaeus* (London: J. Mawman, 1805), 512.

4 Ibid., 513.

萬物的名字

博物學之父布豐與林奈的頂尖對決，一場影響日後三百年生物學發展的競賽【普立茲傳記類獎】

萬物的名字：博物學之父布豐與林奈的頂尖對決，一場影響日後三百年生物學發展的競賽【普立茲傳記類獎】／傑森.羅伯茲（Jason Roberts）著；洪慧芳譯.
.－初版.－臺北市：麥田出版：英屬蓋曼群島商家庭傳媒股份有限公司城邦分公司發行，2025.07
面；　公分
譯自：Every living thing : the great and deadly race to know all life.
ISBN 978-626-310-900-1（平裝）
1.CST: 林奈 (Linné, Carl von, 1707-1778) 2.CST: 布封 (Buffon, Georges Louis Leclerc, (comte de), 1707-1788)
3.CST: 世界傳記 4.CST: 博物學
5.CST: 生命科學
781.053　　114006294

封面設計　廖　韡
內文排版　黃暐鵬
印　　刷　漾洛科技股份有限公司
初版一刷　2025年7月

定　　價　新台幣580元
I S B N　978-626-310-900-1
E I S B N　978-626-310-899-8（EPUB）

作　　者　傑森・羅伯茲（Jason Roberts）
譯　　者　洪慧芳
責任編輯　翁仲琪
國際版權　吳玲緯　楊　靜
行　　銷　闕志勳　吳宇軒　余一霞
業　　務　李再星　陳美燕　李振東
副總編輯　何維民
編輯總監　劉麗真
總 經 理　巫維珍
事業群總經理　謝至平
發 行 人　何飛鵬

出　　版

麥田出版
地址：115020台北市南港區昆陽街16號4樓
電話：(02)2500-0888　傳真：(02)2500-1951
網站：http://www.ryefield.com.tw

發　　行

英屬蓋曼群島商家庭傳媒股份有限公司城邦分公司
地址：台北市南港區昆陽街16號8樓
網址：http://www.cite.com.tw
客服專線：(02)2500-7718；2500-7719
24小時傳真專線：(02)2500-1990；2500-1991
服務時間：週一至週五09:30-12:00; 13:30-17:00
劃撥帳號：19863813　戶名：書虫股份有限公司
讀者服務信箱：service@readingclub.com.tw

香港發行所

城邦（香港）出版集團有限公司
地址：香港九龍土瓜灣土瓜灣道86號
順聯工業大廈6樓A室
電話：+852-2508-6231　傳真：+852-2578-9337
電郵：hkcite@biznetvigator.com

馬新發行所

城邦（馬新）出版集團【Cite(M) Sdn. Bhd.】
地址：41-3, Jalan Radin Anum, Bandar Baru
Sri Petaling, 57000 Kuala Lumpur, Malaysia.
電話：+603-9056-3833　傳真：+603-9057-6622
電郵：services@cite.my